Roberto Esposito
CATEGORIAS DO IMPOLÍTICO

OUTROS LIVROS DA **FILÔ**

FILÔ

A alma e as formas
Ensaios
Georg Lukács

A aventura da filosofia francesa no século XX
Alain Badiou

Ciência, um Monstro
Lições trentinas
Paul K. Feyerabend

Do espírito geométrico e Da arte de persuadir
E outros escritos de ciência, política e fé
Blaise Pascal

Em busca do real perdido
Alain Badiou

A filosofia crítica de Kant
Gilles Deleuze

A ideologia e a utopia
Paul Ricœur

Jacques, o sofista
Lacan, logos e psicanálise
Barbara Cassin

O primado da percepção e suas consequências filosóficas
Maurice Merleau-Ponty

Relatar a si mesmo
Crítica da violência ética
Judith Butler

A sabedoria trágica
Sobre o bom uso de Nietzsche
Michel Onfray

Se Parmênides
O tratado anônimo De Melisso Xenophane Gorgia
Barbara Cassin

Sobre a arte poética
Aristóteles

A teoria dos incorporais no estoicismo antigo
Émile Bréhier

A união da alma e do corpo
em Malebranche, Biran e Bergson
Maurice Merleau-Ponty

A vida psíquica do poder
Teorias da sujeição
Judith Butler

FILÔAGAMBEN

A aventura
Giorgio Agamben

Bartleby, ou da contingência
Giorgio Agamben
seguido de Bartleby, o escrevente
Herman Melville

A comunidade que vem
Giorgio Agamben

Gosto
Giorgio Agamben

O homem sem conteúdo
Giorgio Agamben

Ideia da prosa
Giorgio Agamben

Introdução a Giorgio Agamben
Uma arqueologia da potência
Edgardo Castro

Meios sem fim
Notas sobre a política
Giorgio Agamben

Nudez
Giorgio Agamben

A potência do pensamento
Ensaios e conferências
Giorgio Agamben

O tempo que resta
Um comentário à Carta aos Romanos
Giorgio Agamben

FILÔBATAILLE

O culpado
Seguido de A aleluia
Georges Bataille

O erotismo
Georges Bataille

A experiência interior
Seguida de Método de meditação e Postscriptum 1953
Georges Bataille

A literatura e o mal
Georges Bataille

A parte maldita
Precedida de A noção de dispêndio
Georges Bataille

Sobre Nietzsche: vontade de chance
Seguido de Memorandum [...]
Georges Bataille

Teoria da religião
Seguida de Esquema de uma história das religiões
Georges Bataille

FILÔBENJAMIN

O anjo da história
Walter Benjamin

Baudelaire e a modernidade
Walter Benjamin

Estética e sociologia da arte
Walter Benjamin

Imagens de pensamento Sobre o haxixe e outras drogas
Walter Benjamin

Linguagem, tradução, literatura
(Filosofia, teoria e crítica)
Walter Benjamin

Origem do drama trágico alemão
Walter Benjamin

Rua de mão única Infância berlinense: 1900
Walter Benjamin

Walter Benjamin
Uma biografia
Bernd Witte

FILÔESPINOSA

Breve tratado de Deus, do homem e do seu bem-estar
Espinosa

Espinosa subversivo
e outros escritos
Antonio Negri

Princípios da filosofia cartesiana e Pensamentos metafísicos
Espinosa

A unidade do corpo e da mente
Afetos, ações e paixões em Espinosa
Chantal Jaquet

FILÔESTÉTICA

O belo autônomo
Textos clássicos de estética
Rodrigo Duarte (Org.)

O descredenciamento filosófico da arte
Arthur C. Danto

Do sublime ao trágico
Friedrich Schiller

Íon
Platão

Objetos trágicos, objetos estéticos
Friedrich Schiller

Pensar a imagem
Emmanuel Alloa (Org.)

FILÔMARGENS

O amor impiedoso
(ou: Sobre a crença)
Slavoj Žižek

Estilo e verdade em Jacques Lacan
Gilson Iannini

Interrogando o real
Slavoj Žižek

Introdução a Foucault
Edgardo Castro

Introdução a Jacques Lacan
Vladimir Safatle

Kafka
Por uma literatura menor
Gilles Deleuze
Félix Guattari

Lacan, o escrito, a imagem
Jacques Aubert, François Cheng, Jean-Claude Milner, François Regnault, Gérard Wajcman

Psicanálise sem Édipo?
Uma antropologia clínica da histeria em Freud e Lacan
Philippe Van Haute
Tomas Geyskens

O sofrimento de Deus
Inversões do Apocalipse
Boris Gunjevic
Slavoj Žižek

ANTIFILÔ

A Razão
Pascal Quignard

FILŌ **autêntica**

Roberto Esposito
CATEGORIAS DO IMPOLÍTICO

1ª reimpressão

TRADUÇÃO Davi Pessoa

Copyright © 1988, 1999 by Società editrice il Mulino, Bologna
Copyright © 2019 Autêntica Editora

Título original: *Categorie dell'impolitico*

Todos os direitos reservados pela Autêntica Editora. Nenhuma parte desta publicação poderá ser reproduzida, seja por meios mecânicos, eletrônicos, seja via cópia xerográfica, sem a autorização prévia da Editora.

COORDENADOR DA COLEÇÃO FILÔ
Gilson Iannini

CONSELHO EDITORIAL
Gilson Iannini (UFMG); *Barbara Cassin* (Paris); *Carla Rodrigues* (UFJR); *Cláudio Oliveira* (UFF); *Danilo Marcondes* (PUC-Rio); *Ernani Chaves* (UFPA); *Guilherme Castelo Branco* (UFRJ); *João Carlos Salles* (UFBA); *Monique David-Ménard* (Paris); *Olímpio Pimenta* (UFOP); *Pedro Süssekind* (UFF); *Rogério Lopes* (UFMG); *Rodrigo Duarte* (UFMG); *Romero Alves Freitas* (UFOP); *Slavoj Žižek* (Liubliana); *Vladimir Safatle* (USP)

EDITORAS RESPONSÁVEIS
Rejane Dias
Cecília Martins

REVISÃO
Lúcia Assumpção
Mariana Faria

CAPA
Alberto Bittencourt
(Sobre imagem de Africa Studio/Shutterstock)

DIAGRAMAÇÃO
Guilherme Fagundes

Dados Internacionais de Catalogação na Publicação (CIP)
(Câmara Brasileira do Livro, SP, Brasil)

Esposito, Roberto
  Categorias do impolítico / Roberto Esposito ; tradução Davi Pessoa. -- 1. ed.; 1.reimp. -- Belo Horizonte : Autêntica Editora, 2019. -- (Filô)

  Título original: Categorie dell'impolitico.
  ISBN 978-85-513-0421-1

  1. Ciência 2. Ciência política 3. Filosofia política - Século 20 4. Política - Teoria 5. Políticos I. Título. II. Série.

18-19855   CDD-320.01

Índices para catálogo sistemático:
1. Ciência política : Filosofia 320.01

Maria Alice Ferreira - Bibliotecária - CRB-8/7964

Belo Horizonte
Rua Carlos Turner, 420
Silveira . 31140-520
Belo Horizonte . MG
Tel.: (55 31) 3465 4500

São Paulo
Av. Paulista, 2.073 . Conjunto Nacional . Horsa I
23º andar . Conj. 2310-2312 . Cerqueira César
01311-940 . São Paulo . SP
Tel.: (55 11) 3034 4468

www.grupoautentica.com.br

7 **Prefácio**

29 **Introdução: Através do impolítico**

45 **Capítulo I: Aos limites do político**
   45 História e decisão
   56 *Antirömischer Affekt*
   65 A ilha e o continente
   75 O dever do poder

89 **Capítulo II: Pólis irrepresentável**
   89 A representação da diferença
   98 Origem e fundamento
  108 Constituição do novo
  116 As aventuras da vontade

139 **Capítulo III: Poder e silêncio**
  139 Biologia política
  157 Despolitização e revolução
  174 O Estado da ética
  183 A tela de Goya

199 **Capítulo IV: Política da ascese**
  199 O Sol de Viena (e os "homens-planta")
  209 Potência passiva
  225 "[...] não há outra força senão a força"
  237 A soberania da soberania

253 **Capítulo V: A comunidade da morte**
  253 Crítica do pressuposto
  268 O livro do Sábio e a espada de Alexandre
  284 Poder ou existência
  297 Êxtase em Numância

Prefácio

1. Quando – exatamente dez anos atrás – publiquei *Categorias do impolítico*, minhas expectativas de sucesso não eram certamente elevadas. Aquelas do editor – suponho –, menos ainda: embora a confiança ligada ao livro, sobretudo por mérito de amigos como Carlo Galli e de professores como Nicola Matteucci e Ezio Raimondi, tenha se revelado, de qualquer modo, decisiva. Como supor que nossa filosofia política, agora conquistada pelas certezas apodíticas da *political science* e pelo olhar normativo das várias éticas públicas, pudesse se interessar pelo "impolítico"? E como propor a um debate, quase totalmente ocupado a elevar tapumes metodológicos entre ciência, teoria e filosofia da política, autores sem um verdadeiro estatuto disciplinar, e, aliás, decididamente indisciplinares, como aqueles interrogados nesta obra: não são estavelmente "indecisos" entre político, filosofia, teologia e literatura, mas alérgicos em linha de princípio a todo modelo, seja descritivo ou normativo? Claro, já existiam em campo perspectivas de pesquisas mais sofisticadas – particularmente uma nova atenção à história dos conceitos políticos, substancialmente tributária da *Begriffsgeschichte* alemã, que constituía certamente um relevante passo adiante em relação à tradicional *history of ideas*: mas também sempre no interior de um quadro hermenêutico ainda caracterizado por uma abordagem frontal, direta, às categorias políticas – incapazes de cruzá-las obliquamente ou, pelo menos, de retornar à zona situada atrás de seu impensado. Era como se a filosofia política tivesse ficado imune, ou não suficientemente apreendida, daquele vórtice desconstrutivo que em todos os outros âmbitos do saber novecentista – da teorese à antropologia, da psicanálise à estética – havia colocado radicalmente em discussão a dizibilidade "positiva" de seu objeto, suspendendo-a mais

à individuação de seu "não": do cone de sombra do qual emergia e da margem diferencial pela qual havia atravessado como por uma alteridade irredutível. Quase não colhendo profundamente a produtividade heurística de pensar os grandes conceitos, as palavras de longa duração de nosso século político, não como entidades em si concluídas, mas sim como "termos", marcas de confim, e, ao mesmo tempo, lugares de sobreposição contraditória, entre linguagens diversas; ou negligenciando procurar o sentido último de cada conceito, para além de sua estratificação epocal, também na linha de tensão que o liga antinomicamente ao seu oposto. Claro, esse *déficit* de complexidade não valia para toda a extensão da filosofia política italiana: livros importantes e inovadores sobre o poder, a modernidade e a soberania vinham à luz precisamente naqueles anos, com as primeiras tentativas de reconstrução genealógica e de pesquisa topológica da semântica política: mais como ensaios pessoais de certos estudiosos do que como salto de qualidade global da pesquisa. É inútil dizer que nessa situação um pouco estagnante, "arriscar" um livro sobre o impolítico podia parecer, no mínimo, ousado.

E, ao contrário – como às vezes acontece por uma convergência não previsível de circunstâncias –, as coisas tomaram outra direção. A "onda atlântica", tocado o ápice da sorte no fim dos anos 1980, começou a defluir – também pela evidente inutilização de modelos, parâmetros, dilemas tão exaustivamente construídos. E o pensamento mais radical continental ganhou altura. Schmitt defendeu notavelmente as posições já conquistadas, mesmo entre algum equívoco ideológico de direita ou de esquerda, nos anos 1970. Heidegger resistiu ao último processo político – na verdade não sem dificuldade, mas confirmando, justamente através dessa prova extrema, sua indiscutível centralidade em nosso século. Wittgenstein revelou-se totalmente inassimilável à metodologia neopositivista em que foi rapidamente assimilado, recolocando no centro do debate o problema do limite, ou do fundo indizível, da linguagem. Nesse intervalo, difundiam-se inesperadamente as primeiras traduções de Leo Strauss; e ao lado delas surgiam outras com o objetivo de colocar, pelo menos minimamente, o perfil literalmente reacionário que lhe havia sido delineado pelos guardiões do historicismo de nosso país. Mas um destino ainda mais rápido e irresistível devia tocar em Hannah Arendt – justamente pelo caráter inclassificável de sua obra em relação às tradicionais tipologias filosófico-políticas. Ao mesmo tempo, abria-se um espaço de atenção sempre mais aguda para aquele segmento radical de escritura filosófica francesa entre as duas guerras que tem nos extremos o pensamento – mas melhor seria dizer, a experiência – de Simone Weil e de Georges Bataille. Sem desfavorecer outras, e decisivas, conjunturas favoráveis – como a fenda ou, digamos, o emaranhado, da bipartição ideológica entre "direita" e "esquerda", o forte impulso da filosofia feminina da diferença, mas também o desembarque de Derrida *in parte infedelium* para além do Atlântico –, espero não ceder a um impulso de presunção se reivindico uma migalha de mérito desse deslocamento geral de interesses também a este livro que volta a ser publicado. Mais verossimilmente, talvez, deva ser dito que ele intuiu com certa antecipação a passagem de fase. Tanto que todos os autores dos quais o livro tratava consolidaram nessa década, ou mais frequentemente acrescido, seu peso específico na cultura italiana, e não só nesta.

No entanto, o elemento determinante para a reedição do livro foi a circunstância que tal sorte não se limitava aos autores específicos, mas também, e sempre mais explicitamente, estendia-se à mesma "categoria" que de algum modo unificava suas órbitas num mesmo eclipse representativo: ou seja, a do impolítico. O termo, aliás, saía aos poucos do âmbito de pertinência fixado pelo volume – e, antes ainda, de um ensaio de Massimo Cacciari sobre Nietzsche[1] – para cobrir uma gama ampla e quase sempre heterogênea de referentes. Quando, como conclusão do ciclo, e também na onda de tal proliferação semântica, Adelphi justamente decidia romper com a demora republicando as *Considerações*, de Thomas Mann,[2] o adjetivo "impolítico" circulava então não só nos circuitos editoriais – atribuído a um número sempre maior de filósofos e de escritores[3] –, mas também nas redações dos jornais, nos comentários de editorialistas prestigiosos, até nas crônicas políticas. Naturalmente tudo isso tem a ver somente em mínima parte com a difusão – de qualquer modo circunscrita num âmbito mais restrito de leitores – do livro em questão. Tem, ao contrário, muito a ver com as dinâmicas socioculturais

---

[1] CACCIARI, Massimo. L'impolitico nietzschiano. In: NIETZSCHE, F. *Il libro del filosofo*. Organizado por M. Beer e M. Ciampa. Roma: 1978, p. 105-120.

[2] Sobre a natureza do "impolítico" em Mann, há considerações úteis agora em: MONTI, L. *Thomas Mann e le "Categorie dell'impolitico" di Roberto Esposito*, in: *Filosofia politica*. (No prelo.)

[3] Para uma referência intrínseca e motivada da categoria de impolítico a um autor aparentemente distante dessa semântica, refiro-me ao ótimo ensaio de S. Borutti precisamente intitulado *Wittgenstein impolítico?*.

apreendidas pelos eventos que marcaram nossa história mais recente; e especialmente com a aceleração extraordinária da crise – mas melhor seria dizer, a tempestade – que percorreu e abalou todas as instituições políticas desse país: não só os partidos, mas também os assim chamados movimentos, para não falar das ideologias como tais. Sem poder, aqui, aprofundar como mereceria esse aspecto – suas tantas potencialidades e ambiguidades –, resta avaliar em que medida a perda de tomada do político sobre a sociedade, a cultura, as linguagens coletivas tenham influído na proliferação do termo "impolítico". O que é certo é a sobrecarga de complicação – e também de confusão[4] – que esse poderoso fator exógeno (embora não totalmente irrelativo à questão posta no livro) determinou nos confrontos de uma categoria já por si mesma de não fácil interpretação. Se a tal obstrução semântica se acrescenta uma série de equívocos hermenêuticos, de obstáculos analíticos, de preconceitos defensivos recorrentes, também na recepção mais especificamente científica e nas numerosas discussões, contestações, problematizações às quais este livro deu lugar nesses anos, compreende-se, então, a oportunidade de uma primeira, necessariamente provisória, sintonia do estado dos trabalhos.

Tal sintonia pode proceder precisamente ao longo do fio das reservas – ou pelo menos das questões – que o livro provocou por parte dos estudiosos não de todo independentemente do cenário mais global que acabo de evocar. Diria que essas, as mais relevantes, obviamente, possam ser catalogadas em quatro modalidades distintas, embora não totalmente independentes, de argumentação: 1) o impolítico é uma filiação – mesmo que particularmente sofisticada – da antipolítica hoje dominante; 2) o impolítico é uma espécie de teologia política negativa de caráter gnóstico, como tal ligado a um pressuposto dualístico que bloqueia toda sua potencialidade hermenêutica; 3) o impolítico é uma categoria interna à modernidade, e mais precisamente ao segmento extremo de sua crise que se limita a refletir em forma invertida; 4) o impolítico é uma filosofia que, justamente por sua retirada da política, herda sua máxima vontade de potência através do monopólio do julgamento sobre ela. Uma última advertência, antes de tentar dar uma resposta: em certos casos teria podido limitar-me a dispor essas – e

---

[4] Parece-me que – apesar do esforço de esclarecimento terminológico – o livro de: FREUND, J., *Politique et impolitique* (Paris, 1987) produza um aumento da confusão em ato no que diz respeito à categoria de impolítico.

10

outras – críticas seguindo uma linha que evidenciasse sua justaposição recíproca, de modo que pudessem se neutralizar reciprocamente. Mas prefiro, sem dúvida, discuti-las em seu mérito. Acrescento: essa discussão não exclui que cada uma delas conserve uma parte, se não de "verdade", pelo menos de legitimidade que não procuro negar; e da qual, aliás, me dei conta nos trabalhos sucessivos – mas ao mesmo tempo aprofundado, redefinido, e até mesmo modificado – à argumentação inicial do livro. Um pensamento que deseja medir-se com si mesmo não menos que com seu objeto deve estar também, e, sobretudo, disposto a escutar as objeções que levanta, talvez para se confirmar em suas convicções, mas também para redefinir o álveo de sua trajetória.

2. À primeira crítica – mais que expressamente formulada, realmente pressuposta numa ampla série de intervenções mesmo de corte publicitário[5] – que assimila o impolítico à antipolítica, não replicarei evocando novamente as distinções precisas fixadas na introdução do livro e reforçadas mais vezes no curso de todos os capítulos: ou seja, a diferença fundamental de delineamento que se dá entre a perspectiva do impolítico e qualquer comportamento apolítico ou, com maior razão, antipolítico. Que o impolítico não comporte nem um enfraquecimento, nem uma queda, da atenção nos confrontos da política – mas, ao contrário, uma intensificação e radicalização – é verificado sem possibilidade de equívoco não só pela obra, mas também pela biografia de todos os autores que nele se reconhecem, de Hannah Arendt a Simone Weil, de Hermann Broch a Georges Bataille, até, por último, René Char.[6] Não repetirei mais uma vez uma declaração de intenções sempre exposta ao risco de permanecer como tal, ou seja, uma intenção subjetiva não confirmada pelo êxito objetivo do discurso. Ainda que programaticamente diferente, e oposto, em relação à antipolítica, o paradigma do impolítico poderia levar, de fato, às mesmas conclusões daquela, ficando encalhado no mesmo curto-circuito aporético.

---

[5] Remeto, entre as tantas referências possíveis, ao editorial de E. Scalfari em: *La Repubblica*, 21 de julho de 1996. Scalfari voltou, através de outra perspectiva, ao argumento no longo artigo dedicado à edição adelphiana das *Considerazioni di un impolitico*, também publicado em: *La Repubblica*, 23 de abril de 1997.

[6] Cf. ESPOSITO, Roberto, Poesia e comunità in René Char, *MicroMega, Almanacco di filosofia*, p. 13-27, 1998.

Também para rebater a essa objeção – além de tudo não pouco capciosa, a partir do momento que para invalidar uma teoria não há outro caminho senão se concentrar em suas intenções declaradas –, inverterei o procedimento. Não partirei da definição de impolítico, mas daquela de antipolítica, para demonstrar que esta não só nada tem a ver com a primeira, mas que constitui sua mais perfeita negação. Anteciparei, ao contrário, a conclusão da reflexão numa forma que não evapore de nenhum modo sua nitidez: a antipolítica não pode coincidir com o impolítico porque *já* coincide com a política. Descende desta e a repropõe precisamente com o ato de negá-la. Essa – a antipolítica – não é o contrário da política, mas simplesmente sua imagem invertida: uma maneira de *fazer* política exatamente contrapondo-se a ela. Isto é, usando a mesma modalidade – a contraposição, o contraste, a inimizade – que caracteriza de forma precípua a política. Sob o perfil histórico, a coisa é tão comprovada que não requer verificações ulteriores: todas as vezes que se fez uso de um argumento, uma retórica ou uma simbologia antipolítica, sempre foi feito – e não poderia ser de outro modo – com os mesmos pressupostos, instrumentos e finalidades da política que se declarava contestar; embora, evidentemente, por outros interesses, eles próprios, por sua vez, sempre politizados ou politizáveis. Não por acaso os vitoriosos, recentes ou menos recentes, da antipolítica, cedo ou tarde, sempre "descem em campo", como há algum tempo se diz com tal expressão desagradável, testemunhando assim a natureza desde o início política da pretendida oposição ao universo político.

Isso vale tanto para aquela forma de inconsciente (ou até demasiada consciente) antipolítica que pretende reduzir, ou eliminar, o conflito – natural e inevitavelmente entrando em conflito com ele,[7] como, de resto, bem sabe o pacifismo mais consequente no momento em que não pode defender a paz, a *própria* paz, que declarando guerra à guerra, combatendo a guerra ainda e de novo através da guerra. Aquilo que, em suma, conta, na constituição *política* de toda antipolítica, não são os conteúdos, os valores, os ideais, que essa pretende defender – ofendendo a política ou as políticas que parecem contrastá-los – quando a *forma* polêmica, polemológica, implícita em seu próprio prefixo: um "anti" que desde

---

[7] Cf. STERNBERGER, D. Drei, Wurzeln der Politik, in: *Schriften*, Frankfurt a.M., 1978, B. II, p. 310 ss. O texto completo de Sternberger tematiza a gênese do impolítico – mas sem uma distinção clara em relação à antipolítica.

o início é entendido no sentido forte de "contra". Essa pressuposição – muito clara ao mais célebre dos "impolíticos", quando escrevia nas homônimas *Considerações* que "a antipolítica é também uma política, já que a política é uma força terrível: basta apenas *saber* que existe, e já se está dentro dela, perde-se para sempre sua inocência"[8] – parece fugir completamente daqueles que submetem a antipolítica a uma avaliação axiológica: esta inconscientemente inferida por contraste por aquela atribuída à política[9] – positiva se esta última é definida em termos de domínio e violência,[10] negativa se, ao contrário, nela é reconhecida uma potencialidade democrática e emancipatória.[11] O que ambas essas colocações correm o risco de perder é exatamente o nexo estrutural – ou seja, a intenção conflitual – que liga morfologicamente num nó indissolúvel a política e seu *duplo* antipolítico.

Tal destino político da antipolítica não escapa certamente do olhar do impolítico. Pode-se, aliás, dizer que resulta plenamente visível apenas pelo ângulo de refração aberto por ele. E isso só porque o impolítico define toda a realidade em termos políticos. Como o presente livro tenta argumentar através de "seus" autores, para o impolítico não há uma entidade, uma força, uma potência que possa contrastar a política pelo interior de sua própria linguagem. Mas tampouco pelo exterior, a partir do momento em que esse "exterior" não existe como projeção ideológica, mítica, autolegitimante, do próprio político chegado à "guerra civil" com o seu "gêmeo" antipolítico. Essa dialética – de identificação por contraste – tornou-se evidente pela semântica contrastiva do "anti". Mas vale igualmente para quem se declare também apenas apolítico. Este "a" – que assinala estranheza, indiferença, desinteresse pela política – não ganha sentido senão pela realidade da qual toma distância, que é ainda e sempre política. Talvez *da* despolitização, como é aquela que desde algumas décadas – mas se poderia dizer de outro modo: há alguns

---

[8] MANN, Thomas. *Betrachtungen eines Umpolitischen*. Berlim, 1918. (trad. it. *Considerazioni di un impolitico*, organizado por M. Marianelli e M. Ingenmey, Adelphi: Milão, 1997, p. 418.)

[9] Cf. a reconstrução pontual de: PORTINARO, P. P., Antipolitica o fine della politica?, *Teoria politica*, n. 1, p. 121-137, 1988.

[10] Por exemplo: MANDT, H., Antipolitik, *Zeitschrift für Politik*, p. 383-395, 1987.

[11] É o caso de: KONRÁD, G., Antipolitik, *Mitteleuropäische Meditationen*, Frankfurt a.M., 1985.

séculos – a modernização produz na modalidade da imunização de toda forma de comunidade. Na modalidade, isto é, do primado da sociedade, da economia, da técnica, em relação ao dado primário da relação. Mas também sempre segundo uma lógica, em última instância, política: isto é, decidida a, ou no mínimo funcional a, determinados interesses de parte. Trata-se de um dado de fato comprovável de maneira histórica e categorial. Histórica no sentido que a despolitização moderna – de matriz hobbesiana – nasce dentro da concha da "política absoluta"[12] e da obrigação soberana. E categorial porque – como demonstra a origem "anormal", excepcional, decisionista, de todo ordenamento normativo – a neutralização do conflito político é sempre interpretável também como neutralização política do conflito: política da neutralização. A política moderna não nasceu exatamente para neutralizar o conflito? Não foi, nesse sentido, desde o início "antipolítica"? Desse ponto de vista, a antipolítica é a forma extrema, póstuma e acabada, da política moderna como maneira, inevitavelmente conflitual, de neutralizar um outro, mais insustentável, conflito.

Precisamente o que não faz o impolítico. Este, longe de ser contrário ao conflito político, de negar a política como conflito, a considera a única realidade e *toda* a realidade. Acrescentando, no entanto, também que é *apenas* a realidade. Não – como se disse – no sentido que fora dela exista um outro espaço, tempo, possibilidade; e muito menos um "anti" do qual contrapor-se a ela, inevitavelmente confirmando-a e reforçando-a. Mas no sentido que a não contraposição é efetivamente um "não" – nem uma assunção apologética, nem uma subtração impossível.[13] Ele – o "não" – é, antes, o limite que determina o político circunscrevendo-o nos seus termos específicos, os quais são finitos. Não pelo ponto de vista de algo a mais de infinito. Mas finitos em si mesmos – e por isso não suscetíveis de serem levados a um fim diferente daquele que originalmente a eles se refere e que jamais deixou de caracterizá-los. Disso – da própria finitude constitutiva –, a política nem sempre é consciente. É constitutivamente levada a esquecê-la. O impolítico não faz senão "lembrá-la à própria política". Recoloca-a, isto é, no próprio coração do político. Não só em

---

[12] Retomo a expressão do ensaio de: PIZZORNO, Alessandro, *Le origini della politica assoluta*, Milão, 1993.

[13] Vejam-se, nesse aspecto, as observações de: CANTARANO, Giuseppe, *Immagini del nulla: La filosofia italiana contemporanea*, Milão, 1998.

suas margens, mas no seu centro – ele também impolítico porque não produzido por e não produtivo de política. Para sê-lo – para produzir uma política qualquer –, ele deveria afastar-se dela e reconhecer-se numa alteridade em relação ao que, pelo contrário, pressupõe como a única dimensão. Desse ângulo de visão, então, assim como para a antipolítica, pode-se também dizer que o impolítico coincide com a política. Pode-se dizer: sob a condição, no entanto, de reconhecer a diferença radical entre tal coincidência e aquela experimentada pela antipolítica. Enquanto esta coincide com a política porque, negando-a, a reproduz potencializada, o impolítico coincide com a política justamente porque *não* a nega. Dessa distinção já começa a emergir o caráter paradoxalmente afirmativo da "negação" impolítica. O que afirma o impolítico? Que não há outra política através da política. Mas que, realmente por isso, essa é fechada – mais propriamente: determinada – pela identidade consigo mesma. Não é outra coisa senão ela mesma. A sua potência é limitada ao que ela é. Não pode transcender-se em nenhum fim ou realização exterior à sua nudez ontológica. O impolítico é o fim de todo "fim da política".[14]

3. Isso significa que ele não pode ser entendido tampouco como uma forma de escatologia. Nem positiva nem negativa, nem cristã nem gnóstica. Exatamente essa é a segunda objeção voltada ao impolítico: é verdade – diz-se – que ele se contrapõe a toda forma de teologia política, mas do ponto de vista que, não sendo político, termina paradoxalmente por adquirir uma tonalidade teológica, embora negativa.[15] Vamos com calma. Sobre a intenção antiteológico-política do impolítico, não acredito que possa haver dúvidas. Se há um ponto de convergência evidente nos vários autores impolíticos, pelo menos a partir de Benjamin, ele é constituído efetivamente pela recusa de *qualquer* tipo de conjunção – imediata, adiada, providencial – entre bem e poder. O poder não é nem uma representação, nem uma emanação do bem; e muito menos um mecanismo dialético capaz de retirá-lo do mal, de traduzir o mal em

---

[14] A propósito, ver: NANCY, Jean-Luc, *Une pensée finie*, Paris, 1990. (trad. it. [parcial] *Un pensiero finito*. Milão, 1992, organizado por L. Bonesio.) Ver também: ESPOSITO, R., La "fine della politica", *MicroMega*, n. 1, p. 147-164, 1994.

[15] Uma leitura "gnóstica" do impolítico como "teologia política negativa", ver em: CASSANO, Franco, Le regole dell'impolitico, *Rinascita*, p. 33-35, 27 maio 1989. Mas também, de outro modo, em: DALLAGO, Alessandro, La forza dell'impolitico, *L'Unità*, 7 jan. 1989.

bem.[16] É a nitidez dessa ruptura que corta os pontos com toda possível inflexão teológico-política. Isso vale nos confrontos tanto com as antigas "religiões políticas" criticamente revisitadas por Eric Voegelin[17] quanto do monoteísmo imperial romano interpretado por Erik Peterson como sobreposição autolegitimante entre léxico religioso e léxico político;[18] bem como, por fim, em relação à concepção especificamente católica, empenhada – de maneira diferente mas convergente por parte de Maritain, Guardini e Balthasar – em refazer a ligação representativa entre decisão política e ordem transcendente cortada pela faca da modernidade. Mas o impolítico é também estranho a uma teologia política entendida – sobretudo por Carl Schmitt – como teoria genealógica da soberania, e, portanto, em última análise, coincidente com o próprio movimento de secularização da linguagem teológica naquela jurídico-política.[19] É estranho a ela não porque não postule ele também um vazio originário de substância, uma lacuna, uma falta – que é, pelo contrário, exatamente o seu ponto de vista –, mas porque, diferentemente de Schmitt, não se propõe uma transformação funcional, mesmo precária e contingente, numa nova ordem. Não postula uma coação ordenada capaz de transpor o "menos" substancial numa ulterior, e mais potente, forma representativa.

Se assim fosse, se o impolítico assumisse a tarefa – ou se inscrevesse no destino – de preencher de "forma" o vazio originário, recairia precisamente na atitude teológico-política da qual se afasta; e, aliás, na sua modalidade mais efetiva porque consciente da sua natureza secularizada. E é precisamente nesse cruzamento de teologia e secularização, de mito e técnica, de representação e decisão, que ele declara a sua indisponibilidade. Indisponibilidade não apenas para consagrar o poder com antigas práticas legitimantes, mas também para reconhecer, na sua

---

[16] Sobre o caráter antiteológico político do impolítico, ver também: GARRITANO, Francesco, L'impolitico, in: *Questioni di legge: Valore e etica in P. Klossowski*, Milão, 1996, p. 88-101.

[17] VOEGELIN, Eric. *Die politischen Religionen*. Viena, 1938. (trad. it. Le religioni politiche, in: *La politica: dai simboli alle esperienze*, organizado por S. Chignola, Milão, 1993.)

[18] PETERSON, Erik. *Der Monotheismus als politisches Problem*. Leipzig, 1935. (trad. it. *Il monoteismo como problema politico*, organizado por G. Ruggieri, Bréscia, 1983.)

[19] Para essa leitura da teologia política schmittiana, ver o indispensável livro de: GALLI, Carlo, *Genealogia della politica: Carl Schmitt e la crisi del pensiero politico europeo*, Bolonha, 1996, particularmente p. 333 em diante.

dessacralização moderna, a necessidade de um novo mecanismo normativo, ele próprio revestido de inevitáveis atributos sagrados. Indisponibilidade, por fim, para sustentar tanto a lei do Poder quando o poder da Lei. No entanto – poderíamos argumentar –, essa antinomia (no sentido literal de subtração do *nomos*), que coloca em reparação o impolítico de qualquer teologia política positiva, não termina por esmagá-lo numa teologia política negativa? É exatamente essa a objeção da qual partimos. Justamente nesses termos – de teologia política negativa –, por outro lado, Jakob Taubes interpretou o antinomismo de São Paulo.[20] Este não pretende contrapor ao *nomos* romano um outro poder; limita-se a negar à lei qualquer faculdade de ordenamento político. Paulo, ao contrário, chegando a equipará-la ao pecado, produz a máxima deslegitimação da lei. Mas, paradoxalmente, precisamente nessa deslegitimação, reside – para Taubes – a potência política da sua mensagem salvífica, justamente considerado pelos romanos mais perigoso que toda contraposição de poder alternativo. Daí a convicção que naquela paulina resta uma teologia política, embora negativa. É verdade que através da desejada "contaminação" com os pagãos, o povo judaico ao qual Paulo se direciona perde toda conotação nacional e tende a assumir um alcance universal. Mas nada como esse universalismo resulta *politicamente* mais subversivo para a ordem romana.

Sem poder, agora, entrar no mérito da interpretação paulina de Taubes – não coincidente, por exemplo, com a de Barth, que pessoalmente prefiro –, o ponto imóvel que gostaria de fixar é a heterogeneidade também da teologia política negativa em relação ao horizonte de pertencimento do impolítico. Ela lhe é heterogênea – poderíamos dizer – pelo "lugar" que atribui ao negativo. Em que sentido? Por que a crítica impolítica à teologia política não corresponde de forma alguma a uma teologia política negativa? Porque enquanto esta última situa a barra do "não" entre política e teologia – negando que a teologia possa ser política e a política, teológica –, o impolítico a coloca também no próprio interior dos dois termos. O contraste – ou melhor, a contradição – não passa apenas entre teologia e política, mas no interior de cada uma delas. Que a política – uma vez determinada em seus termos finitos – não possa ser "teologizada", já o vimos. Mas a mesma política

---

[20] TAUBES, Jakob. *Die Politische Theologie des Paulus*. Munique, 1993. (trad. it. *La teologia politica di S. Paolo*, Milão, 1997.)

também vale para a teologia: que, olhada através de um ponto de vista impolítico, não pode ser mais *plenamente* tal: teo-logia. Está destinada, ela própria, a experimentar a própria indigência lógica – como bem sabia o primeiro Barth; ou o próprio vazio interior, como havia reconhecido ainda mais radicalmente Bonhoeffer.[21] Mesmo assim, não leva a cabo essa linha desapropriativa – do "teológico", além que do político – Simone Weil, quando plana a ausência no próprio coração da criação divina, invertendo-a efetivamente em "descriação"? E como são entendidos os textos explicitamente definidos "a-teológicos" de Georges Bataille, se não no sentido de uma desconstrução da teologia levada a ponto de inverter-se no seu oposto?

Verdade é que justamente essa dupla referência a Weil e a Bataille – da qual o livro se dá conta de maneira analítica também de acordo com sua diferença de registro impolítico, ascético na primeira e estático no segundo[22] – abre outra frente polêmica que canalizou os aspectos críticos de mais de um comentador.[23] Refiro-me à caracterização gnóstica que precisamente sobre o fio dessa reflexão poderia assumir toda a perspectiva impolítica. Devo admitir que um risco desse tipo não está totalmente ausente. Simone Weil, ou Bataille (mas a eles também deveria se juntar Hermann Broch), absorveu efetivamente influxos derivantes de textos gnósticos. Não só: mas também o conjunto de seus pensamentos resta exposto a uma oscilação que, por vezes, parece lançá-lo nessa direção. Isso não é verdadeiro sempre e não é sempre verdadeiro – como este livro, mas também os meus trabalhos posteriores tentam argumentar: mesmo assim como não ver uma textura gnóstica na concepção weiliana da criação como retiro do bem e, ainda mais, na conclusão bataillana (mas também, diversamente, weiliana) que o único caminho certo para escapar do disfarce idolátrico do mal em bem é sustentar a necessidade de praticar o mal? E a mesma definição negativa da realidade – criada ou não criada que seja – não comporta, por si mesma, uma consequência, ou um pressuposto, de tipo dualístico?

---

[21] Para semelhante interpretação de Barth e Bonhoeffer, ver: ESPOSITO, Roberto, *Nove pensieri sulla politica*, Bolonha, 1993, p. 78-83, 137-157.

[22] Sobre essa diferença de registro impolítico, ver a minha introdução em: *Oltre la politica: Antologia del pensiero impolitico*, Milão, 1996, p. 1-26.

[23] Ver o diálogo que tive com Massimo Cacciari publicado com o título: Politica e pensiero, *Leggere*, n. 7, p. 14-19, 1988.

Existe o risco, repito-o. E ainda assim todo o percurso de pensamento que nasceu do livro se caracterizou, nessa década, justamente pela tentativa de livrar-se dele. Direi ainda mais: o texto aqui representado já ativava uma direção de discurso substancialmente contrária a semelhante deriva dualística. Essa intenção é bem visível no curso de todo seu percurso – como se viu continuamente voltado a negar a presença de uma realidade segunda, ou, antes, em relação à única experimentável como tal. Foi dito: o impolítico não é diferente do político, mas é o próprio político visto por um ângulo de refração que o "mede" em relação ao que não é, nem pode ser. Ao seu impossível. Nesse sentido, não há dualidade – eventualmente, diferença. E uma diferença que diz respeito à perspectiva, não o objeto, ou muito menos o sujeito, do olhar. No entanto, especialmente no último capítulo, esse "autocontrole" do impolítico experimenta um ulterior ponto de avanço até levar a uma nomeação afirmativa daquilo que também nega. Isso acontece sempre que a desconstrução operada pelo impolítico diante das categorias do político é voltada a si mesma. É como se a categoria do impolítico fosse cavada do interior até perder qualquer identidade, mesmo negativa. Como se ela não pudesse manifestar-se a não ser apagando-se no puro "ter lugar", no simples "habitar", do político. De que modo: não – como também foi fortemente sugerido – numa forma de "total, soberana, indiferença"[24] ao próprio regime da diferença. Se assim fosse, o impolítico não só perderia toda a sua carga desconstrutiva, mas se dissolveria completamente. A direção a ser tomada passa muito mais por uma intensificação do limite diferencial – e, ao mesmo tempo, por sua inversão interna naquilo que ele também significa: divisão, mas, *também*, união entre o que divide. A hipótese gnóstico-dualista nasce sempre que o acento cai totalmente na primeira acepção – aquela divisora – do limite. Se a ele se reconhece apenas um "poder de separação", irão se produzir inevitavelmente dois âmbitos separados e contrapostos. A coisa muda, no entanto, se do limite é colocado em destaque também a outra vertente – complementar e desconstrutiva do primeiro, ou seja, o seu aspecto unificante: ele liga não menos do quanto separa. Antes: liga justamente o que separa. É então que o impolítico se torna não apenas limite do político, mas também limite de o próprio ser limite. Há um termo que, melhor do que outros, restitui essa copresença limiar de separação e ligação: é o de "partilha" (ou, no francês de Bataille, *partage*). Desse ponto de vista,

---

[24] ESPOSITO; CACCIARI, Politica e pensiero, p. 19.

deve-se dizer que o impolítico não se divide do político – mas partilha o seu próprio espaço. É partilha do político ou, ainda melhor, o político *como* partilha: no extremo oposto do perigo gnóstico se abre o espaço de pensamento da comunidade.

4. Antes de chegar a ele é, porém, necessário um outro percurso relativo à terceira objeção que me moveu. Na verdade, essa não se apresenta como uma contestação geral da perspectiva impolítica, mas, antes, como uma delimitação da sua eficácia hermenêutica a um âmbito preciso coincidente com o da modernidade, e mais especificamente com o seu segmento extremo. Carlo Galli forneceu a sua formulação mais límpida admitindo que o impolítico é o último, e talvez o único, horizonte de crítica realmente radical diante da modernidade, mas, precisamente por isso, a ela interior e por ela categoricamente "incluído". Se é verdade que o impolítico "desfunda" a lógica do moderno, ele pode fazê-lo só a partir desse "fundo". O que significa que tal desfundamento é linguisticamente capturado nos termos que ele acredita determinar: "Mesmo lá onde está exposta à crítica mais radical, a Modernidade, mesmo desconstruída, afirma-se como horizonte positivamente insuperável no pensamento. O impolítico e o moderno *simul stabunt, simul cadent*".[25] Se Galli dá ao impolítico o estatuto da única desconstrução não ideológica – isto é, não reativa, compensatória ou utópica – da Modernidade efetivamente porque lhe corresponde a uma luva invertida, Biagio de Giovanni circunscreve seu campo de aplicação a um âmbito ainda mais restrito. Aí a delimitação assume a tonalidade de uma verdadeira e própria "redução", e por isso mesmo de uma substancial neutralização: o impolítico não chegar a capturar todo o movimento conceitual da Modernidade – muito mais variado e contraditório do quanto ele não o represente – porque expressão de uma sua específica, e peculiar, passagem colocada no centro do nosso século: "Em todo o pensamento do século XX [...] o impolítico acompanha como num contraponto de elementos de violência, de massa, de guerra que fazem do século breve o século dos totalitarismos".[26] Daí a dupla fronteira que

---

[25] Cito da resenha de Carlo Galli ao meu: Nove pensieri sulla politica, *Filosofia politica*, n. 1, p. 156, 1994.

[26] DE GIOVANNI, Biagio. Politica e filosofia. *Rivista di filosofia*, n. 1, p. 59, 1997. De Giovanni já havia se colocado criticamente a respeito do impolítico em: Il colore della disperazione, *MicroMega*, n. 2, p. 231-237, 1989.

"restringe" o impolítico entre um *terminus a quo* situável no início dos anos 1920 e um *terminus ad quem* marcado pela queda do último muro: se a filosofia impolítica representou uma resposta à altura da grande "guerra civil europeia", ela "de todo modo se esgotou com a morte do século".[27] O impolítico não é a crítica imanente da modernidade, mas simplesmente da sua crise conclusiva em que resta cravado num nexo incindível de causa e efeito. Que outra coisa é a *crítica*, se não a ruína histórica e conceitual de uma *crise*?

O que replicar? Não há dúvida que esse nexo entre conceito e tempo – sobretudo quando a sua declinação historicista se rompe numa bem mais convincente perspectiva "epocal" – restitua um elemento real. Por outro lado – também como prova empírica da sua plausibilidade –, não é propriamente o período que se estende desde antes da primeira guerra ao segundo pós-guerra em que se vê, num mesmo ciclo de anos, os mais intensos textos impolíticos? E não é exatamente aquele o período "crítico" por excelência dos tempos modernos? Dito isso, no entanto, o problema de fundo está no uso e na pertinência dessa categoria de "criticidade". E mais precisamente na sua dissimetria lexical em relação ao espaço de reflexão aberto pelo impolítico. Tal espaço – como vimos – não coincide com aquele comumente marcado por uma atitude crítica. O impolítico não "critica" a realidade em nome de outra coisa referente a ela – de um diferente ideal, valor, interesse. Se assim fosse, evidentemente, ficaria preso no interior da tradição que gostaria de criticar – aquela, de fato, das várias críticas da religião, da economia, da política, e assim por diante.[28] Porém, há um motivo ainda mais intrínseco pelo qual o impolítico se emancipa de uma perspectiva tradicionalmente crítica. E é a sua distância prospectiva da própria ideia de "crise", da qual, como vimos, deriva não apenas etimologicamente.

Também, nesse caso, sem poder entrar muito em detalhe na questão, digamos que a referência à crise é parte integrante de uma filosofia da história construída segundo a ordem da sucessão cronológica entre as épocas e no interior de cada uma delas. Certamente, essa sucessão pode ser entendida no sentido do progresso ou naquele do declínio; deixar espaço à descontinuidade e à contradição; prever cortes, interrupções,

---

[27] DE GIOVANNI, Politica e filosofia, p. 66.

[28] Veja-se nessa direção a resenha de: DI STEFANO, F., *Oltre la politica: Antologia del pensiero "impolitico"*, Filosofia politica, n. 1, p. 143-146, 1997.

retornos. Pode deslocar os tempos históricos de maneira assimétrica ou dispô-los ao longo de um plano irregular. Mas o que não pode fazer, porque está fora do seu alcance, é conceitualizar o elemento a-histórico da história – exatamente como o impolítico interroga a borda da política; o que dela emerge e que traz "eternamente" dentro de si como o próprio transcendental imanente. Se, em suma, como nos lembra justamente a *Begriffsgeschichte*,[29] as linguagens se modificam historicamente, também a história se determina linguisticamente numa dialética cuja origem resta discursivamente inapreensível – não porque muito distante, mas porque muito próxima, aliás, copresente em todas as suas passagens de época. É exatamente essa copresença que desfaz a sucessão histórica das épocas na unidade fundamental do problema que as atravessa e as desestabiliza a partir do caráter não/originário da origem (ou an/árquico da *arché*[30]). O que se deve entender com essa expressão? E como é entendida essa barra que separa a origem de si mesma? Nesse caso, é necessária uma atenção a mais. Não que a filosofia da crise não faça referência à origem; pelo contrário, é realmente pela força dela que pode definir o momento crítico. Só que a origem a que tal filosofia se refere é sempre concebida como um início pleno, íntegro, compacto – e por isso mesmo constitutivamente pré-crítico. É efetivamente em relação – e em contraste – a ele que a crise se dá: a crise, nesse caso, não é senão a ruptura da origem numa modalidade dissolutiva que quebra o seu caráter originalmente unitário. E, portanto, que a tradição distorce, perverte ao longo de uma deriva que deixa, no entanto, sempre aberta a possibilidade da reintegração. É esse o pressuposto que, para além das diferentes estratégias terapêuticas (de tipo restaurativo, recompositivo, regenerativo), liquida todas as filosofias europeias da crise com um mesmo diagnóstico: se foi aberta uma crise, é logicamente necessário que haja um tempo *mais* originário, *realmente* originário, no qual crise não havia. Não só: mas também um momento posterior à crise que torna possível, ou pelo menos excludente, a eventualidade da sua resolução.

---

[29] Uma original reproposição da *Begriffsgeschichte* foi formulada por: DUSO G., Storia concettuale come filosofia politica, *Filosofia politica*, n. 3, p. 393-424, 1997.

[30] A referência é a: SCHÜRMANN, Reiner, *Heidegger on Being and Acting: From Principles to Anarchy*, Bloomington, 1986. (trad. it. *Dai principi all'anarchia*, organizado por Gianni Carchia, Bolonha, 1995.) Também a: SCHÜRMANN, R., *Des Hégémonies brisées*, Mauvezin, 1996.

Precisamente essa linha de reflexão é contestada pelo impolítico: não a presença da cisão – assumida, aliás, com o máximo de radicalidade –, mas a sua pós-datação a uma fase tardia, ou, de todo modo, não originária, do processo histórico, geralmente identificada com o advento da técnica. Tornadas salvas todas as relevantes diferenças de diagnóstico e de prognóstico, não é exatamente esse o ponto sobre o qual se cruzam as perspectivas de Weber, de Schmitt, de Arendt (menos impolítica), mas também de tantos "críticos da civilização"? A política, num certo momento, sai de si, trai a sua essência e cai como presa da técnica. Mas tal leitura essencialista-degenerativa cumpre uma espécie de estrabismo prospetivo que atribui à modernidade algo de mais originário – e, aliás, coincidente com a própria origem. Jamais existiu – quero dizer – uma *pólis* entendida como um cosmo unitário sucessivamente destruído. Assim como jamais existiu uma ordem natural depois violada, desenraizada e destruída pela violência da técnica. Ao contrário, desde o início os *nomoi* da *pólis* estiveram reciprocamente incompatíveis, como desde sempre a natureza se apresenta "desnaturada" pela e na lógica suplementar do artifício. Platão não pretendia isso quando excluía do grupo dos possíveis históricos a cidade ideal? Ou Aristóteles, sempre que caracterizava a especificidade da política efetiva exatamente no hiato que as separa da própria "verdade"? Não é necessário inferir que a sua política não tem propriedade, nem essência – que a sua propriedade está na ausência de justamente como a sua essência está numa inessencialidade irremediável?

É exatamente esse o problema originário – o problema *da* origem – que o moderno não descobre, nem produz, mas se limita a conceitualizar de maneira sempre mais consciente a partir de Maquiavel: o representativo "diabolismo" do político;[31] a sua irredutibilidade a "símbolo" unitário. Desse ponto de vista de poder dizer que não é a história do pensamento político – e muito menos a sua parte moderna – que "explica" a perspectiva impolítica, mas é esta que ilumina, e, ao mesmo tempo, desconstrói aquela. Que desconstrói, mais precisamente, o esquema de sucessão contrastiva que atribui ao político uma história emancipadora ou degenerativa, e, aliás, uma história em compensação da outra. Contra ele, ou melhor, fora dele, o impolítico reconhece a perfeita co-originalidade de técnica e política – que não existe uma *práxis* qualitativamente diferente da *techne* e a ela

---

[31] Esse é o núcleo ainda atual do livro de: RITTER, Gerhard, *Die Dämonie der Macht*, Munique, 1948. (trad. it. *Il volto demoniaco del potere*, Bolonha, 1958.)

precedente, diferentemente do quanto uma longa tradição nos ensinou.[32] Como o mito platônico nos conta (*Protágoras*, 322c), não surge primeiro a política e depois a técnica, mas o contrário. Isso significa que a técnica não é o fim, mas a origem da política. Mas se isso for verdade; se, como bem sabia Nietzsche, a política se origina *ao mesmo tempo* e *dentro* da técnica; se, como revela Simone Weil, a origem não "cai" no precipício do "depois" porque queda e precipício são já originários;[33] se, como prefere exprimir-se Heidegger, a origem não se dá senão na forma do próprio retiro, isso implica que a primeira origem é sempre segunda em relação a uma coisa de outra da qual se origina como defeito de origem. Ou que a origem coincide com o próprio defeito. Que essa é, ao mesmo tempo, origem e não origem – o seu rastro, teria dito Derrida: diferença de si mesma e, portanto, articulação em/originária daquilo que se origina. Se a origem é um contínuo "vir à presença" – nos é sempre contemporânea –, essa jamais pode estar plenamente presente a si própria. É propriamente irrepresentável. O impolítico não é outra coisa que a enunciação dessa irrepresentabilidade. O "retrato" – no sentido do "retirar-se" e no sentido do "remarcar" – do rastro originário.

5. É sobre a natureza de tal *retrait* – como dizem os franceses[34] – que verte a última reserva avançada no embate com o impolítico numa modalidade argumentativa que, num certo sentido, liga e resume todas as outras. Esse traço, exatamente em sua propensão ao retiro da obra, se reserva o terrível poder do juízo sobre si mesma. Exercita a faculdade soberana da separação do bem do mal, do justo do injusto, do verdadeiro do falso: "O fazer do impolítico – assim proclama uma requisitória recente – coincide com a emissão de um juízo, de um veredicto, que separa verdade e bem da política, colocando-se, ao mesmo tempo, como protetor dessa divisão [...]".[35] Precisamente porque se proclama titular

---

[32] Como argumenta justamente Massimo Cacciari em: *Dell'Inizio,* Milão, 1990, p. 408 em diante.

[33] Para essa interpretação de Simone Weil – e mais em geral sobre o problema da origem –, remeto ao meu: *L'origine della politica: Hannah Arendt o Simone Weil?*, Roma, 1996.

[34] Refiro-me à coletânea *Le retrait du politique*, Paris, 1983.

[35] Coletivo 33, L'impolitico. *Per l'emancipazione. Critica della normalità.* Nápoles, 1997, p. 24.

de "um saber mais originário e mais radical de todo saber histórico e empírico",[36] o impolítico se demonstra "prepotente" em relação à impredicabilidade dos eventos e às práticas "emancipatórias" a que eles dão lugar. As coisas funcionam realmente assim? É esse o êxito – se não a intenção – do comportamento impolítico? Ou semelhante crítica nasce, ela própria, de uma análise – esta, sim, prejudicial – que permanece imóvel diante de uma imagem simplificada e redutora de uma dialética muito mais complexa? Em primeiro lugar, entre "fora" e "dentro". Porque se o impolítico se situasse totalmente fora do político – ou se se limitasse a constituir a sua fronteira externa –, essa polêmica também poderia atingir seu objetivo. Porém, não acontece assim. E assim não acontece no sentido preciso que o "fora" – ou melhor, o ponto vazio de substância ao qual o impolítico se volta – está desde o início situado no interior do político. Ou talvez melhor: é o próprio político subtraído da sua plenitude mítico-operativa.

Sobre esse ponto é necessário dar esclarecimentos. Não quero negar que nas diferentes – e, sobretudo, nas primeiras – formulações do pensamento impolítico, o acento tenha caído do lado da exterioridade. E ainda mais do limite, da borda, da margem que o político não pode determinar efetivamente porque é por ele determinado – como a voz pelo silêncio. Mas, de fato, o silêncio não é outra voz; e tampouco a voz do outro. Não é nem mesmo, exclusivamente, o fundo ou o pressuposto da voz – mesmo se não posso excluir o fato de tê-lo interpretado, por vezes, nesse sentido, como o "não" que abre a possibilidade do "dizer", ou, nesse caso, mais precisamente, do "fazer". E, pelo contrário, sempre mais esse silêncio deve ser entendido como a pausa, ou a articulação, interna à própria linguagem. Não apenas o que o consente, mas o que o escande. Em suma, todo o processo de elaboração cuja categoria de impolítico foi submetida nesses anos seguiu na direção de uma sempre mais explícita interiorização da exterioridade, do fora, do confim – no sentido em que, do mesmo modo, Bataille chamava a sua paixão pelo "fora" de *experiência interior*, aludindo, assim, a uma perfeita sobreposição de imanência e transcendência. A transcendência – mas esse elemento já está amplamente presente no último capítulo de *Categorias* – não é o contrário da imanência, mas a sua interrupção, ou exposição, ao próprio "fora". É transcendência – ou melhor, transcendimento – *da* imanência, não *pela* imanência.

---

[36] p. 25.

Pode-se dizer que essa passagem interna à autointerpretação do impolítico seja marcada, ou, mais exatamente, constituída, pelo pensamento da comunidade: que, como abordado no capítulo bataillano do presente livro, encontrou a sua forma mais madura num livro que em relação às *Categorias do impolítico* representa, sim, um desenvolvimento, mas também um certo afastamento do baricentro semântico.[37] Poderia definir esse trânsito lexical – amadurecido, sobretudo, em confronto com o pensamento de Jean-Luc Nancy[38] – como aquele que se movimenta de uma lógica da pressuposição em direção a uma lógica da exposição. Ou – é a mesma coisa – do plano da analítica àquele da ontologia: a comunidade não é algo que põe em relação aquilo que é, mas o próprio ser como relação. É uma especificação relevante porque é aquela que distingue de maneira radical essa perspectiva de todas as filosofias contemporâneas, éticas, antropologias da comunidade. Mas também de toda "política da amizade", como soa o título de um texto recente de Derrida.[39] A minha impressão a propósito – compartilhada, além do mais, pelo próprio Derrida, também a partir de uma opção oposta – é que, apesar de todos os possíveis cruzamentos, de todas as aproximações, referências, entre o léxico da amizade e aquele da comunidade, resta uma diferença insuperável: que é aquela que há entre um código linguístico referido sempre aos sujeitos – realmente, de amizade, que justamente por isso pode ser política, como, de maneira inversa, a inimizade – e a outro muito mais relativo ao ser "em comum" enquanto tal, ou seja, a uma existência compartilhada que quebra e decentraliza a dimensão da subjetividade: no sentido que a relação – ser em relação e *como* relação – não é pensável senão no "retiro" subjetivo dos seus termos.

Isso é destacado para evitar um possível mal-entendido do qual é resultado, não de todo isento, o pensamento de Bataille, voltado, como se sabe, sobretudo no fim dos anos 1930, a uma "comunidade da morte" nem sempre distinta de uma mais inquietante perspectiva de morte da comunidade. Em relação a tal deriva sacrifical – autossacrifical – experimentada de modo peculiar na sugestiva quanto falimentar

---

[37] ESPOSITO, Roberto. *Communitas. Origine e destino della comunità*. Turim, 1998.

[38] A partir do texto fundamental de: NANCY, Jean-Luc, *La commuauté désœvrée*, Paris, 1986. (trad. it. *La comunità inoperosa*, Nápoles, 1992.)

[39] DERRIDA, Jacques. *Politiques de l'amitié*. Paris, 1994. (trad. it. *Politiche dell'amicizia*, Milão, 1995.)

aventura de *Acéphale*,[40] o livro *Categorias do impolítico* não toma bastante explicitamente distância. E que, aliás, nas últimas páginas, dedicadas ao suicídio coletivo de Numância, parece compartilhar a sua propensão dissolutiva, justificando uma das mais agudas críticas ao impolítico feita por Maurizio Ferraris: assim como a *noluntas* não é senão a inversão especular da *voluntas*, "não parece difícil ver na comunidade como ser-para-a-morte o simples reverso da comunidade de vida".[41] A observação não é infundada – mesmo se me leva a conclusões marcadamente diferentes daquelas de Ferraris. Mas se refere a uma ideia de comunidade do sacrifício que, se representa um dos possíveis êxitos (não o único, no entanto) da experiência de Bataille, está totalmente fora do horizonte de sentido da *communitas* através de como se foi, posteriormente, configurando. Segundo a sua etimologia profunda, de fato, ela não pode ser concebida como o produto de uma vontade compartilhada; e tampouco como a linha da morte a que os sujeitos acedem numa espécie de êxtase sacrifical, a partir do momento em que precede toda vontade e todo sujeito como o *múnus* originário do qual eles emergem no modo de uma ininterrupta expropriação. O nada, em suma, não pode ser o *telos* da comunidade, como não é o seu pressuposto: ele, antes, é a própria comunidade se esta é pensada não como uma ligação – subjetiva ou, muito menos, objetiva – mas como o espaçamento definido pela sua impossibilidade operativa. Em tal sentido, pode-se dizer que ela não seja outra coisa senão aquela origem em/originária à qual já fizemos referência – é a origem ausente, ou subtraída de si mesma por uma falta irremediável porque coincidente com a sua mesma constituição. Todas as narrativas sobre o delito fundador da origem da sociedade apenas traduzem em chave antropológica essa "delinquência" – ou falta originária.

Essa – a impossibilidade para a comunidade de coincidir com ela mesma, a sua inapresentabilidade histórica – estava desde o início no centro da perspectiva impolítica como aquele conflito constitutivo que não pode ser ordenado senão de modo teológico-político ou, ao contrário, neutralizante segundo a direção prevalente do projeto moderno. Mas isso

---

[40] Veja-se, agora, a tradução italiana da revista *Acéphale*, La congiura sacra, com a introdução de Roberto Esposito e de um dossiê de textos inéditos, organizado por Marina Galletti (Turim, 1997).

[41] FERRARIS, Maurizio. Il filosofo desidera morire? Dall'impolitico all'altro che è in noi. *Aut Aut,* n. 231, p. 91, 1989.

sobre o que gostaria de insistir é a necessidade de não declinar o vazio originário de maneira unicamente negativa ou também, simplesmente, desconstrutiva. Ele, precisamente enquanto *múnus*, também é, e ao mesmo tempo, entendido em sentido "munífico": isto é, como um "nada em comum" que dentro da dimensão do conflito e da violência traz também a dimensão da "donatividade".[42] Não por acaso o nada é sempre a custódia, ou o coração, do ente. Certamente a "donatividade" à qual nos referimos não tem nada em comum com as ingênuas reabilitações, ou reproposições, do paradigma do dom por parte das ciências sociais – quase sempre se esquecem do caráter constitutivamente ambivalente, de oferta e de ameaça, implícito na dinâmica donativa. Ela convoca, ao contrário, o risco e o perigo que o *múnus* originário determina em confronto com os que escolhem compartilhá-lo dilacerando a própria identidade subjetiva. Mas também a circunstância que aquela que parece uma escolha não é senão a consciência de uma realidade à qual pertencemos sem que jamais possamos pertencer a ela por completo. O que é, além do mais, o impolítico, se não esse desvio imperceptível?

---

[42] É precisamente o tema, e o esforço, de: ESPOSITO, *Communitas: Origine e destino della comunità*.

Introdução
Através do impolítico

1. Hesitei não pouco antes de dar ao presente ensaio um título – como aquele que aparece na capa –, situado no cruzamento de dois grandes textos novecentistas: *Considerações de um impolítico*, de Thomas Mann, e *As categorias do político*, de Carl Schmitt (ou, mais precisamente, do Schmitt traduzido na antologia que determinou seu destino na Itália). E hesitei com o temor de estabelecer consanguinidade e ascendência desviantes em relação às reais intenções do livro. Desviantes certamente no caso de Mann, a cuja acepção de "impolítico" aqui proposta se afasta de modo radical, como veremos nas próximas páginas. Mas desviante, de modo geral, também no caso de Schmitt, presente, claro, na primeira parte do livro, porém mais como margem de contraste – poderia-se dizer que esse começa ali onde o discurso schmittiano se detém: da sua futuridade – do que como referente interno. Embora no caso de Schmitt tenhamos dado como conhecida uma série não exígua de aquisições analíticas, a partir do jamais bastante avaliado fragmento *Catolicismo romano e forma política* que deste trabalho representa em certos casos aquela que os franceses chamam de *mise en abyme*, uma espécie de pré-texto ou chave explicativa. Não surpreenda, por outro lado, que *fora de si* – num texto que constitui talvez a última grande defesa do político – deva procurar "explicação" um livro programaticamente dedicado ao impolítico: isto é, a uma noção negativa e a tal negatividade necessariamente ligada, sofre a inversão em seu oposto (nas categorias do político).

Isso não significa, evidentemente, que do impolítico não se possa dizer nada – não seria, nesse caso, uma categoria (ou talvez melhor: um horizonte categorial), mas uma daquelas "mana" filosóficos aos quais nos agarramos em não raros momentos de desespero conceitual. No entanto, sempre se pode falar dele a partir daquilo que ele *não* representa. Ou, ainda mais intensamente, de sua oposição constitutiva às modalidades da "representação", entendida esta última realmente como *a* categoria do político na época de sua incipiente crise. É isso que procura Schmitt no ensaio ao qual acabamos de fazer referência, cujo objeto fundamental é o caráter institucionalmente despolitizante da Modernidade; e, mais exatamente, a tese que tal despolitização seja determinada pela recusa da "representação" como aquilo que liga a decisão política à "ideia" ou que, em outras palavras, permite um trânsito (uma comunicação, segundo a polêmica antirromana de Dostoievski) entre bem e poder.

Aqui – mesmo com a rapidez requerida de uma simples declaração de intenções – impõe-se um duplo esclarecimento preliminar. Em primeiro lugar, sobre o moderno. Sem querer, nem poder, entrar num debate agora praticamente coextensivo a toda literatura filosófica das últimas décadas, revela-se dentro do registro específico de sua constituição: a saber, a contradição, seu ser contradição, seja no caso da permanência dos contrários, seja naquele de sua resolução dialética. Isso vale também, e talvez sobretudo, no que diz respeito à sua relação com a política. Quando se fala, como faz o jovem Schmitt – mas também toda uma série de intérpretes, mesmo distantes dele, de Arendt a Polanyi, de Touraine a Dumont –, de despolitização moderna, e, aliás, da Modernidade *como* despolitização ou neutralização, esta última se configura como o objeto (ou a forma) de um *excesso* de política. Dito de outra maneira, é justamente a aquisição do político (no sentido de sua formalização: como emancipação da natureza e como perda de "substância") de todos os âmbitos da vida a determinar um êxito de progressiva neutralização: isto é, de exclusão do conflito da ordem "civil". Tal processo é visível de modo totalmente particular no *Leviatã*, de Hobbes – neste, *contra* Maquiavel, verdadeiro fundador da política moderna, quando política é entendida pelo modo dito anteriormente –, que pode "retirar" a contradição só pelo preço de uma despolitização total da sociedade a favor do soberano.

Ao dispositivo hobbesiano pode referir-se em termos genéticos também a segunda explicação, relativa, agora, ao conceito de "representação-representança". Quando Schmitt – mas é uma tese, diferentemente declinada, também de Foucault – vê no moderno a morte da representação, não procura negar, e, aliás, afirma explicitamente, que é justamente o moderno que, em sua origem hobbesiana, abre a história (de fato, moderna) da representança: mas de uma representança inteiramente imanente – vazia, isto é, de conteúdo substancial – que da representação da "ideia" constitui a mais radical negação. O que desta última é absorvido e, por assim dizer, achatado na pura imagem (de um fundamento agora ausente) é precisamente aquela referência a uma alteridade transcendente que do político era, ao mesmo tempo, *virtus* formativa e *telos* último. E esse fio vertical que o moderno corta com uma decisão exclusiva de qualquer relação (se não analógico: por transposição metafórica) com o outro por si mesmo. Não que isso seja simples proliferação de interesses contrapostos; que não aspire continuamente à forma da unidade: só que o entende como unidade funcional e autorreferencial. Ou seja: como "sistema" capaz de se autogovernar para além de toda finalidade exterior (o bem) ou vínculo interior à lógica dos conteúdos (os "sujeitos") que o habitam. A mesma distribuição em subsistemas é organizada de tal modo a não requerer convergências "ideais". O político constitui, de fato, um desses subsistemas: daí a sua conquistada autonomia em relação ao resto do quadro. Mas também, contemporaneamente, aquele esvaziamento entrópico do qual falávamos. Que não todas as filosofias políticas modernas sejam reconduzíveis a esse êxito autodissolutivo; que existam, em seus confrontos, pontos de resistência e de contraste – de Maquiavel, que constitui a sua originária (mas derrotada) alternativa, a Spinoza, a Vico, e em certos casos, a Hegel e a Marx – não exclui que o "paradigma hobbesiano da ordem" seja a linha vencedora e ainda hoje amplamente hegemônica do funcionalismo de Parsons à "sistêmica" de Luhmann.

2. É a essa que "reage" a *repraesentatio* católica como remendo do nexo interrompido entre bem e poder: no duplo sentido que o bem é *representável* pelo poder e que o poder pode *produzir* o bem (ou também, dialeticamente, transformar em bem, o mal). É aquilo que no curso do livro indicarei com a expressão "teologia política". Aqui é necessário um esforço ulterior de determinação semântica: do momento em que o uso que faço do termo-conceito tende a divergir também de maneira radical daquele de Schmitt. É conhecido como ele, pelos menos na fase madura de sua obra e salvo complicações ulteriores, entenda por "teologia política" aquele processo de trans-avaliação (mais que de simples paralelismo) que na Modernidade transforma alguns conceitos de matriz teológica em outras tantas categorias jurídico-políticas, vindo de fato a coincidir com o movimento de secularização (mesmo se nunca de

pura laicização sem restos). Em relação a esta acepção potencialmente "politeísta" (conforme ao *Entseelung* weberiana), o ensaio aqui apresentado propõe um deslocamento e, em certos casos, uma restauração de significado relativa a outra, e mais originária, lição (que remonta a Ambrósio e Agostinho) feita justamente por Erik Peterson, mas também por Voegelin, em polêmica direta com Schmitt. Para Peterson, teologia política é conceito essencialmente ligado àquele de monoteísmo. Ele, de fato, partindo da constatação de que o monoteísmo como problema político encontra suas raízes no aristotelismo, e precisamente na contestação movida por Aristóteles ao dualismo platônico (que culmina na citação homérica presente no III Livro da *Metafísica* segundo a qual, "O existente não quer ser mal governado: não é um bem que existam mais senhores: um único seja o senhor"), conclui que "a doutrina aristotélica se inspira num 'rígido monarquismo' do espírito [...] segundo o qual o único poder (μία ἀρχή) do último único *princípio* coincide, na monarquia divina, com a 'potência' do único último detentor desse poder (ἄρχων)".

Sem poder seguir Peterson por toda sua articulada genealogia histórico-filológica, fiquemos no ponto que aqui nos interessa: teologia política é aquela espécie de curto-circuito lógico-histórico que introduz uma terminologia política (o monoteísmo) no interior do léxico religioso em função de uma justificativa teológica da ordem existente. Ou, mais simplesmente, a representação teológica do poder. É exatamente o quanto o catolicismo político opõe à deriva despolitização do moderno. Essa contraposição não passa necessariamente por um ponto de vista antimoderno. E, aliás, no caso que por sua força expressiva assumiremos como modelo (seja também atípico, como veremos) de tal posição – aquele de Romano Guardini –, essa se propõe além do mais como êxito "ultramoderno" emergido do "fim da época moderna". O próprio Schmitt, de resto, recorda como a *complexio* católica não se coloca de modo antitético ao mundo da técnica, nem assume para si os mitos irracionalistas e as nostalgias passadistas do romanticismo: tanto é verdade que a sua teologia exprime uma lógica de tipo estreitamente jurídico. O ponto que faz diferença, em relação ao paradigma moderno, é, todavia, como já se dizia, outro: isto é, que tal lógica não se esgote num conjunto de procedimentos técnicos, mas compreendo o momento "alógo" da decisão. Não só: mas também de uma decisão que incorpora uma dimensão *essencialmente* representativa: representativa da essência. É esse enraizamento no "céu da ideia" que a salva da falta de fundamento da decisão moderna. Para existir enquanto tal, a decisão de Guardini deve manter juntos os dois polos – imanente e transcendente – dos quais é tecida toda a realidade: história *e* ideia, vida *e* autoridade, força *e* verdade. Mais uma vez: poder *e* bem.

Se há um ponto em que Guardini, mesmo ampliando seus confins quase ao limite da contradição interna, restitui o sentido mais repleto do catolicismo político, é determinável precisamente nessa concepção *afirmativa* do poder: o poder, enquanto potência, é uma determinação do ser: e, portanto, deve respeitar a sua ordem bipolar. Não só: mas constitui também, realmente, o meio em que os dois polos se encontram. Daí o *dever* do poder. O homem deve exercer o poder para obedecer a Deus, no sentido que é Deus que impõe ao homem exercer o poder: e, assim, santificá-lo. É por isso que o poder é bem: sua tradução política. A política enquanto tal vive dessa relação, por isso fora dele, fora do chamado transcendente ao querer onipresente de Deus, não há verdadeira política (e sim, simples técnica). É por isso que o moderno, rompendo essa relação (ou sobrepondo seus termos), é condenado à despolitização, deve ceder à secularização, entregar-se ao "século". Porque, para dominá-lo, é necessário aquele político cujo monopólio pertence, agora, à Igreja de Roma. Esse monopólio, para ela, é, ao mesmo tempo, tarefa e tragédia. Tarefa de defender o político contra os ataques desenraizados de forças opostas e complementares (capitalismo e socialismo). E tragédia porque tal tarefa é agora irrealizável, constitutivamente *utópica*. Utópica é, de fato, a terra do político, última ilha no grande oceano da despolitização moderna; como irremediavelmente utópico é o papel de centralidade dado por Guardini à Europa cristã. O destino trágico do catolicismo político de Guardini – reconstruído no primeiro capítulo do livro em paralelo à falência do *Nomos* schmittiano – parece agora abandonar o político a uma alternativa sem saída: a *insula* da *repraesentatio* romana ou o oceano da despolitização moderna. Teologia ou secularização, utopia ou entropia, mito ou niilismo.

3. Na realidade, aquela que parece uma alternativa bloqueada sobre hipóteses contrapostas abre historicamente outra direção, que é aquela devorada *realmente* pela forma-Estado contemporânea: *ao mesmo tempo* "teologizada" e despolitizada. É esse o arcano da política moderna que a contraposição schmittiana não parece apreender. A antítese entre representação política e neutralização despolitizante é, na realidade, uma

copresença, como demonstra o trânsito histórico-semântico que seculariza a representação católica na representança moderna (governativo-parlamentar). Esta última não pode senão representar os vários (e contrapostos) interesses liberados pela desformalização da antiga *res publica christiana*. Tais interesses não podem ser conciliados, reconduzidos à harmonia, mas, no máximo, "regulados" nos termos de uma "paz armada".

Encontra-se nessa passagem a solução política da guerra de religião. Esta está esvaziada de substância ideológica, reduzida por conflito de princípios a simples jogo de interesses. Nesse sentido, o moderno se apresenta como organização de um vazio: dissolução pela substância, mais que seu "cuidado", desenraizamento de toda pretensão de totalidade. A política no sentido da antiga *pólis* perde qualquer legitimidade: só pode sobreviver no abandono (e na lembrança) de si mesma, na sua transformação em *civitas*, cidade dos vários interesses. O Estado que deriva dela não somente não reproduz a ordem da *pólis*, mas é determinado pela sua "retirada". Aquilo que se retira, propriamente, é qualquer relação simbólica entre político e social. O equilíbrio dos interesses é garantido por essa ruptura, pelo abandono de toda pretensão orgânica de "síntese *a priori*". A síntese não pode ser senão simples mediação, puro negócio entre partes inteiramente governadas pelo interesse econômico. E, de fato, o Estado agnóstico, neutral, da tradição liberal-democrática é o Estado da autonomia do econômico. É esta última que liberta o indivíduo dos vínculos pessoais e hierárquicos da ordem pré-moderna e que o confia ao domínio "absoluto" do mercado. Assim como é absoluta permutabilidade da mercadoria que funda o direito igual, à igual possibilidade de adquirir bens materiais e simbólicos.

E, no entanto, é precisamente a particular configuração da autonomia do econômico – como também o papel (de causa e de efeito) que põe em jogo a igualdade jurídica – que restitui o caráter contraditório, isto é, *hiperpolítico*, dessa despolitização. O paradoxo que descende disso pode ser enunciado de tal modo: a despolitização é a forma política em que se determina a autonomia do econômico. Esta não se desenvolve naturalmente, mas tem necessidade de uma força (política) capaz de instituir e conservar as condições gerais nas quais possa funcionar. Não somente, mas de uma determinada autoconsciência daquele funcionamento. É o mesmo problema que investe, num nível separado e também ligado ao primeiro, a reprodução do aparato jurídico: subtraído realmente a toda obrigação de verdade, que o reconduziria inevitavelmente àquele choque irredutível sobre os valores últimos sedado pelo moderno politeísmo; e, portanto, constitutivamente arbitrário, injustificado, mutável: e, todavia, ao mesmo tempo, vinculado a uma lei que, para valer efetivamente, deve apresentar-se como universal, imutável, transcendente. Essa mesma dialética investe a figura do Estado. Esse – como se viu – nasce do processo de desteologização em que consiste a laicização moderna; e, por isso, pelo esvaziamento de toda substância política: fratura da unidade política em diferentes poderes e sua neutralização contratual. Contudo, essa neutralização, para funcionar, para recompor, mesmo artificialmente, as partes, necessita de forma política. O poder das partes – de sua negociação – é politicamente organizado. O mesmo não fundamento da velha representação produz nova demanda representativa. Os interesses se dão unitariamente irrepresentáveis: mas tal situação, de novo, é ela mesma representada. É especificamente, aliás, a não fundação, o desenraizamento, que requer uma nova raiz. Assim, é precisamente a Técnica, que também exprime a ilimitação da vontade de potência, que "provoca" uma nova determinação formal.

Naturalmente, essa nova forma dotada daquilo que rompeu a velha unidade substancial da comunidade (transformando-a em mera *societas*) não pode ser senão mito. Essa é teológica, por assim dizer, à segunda potência: enquanto nascida da desteologização moderna. Teologia da laicização. É a teologia política hobbesiano-schmittiana. Teologia *política*: mas política da *despolitização*. Contradição ou paradoxo insolúvel que "teologiza" a despolitização em nova forma política. Copresença dos opostos que transforma um à sombra falsificada do outro. Técnica em Ética, direito em Justiça, poder em bem.

4. É contra essa copresença de despolitização e teologia, de técnica e valor, de niilismo e apologia que surge o impolítico. Este, já dissemos, é bem outra coisa que representação. Ou melhor: o outro, aquilo que resta obstinadamente fora dela. Mas tal irrepresentabilidade não é certamente aquela da despolitização moderna. A sua não é recusa do político. Nesse sentido, ele é radicalmente subtraído da semântica manniana. Não é o valor que ao político se contrapõe. É, aliás, exatamente o contrário. É a recusa do político transformado em valor, de toda sua valorização "teológica". O impolítico é crítica do encanto, mesmo se isso não significa que ele se reduza ao simples desencanto, ao alegre politeísmo do "depois".

Não se reconhece na desradicação moderna: mesmo não procurando, e, aliás, denunciando, toda utópica radicação.

Que por outra parte ele não coincida de forma alguma com um comportamento apolítico ou antipolítico é comprovado pelo destaque que assume em Hannah Arendt. Pode surpreender a inscrição na semântica do impolítico de uma autora, como Arendt, "heroicamente" certificada – quanto Schmitt, mas diferentemente dele – na defesa das categorias do político no momento de sua capitulação. E, de fato, tal inscrição – avançada, além do mais, de maneira problemática e parcial: relativa, sobretudo, à sua mais recente produção – não diz respeito ao ponto de refração do qual o político é olhado (a este sempre rigorosamente interior: exceto, talvez, que para a perspectiva de fuga que a última obra abre no "ínterim" do pensamento); quanto a progressiva restrição de sua margem de determinação afirmativa: isto é, o êxito de substancial irrepresentabilidade que experimenta uma concepção da política como pluralidade (e natalidade: a origem para Arendt é sempre plural). Toda tentativa lógico-histórica de *representar* essa pluralidade constitui, de fato, sua evidente negação, do momento em que a modalidade intrínseca da representação é aquela da *reductio ad unum*. Um destino, originalmente apreendido pelo efeito de transcendência do idealismo platônico, e definitivamente "realizado" pelo totalitarismo contemporâneo: não no sentido da sua alteridade em relação ao Estado "burguês", mas naquele de uma objetiva complementaridade (se não, realmente, sobreposição), como testemunhado pela afinidade categorial que o liga às modalidades despolitizantes não só da tarda sociedade liberal de cujo seio ele emerge, mas de toda a Modernidade.

Não por acaso é esta última – o nó, como antes se dizia, que essa faz de técnica e decisão, de vontade e representação, de neutralização e teologia – o prevalente objeto de crítica (mesmo em chave nem restaurativa, nem apocalíptica) assumido por Arendt desde *A condição humana*, e sobretudo no ensaio sobre a revolução que constitui o *pivô* lógico em torno do qual o discurso arendtiano se inverte em direção sempre mais acentuadamente impolítica. De fato, o moderno – alegremente interpretado (frequentemente, ai de mim, em nome da própria Arendt) como âmbito genético da política-pluralidade – é a sua mais determinada negação em termos de unificação forçada. Ambos os polos dentro dos quais oscila a sua constituição política – aquele da representança e aquele da revolução – são originalmente (não contingentemente) assinalados.

É assim para a representança, atarraxada, desde a sua gênese hobbesiana, num mecanismo de autonomeação transcendente (não em sentido metafísico, mas funcional) do representante nos confrontos do representado: com o duplo resultado de uma "divinação" da soberania (já em Hobbes dotada dos atributos divinos da interpretação da lei e da "criação" da subjetividade política) e de uma despolitização da sociedade. É verdade, sem dúvida, que na constituição moderna o soberano é tal apenas se representa, mas é igualmente verdadeiro que a representação não pode dar-se senão de forma soberana, "teológica", superior, e despolitizante, inferior, ao Estado – dos indivíduos representados.

É por isso que a multiplicidade enquanto tal resta irrepresentável: porque a representança não pode senão encravá-la na unidade de sua forma "imaginária" (não substancial, mas transcendental). A representança, mas – daí a progressiva afasia afirmativa do discurso arendtiano – também a revolução: inicialmente subtraída do deslizamento monístico pela sua *anima* constitutivamente plural, antirrepresentativa; mas, depois, essa mesma *necessariamente* traída – por isso reconduzida à matriz restauradora do seu étimo pré-moderno de *revolutio* – de uma exigência autolegitimante que a vincula a um modelo tradicional: e, portanto, ainda e fatalmente, à sua representação "teatral", como experimentado por aquela mesma revolução americana por Arendt indicada como a mais resistente ao curto-circuito teológico-político, e, no entanto, dele inexoravelmente presa. O problema, enquadrado em chave histórica no ensaio sobre as revoluções, é reproposto na inacabada trilogia final em chave mais estritamente teorética como paradoxo da vontade, a qual, mesmo metafisicamente fundada em termos de liberdade – isto é, de impredicabilidade, de contingência –, é destinada pela própria natureza binária, eternamente dividida entre querer e não querer, a ponto de não poder traduzir-se em ação política. Ou a poder fazê-lo somente através da supressão violenta da alteridade conflitual que a constitui, e, portanto, através de uma unificação ainda mais forçada do que a representativa: saindo de si mesma. Tornando-se supressão, imposição, domínio. A irresolução dessa situação – da qual o desmoronamento impolítico da última obra de Arendt é o mais evidente levado a cabo – constitui-se perfeitamente pelo caráter especular de representação e decisão: ambas exclusivas da pluralidade fora da qual toda forma política é forçada a inverter-se em seu oposto informe (a técnica) ou deforme (o totalitarismo).

5. É a mesma irresolubilidade que inquieta (chegando a "vetar-lhe" a conclusão) o "livro político", de Hermann Broch. Que o seu nome e a sua obra encontrem lugar num ensaio de filosofia política só pode surpreender quem não conheça, não digo os milhares de páginas por ele dedicadas a temas de teoria política e de filosofia da história, mas nem mesmo aquele breve e violento "condensado" de política justamente por Arendt editado e introduzido. Ele parte (pode-se dizer, apesar da distância cronológica) exatamente de onde a obra arendtiana se detém: além do mais, com uma nitidez de perspectiva devida à passagem de uma analítica ainda com fundo pré-hobbesiano, como aquela da Arendt, a uma antropologia decididamente pós-hobbesiana; isto é, à assunção da origem não só como pluralidade, mas também e, sobretudo, como conflito. Irredutível conflito de poder.

Por trás dessa passagem não há, naturalmente, apenas Hobbes: há, sobretudo, aquele triângulo de pensamento "forte" constituído pelos três mais terríveis textos de filosofia política contemporânea: ou seja, *Crítica da violência*, de Benjamin, *Totem e Tabu*, de Freud, e toda a obra de Nietzsche. Sobre a contribuição específica desta última à "tradição" do impolítico, voltaremos mais adiante. Aquilo que, de todo modo, desse cruzamento se reflete no discurso de Broch é não só a distância entre direito e Justiça, que constitui o centro focal e a medida semântica da sua crítica à teologia política, mas a aquisição de uma falência epocal (e, aliás, da História em seu conjunto) que exclui qualquer recomposição histórica (mas também escatológica) entre política e ética. Daí o desdobramento, interior ao próprio político, entre o nível, o "polo", como Broch prefere, da sua efetualidade necessariamente negativa, porque suspensa à sobre-posição estrutural de liberdade (própria) e subjugação (alheia), e aquele inefetivamente afirmativo que constitui o seu irrepresentável pressuposto. Nessa absoluta diferença entre uma realidade puramente negativa e a sua ideia puramente positiva se encerra o impolítico brochiano. Impolítico não no sentido de uma fuga do político que, enquanto *real*, é declarado "inelutável" – toda a linha do impolítico é interna (porque a dá por conhecida), não externa, à koselleckiana "política como destino" –, mas naquele da sua subtração a cada perspectiva de valorização ética.

É verdade, de fato, que exatamente a essa última – ao desenho de fundação ética da política – havia sido por Broch funcionalizada aquela filosofia neokantiana da história que constitui o objeto, jamais interrompido, da sua pesquisa filosófica. No entanto, isso não exclui que não só tal projeto venha a falir por íntima contradição, mas que precisamente de tal contradição nasçam as mais intensas provas narrativas do autor: dos *Sonâmbulos* à *Morte de Virgílio*, que, sobretudo no encontro-embate entre Augusto e Virgílio (aqui reconstruído em direta inversão da interpretação corrente), do impolítico brochiano representa a última, de fato contraditória, "sistematização"; no sentido que contraditória, conscientemente contraditória, não é só a sua forma – a tentativa de alcançar a Palavra através da linguagem que exprime a sua negação discursiva (assim como a prática política é a degradação da ideia a ela pressuposta) –, mas também o seu objeto. Porque contradição, "composição" (ela própria antinômica) de contradições, não pode ser senão a lógica subtraída da linguagem (não contraditória) do *Nomos*. Isso explica ao mesmo tempo a oposição e a derrota de Virgílio, isto é, a restituição final da *Eneida* a Augusto. A *Eneida*, poema do político, não pode pertencer senão a Augusto do momento em que inapropriável é a ideia que ali projeta Virgílio. Aquela ideia – a *justa* distância do mundo do *proprium* (isto é, de *todo* o mundo) – não é reproduzível em imagem. Imagem se dá apenas daquilo que é reduzível à propriedade. Mas a Justiça de Virgílio não é mediável dialeticamente com o direito. É por isso que o diálogo com Augusto não chega a nenhuma recomposição, a nenhuma síntese ético-política. A ética é o irrepresentável do político, aquilo que ele só pode escutar através daquela "parede de ribombante silêncio" que encerra o universo dos *Sonâmbulos*.

É a mesma parede em que se debate também a linguagem de Canetti, com uma consciência do próprio limite interior e também superior àquela de Broch: no sentido que o "polo" positivo, entendido por Broch como a alteridade, certamente inexprimível, mas em algum modo identificável como pressuposto exterior (a ideia) do político, é por Canetti drasticamente resumido na representação *sem restos* do negativo. Não há outra dimensão, no mundo de Canetti, proveniente da semântica de um poder que preenche de si toda a realidade representada: e que apenas através dessa plenitude deixa transparecer, não ao exterior, mas às suas costas, como inversão ou sombra de uma presença ilimitada, o não poder daquilo que *não* é. Nessa ausência – o inexpresso, o impensado, o esquecido – se recolhe para Canetti o impolítico. Ele é o silêncio que envolve o poder. A lâmina de luz que transparece pelas malhas noturnas da história do poder. Do poder *como* história. A história é aquilo que sanciona a subordinação do possível ao poder. A sua tradução em realidade:

isto é, ainda em poder. Nenhuma história possível pode contrastar o passo da *única* história real. Também, nesse sentido, no Uno resta a caracterização "teológica" do poder: aquilo que é coextensivo ao real porque exclusivo de qualquer outra possibilidade irrealizada. Nessa "unicidade" do real – é o ponto decisivo que as leituras utópico-liberatórias de Canetti não têm a coragem de tematizar – esgota-se toda alternativa ao poder: compreendida aquela da multiplicidade, da metamorfose, da massa, só aparentemente contraposta, mas na realidade interior, ou incorporável, à sintaxe teológico-política do Uno. É o "segredo" mais inquietante da escritura canettiana: não simplesmente, como se repete, a vitória do Uno sobre o múltiplo, do algoz sobre a vítima, da morte sobre a vida, mas a sua unificação tendencial: não morte contra a vida, mas vida que produz morte.

6. O discurso até agora realizado leva a uma ulterior aproximação à essência do impolítico. Já vimos como essa é expressa pela crítica da teologia política na sua dupla acepção católico-romana (a representação) e hobbesiano-moderna (a representança). Nesta segunda direção, o impolítico se constitui em oposição direta a toda forma de despolitização: e, portanto, numa relação bem mais diversa que simplesmente opositiva com o político. Mas isso não basta. Não basta dizer que o impolítico não recusa prejudicialmente a dimensão do político. É necessário dizer que ele, de certo ponto de vista – aquele, como ocorre em Canetti, situado precisamente às suas costas – *coincide com ela.* Digamos melhor: o impolítico *é* o político olhado de seu confim exterior. É a sua *determinação,* no sentido literal que esboça seus *termos* (coincidentes com toda a realidade das relações entre os homens).

Nessa acepção, o impolítico foi todo o grande realismo político – isto é, o pensamento *não* teológico sobre a política – a partir de Maquiavel (que a grande tradição interpretativa, de Croce a Meinecke, realmente leu, mesmo inconscientemente, *também* como pensador impolítico: se o homem fosse bom... mas a partir do momento em que não é, *não* restam senão as categorias do político, circundadas de seu não poder ser outra coisa a não ser tais como são: ou seja, através do *outro* que elas não podem ser), e, antes dele, desde Tucídides que, no diálogo entre os atenienses e os melianos, prefigura toda a relação entre direito (o todo do político) e Justiça (o nada político). Não por acaso Canetti tem predileção pelos grandes pensadores negativos – Hobbes, De Maistre e Nietzsche – que lhe revelam nos termos mais simples aquilo que La Boétie já considerava o enigma da "servidão voluntária", isto é, a irresolução das relações de poder. Não existe alternativa real ao poder, não existe *sujeito* de antipoder, pelo motivo basilar que o sujeito é *já* constitutivamente poder. Ou, em outras palavras, que o poder adere naturalmente à dimensão do sujeito no sentido que é precisamente o *seu* verbo. Por isso a conclusão que tira daí não apenas Canetti, mas todo o pensamento impolítico, do próprio Broch a Kafka, a Simone Weil – esta última com deslumbrante clareza –, é que o único modo de conter o poder é aquele de reduzir o sujeito.

Nesse ponto é necessário antepor dois tipos de esclarecimento. Entretanto, aqui, por sujeito não se entende o sujeito individual, já dissolvido enquanto tal pelo domínio da Técnica – que é, de fato, "processo sem sujeito" –, mas a subjetividade abstrata que precisamente o fim do indivíduo mantém como resíduo. É um fragmento que Canetti – mas também Broch – restitui em toda a sua determinação na identificação das características do sujeito poderoso com aqueles da massa: procurando com isso que a massa constitui a multiplicação e a intensificação dos impulsos apropriadores de indivíduos condenados ao consumo ilimitado. O segundo esclarecimento diz respeito, ao contrário, à modalidade da autorredução do sujeito proposta pelos autores citados acima: que não siga em direção a um despotenciamento (ou "enfraquecimento", é a mesma coisa), de uma "descarga" de potência, mas de uma declinação diferente. Brevemente, e de um modo que será definido nas próximas páginas (mas que espera ulteriores aprofundamentos): não mais "ativa", imediatamente realizada em "ato", mas mais interior ou solidária à esfera da paixão, do padecimento, da paciência (para não usar, aqui, o termo conceitualmente mais comprometedor de "passividade").

Nesse quadro, acredito que se faz completamente presente o conceito de Simone Weil de "descriação" (divina, mas, sobretudo, humana), isto é, de autodissolução subjetiva. E, de fato, ele se encaixa perfeitamente naquele extremo, radical, realismo político – da Weil é tanto o chamado a Maquiavel o quanto o diálogo de Tucídides ao qual nos referimos anteriormente – expresso pela fórmula segundo a qual ao mundo "não há outra força senão a força"; que, depois, é outra maneira de pronunciar o impolítico: não na recusa ou na negação – como muito frequentemente a crítica entendeu – das categorias políticas, mas dentro de seu cumprimento. Não por acaso, em Simone Weil, o momento de máximo realismo político coincide (não a precede, nem se alterna) com a assim chamada deriva mística, a qual, em sua essência, é ainda uma vez *aquele* realismo: o existir do político envolvido por aquilo que ele não é (nem *deve*, sofrida a recaída na idolatria teológico-política, ser). Esse *não* ser é indicado por Weil com a metáfora da "soberania da soberania": isto é, da necessidade como limite interior da força. A força é tudo, a força tem um limite necessário (que é, de fato, aquele seu ser tudo: e *nada a mais*). Nessa antinomia, a contraditória evidência do impolítico de Simone Weil. Contraditória, evidentemente, não com as categorias políticas que lhe "calçam" como uma luva ao avesso, mas consigo mesmo. Com seu estar fora do próprio contrário, mesmo sem ser qualquer outra coisa a partir dele. Com seu transcender – que em Weil corre o risco, às vezes, de escorregar em transcendência – daquilo que somente por contraste o determina. Com seu ser, em suma, uma categoria – ou seja, uma identidade –, mesmo se apenas negativamente determinada.

7. É, em última análise, a crítica que à Weil faz Georges Bataille naquela que constitui a última estação de nossa°viagem; e, ao mesmo tempo, o último estágio de determinação da categoria do impolítico: o de sua autodissolução enquanto *identidade* diferencial. É como se para cumprir profundamente a sua "fadiga negativa", o impolítico devesse subtrair-se também daquela margem extrema de determinabilidade que do limite do político o detém sobre si mesmo. Não por acaso é justamente em torno da noção weiliana de *limite* pressuposto – ou de Pressuposto enquanto tal – que nasce a crítica bataillana. O limite – eis a reflexão implícita de Bataille –, entendido como aquilo que *identifica separando*, é uma noção necessariamente dualista, e, portanto, voltada à destinação transcendente. É por isso que é abolido – ou melhor, feito girar ao redor do próprio eixo semântico – em seu aparente contrário: em *partage*, como aquilo que *coloca em relação diferenciando* (a *co*-divisão). Daí uma dupla consequência: de um lado, a ruptura daquela subjetividade ainda contraditoriamente "protegida" pelo "emagrecimento" místico; e pelo *projeto* de salvação que o seu pressuposto inevitavelmente vigia. Por outro, o "lançamento em comum" da diferença na figura que mais que qualquer outra restitui a ruptura de simetria – entre político e impolítico, vida e morte, imanência e transcendência – característica de todo o texto de Georges Bataille: a "comunidade" do impossível.

Não por acaso ela nasce em direta "comunicação" com a leitura de Nietzsche que constitui o fio em torno do qual se determina, e contemporaneamente se inverte (como subtração de cada "termo"), o impolítico bataillano. Já em Nietzsche é desvinculado – por parte de Bataille, na linha de Jaspers – da lógica simétrica da oposição binária e reconhecida em seu copertencimento originário àquilo que parece defini-lo em negativo. Mas isso não é tudo: para que seja possível, aquela negação é entendida como pura *afirmação*. Isto é, como recusa tanto da transcendência (a qual, segundo Bataille, termina necessariamente por construir a estrada do "Pressuposto") quanto da imanência absoluta do Fundamento teológico. É nessa segunda direção que Bataille, através de Nietzsche, encaminha com o hegelianismo (kojeviano) uma prestação de contas paralela à crítica do "místico" weiliano. Daí uma brusca inversão de sentido daquele motivo do "fim da história" que, a partir do grande *Comentário* kojeviano, coloca em relação, mesmo dentro de perspectivas de forma alguma homogêneas, setores conspícuos da cultura europeia daqueles anos. Ela, mais que fechar hegelianamente (pelo menos segundo a interpretação de Kojève, aceita pelo próprio Bataille) o tempo na plenitude do conceito, abre-o à eternidade estática do instante soberano. A sua oposição constitutiva à vontade de potência niilista.

Nesse sentido, o anti-hegelianismo de Bataille coincide com a distância que o afasta também de outro grande pensador da *finis historiae* – Ernst Jünger –, também a ele unido por mais que uma simples afinidade de inspiração. Como também resulta do juízo heideggeriano sobre este último, não só a sua "mobilitação", mas, do mesmo modo, a sua "superação" resta prisioneira da "potência do nada", à qual escapa, ao contrário, o "trágico" bataillano. Não é apenas a concepção do sacrifício como "vontade de perda", que distancia Bataille, além da distância que toma de Jünger, do mesmo modo de seu próprio grupo do *Collège* (Leiris em primeiro lugar), que o situa de maneira excêntrica em relação à questão do niilismo. É toda a sua leitura do moderno que o coloca, mais uma vez assimetricamente, numa posição de recusa da transcendência que não coincide em nenhum modo com uma rendição ao *século*, com uma aceitação "indiferente" da laicização: do momento em que a perda do sagrado é entendida como causa e do "fim social" e das tentativas teológico-políticas (antes de tudo, o fascismo) voltadas à sua reconstituição forçada.

A eles, ao teatro que representam de sua presença, Bataille contrapõe a representação daquele irrepresentável que é a experiência extrema, literalmente impossível, da "comunidade": impossível não só enquanto – ao contrário daquela teorizada pelo outro (com Bataille e Leiris) diretor do *Collège*, Roger Caillois – subtraída da própria obra: comunidade como "ausência de obra" –, segundo a finíssima leitura de Jean-Luc Nancy e de Maurice Blanchot. E também enquanto constituída não por aquilo que liga os diferentes sujeitos, mas por aquilo que os diferencia: em relação aos outros, sobretudo, em relação a eles próprios, isto é, pela morte. A comunidade, para Bataille, é indissociável da morte: não porque – como promete a utopia da *Gemeinschaft* orgânica, mas também o "reino dos fins" kantiano – destinado à superação da morte de seus membros na hipóstase coletiva de um todo imortal, e justamente porque por essa ordenada. A comunidade é a apresentação para os que fazem parte da sua verdade mortal (da sua finitude). Mesmo que nessa verdade eles não possam se reconhecer: do momento em que na morte do outro – e também na própria, como aparece pelo olhar "expropriado" de quem morre (realmente da impossibilidade de viver conscientemente a própria morte) – não há nada em que se reconhecer. E, depois, porque a dialética do "reconhecimento" pertence à esfera (comunicativa) da intersubjetividade, e não à existência "compartilhada" de que a comunidade é impossível experiência. Que essa experiência seja impossível o comprova o seu destino rigorosamente impolítico: subtraído das ruínas grandiosas dos antigos comunismos e das misérias penosas dos novos individualismos. Que essa impoliticidade seja levada à pureza de uma negação absoluta o comprova a palavra *política* – comunidade – que continua soberanamente a *afirmá-la*.[1]

---

[1] As páginas relativas a Guardini, à Arendt e a Broch foram antecipadas, em forma provisória e parcial, nas revistas *Il Centauro*, *Il Mulino* e *Filosofia Política*. Desejo agradecer aos seus diretores, Biagio de Giovanni e Nicola Matteucci, não só por terem permitido suas publicações, mas também por esses anos vivíssimos de trabalho comum. E enfim: o livro – a exaustão que me custou – é dedicado ao meu pai.

Capítulo I
Aos limites do político

História e decisão

1. Na terceira seção de *Der Herr*, intitulada *Die Entscheidung*, Romano Guardini lê a relação de Cristo com a sua morte em termos de decisão. Quando a morte se aproxima, lança-se "a hora da decisão".[1] Muitos são os sinais que a preanunciam, mas Jesus está pronto para "acolher o destino que avança".[2] Estamos radicalmente distantes da tese de Bultmann,[3] que, na intenção de proteger o absolutismo do *kérygma*

---

[1] GUARDINI, Romano. *Der Herr. Betrachtungen über die Person und das Leben Jesu Christi.* Wurtzburgo, 1937. (trad. it. Bréscia, 1946, p. 219.)

[2] GUARDINI, *Der Herr. Betrachtungen über...*, p. 257.

[3] BULTMANN, Rudolf Karl. *Das Verhältnis der urchristlichen Christusbotschaft zum historischen Jesus.* Heidelberg, 1960. O ensaio é em sua origem uma conferência pronunciada justamente em Heidelberg, em 1960, e foi reeditado na coletânea: *Exegetica*, Tubinga, 1967, p. 445-469. (trad. it. Turim, 1971, p. 159-188.) Seguindo seu percurso, movimentaram-se: SCHRAGE, W., Das Verstandnis des Todes Christi im Neuen Testament, in: *Das Kreuz Christi als Gund des Heiles*, organizado por F. Viering, Berlim, 1969, p. 45-86; JÜNGEL, E., *Tod*, Stuttgart-Berlim, 1971, p. 133; KESSLER, H., *Die theologische Bedeutung des Todes Jesu: Eine traditiongeschichtliche Untersuchung*, Düsseldorf, 1970, p. 235; FIEDLER, P., Sünde und Vergebung im Christentum, *Concilium*, v. 10, p. 1440-1449, 1974, mas também, embora mais cautelosamente: MARXSEN, W., Erwagungen zum Problem des verkündigten Kreuzes, in: *Der Exeget als Theologe*, Gütersloh, 1968, p. 160-170; VOGTLE, A., *Jesus von Nazareth*, in: *Oekumenische Kirchengeschichte*, I, Mainz-Munique, 1970. Nitidamente

[mensagem] de toda *contaminatio* histórica, não só nega a possibilidade "de conhecer de que modo Jesus tenha interpretado o próprio fim", mas chega a criar a hipótese da possibilidade da "queda moral": "Não devemos tampouco silenciar a possibilidade que ele tenha sofrido uma queda".[4] À tese da queda Guardini opõe a tese da decisão. "Aquele que é 'sacrificado'" (Rom. 8,32) coincide com "aquele que se sacrifica" (Gal. 1,4).[5] É uma ideia que com afiada nitidez emerge de toda a cristologia guardiniana. Cristo não se limita a tomar decisão. O que decide, que faz decidir, não é propriamente nem a sua doutrina, nem a sua obra, mas a sua pessoa. Por isso o seu pensamento é pré-teorético, precede toda teoria: porque é isso que a torna possível, que a instaura. Ele é "início". Por isso não pode ser "deduzido" a partir de uma situação histórica, segundo o critério de uma psicologia humana. Ele determina a sua história: como vontade antes de tudo: "A sua vontade é fortíssima. Ele possui o perfeito acordo de toda a sua pessoa, não tem medo e está pronto a todas as consequências. É consciente que se trata daquilo que é absolutamente importante, da decisão de toda a vida. E, também, que chegou 'a hora' em forma definitiva".[6]

Cristo é decisão, portanto, no duplo sentido que a torna possível e a constitui. Mas isso não deve fazer pensar numa espécie de simplificação unificadora da sua realidade, da qual Guardini é totalmente remoto. O absolutismo da decisão não resolve de modo algum a contradição do Cristo, a *oposição perfeita* constituída por sua dupla natureza: aliás, é precisamente dela que deriva. Se Guardini está distante da hipótese, típica da teologia liberal, da integral humanidade de Cristo, está distante igualmente da hipótese oposta e complementar da sua absoluta divindade.

---

contrários a essa tese: CHAMBERS, M. B., Was Jesus Really Obedient unto Death?, *Journal of Religion*, v. 50, p. 121-138, 1970; SCHÜRMANN, H., Jesu ureigener Tod, *Exegetische Besinnungenund Ausblick*, Freiburg, 1974 (trad. it. Bréscia, 1983, p. 19 em diante; LÉON-DUFOUR, X., *Face à la mort: Jésus et Paul*, Paris, 1979 (trad. it. Turim, 1982, p. 57 em diante.) Sobre todo o debate, ver: SEGALLA, G. Gesù e la morte originalmente sua. *Teologia*, 4, p. 275-293, 1984.

[4] BULTMANN, *Das Verhältnis der urchristlichen ...*, p. 169-170.

[5] SCHÜRMANN, Jesu ureigener Tod, p. 21.

[6] GUARDINI, Romano. *Die menschliche Wirklichkeit des Herrn. Beiträge zu einer Psychologie Jesu*, Wurzburgo, 1958. (trad. it. Bréscia, p. 47-48, 1970.) Sobre a "inicialidade" (*Anfanghaftigkeit*) de Jesus, cf. p. 128-143.

Como naqueles anos explicava Karl Adam,[7] o teólogo católico alemão talvez mais próximo de Guardini, o mistério da encarnação se rege ou afunda ao mesmo tempo na realidade humana de Deus. Somente porque Cristo é consciente da infinita distância que naquele momento o separa de Deus, pode pregá-lo, e pregá-lo na língua do absoluto abandono: "Meu Deus, meu Deus, por que me abandonaste?".[8]

É naquela distância, no entanto, naquela *dualidade*, que nasce a Decisão. Ela nasce, não obstante, *pelo* contraste que forma a natureza de Cristo. É a sua mais apropriada expressão. Sem contraste, sem oposição, sem *bipolaridade* – para usar a expressão que, mais do que qualquer outra, caracteriza a filosofia de Guardini – a decisão não seria tal. Acalmar-se-ia na unilateralidade de um destino prefixado, perderia a tensão constitutiva da própria liberdade. Perderia, especificamente, a possibilidade de produzir outras decisões, infinitamente distantes, contudo enlaçadas na realidade de uma mesma relação bipolar. E, de fato, no mundo de Guardini, a Cruz de Cristo, a *sua* decisão, ocupa um ponto mediano entre a decisão de Deus e aquela do homem. Trata-se de uma relação assimétrica. A primeira é originária, absoluta; a segunda é derivada, defectiva. Mas ambas maximamente livres. E, aliás, cada uma livre em razão da liberdade da outra.

Há um segmento da teologia de Guardini que mais que qualquer outro causou escândalo, tanto que foi colocado de lado com claro embaraço, se não explicitamente contestado, também pelo "seu" Balthasar.[9] Trata-se da ideia, expressa no mesmo capítulo do *Segnore*,[10] que a decisão

---

[7] Cf. sobre esse ponto específico, toda a introdução de D. Ruiz Bueno na tradução italiana de *Der Christus des Glaubens*. Düsseldorf, 1954, de K. Adam, p. VII-XLV, mas em geral toda a obra cristológica de Adam. Uma lista dos escritos de Adam está em: *Abhandlungen über Theologie und Kirche*, Festschrift für Karl Adam, organizado por H. Elfers, F. Hofmann e M. Reding. Düsseldorf, 1952, p. 319-320.

[8] Sobre o abandono de Cristo por parte de Deus, ver: ROSSÉ, G., *Jésus abandonné: Aproches du mystère*, Paris, 1983. Mais em geral, sobre o sofrimento de Deus, ver: CHÉNÉ, J., p. 545-588; JÜNGEL, E., Vom Todd es lebendigen Gottes: Ein Plakat, *Zeit-schrift für Theologie umd Kirche*, v. 65, p. 93-116, 1968; KAMP, J., *Souffrance de Dieu, vie du monde*, Paris, 1971; LEE, J. Y., *God Suffers for US: A Systematic Inquiry into a Concepto f Divine Passibility*, La Haye, 1974; VARILLON F., *La souffrance de Dieu*, Paris, 1975.

[9] BALTHASAR, H. U. von. *Reforma us dem Ursprung*. Munique, 1970. (trad. it. Milão, 1970, p. 87-88.)

[10] Cf. também a *Nachbemerkung* acrescida na 13ª edição alemã de *Il Signore*, mas também *Das Bild von Jesus dem Christus im Neuen Testament*, Wurzburgo, 1936. (trad. it. Bréscia, 1950, p. 127.)

do homem pelo não voltado a Jesus, e, portanto, a morte salvífica deste último, não tenha nenhum caráter de necessidade. Esse "não" teria podido ser um "sim", com tudo o que esse teria trazido para Cristo e para o homem. Tal hipótese é, aliás, uma singularidade insignificante, ou eliminável sem danos, para o "sistema" que a engloba, como sugere Balthasar,[11] porque, exatamente, exprime a sua não sistematicidade. É a abertura, o ponto de fuga, pelo qual esse "sistema" se constitui na sua inconfundível posição: ao limite extremo da teologia católica. Decisão *e* oposição. Decisão *pela* oposição. Não só um polo, a sua decisão, não é riscado, mas é intensificado pela plenitude do outro. A liberdade da decisão de Deus é *aumentada* pela liberdade da decisão do homem

> [...] porque a onipotência criadora de Deus toca seu vértice sumo exatamente na criatura em ato de tomar algumas decisões. Agora, decisão pode vir unicamente da liberdade; assim, Deus dá lugar à liberdade, limitando – aparentemente – a si mesmo [...]. É uma imensa possibilidade, sobre a qual, porém, amadurece a seriedade da existência humana. Deus não podia se eximir de dotar seu homem dela. No entanto, para que assim fosse, era necessário que ele se fizesse "fraco" no mundo, porque se tivesse dominado em glória, não haveria existido mais lugar para um "não" contra ele.[12]

É a via através da qual Guardini chega à conclusão da história como é expressa na última parte do livro, intitulada "Tempo e eternidade". É precisamente o "não" a Cristo, aquilo que *não* ocorrer deveria ter ocorrido, e *ao invés* disso acontece, caso o sim tivesse prevalecido sobre o não, não é dito que não teria ocorrido uma história: só que tal história teria sido, por assim dizer, naturalizada, liquidada, e como eternizada, na certeza de um cumprimento *já* acontecido. Teria sido aberta, mas logo fechada, pela plenitude da *justa* decisão: e retirada assim ao risco de novas decisões.

---

[11] BALTHASAR, *Reforma us dem Ursprung*, p. 87. Naturalmente, Balthasar, sustentando a identidade entre o Cristo da história e o Cristo da fé (isto é, a unidade do evento cristológico), é a favor de Guardini e contra Bultmann a propósito do problema anteriormente tratado. Por uma delineação geral da posição de Balthasar, cf.: HEINZ, H., *Der Gott des Je-mehr: Der christologische Ansatz Hans Urs von Balthasars*, Frankfurt/M, 1975; KAY, J., *Theological Aesthetics: The Role of Aesthetics in the Theological Method of Hans Urs von Balthasar*, Bern, Frankfurt/M, Munique, 1975; LÖSER, W., *Im Geiste des Origines: Hans Urs von Balthasar als Interpret der Theologie der Kirchenväter*, Frankfurt/M, 1976.

[12] GUARDINI, *Der Herr*, p. 264.

Não teria dependido, *a cada instante*, da sua emergência. É o "não", ao contrário, que declina a história em termos de decisões contínuas. Ainda mais: que a transforma em história *de* decisões: "Caída a primeira infinita possibilidade, a Redenção se orienta na via do sacrifício. Do mesmo modo, o reino de Deus não vem como deveria vir – exuberante plenitude destinada a mudar a história –, mas de agora em diante, permanece, por assim dizer, suspenso. Permanece 'em devir', até o fim do mundo, ligado, agora, às decisões dos indivíduos, de toda pequena comunidade e de todo tempo, se mesmo virá, e até onde poderá proceder".[13]

O deslocamento de sentido determinado pelo nexo constitutivo decisão-história não se produz apenas nos confrontos da tradicional concepção católica da história,[14] mas também investe o outro dos termos em questão, ou seja, a decisão. O que, qual *força*, a dimensão histórica comunica à decisão? Se antes, relativamente à determinação conceitual da história, a margem da qual Guardini toma distância é aquela do *continuum* teológico, da teo-logia como historicidade linear da Redenção, agora é aquela da anti-historicidade da decisão barthiano-bultmanniana.[15,16]

---

[13] p. 262.

[14] Nota-se, a esse propósito, que o aprofundamento da dimensão histórica é típico do catolicismo alemão daqueles anos. Como testemunho disso, no seu livro sobre Barth, H. U. van Balthasar (*Karl Barth, Darstellung und Deutungseiner Theologie, Einsiedeln*, 1976, trad. it. Milão, 1985, p. 358) cita os seguintes textos: BERNHART, Josef, *Sinn der Geschichte*, 1931; WUST, Peter, *Dialektik des Geistes*, 1928; HAECKER, Theodor, *Der Christ und die Geschichte*, 1935; BUCHHEIM, Karl, *Wahreit und Geschichte*, 1935; SCHÜTZ, A., *Gott in der Geschichte*, 1935; DESSAUER, Philipp, *Der Anfang und das Ende*, 1939; BAUHOFER, Oskar, *Das Geheimnis der Zeiten*, 1936; RAHNER, Karl, *Hörer des Wortes*, 1941; DELP, Alfred, *Der Mensch und die Geschichte*, 1948; THIEME, Karl, *Gott und die Geschichte*, 1948; SCHMAUS, Michael, *Von den letzen Dingen*, 1948; PIEPER, Josef, *Über das Ende der Zeit*, 1950; além de quase toda a obra de Guardini e de Reinhold Schneider.

[15] No que diz respeito a Barth, é necessário dizer, antes de mais nada, que Guardini não conhecia diretamente os textos barthianos e, em geral, a literatura protestante (exceto Kierkegaard, ao qual, aliás, dedicou dois ensaios e numerosas menções), como é lembrado por H. B. Gerl em sua recente e última biografia intelectual: *Romano Guardini 18885-1968: Leben und Werk*, Mains, 1985, p. 303. Isso não retira o fato de que entre os dois teólogos se registrem objetivas simetrias, ligadas, sobretudo, ao cristocentrismo habitual (em recusa ao "Deus dos filósofos", aos temas do "escândalo", do risco etc.). Para uma aproximação a Barth, cf. ambos os livros citados de H. U. von Balthasar (particularmente *Romano Guardini*, p. 88-89).

[16] Para Bultmann, na verdade, as coisas são mais complexas. Como se sabe, de fato, Bultmann, mesmo excluindo a possibilidade de interpretar a Revelação através do

Esta última não só não deriva da sucessão histórica, mas ganha sentido apenas como exceção dela. Não remete à responsabilidade, potência, governo, e sim ao desenraizamento, dissolução, subtração. Numa palavra: é radicalmente impolítica.[17] Por isso, pode – deve – romper a bipolarização guardiniana. Separar *absolutamente* homem e Deus, natureza e Graça, tempo e eterno. Dissolver a *complexio oppositorum* de sua relação em termos de pura alteridade.

Contra esse ponto de vista, bate o catolicismo de Guardini, a sua intrínseca *intentio* política: o teísmo absoluto da decisão barthiana não é senão a inversão especular do ateísmo moderno. Em ambos os casos, mesmo de perspectivas opostas, a ruptura da bipolaridade obtém o mesmo resultado: o de isolar homem e Deus, no primeiro caso liberando Deus do homem, no segundo, o homem de Deus.[18] Em seu cruzamento, encontra-se a lenda dostoievskiana do "Grande Inquisidor". Essa, na inédita interpretação que oferece dela Guardini, exprime exatamente o ponto em que o ateísmo moderno se encontra, e se duplica, com o teísmo kierkegaardiano-barthiano.[19] À deformação do Grande Inquisidor corresponde especularmente aquela da figura do Cristo. Ele não é mais o Cristo da decisão – e, de fato, totalmente indeciso o descreve Dostoievski. E não é mais o Cristo da decisão porque não é mais o Cristo da contradição, Deus *e* homem. Na sua escolha por

---

método histórico, não nega a sua historicidade: onde a resolução de tal aparente contradição é confiada à distinção entre *Histoire* (história cronológica) e *Geschichte* (constituída por eventos que estão no tempo embora não sejam temporais). Sobre o conceito de „história" em Bultmann, ver: OTT, H., *Geschichte und Heilsgeschichte in der Theologie Rudolf Bultmann*, Tubinga, 1955, p. 8-57; GOGARTEN, F., *Entmythologisierung und Kirche*, Stuttgart, 1953, p. 7-33; KRÜGER, G., *Die Geschichte im Denken der Gegenwart*, Frankfurt del Main, 1947; KORNER, J., *Eschatologie und Geschichte: Eine Untersuchung des Begriffes des Eschatologischen in der Theologie Rudolf Bultmanns*, Hamburgo-Bergstedt, 1957. Mas é útil também o volume de: DONADIO, F. *Critica del mito e ragione teologica*. Nápoles, 1983, p. 113-196.

[17] É a acusação feita por D. Sölle a Bultmann (*Politische Theologie, Auseinandersetzung mit Rudolf Bultmann*, Stuttgart, 1971, trad. it. Bréscia, 1973) e, mais ainda, à chamada "direita bultmanniana" (em particular a W. Schmithals, autor de *Das Christuszeugnis in der heutigen Gesellschaft*, Hamburgo, 1970.) A discussão provocada pelo ensaio de Sölle se deu em *Evangelische Kommentare*, n. 1, p. 4 e 7, 1971.

[18] Ver: GUARDINI, R., *Unterscheidung des Christlichen: Gesammelte Studien 1923-1963*, Mainz, 1963. (trad. it. Bréscia, 1984, p. 101-103.)

[19] Uma leitura "kierkegaardian-barthiana" de Dostoievski é aquela de: THURNEYSEN E., *Dostojewski* (Berlim, 1921).

Deus, abandonou o mundo. Mas abandonando o mundo também perdeu, ao mesmo tempo, Deus. É um Cristo fechado ao outro de si que também faz parte de si mesmo: "Um Cristo que só existe para si. Ele não vem ao mundo a partir do Pai e não parte do mundo em direção ao Pai".[20] É por isso que não conhece – rechaça – aquela "zona intermediária onde também vive o homem e se desenvolve a sua existência cotidiana".[21] Essa zona não é altura absoluta, e precisamente por isso "o lugar da atuação prática", "a oficina da existência", "o fundamento da [sua] seriedade".[22] É – em outras palavras – a dimensão em que a decisão encontra efetualidade e potência. Encontra o mundo e o governa. É o ponto em que a decisão cristã cruza com a política: "Aqui as ideias se convertem em forças, os impulsos, em instituições, a convenções, em ordenamentos e leis. Aqui a responsabilidade é guia para as ações, aceitam-se suas consequências e a realidade é virilmente enfrentada".[23]

2. Naturalmente, essa potente declinação decisionista da linguagem guardiniana, amadurecida em contato com a cultura existencialista e vitalista do tempo, não deve fazer pensar numa opção relativista-subjetiva, ou também intuicionista-irracional, subtraída ao controle da "forma" (seja no sentido de "ideia" seja naquele de "instituição"). Precisamente à reconstrução da relação entre intuição e ideia, subjetividade e verdade, decisão e autoridade, inspirava-se, aliás, todo o movimento católico desenvolvido na Alemanha a partir do final da primeira Guerra Mundial. Falo do assim chamado *renouveau* católico[24] – o "retorno do exílio",[25] segundo a célebre expressão de

---

[20] GUARDINI, Romano. *Religiöse Gestalten in Dostojewskijs Werk. Studien über den Glauben.* Munique, 1932-1964. (trad. it. Bréscia, 1951-1980, p. 131.)

[21] GUARDINI, *Religiöse Gestalten in Dostojewskijs Werk*, p. 127-128.

[22] p. 128.

[23] p. 128.

[24] A expressão é de: TOMMISSEN, P., Carl Schmitt e il renouveau cattolico nella Germania degli anni venti, *Storia e politica*, v. 4, p. 481-500, 1975. Mas também: BENDISCIOLI, M., *Romano Guardini e la rinascita cattolica in Germania*, Introdução à edição italiana de *Vom Geist der Liturgie*, Freiburg, 1917 (trad. it. Bréscia, 1930, p. 21-41); D'HARCOURT, R., Introdução à edição francesa da mesma obra (Paris, 1939, p. 1-94), além das inumeráveis e utilíssimas intervenções de Bendiscioli publicadas em várias revistas italianas nas décadas de 1920 e 1930.

[25] WUST, P. Die Rückkehr aus dem Exil. *Kölnische Volkszeitung*, maio 1924.

Peter Wust – que surgiu para romper a longa hegemonia cultural protestante, organizado em torno da revista "Hochland",[26] dirigida por Karl Muth e rica das prestigiosas assinaturas de Schell, Scheler, Adam, além daquela de Guardini. Significava perder não só "o aroma de época", mas grande parte de seu sentido, interrogar a obra deste último fora da extensa rede de influxos e de influências produzidos, a partir do magistério de Max Scheler, de pensadores e teólogos como J. Hessen, B. Rosenmöller, R. Schneider, F. Tillmann, K. Eschweiler, e, sobretudo, Theodor Haecker[27] e Peter Wust.[28]

---

[26] Sobre Hochland, ver o volume coletivo que celebra seus 25 anos: *Wiederbegegnung von Kirche und Kultur in Deutschland: Eine Gabe für Karl Muth*, Munique, 1927. Ele comprende, além de uma introdução de Fuchs, *Die deutschen Katholiken un die deutsche Kultur in 19, Jahrhundert*, p. 9-58, um ensaio reconstrutivo do historiador: FUNK, P., *Gang des geistigen Lebens im katholischen Deutschland unserer Generation*, p. 77-126.

[27] Haecker é citado por Guardini, junto a F. Ebner, em: *Welt und Person*, Wurzburgo, 1939 (trad. it. em *Scritti filosofici*, organizado por G. Sommavilla. Milão, 1964, v. II, p. 96.) Guardini, no entanto, dedicou também um ensaio a Haecker: Zu Theodor Haeckers Vergilbuch, in: *Die Schildgenossen*, 1932. Para um panorama geral de sua obra, ver: BLESSING, E., *Theodor Haecker Gestalt und Werk*, Nuremberg, 1959; SCHNARWILER, G., *Theodor Haeckers christliches Menschenbild*, Bukoba (Tanganika), 1961 (deste último trabalho, são particularmente interessantes ao nosso discurso os parágrafos Das Politische e Die Macht, do capítulo "Die Geschichte als politische Geschichte", p. 118-122), além da publicação *Theodor Haecker zum 60: Geburstag*, com ensaios de M. Bendiscioli, H. Conrad-Martius, F. Echebarria, L. Picker, E. Guano, L. Hänsel, Th. Kampmann, Ph. Moray, M. Schlüter-Hermkes, A. Schütz, K. Thieme, H. Tristram, H. S. Waldeck, P. Wust e A. Zechmeister.

[28] Uma lista completa das obras de Wust se encontra em: HÖFLING, O., *Insecuritas als Existential. BineUntersuchung zur philosophischen Anthropologie PeterWusts*, Munique, 1963. Sobre a antropologia, ver também: DELEHAYE, K., Christliche Anthropologie: Eine Führung in das Denken Peter Wusts, in: *Werke*, v. II, Münster, 1967. Sobre a sua colocação na cultura existencialista da época, além de ver: BENDISCIOLI, M., Peter Wust e la sua interpretazione religiosa–apologetica del Cristianesimo, in: Vários autores, *L'esistenzalismo*, organizado por L. Pelloux, Roma, 1943, p. 185-197, ver também: LENZ, R. F., *Diedialogische Struktur der Ungeborgenheit: Eine metaphysisch-existentielle Betrachtung über die Situation des Menschen im Ausgang von Peter Wust*, Salzburgo, 1972; além de: FERNANDEZ DEL VALLE, A. Basave, *Trés filósofos alemanes de nuestro tiempo (Scheler, Heidegger, Wust)*, México, 1977. A propósito das relações com Heidegger e Scheler, que no mesmo ano de *Ungewissheit und Wagnis* (Salzburgo, 1937), Wust atacava explicitamente Heidegger e Scheler (além de Klages), como incapazes de comprender a situação metafísica do homem em relação ao problema do ser, num ensaio, *Die geistige Situation unserer*

Não por acaso em todos eles, mesmo conjugado de maneira diferente, recorre o tema do nexo entre *Amor e Lei*, para retomar o título do livro de Peter Lippert,[29] ou de *Verdade e vida*, como soa aquele de Haecker[30]: onde a vida se liberta do formalismo abstrato dos esquemas neokantianos, mas, de fato, para empreender por outra via o processo de assimilação da verdade. O que cai, nesse caso, é o pressuposto racionalista, porém, por outro lado, também intuicionista e irracionalista, da não objetividade da vida, a separação radical de objetividade e existência, de forma e experiência, de verdade e decisão. A decisão pode, *deve*, atingir a verdade justamente a partir da multipolaridade da vida, assim como a multipolaridade da vida pode, e deve, unificar-se na verdade da sua decisão. Interrompe-se qualquer dialética linear – ou puramente contrastiva – entre unidade e distinção, forma e decisão, "autoridade e liberdade", para trazer à tona, também nesse caso, o título de um livro destinado a fazer escola.[31] A autoridade – da *veritas*, da ideia, da instituição – não é o contrário, e sim a garantia, da autonomia do espírito. O sentido profundo da liberdade.

Zeit, publicado em: MEYER-NEYER, *Lebendige Seelsorge, Wegweisung durch die religiösen Ideen der Zeit*, Freiburg, 1937, v. I, p. 22-44.

[29] LIPPERT, P. *Vom Gesetz und von der Liebe*. Munique, 1932. No que diz respeito ao nosso problema, ver, sobretudo, o primeiro capítulo, "Freiheit und Gebot", dividido em três partes relativas a Gebote des Raumes, Gebote des Lebens und Gebote des Geistes (p. 13), p. 7-23, mas também os cap. 9 ("Gewalt oder Recht?", p. 161-180) e 10 ("Gebt dem Staate, was des Staates ist", p. 181-199). Para uma bibliografia sobre Lippert, ver: KREITMAIER, P. J., *Peter Lippert: Der Mann und sein Werk*, Freiburg, 1939.

[30] HAECKER, T. *Wahrheit und Leben*. Hellerau, 1930 [enquanto *Der Begriff der Wahrheit bei Sören Kierkegaard* é de 1932 (Innsbruck) e *Der Geist des Menschen und die Wahrheit*, de 1937 (Leipzig)].

[31] Refiro-me ao livro de F. W. Förster, traduzido em Turim, em 1921 (Zurique, 1910), do qual, a propósito do nexo forma-vida, cito a p. 34: "É necessário não só o mais íntimo contato com a vida real, mas também a maior liberdade espiritual diante dos seus impulsos. De outro modo, a natureza não faz senão ditar ao espírito os seus próprios impulsos; ela dita a lei em vez de recebê-la. E então, também, a mais copiosa experiência da vida resta inútil, porque o homem em tal estado de escravidão não tem nenhuma vontade de tirar de suas experiências as conclusões justas. Esse estado de tutela exercitada sobre o pensamento pelo mundo dos instintos é uma outra das razões pelas quais tantos homens são incapazes de pensar de modo realmente objetivo sobre os problemas da vida".

Justamente a isso Guardini, já empenhado em primeira fila no movimento estudantil e naquele litúrgico[32] – *Vom Geist der Liturgie* é de 1917 –, havia respondido, em 1921, a um ensaio de Max Bondy, publicado no mesmo ano em *Die Schildgenossen*.[33] Nele, o autor havia sustentado a necessidade, para o movimento estudantil, de emancipar-se das falsas verdades objetivas: assim, para assumir a verdade como função do eu historicamente condicionado e a autoridade como capacidade de aderir ao objetivo prefixado, e, portanto, como valor puramente hipotético. A resposta de Guardini não surge imediatamente[34]: "A autoridade tem um valor categórico". Ela "não subsiste em força da sua demonstração, mas sim [...] em força de si mesma".[35] Repousa na própria verdade e vive e morre com ela. Para colher o sentido dessa afirmação é necessário recorrer a um escrito publicado muitos anos depois em *Sorge um den Menschen*, que retoma e desenvolve o fio de raciocínio implícito na resposta a Bondy. Desde o título, *O ateísmo e a possibilidade da autoridade*, revela sua tese de fundo: o ateísmo exclui a própria possibilidade da autoridade. A exclusão é motivada pela "essência" da autoridade, a cuja definição Guardini consagra a primeira parte de seu texto. Ela, "no sentido mais geral,

---

[32] Não pode ser negligenciada a forte caracterização social, comunitária, que Guardini tirou de sua própria participação no movimento estudantil e, sobretudo, no movimento litúrgico. Escreve D. van Hildebrand (*Liturgie und Persönlichkeit*, Salzburgo, 1933, p. 47): "Uma das peculiaridades mais profundas da liturgia é seu caráter de oração comunitária. Na santa missa e na oração do breviário não só prevalece o 'nós' diante do 'eu', mas também ali onde aparece o 'eu' – no 'Deus, in auditorium meum intende' ou no 'Confiteor' ou em 'Domine, non sum dignus' ou nos salmos – está totalmente incorporado na comunidade e explicitado desde o último vínculo de todos em Cristo, que exclui uma precedência dos outros membros do corpo místico". Porém, a propósito de Hildebrand, ver também a *Metaphysik der Gemeinschaft*, Augsburg, 1930 (cito de *Gesammelte Werke*, Regensburg, 1975), especialmente a segunda parte, *Das Wesen der Gemeinschaft*, que compreende os cap. 13 ("Die interpersonalen Raume", p. 159-170) e 14 ("Die Grundformen von Gemeinschaft", p. 171-194).

[33] BONDY, M. Jugendbewegung und Katholizismus. *Die Schildgenossen*, v. 1, p. 44-56, 1921.

[34] GUARDINI, R. Katholische Religion und Jugendbewegung. *Die Schildgenossen*, v. 2, p. 96-100, 1922. Sobre a polêmica, difusamente, ver: KUHN, H., *Romano Guardini, Der Mensch und das Werk*, Munique, 1961. (trad. it. Bréscia, 1963, p. 29-40.) Ver também: GERL, *Romano Guardini 18885-1968: Leben und Werk*, p. 171.

[35] GUARDINI, Katholische Religion und Jugendbewegung, p. 36.

significa uma instância capaz de vincular a iniciativa de um vivente",[36] respeitando, ao mesmo tempo, a sua íntima liberdade: o que é possível só a partir de uma finalidade intrinsecamente boa.

No entanto, esses elementos – vínculo, liberdade, boa intenção – ainda não bastam para definir a autoridade: "Para que sejam autoridades, falta-lhes um elemento essencial, isto é, a concretude: a realidade empírica".[37] Para que haja autoridade, portanto, é necessária uma pessoa concreta que a represente. É o ponto de mudança de direção da análise. O conceito de autoridade está ligado, num nó duplo, àquele de "representação". É esse que salvaguarda a sua "essência". A autoridade é tal se, e somente se, "é representada por tal pessoa"[38]: "quando a instância que põe a solicitação é concreta, realidade humana; quando está visivelmente na história, como homem individual ou como instituição".[39] A atenção está, agora, toda concentrada em três referências entrelaçadas de "história", "visibilidade" e "pessoa". Em síntese: a autoridade requer uma pessoa visível que a represente historicamente. Estamos quase lá. Mesmo assim ainda falta algo para que o quadro esteja completamente iluminado, para que a "essência" esteja conceitualmente dominada. Para se apropriar dela é necessário colocar em campo os dois *exempla* usados por Guardini, que restituem ao seu léxico o próprio e desde o início imprescindível timbre político. A saber, aquele do genitor e aquele do Estado. O que tem em comum a autoridade exercitada, ou melhor *representada*, por essas duas pessoas jurídicas? O fato – é o ângulo que fecha numa perspectiva unitária todo o raciocínio – de se referir a um elemento que transcende ambos os termos, sujeito e objeto, da autoridade. Mais precisamente, que está "acima" deles: genitor e Estado "representam uma instância que está acima dele [do sujeito à autoridade], conferem presença a Deus como criador de toda vida, *auctor vitae* absoluto".[40]

É assim para o *pater*, mas também para o Estado, diretamente derivado da ideia de *rex* que, em termos de explícita teologia, é interpretado por Guardini não só como "chefe do Estado, como hoje é entendido, no

---

[36] GUARDINI, Romano. *Sorge um den Menschen*. Wurzburgo, 1958, v. I. (trad. it. Bréscia, 1970, v. I, p. 93.)

[37] GUARDINI, *Sorge um den Menschen*, p. 96.

[38] p. 96.

[39] p. 97.

[40] p. 100.

sentido funcional da palavra, mas filho de uma divindade, ou particularmente instruído e protegido por ela; membro de união entre o terreno e o divino; símbolos: a coroa, o cetro, o manto real, o exprimem [...]".[41] Então, não só o Estado, na secularização moderna, não perde o elemento teológico que caracteriza originariamente o conceito de rei, mas a este está indissoluvelmente ligado aquele reconhecimento pessoal-divino que lhe confere verdadeira autoridade: "Mesmo o Estado representa a soberania divina. Em última instância, é necessário para essa representatividade que o homem, que é pessoa, lhe reconheça a autorização que regula segundo uma ordem a vida do cidadão do Estado, que é pessoa. Igualmente, em última análise, é essa valência religiosa que torna eficaz para a consciência, para além da vantagem e da pena, as leis".[42] É o documento que ainda faltava. Agora o quadro está realmente completo. A "essência" finalmente penetrada de acordo com as duas passagens definidas: 1) concretude histórica do representante; 2) transcendência vertical da "ideia" em razão da qual ele representa. Seu conjunto, ou melhor, seu cruzamento semântico-conceitual exprime a própria essência da autoridade. O seu íntimo coração *político*. Não por acaso ambas as passagens, em sua especificidade e em sua sucessão, haviam sido usadas em extraordinária coincidência lexical por quem, naquele mesmo giro de anos, refletia sobre a essência da política.

Antirömischer Affekt

1. Antes de mencionar o seu nome – óbvio, nesse ponto (mesmo se, por compreensíveis motivos ideológicos, jamais mencionado na literatura guardiniana)[43] –, é necessário voltar por um momento à vivaz

---

[41] p. 100.

[42] p. 101.

[43] A referência a Guardini não está, antes, ausente (mesmo se jamais adequadamente avaliado) na literatura sobre Schmitt. Ver, por exemplo, a contribuição citada de: TOMMISSEN, P., p. 484. Ou também: BERGER, H., Zur Staatslehre Carl Schmitts, *Hochland*, v. 58, p. 67, 1965. Única, notável exceção, nesse quadro, a contribuição de: LUTZ, H., *Demokratieim Zwielicht: Der Weg der deutschen Katholiken aus dem Kaiserreich in die Republik 1914-1925,* Munique, 1963 (ver GERL, *Romano Guardini 18885-1968: Leben und Werk*, p. 201), que é inquadrado na literatura sobre o catolicismo político e, mais específicamente, na relação entre catolicismo e pré-nazismo e, em seguida, nazismo. Como se sabe, a uma primeira fase substancialmente

estação atravessada pelo catolicismo alemão daqueles anos;[44] à confortante sensação, por parte de seus expoentes de ponta, de uma imprevista queda de barreira, de uma saída do gueto cultural até então percorrido pelos ecos antigos do "los von Rom". Basta folhear as páginas apaixonadas do *Katholizismus in Deutschland*,[45] de Hefele, *Geistige Kämpfe im modernen Frankreich*,[46] de Hermann Platz, *Kirche und Seele*,[47] do abade beneditino Ildefons Herwegen, ou também os primeiros anais da revista *Abendland*, para colher os sinais da antiga ferida, bem como o pressentimento da nova passagem de época. Nada mais que essas expressões de Georg Moenius (editor da *Allgemeinen Rundschau*, encerrada em 1933, e também autor de *Italienische Reise*),[48] retiradas da introdução à tradução alemã da *Défense de l'Occident*, de H. Massis, valem em mérito:

> Ainda não foi escrita a história dessa rebelião antirromana, a qual emerge do subconsciente por desejo próprio e se acentua pelo instinto

---

apologética seguiu uma tendência, oposta, que trouxe à luz recíprocos influxos e conivências, sobretudo a partir do ensaio de: BÖCKENFÖRDE, E. W., Der deutsche Katholizismus im Jahre 1933: Eine kritische Betrachtung, *Hochland*, v. LIII, p. 215-239, 1960-1961. A ele, respondeu: BUCHHEIM, H., *Der deutsche Katholizismus im Jahre 1933: Eine Auseinandersetzung mit E. W. Böckenförde*, sempre no mesmo número de *Hochland,* p. 497-515, ao qual, responde, por sua vez: BÖCKENFÖRDE, E. W., Der deutsche Katholizísmus im Jahre 1933: Stellungnahme zu einer Diskussion, *Hochland*, v. LIV, p. 217- 245, 1961-1962. Depois seguiram, na linha de Böckenförde, várias contribuições, entre as quais: AMERY, C., *Die Kapitulation oder der deutsche Katholizismus heute*, Hamburgo, 1963; MÜLLER, H., *Katholische Kirche und Nationalsozialismus: Dokumente 1930-1935*, Munique, 1963; e, justamente, o livro de Lutz. Sobre esse debate, ver: COLLOTTI, E., I cattolici e il nazionalsocialismo, *Studi Storici*, v. VI, p. 127-158, 1965; BOLOGNA, S., *La Chiesa confessante sotto il nazismo1933-1936*, Milão, 1967; as atas do Congresso sobre *Il cattolicesimo politico e sociale in Italia e Germania*, organizado por E. Passerin d'Entreves e K. Repgen, Bolonha, 1977; e, sobretudo, BENDISCIOLI, M., *Germania religiosa nel terzo Reich*, Bréscia, 1977 (particularmente p. 333-360); além de PATTORINI, E., Il cattolicesimo politico tedesco: Il partito del Zentrum, *Anais do Instituto Histórico Ítalo-Germânico em Trento*, v. XII, 1986.

[44] Veja-se, a este propósito, além das contribuições citadas, os escritos (em polêmica com os "excessos" de Wust): FUNK, P., Kritisches zum neuen katholischen Selbstbewusstsein, *Hochland,* v. 22 (1924-1925), p. 233 e ss.

[45] HEFELE, Herman. *Der Katholizismus in Deutschland*. Darmstadt, 1919.

[46] PLATZ, Hermann. *Geistige Kämpfe im modernen Frankreich*. Munique, 1922.

[47] HERWEGEN, Ildefons. *Kirche und Seele. Die Seelenhaltung des Mysterienkultes und ihr Wandel im Mittelalter*. Münster, 1928.

[48] MOENIUS, Georg. *Italienische Reise*. Freiburg, 1925.

oprimido à aversão provocada. Em todas as graduações, tímida ou enfurecida, essa se faz ouvir ao longo do curso da história alemã. Na sua esfera intelectual, esse comportamento significa sacrifício de sólidos princípios e de ideias precisas; na esfera moral, liberação da lei e da heteronomia, naquela religiosa, aversão à autonomia e à instituição.[49]

O que está em jogo, nessa nova proposição de ordem, objetividade, disciplina, de tudo o que simboliza, com a força de um mito renascido, o nome de Roma,[50] não é, como já se dizia, uma recusa da dimensão da vida como âmbito da fluidez do devir quanto, mais, a sua introdução numa dialética cerrada com a certeza da forma e da instituição. "As forças vitais necessitam de freios e não da liberdade – concluía Moenius, mas não diferentemente naqueles anos se manifestava Johann Peter Steffes.[51] De outra forma, a vida mata a si mesma; todo exagero da vitalidade torna-se suicídio. A vida deve ser submetida à guia de uma razão ordenadora; de outra forma não produz senão desordem e confusão".[52] Que essa exigência de *formar* a vida, de retirar do próprio contraste de seus impulsos uma ordem unitária de representação, ocorresse sob a rubrica

---

[49] MASSIS, Henri. *Défense de l'Occident*. Paris, 1927.

[50] Sobre o mito de Roma na Alemanha daqueles anos, ver: EVOLA, J., Nuovi orientamenti culturali della Germanía contemporanea, *Nuova Antologia*, 1 maio 1929; GLAESSER, G., Interpretazioni tedesche della missione occidentale di Roma, *Bibliografia Fascista*, p. 114-120, fev./mar. 1932 (dedicado especialmente à interpretação segundo Bachofen da romanidade); PLASKAMP, Ch., Deutschtum und oder Katholiztät, *Literarische Handweiser*, v. LVI, 1926; HUBER, S., Romanität oder Katholizität?, *Hochland*, v. XXVII, p. 289-305, 1929-1930; HELLPACH, G., *Zwischen Wittenberg und Rom*, Berlim, 1931.

[51] STEFFES, J. P. *Die Staatsauffassung der Moderne*, Breisgau, 1925. (trad. it. Bréscia, 1934, p. 7.): "Cada vida, e acima de tudo a vida livre do espírito, para preservar-se e desenvolver-se, precisa de formação e educação. Isso só pode ser alcançado com uma coordenação consciente do propósito de todos os elementos básicos que compõem o conteúdo e a matéria da vida. Esses elementos, porém, não se encontram de alguma forma apenas no sujeito, no ser vivente. Na verdade, a vida – já em sua manifestação mais baixa, a vegetativa e sensorial – consiste no fato que entre o sujeito e o objeto, entre o ser vivente e o ambiente, tem lugar para uma troca de forças. A vida se conserva através de um processo de dar e ter, embora permaneça inserida na corrente da vida total nas condições apropriadas à sua espécie. Toda vida se apresenta, por assim dizer, como um resumo de forças universais e forças particulares. Somente no grande nexo da vida total a vida singular pode haver vida singular. Divisão, separação não são vida, mas morte".

[52] MOENIUS, *Italienische Reise*, p. 96-97.

polêmica do *antirömischer Affekt* não é sem significado. É verdade que a expressão havia sido mediada a Moenius pelo *Die römische Wirklichkeit*,[53] de Hefele; mas ambos, como, de resto, atesta uma específica evocação de Moenius,[54] já haviam sido alcançados alhures: ou seja, precisamente do *Römischer Katholizismus und politische Form*,[55] de Carl Schmitt, ao qual já fiz referência anteriormente.

Ali, certamente, de todo modo, prescindindo de determinadas questões cronológicas sobre as precedências, aquela expressão havia tocado o máximo da sua intensidade semântica no decorrer de um percurso intelectual não só largamente imerso dentro da temática até agora traçada, mas singularmente afim às cadências específicas do discurso guardiniano. A partir da referência polêmica à lenda do Grande Inquisidor de Dostoievski – retomado exatamente nos mesmos termos, anos depois, na monografia dostoievskiana de Guardini – e ao convite nele contido para subtrair-se da antítese de bem e poder, "recusando todo poder mundano".[56] Àquela antítese, propriamente, em que se funda "a inconcebível potência política do catolicismo romano"[57] e a aversão radical que ele provoca em seus adversários. É aqui que Schmitt insere o conhecido tema da *complexio oppositorum*: "Parece que não possam dar-se oposições que ela [a Igreja de Roma] não consiga abraçar".[58] É por isso que estão distante de colher no seio, seja aqueles que dissolvem tal *complexio* em termos de unilateralidade, seja aqueles que o domesticam em termos de síntese. Observando bem, os dois erros são a imagem

---

[53] HEFELE, Herman. Die römische Wirklichkeit. *Wiederbegegnung der Kirche und Kultur in Deutschland*. Munique, 1927, p. 195-206.

[54] MOENIUS, *Italienische Reise*, p. 70-71. Uma referência direta ao *Antirömischer Affekt* schmittiano também na citada introdução de R. D'Harcourt, na edição francesa de *Vom Geist der Liturgie*, p. 24.

[55] SCHMITT, *Römischer Katholizismus und politische Form*, p. 31-32.

[56] p. 62. Mas também: MOENIUS, *Italienische Reise*, p. 140-142: "Dostoievski opera ainda mais desastrosamente que Tolstoi. Nele, a aversão antirromana se acentua até a paixão. Não aparece, talvez, desconcertante o seu grande inquisidor nos cérebros dos alemães? Não se tornou, talvez, esse grande inquisidor o segredo geral de todos os instintos antirromanos [...]. O alemão esteve demasiadamente aberto a Dostoievski; até mesmo na França penetrou esse russo. Contra ele deve ser erguida uma barreira romana. Se tivesse que aumentar sua influência, o Ocidente estaria, na realidade, em perigo".

[57] SCHMITT, *Römischer Katholizismus und politische Form*, p. 31-32.

[58] p. 35.

invertida um do outro: porque ambos radicados no *absoluto* dualismo – ou, é o mesmo, no absoluto imanentismo – que domina a época moderna.

Contra essa antítese invertida em síntese, contra essa união de indecisões contrapostas, que dá voz ao espírito do tempo, ergue-se a *complexio* católica. "Não lhe são convenientes nem o desespero das antíteses, nem a ilusória altivez de suas sínteses".[59] É esse o motivo pelo qual seria completamente desviante reduzi-la à antítese espiritual do mundo da técnica, ou também à simples defesa das mitologias românticas e irracionalistas nos confrontos da racionalidade moderna: ignorando, assim, que a teologia católica incorpora uma lógica eminentemente jurídica. Como, de fato, Weber já havia observado, nela continua vivendo o racionalismo jurídico romano: é precisamente baseado nele que a função sacerdotal se torna universalizada, ou seja, desvinculada de todo carisma puramente individual. Isso não significa, no entanto – é um ponto que é fixado com força porque dele brota o núcleo central da argumentação de Schmitt –, que em tal universalização da função venha perdido o elemento *pessoal* de quem a exerce. Se assim fosse, se o catolicismo aderisse sem desfiaduras à lógica jurídica clássica, à sua *lei*, ainda estaria menos em evidência a potência *política* da *complexio*. Entretanto, tal não ocorre. E não ocorre porque a lógica jurídica do catolicismo é, por sua vez, uma lógica eminentemente *representativa*: "Na sua capacidade de forma jurídica, encontra-se um de seus segredos sociológicos. Mas a força de atuar essa forma, como qualquer outra, a Igreja a possui só enquanto tem a força da representação".[60]

Essa declinação representativa – lembremos tudo quanto foi dito a propósito da autoridade em Guardini – implica duas consequentes caracterizações. Em primeiro lugar, a *pessoal*: a autoridade da Igreja é tal porque a sua estrutura jurídica é concretamente representada pela pessoa do sacerdote que, por sua vez, através de uma cadeia de infinitas mediações,[61] representa a pessoa do Cristo. É isso que confere à Igreja

---

[59] p. 39.

[60] p. 47.

[61] Sobre o conceito de "mediação" como "o que constitui a essência da Igreja", Schmitt havia evidenciado no escrito sobre a "visibilidade da Igreja" [Die Sichtbarkeit der Kirche. Eine scholastische Erwägung, *Summa*, 1 (1917-1918), v. 2, p. 71-80, agora traduzido, organizado por C. Galli, para *Il Centauro*, n. 15, p. 177-184, 1985], que constitui, segundo a própria indicação do autor (*Politische Theologie II*, Berlim, p. 27, 1970), a antecipação mais direta de *Römischer Katholizismus*. Em mérito, além das duas introduções de C. Galli às referidas traduções, cf. também:

um poder e uma autoridade próprios: isto é, a capacidade de criar *novo* direito. Enquanto a jurisprudência secular deve limitar-se a confirmar, ou simplesmente ajustar, o direito vigente, a Igreja de Roma pode gerar novo direito. É o ponto-chave da análise: a potência da *complexio* romana está no fato de que a sua estrutura jurídico-representativa compreende o momento álogo da *decisão*, encarnada na autoridade pessoal do papa[62] e, depois, em descida, na pessoa de cada um dos sacerdotes.

E é o primeiro lado da questão, a primeira vertente da representação: a direção descendente que do alto conduz ao baixo, também comunicando ao último dos ministros o poder da decisão de Cristo. Essa, todavia, é sempre considerada em sua relação complementar com a outra, ascendente, que da parte inferior conduz à parte superior: do sacerdote ao Cristo, do poder à autoridade, da decisão à *ideia*. É essa complexidade que exprime plenamente a essência bipolar da representação católica, opondo-a diametralmente à estrutura monolinear do pensamento não representativo: não só a decisão, mas o seu enraizamento na *realidade* da ideia: "Nenhum sistema político pode durar, mesmo para uma única geração, com a única técnica da conservação do poder. Ao 'político' se liga a ideia, visto que não há política sem autoridade, nem há autoridade sem um *ethos* da convenção".[63] Até quando aquela sobreviverá, até quando manterá a árdua bipolaridade de poder e autoridade, de pessoa e instituição, de decisão e verdade, até então ficará viva a força da Igreja de Roma. E, também, a essência da política por ela protegida.

2. É o mesmo ângulo visual do qual se move Guardini. Que esse se organize em modalidades diferentes, que registre uma diversidade de acentuações, que conduza, enfim, a êxitos divergentes e também opostos não exclui o dado de fato, até agora passado inobservado, que no mesmo ano de *Römischer Katholizismus*, de Schmitt, o *Vom Wesen*[64] *Katholischer*

NICOLETTI, M., Alle radici dela "teologia politica" di Carl Schmitt: Gli scritti giovanili (1910-1917), *Annali dell'Istituto Storico Italo-Germanico in Trento*, X, 1984, especialmente p. 255-316.

[62] Cf. também em: SCHMITT, Carl, *Politische Theologie*, Munique-Leipzig, 1922. (trad. it. em: *Le categorie del "politico"*, organizado por G. Miglio e P. Schiera, Bologna, 1972, p. 76, a propósito de *Du pape*, de De Maistre).

[63] SCHMITT, *Römischer Katholizismus*, p. 45.

[64] A propósito do termo-conceito *Wesen*, E. Przywara (Le mouvement théologique et religieux en Allemagne, *Nouvelle Revue Théologique*, n. 7, p. 565-575, 1922 – o ensaio

Weltanschauung,[65] Guardini registre com esse uma coincidência semântica, categorial e, ousaria dizer, topológica, que vai além do explícito apreço do escrito schmittiano formulado, não muito depois de sua publicação, numa das cartas provenientes do Lado de Como[66] (apreço tornado, além do mais, ainda mais significativo pela reticência usual de Guardini nos confrontos de autores e obras contemporâneas). Lembremos a particular configuração "geométrica" que Schmitt atribuía ao *diretório* representativo da Igreja de Roma: uma multiforme, voraz, extensão horizontal, exata e governada pelo absolutismo de uma decisão vertical; um "cuidado" à totalidade do real atento a não perder dele, ao mesmo tempo, os aspectos singulares. É a mesma "figura" que volta, mediada pela definição de *Weltanschauung*,[67] na impostação de Guardini. *Weltanschauung* é "um movimento cognitivo voltado, de um modo todo especial, à totalidade das coisas",[68] mas que para se realizar *concretamente, efetivamente*, deve substituir pela mecânica do simples conhecimento o gesto do olho do autêntico modo de olhar: "*Weltanschauung* é o encontro entre o mundo e o homem, um confronto olho a olho, mas sempre um confronto, de fato, no olho".[69]

É necessário ter constantemente presente o papel decisivo e produtivo de decisões, atribuído por Guardini – também, aqui, em plena sintonia com a cristologia representativa da *Sichtbarkeit der Kirche* schmittiana – à

---

segue no número posterior, p. 660-666) observava que as duas palavras mais usadas na cultura alemã da época eram "mouvement" (Bewegung) e "essence" (Wesen), e citava, a propósito de Wesen, as obras de Bubery de Baeck para o judaísmo, de Barth e de Heim para o protestantismo, e de Lippert e de Adam para o catolicismo: "A essência, aqui, é o ponto central ao que se vinculam a multiplicidade dos dogmas e das práticas de devoção [...]. O catolicismo atual ressalta o dogma central do corpo místico de Cristo, pois crê reconhecer nele o elemento específico do catolicismo".

[65] GUARDINI, R. Vom Wesen Katholischer Weltanschauung. *Die Schildgenossen*, 1923. Foi publicado novamente no volume *Unterscheidung des Christlichen*, Mainz, 1963.

[66] GUARDINI, R. *Briefe vom Comersee. Gedankenüberdie Technik*. Mainz, 1927 (trad. it. Bréscia, 1959, p. 16): "Em seu lindo livrinho sobre o catolicismo romano – livro que li durante a viagem feita até aqui –, Carl Schmitt viu justamente a nostalgia de uma natureza em estado puro, absolutamente intacta, que já é em si mesma uma manifestação de cultura e o resultado de uma existência viciada por um excesso de artifício".

[67] Sobre o conceito de *Weltanschauung* em Guardini, ver: GAMERRO, R., *Romano Guardini filosofo della religione*, Milão, 1981, p. 47-78.

[68] GUARDINI, *Vom Wesen*, p. 276.

[69] p. 280.

semântica do ver.[70] "Ver – havia escrito naquele capítulo de *Der Herr* do qual partimos – é algo diferente daquilo que faz o espelho, o qual recebe indiferentemente o que se lhe apresenta. Ver procede da vida e influi sobre a vida. Ver significa assimilar as coisas, sujeitar-se à sua ação, ser tomado por ela".[71] Penetrar o mundo e, ao mesmo tempo, ser penetrado por ele. Conhecer e, ao mesmo tempo, tomar posição, decidir, sobre o objeto de conhecimento. Mas para que isso seja possível, para que o olhar da *Weltanschauung* possa penetrar o mundo, é necessário algo a mais: a saber, que ele assuma também *distância* que nos libere de seu poder de condicionamento imediato. Que, aliás, o faça realmente, dominando-o de *cima para baixo*. Para isso não basta uma posição que esteja *fora* do mundo. É necessário um ponto que esteja *sobre* o mundo. Somente um ponto semelhante constituiria um apoio seguro ao olhar; habilitá-lo-ia a um conhecimento decisivo. Tal ponto é encarnado no gesto de Cristo. "Ele é o 'outro' do mundo; é 'proveniente do alto'. Assim, ele recoloca em questão o mundo e o obriga a se revelar. Ele é a grande abertura de cortina através da qual o mundo mostra seu verdadeiro rosto".[72] É Cristo que apreende o mundo a partir de seu centro essencial e, contemporaneamente, dos seus infinitos ângulos. Vê o todo nas partes e o todo *das* partes. Conhece e decide. É seu o olhar da *Weltanschauung*. Ele *é* esse olhar. Só quem olha através do olhar de Cristo "possui o poder de confrontar a realidade concreta, o destino concreto".[73]

Esse "poder" é o poder de Roma. A sua Igreja "é a portadora histórica do olhar de Cristo sobre o mundo".[74] Por isso – retorna a imagem schmittiana da *complexio* – "o elemento católico não é um tipo ao lado de um outro [...]. Esse significa a séria adesão à Revelação sobrenatural em todos os seus conteúdos, e em todos os campos e implicações da vida concreta. Esse abraça todas as possibilidades típicas, como as abraça a própria vida".[75] Trata-se de um motivo difundido na apologética

---

[70] Sobre a semântica do "ver" em Guardini, cf. a primeira parte ("L'occhio e la conoscenza religiosa") de *Die Sinne und die religiöse Erkenntnis*, Wurzburgo, 1950 (trad. it. em *Scritti Filosofici*, p. 137-190). Cf., a esse propósito, as observações de: BABOLIN, A., *Romano Guardini, fiosofo dell'alterità*, Bolonha, 1969, v. II, p. 92 em diante.

[71] GUARDINI, *Der Herr*, p. 196.

[72] p. 284.

[73] p. 285.

[74] p. 290.

[75] p. 289.

católica pós-newmanniana,[76] mas por Guardini levado aos limites do seu significado *vital*. É essa relação com a vida que mantém vivo o poder da Igreja de Roma. Ele vive, continua a viver, porque encontra a vida. E a encontra não no sentido de um puro absorver, de uma disponibilidade passiva e incerta. Mas naquele da direção.[77] Encontra-a *na* e *através de* sua

---

[76] A partir de A. von Harnack (Die Aufgabe der theologischen Fakultaten und die allgemeine Religionsgeschichte, *Reden und Aufsätze*, v. II, p. 170, 1904) até P. Lippert, que em *Die Weltanschauung des Katholizismus* (trad. it. Bréscia, p. 168-169, 1931 – não confundir com *Das Wesen Menschen des Katholischen*, Munique, 1923-) – define a metafísica católica como "uma espécie de empirismo metafísico que leva em conta necessariamente todos os aspectos da realidade experimental e os abraça como uma lei universal", e também, até F. Heiler (*Der Katholizismus, seine Idee und seine Erscheinung*, Munique, p. 12, 1923); ou K Adam (*Das Wesen des Katholizismus*, Augsburgo, 1924, trad. it. Bréscia, p. 7-10, 1962), que justamente se refere de modo polêmico a Heiler, convertido ao protestantismo. Sobre a relação entre Aclaro e Heiler, ver: BENDISCIOLI, M., Carlo Adam e la situazione religiosa tedesca, *La scuola cattolica*, V. LXII, p. 185-192, 1934. Mas também: SCHOOF, T. M., *De doorbraak van een nieuwe Katholieke Theologie*, Baarn (Holanda), 1968. Segundo Heiler (Zum Tode von Karl Adam, *Theologische Quartalschrift*, Tubinga, 1966, p. 259), "só a intervenção do príncipe herdeiro de Baviera, a cujos dois filhos Adam dava aulas de religião, o protegeu da suspensão *a divinis*" (SCHOOF, p. 101) pelo caráter aparentemente heterodoxo da sua teologia. Porém, o topos da *complexio* também estava presente na manualística religiosa, como o testemunha, por exemplo, o manual de: ANWANDER, A., *Die Religionen der Menschheit*, 2. ed., Priburgo, 1949 (trad. it. Alba, p. 423, 1954): "Não há nenhum conceito ou prática religiosa de valor que não tenha sido introduzida ou que não possa ser inserida na Igreja Católica, no modo indicado pela analogia do enxerto na oliveira, como se manifesta a 'Epístola aos Romanos' e na melhor literatura jornalística da época". Ver, por exemplo, *Orthodoxy*, de G. K. Chesterton, que pertence, por outro lado, no entanto, ao período pré-católico de Chesterton (1903), diferentemente de *The Evestaling Man* (1925) e de *The Catholic Church and Conversion* (1928), segundo a qual, enquanto o paganismo afirmava que a virtude está em equilíbrio, o cristianismo afirmou que está em conflito: a colisão de duas paixões evidentemente opostas, não compatíveis, entenda-se bem, tanto que se torna difícil mantê-las unidas" (p. 127, trad. it. Bréscia, 1926, 7. ed.).

[77] O elemento de "direção" a partir do alto é destacado como característico do catolicismo romano, também por: PRZYWARA, E., Romische Katholizitat: Allchristliche Okumenizitat, *Gott in Welt* (homenagem a Karl Rahner), organizado por J. B. Metz, W. Kem, A. Darlapp, H. Vorgrimler, Priburgo, v. 11, p. 524-525, 1964: "O catolicismo romano e o ecumenismo pancristão se enfrentam, desse modo, fundamentalmente, com uma igreja hierarquicamente autoritária de todos os povos sob uma cabeça autoritária e uma igreja democrática da 'maioria' sob 'um conselho eletivo'. [...] Essa diferença fundamental, finalmente também, a diferença no 'ecumenismo'. No católico romano desaparece o 'universal' na forma em que Deus e Cristo, em seu 'por sobre tudo e em tudo', deixam sua marca na forma da igreja: não ser intermundanamente 'internacional', mas 'supranacional' enquanto 'intranacional', está por cima de todos

verdade: "Dito formalmente, o comportamento católico consiste no fato de que o comportamento particular determinado pelos vários tipos psicológicos, etnológicos e culturais seja como apreendido a partir do alto por um último comportamento geral".[78] Ele é a mais alta *Weltanschauung* porque "do alto" olha – compreende e decide – a infinita variedade do mundo. A sua inquietude multipolar. Na Igreja de Guardini, finalmente, aquela figura em cruzamento perpendicular – figura na cruz – incisa nas páginas metálicas do *Römischer Katholizismus* schmittiano encontra a sua mais clara enunciação:

> Essa universalidade tem uma dupla face: extensiva e intensiva. Em força da primeira, a Igreja mantém amplo o olhar, abraça os tempos e o conjunto das formas e distinções humanas. Ela faz com que a Igreja se estenda sempre mais e insira em si sempre novos valores: é a parábola evangélica do grão e da mostarda. Em força da segunda, a Igreja é capaz de se lançar naquela obra ou naquela postura, ou naquela decisão toda especial que Deus através da situação do agora desejada por ela; mas ela resta elástica, conserva o seu ser total e dali pode sempre passar a novas decisões.[79]

A ilha e o continente

1. Nessa passagem se encerra o magro, intenso, fragmento de *Vom Wesen*. Ele contém uma chave interpretativa para toda a produção de Guardini. Se até aqui está esclarecido o árduo *topos* ocupado pela Igreja de Roma, o seu inimitável exercício de conservar dentro da oposição polar a mola da Decisão, para fazer emergir a Grande decisão através da tensão dos opostos. É dessa "impossível" conjugação – oposição *e* decisão – que brota a sua indizível potência política.

No entanto, como também vimos, tal resultado não é o fruto de uma absoluta heterogeneidade quanto de uma explícita adesão à concretude da vida. O contraste, a inquieta copresença, não é outra coisa que a própria estrutura da vida, na sua essencial (não contingente) dimensão

---

os povos, atravessando-os todos. A forma contínua das igrejas extracatólicas (em seu ecumenismo pancristão) é, por outro lado, antes de tudo, sua nacionalidade, na qual dão às várias nações seu fundamento sagrado e, nesse ponto, se tornam 'igrejas nacionais'".

[78] GUARDINI, *Vom Wesen*, p. 290.

[79] p. 290.

política. É por isso que Guardini pode tentar o seu "sistema" naquele ensaio, *Der Gegensatz*,[80] que constitui o verdadeiro *plafond* filosófico de toda a sua obra. Muito já se discutiu sobre isso; da sua derivação – de Platão a Bonaventura, a Cusano até chegar aos contemporâneos Mounier,[81] Przywara,[82] Adam,[83] Roubiczek,[84] mas na vertente reformada também Brunner[85] e Tillich[86] – e do seu êxito. Há quem tenha

---

[80] GUARDINI, R. *Der Gegensatz. Versuche zu einerPhilosophie desLebendigKonkreten*. Mainz, 1925. Sobre o núcleo teórico, *já estava contido* em: *Gegensatz und Gegensätze: Entwurf eines Systems der Typenlehre*, Friburgo, 1917.

[81] *Contraires et Contradictories ou de la Discorde* de E. Mounier é de 1929. Ver: MELCHIORRE, V., Guardini filosofo, *Humanitas*, v. XXI, p. 25, 1966. Mounier, diferentemente de Guardini, parte de Bergson, Chevalier, Péguy, Maritain, além da crítica a Hegel e a Marx: apesar disso, o catolicismo europeu entre as duas guerras, em boa medida, está unificado no plano do método.

[82] Para entender a intensidade da relação com Guardini, é necessário contar as contínuas referências à sua obra nos livros de E. Przywara, *Ringen der Gegenwart*, Augsburgo, 1929. Nas páginas 569-570 do segundo volume, Przywara diz sobre o *Gegensatz* de Guardini: "Ambas se complementam, a forma suprarreal na vida real de Guardini e a vida que violenta formas na forma viva de Quickborn. Impõe-se, portanto, cada vez mais a polaridade católica do 'Deus em nós e acima de nós': já não uma fuga desde um entorno vital destroçado até um bem-aventurado mais além ideal de uma 'dada realidade': mas uma confiança vigorosa nas forças sãs da realidade objetiva; já não só uma comunidade litúrgica, mas uma comunidade do viver e do trabalhar na cinza cotidianidade. Por outro lado, surge uma consciente problemática da relação entre forma (racional, eterna) e vida (irracional, cambiante): oscilante entre o equilíbrio filosófico da 'oposição' e a desgarrada problemática de Kierkegaard, em razão por ele finalmente aberta à autêntica mística, e mediante seu contato com ela cristalizando-se em forma concluinte, de modo que, espero, o modo de expressão pessoal, a carta, se torna sua língua (ver *Briefe vom Comer See*)". Sobre Gegensatz, ver também v. 1, p. 360-364. M. Bendiscioli lhes dedicou um artigo para *Ringen der Gegenwart*, com o título "Battaglie d'oggi. Le correnti spirituali della Germania postbellica" (*Canvivium*, v. 111, p. 693-705, 1931). Uma bibliografia particularizada da imponente obra de Przywara até 1962 está apresentada por L. Zimny no livro *Eric Przywara: Sein Schrifttum* (1912-1962), com uma introdução de Balthasar (Einsiedeln, 1963).

[83] GUARDINI, *Der Gegensatz. Versuche zu einerPhilosophie desLebendigKonkreten*.

[84] Refiro-me a *Denken in Gegensätzen* de P. Roubiczek (Frankfurt/M, 1961).

[85] E. Brunner dá à dialética dos opostos não o sentido da antítese absoluta (ao modo de Barth), mas o de correlação, daí o título bipolar de muitas de suas obras: *Philosophie und Offenbarung*, Tubinga, 1925; *Gott und Mensch*, Tubinga, 1930; *Natur und Gnade*, Berlim, 1934; *Offenbarung und Vernuft*, Zurique, 1941.

[86] Também em P. Tillich os opostos têm sempre um ponto de encontro. Ver *Systematic theology*, Chicago, 1951-1963,1, p. 60-66, 168-204; 11, p. 13-16, 19 em diante.

confrontado sua explícita impostação antimetafísica e pré-ontológica,[87] e quem tenha reivindicado, ao contrário, o seu caráter sistemático, se não precisamente neoescolástico.[88] Nele, na realidade, estão presentes ambos os aspectos: não no sentido de uma combinação neutralizante, mas naquele, precisamente, da sua irredutível contradição.[89] Que tal contradição – que é, depois, a cifra mais própria de todo o catolicismo guardiniano – acabe por comprometer a coerência de toda a estrutura, ou, como melhor veremos, para decliná-lo em chave estruturalmente utópica, não exclui que justamente dela o texto derive aquela força criativa que se torna um documento de extraordinária originalidade na teologia católica contemporânea.

Toda a obra vive de um contraste interno levado às soleiras da in-decidibilidade lógica: pôr em ordem aquilo que – o "concreto vivente" – é por definição assistemático; categorizar o que foge de toda categoria; definir, enumerar, enquadrar o que logo se deixa – e nem sempre – no-mear. *O ser está unido* – é a proposição inicial do "sistema" – *exatamente por aquilo pelo qual é dividido*. Daí se estende em forma de raios toda a trama discursiva, ajustada por uma lógica fixa em torno das duas leis funda-mentais: 1) a realidade está dominada pelo princípio de oposição bipolar (*Gegensatz, Polarität, Pol-Gegenpol*); 2) mas tal oposição jamais é simples contradição (*Widerspruch*), alteridade absoluta, irrelatividade radical. Todos os erros – e aquele da Moderna antes de mais nada – derivam, em última instância, por se ter transgredido um ou outro desses princípios: ou, ainda pior, ambos, como ocorre com a sensibilidade romântica. Aquilo que condena, de fato, a posição romântica à inefetualidade, e, portanto, o que define sua natureza política – destaco esse ponto porque reproposto igualmente no Romantismo schmittiano[90] – é uma *confusio* tanto indecisa, capaz de perder a natureza das distinções no mesmo tempo em que as

---

[87] Por exemplo: RAHNER, K., Romano Guardini: Omaggio nell'80° compleanno, *Humanitas*, v. 4, n. xx, p. 396, 1965 (o fascículo também traz uma homenagem de H. Kuhn).

[88] Antes de G. Sommavilla, na introdução aos *Scritti Filosofici*, ver: SCHLÜTER-HERMKES, M., Gegensatz-lehre Guardinis, *Hochland*, v. 26, p. 539, 1928.

[89] Cf. WUCHERER-HUNDENFELD, K. Die Gegensatzphilosophie Romano Guardinis. *Wissenschaft und Weltbild*, p. 288-301, 1955.

[90] SCHMITT, Carl. *Politische Romantik*. Munique-Leipzig, 1919. (trad. it. organizada por C. Galli, Milão, 1981.)

absolutiza em iguais contradições.[91] Daí – como não deixará de ressaltar Schmitt[92] – o seu caráter essencial antirrepresentativo, o seu extraviar a *intentio* representativa do catolicismo sem conseguir substituí-la por uma forma igualmente potente de controle do século, e, portanto, o seu ceder passivo à secularização moderna.

Contra essa *confusio*, projeta-se a trágica Seriedade (*Der Ernst*) do "salto", da "descontinuidade" guardiniana: entre elementos copresentes, mas, ao mesmo tempo, inconfundíveis, não deriváveis. De tal lei originária brota todo o sistema, as suas categorias e as suas leis: movimento, medida, ritmo. Mas, também, inevitavelmente, o seu elemento de contradição interna, a sua irredutível tensão à abertura, e, portanto, à autonegação. Vejamos. O processo "dissolutivo" é escandido por dois momentos. O primeiro, interior, derivável logicamente da própria lei da oposição, consiste no impulso centrífugo de ambos os opostos, na sua tendência à autoabsolutização. É como se do par bipolar se liberasse uma força divergente tendida a realizar todo oposto em sua pureza, a realizar por completo o seu conteúdo. Exatamente ela, no entanto, mesmo na máxima produtividade que consente ao sistema – este é maximamente produtivo quanto mais nítida, relevada, decisiva for a oposição dos seus termos –, leva-o contemporaneamente à crise. Se aquela força tivesse que prevalecer, anulando a tendência, oposto, ao equilíbrio, o sistema explodiria. A intensidade da sua vida se transformaria na inelutabilidade da sua morte: "A pura realização do conteúdo em questão equivaleria à ruína da vida. Aproximar-se de tal realização é aproximar-se da borda da ruína".[93] A essa ruína o sistema é rasgado pela força centrípeta. É essa que aplaca, sana, salva. Recria equilíbrio e relação. Mas não elimina o risco. Antes, ela o multiplica, deslocando-o para outro fronte. Das extremidades ao centro. O risco do centro – com tudo o que significa: bloqueio, estase, homologação – não é inferior àquele dos extremos. Não subtrai o sistema de seu destino. Da ruptura, da abertura, do *naufrágio*:

> Assim, a relação vivente da oposição polar trai seus perigos. Os pontos perigosos são, portanto, três. Em primeiro lugar, os dois valores limite

---

[91] GUARDINI, Romano, *Der Gegensatz*, p. 146: "[...] romântica é um tratamento da ideia dos opostos com a qual é destruída precisamente a sua essência profunda".

[92] SCHMITT, *Politische Romantik*, p. 121.

[93] GUARDINI, *Der Gegensatz...*, p. 201.

"exteriores" da realização "pura" do oposto: a zona de naufrágio do tipo puro. Depois o valor limite "interior" do equilíbrio entre os opostos: a zona de naufrágio da harmonia perfeita. Trata-se sempre de "valores": metas finais, formas perfeitas. Mas também se trata de "limites": momentos de trânsito. A experiência dos opostos como forma da vida é assediada aos extremos e atacada desde o centro pela impossibilidade vital, pela morte. No entanto, essas impossibilidades são, ao mesmo tempo, as formas perfeitas da própria vida. No cumprimento perfeito há a destruição.[94]

Aqui – na ideia que o sistema se aproxima da perfeição na medida em que se aproxima do naufrágio – já se manifesta um primeiro, potente, elemento de abertura: e, com ele, o caráter estruturalmente, não contingentemente, trágico[95]da *Anschauung* guardiniana. Mas estamos ainda no interior do sistema, da sua lógica autocontraditória. Há abertura, mas ainda vibra sobre as paredes internas do templo. A essa, porém, desde o início responde uma segunda, mais "catastrófica", abertura: nas margens da qual o sistema bate, fragmentando-se, contra o seu exterior. Ou também: o próprio exterior se configura em sistema, sistema da própria alteridade. É ali onde a dialética dos opostos irrita-se com a decisão resolutiva acerca dos contraditores, ou dos valores absolutos. Então, por fim, temos *Durchbruch ins Entscheidende*: ruptura voltada ao decisivo, *ins Eigentliche*, voltado ao autêntico. Estamos depois do sistema.

---

[94] p. 205.

[95] Sobre a categorização "trágica" do discurso guardiniano, e, em geral, da literatura católica alemã da época, devemos observar que ela não está em nada em contradição com o "espírito do catolicismo", destacado que o "trágico" no cristianismo (e também no catolicismo) pertence ao mundo do depois-do-pecado e se refere à cisão entre realidade natural e realidade sobrenatural. Ver, nesse sentido, o ensaio de G. Sellmair, traduzido para o italiano com o título "L'uomo nella tragedia" (Bréscia, 1949, v. 2, p. 130): "Na realidade, a esfera natural permanece distinta da sobrenatural, assim como dentro da esfera natural há muitas, que, sem dúvida, estão coordenadas umas com as outras. Do mesmo modo a fé, para quem vive dela, não significa que tudo o que ocorre nesse mundo se resolva em perfeita harmonia". Nesse momento, Sellmair cita Guardini: "Essa realidade divina está em nossa realidade, na vida, e ao redor dela se aglomeram os problemas. As forças se chocam. Os conflitos se entrelaçam. Porém, crer significa perseverar e tolerar". Sellmair, depois, cita Guardini também a propósito de Kierkegaard (p. 216). Por outro lado, ver de Sellmair: Das Menschenbild bei Pascal und Heidegger, *Das Wort in der Zeit*, v. 1, p. 10-19, 1934. E também: Ende des humanistischen weltbildes!, *Das Wortin der Zeit*, v. IV, p. 97-114, 1936.

Ou melhor, antes dele. No seu pressuposto. Estar, resistir, na oposição é possível, de fato, só depois de ter decidido sobre os valores não contratáveis. Não se trata de prioridade temporal, e tampouco, simplesmente, de lógica, mas *existencial*. Uma escolha que tem por objeto a *verdade da vida*. E que, portanto, como ação, opção, risco, não segue, mas precede o conhecimento. Especificamente, determina-o. A essa decisão prática está suspensa a potencialidade cognitiva de todo o sistema. Invertido na margem da própria abertura, ele permanece confiado à eficácia de uma decisão ativa. À sua linguagem necessariamente *política*, direcionada à *comunidade* da vida. Não é um acaso que esse acento político, que havia governado secretamente todo o discurso, volte a ressoar em seu fim com o empenho de uma "missão": "Inevitável nos parece também, nesse contexto, a missão da 'política' dos nossos dias".[96]

2. Justamente quando a referência "política" a uma decisão entendida como ruptura voltada ao autêntico parece assimilar definitivamente Schmitt e Guardini, levar a cabo a simetria de 1923, já confirmada pela crítica comum ao romantismo, justamente nesse momento, no entanto, desenha-se com mais nitidez uma distância intransponível: tanto que simetria e distância podem funcionar uma como espelho invertido da outra. Na realidade, quando se fala de analogia, ou realmente de inerência, voltada à posição católica,[97] e especialmente guardiniana, a propósito do escrito schmittiano sobre o catolicismo (a prescindir da questão histórico-biográfica da profissão de fé de Schmitt), não se pode esquecer que justamente sobre o conceito que mais que qualquer outro justifica a aproximação – aquele de "representação" – se instala uma divergência latente. Divergência num certo sentido presente e operante no mesmo texto schmittiano, ali onde o autor acentua de dois modos diferentes e,

---

[96] GUARDINI, *Der Gegensatz*, p. 263.

[97] Entres aqueles que marcam um papel relevante ao catolicismo na formação de Schmitt, G. Schwab (*The Challenge of the Exception*, Berlim, 1970), que chega a ligar o antijudaísmo de Schmitt nos anos do regime com sua raiz católica (p. 192 em diante). Mais em geral sobre o período católico de Schmitt – documentado por sua relação com *Hochland, Summa* e *Die Sehildgenossen* –, ver: BARION, H. "Weltgeschichtliche Machtform?" Eine Studie zur politischen Theologie des u. Vatikanischen Konzils, in: *Epirrhosis: Festgabe jür Carl Schmitt*, organizado por H. Barion, E. W. Bockenfürde, E. Forsthoffy W. Weber, Berlim, 1968, v. 2, p. 13-59.

aquele que conta mais, contrastantes, de entender o conceito de "representação": por um lado, aquele precisamente católico – definido, como se viu, juntamente através da *complexio* (diferença horizontal) e pela transcendência da ideia (diferença vertical); por outro, aquele democrático-parlamentar (ou também monárquico), que elide qualquer elemento de transcendência, e, aliás, apenas se dá, de fato, em sua ausência.[98]

Deixemos por enquanto o problema se, e em que medida, Schmitt transfere seu ângulo de visão prevalente de uma à outra dessas concepções. É fato que, desde o escrito de 1923, ele considere a ideia propriamente católica de representação, e, portanto, todo o horizonte categorial do catolicismo, em termos residuais: como aquilo que *resiste* no decorrer, e ao convergir *contra ele*, de forças opostas e complementares, como o capitalismo e o socialismo. Isso significa que o catolicismo poderia chegar a conseguir o monopólio do político,[99] precisamente porque permanecido *sozinho* na sua defesa. Por isso aquele monopólio seria "monstruoso": não tanto pela presença de inimigos politicamente identificáveis, quanto, precisamente, pela sua ausência. Daí o seu destino terrivelmente utópico, no sentido literal de uma crescente subtração de espaço histórico e semântico: de uma progressiva, inatingível, "insularidade" nos confrontos do grande desenraizamento moderno. Em relação a ele há uma mudança imprevista de papéis: aquilo que era continente (o catolicismo) é agora ilha e aquilo que era ilha – o moderno enquanto dissolução, abandono, pela terra da tradição – é agora continente.

É precisamente o caráter de destino dessa inversão de papéis – historicamente expresso pelo fato que quando o Estado se tornou Leviatã desapareceu do mundo do representativo[100] – a sinalizar uma distinção radical entre a posição de Schmitt e aquela de Guardini. A mesma convergência expressa na recusa do modo do pensar romântico é profundamente marcada por ele. O que Schmitt reprova, de fato, no subjetivismo romântico, não é tanto a ruptura do balanceamento bipolar sujeito-objeto ou a *confusio* monística da oposição transcendental – isto é, a sua inscrição no interior da secularização moderna – quanto o modo operativamente fraco e ineficaz, romanticamente *indeciso*, no qual essa

---

[98] SCHMITT, *Römischer Katholizismus*, p. 54 em diante.

[99] p. 54.

[100] p. 50.

ocorre.[101] Sem que possamos nos deter o quanto mereceria sobre o argumento, é um ponto que deve ser mantido fortemente presente porque é aquele que assinala a máxima distância do quadro categorial schmittiano daquele do tradicionalismo católico (mas também dos grandes críticos "burgueses" da modernização): o que justifica amplamente os ataques e os solidíssimos distinguos[102] direcionados, por parte católica,[103] à sua "teologia política".[104] É verdade, de fato, que esta última – entendida

---

[101] Como oportunamente destacado por C. Galli na introdução à edição italiana de *Politische Romantik*, p. XIV-XV.

[102] Termo usado pela filosofia escolástica, nos argumentos. [N.T.]

[103] Além do ensaio de: PETERSON, E., *Der Monotheismus als politisches Problem*, Leipzig, 1935, ver: MARXEN, A., *Das Problem der Analogie zwischen den Seinsstrukturen der großen Gemeinschafte: Dargestellt im engeren Anschluß an die Schriften von Carl Schmitt und Erik Peterson*, Wurzburgo, 1937), penso, sobretudo, em: MARITAIN, J., *Le crépuscule de la civilisation*, 1939, e, particularmente, na área que nos interessa aqui, em: HAECKER, Th., in: *Was ist der Mensch?*, Munique, 1949, onde Haecker toma justamente posição a favor de Peterson e contra Schmitt, do qual cita *Der Begriff des Politischen*. O autor parte da pergunta "schmittiana": "Qual é a essência da política?" (p. 44), e segue: "Alguns modernos, reduzindo a política à relação de amizade e de inimizade, percebem apenas uma subessência, um pressuposto da essência da política. A relação de amizade e de inimizade é uma disposição natural, primitiva e rudimentar como, de algum modo, 'a luta pela existência', da qual por acaso deriva. Portanto, estende-se a todos os viventes, desde os homens até a ameba". A resposta (organicista) que Haecker contrapõe à posição de Schmitt é que "a política verdadeira se funda na ordem, instintivo nos animais, livre no homem, que harmoniza as partes e o todo, os fins e as atividades dos membros individuais e de todo o organismo que os transcende" (HAECKER, 1949, p. 44-48). Porém, sobre esses mesmos temas, ver também de Haecker: *Christentum und Kultur* (Munique, 1927), e o *Dialog über Christentum und Kultures* de 1930 (*Hellerau*), p. 57-66 da edição de Munique, 1946. Naturalmente, não é fácil reconstruir o panorama integral da recepção católica de Schmitt, nem da recepção do Schmitt "católico". Devemos assinalar, pelo menos, as seguintes intervenções: os dois comentários de E. Broch e de F. Curtius, respectivamente, em *Hochland,* n. XXIX, 1932, n. XXII, 1924-1925; STERNTHAL, F., Über eine Apologie der romischen Kirche, *Der neue Merkur*, v. 7, p. 764-768, 1922-1924; PORT, H., Romischer Katholizismus und politische Form, *Gelbe Hefte*, v. 1, p. 451-456, 1925; BALL, H., Carl Schmitts Politische Theologie, *Hochland*, v. 6, n. XXII, p. 263-285, 1924; GÜNTHER, A., Der Endkampfzwischen Autorität und Anarchie, *Deutsches Volkstum*, v. 1, n. XIII, p. 11-20, 1931.

[104] Sobre a "teologia política" schmittiana, cf.: KODALLE, K. M., *Politik als Macht und Mythos: Carl Schmitt "Politische Theologie"*, Stuttgart, 1973; D'ORS, A., Teología política: una revisión del problema, *Revista de Estudios Políticos*, n. 205, p. 41-77, 1976; TAUBES, J. (Ed.), *Der Fürst dieser Welt*, Munique, 1983; BENEYTO, J. M., *Politische Theologie als politische Theorie*, Berlim, 1983. Observações precisas poderão

obviamente como "método" e não como "sistema" – caracteriza zonas de crises e segmentos de contratendência (poderíamos também dizer: a não componibilidade substancial do dualismo originário) no interior da secularização: mas justamente por isso não dá por feita a irreversibilidade em termos de processo geral. Ou, ainda melhor, ela mesma exprime o seu sentido prevalente: tanto é verdade que a expressão que, talvez, mais que qualquer outra resuma simbolicamente a sua vocação "transcendente", revele, ao mesmo tempo, o seu caráter instrumental.

Em outros termos, a irreversibilidade da secularização é confirmada pelo fato que justamente o envio à autoridade pessoal de Cristo funciona, no aparato conceitual do Hobbes schmittiano, como legitimação da cisão interna/externa: e, portanto, como nulificação da *Veritas* transcendente. Esta não tem outra força em relação àquela que, na decisão soberana, realiza a acabada identificação de poder e saber. Aqui, especificamente, na exautoração da transcendência da *Veritas* ou, que é a mesma coisa, na sua ocorrida incorporação, manifesta-se a distância realmente intransponível que separa a teologia política schmittiana da grande representação católica.[105] Decisão e representação restam, e como referências fundamentais, em toda a obra schmittiana, mas submetidas a um movimento secularizante que tende a afastar ao infinito os seus planos. Ambos os termos em questão – unidade e oposição – se absolutizam a ponto de esvanecer, e, aliás, de inverter o significado a eles conferido pelo princípio bipolar: no sentido que a unidade tende a saturar a diferença metafísica em direção a um monismo acabado, enquanto a oposição, transferida ao nível de imanência, tende, vice-versa, a transformar a distinção na antítese, igualmente absoluta, amigo/inimigo.

A consequência de tudo isso é a recusa – ou melhor, a impredicabilidade objetiva – de qualquer filosofia da história, tanto em sentido progressivo quanto em sentido regressivo. O moderno não é só uma

---

ser encontradas finalmente em: SCHIERA, P., Dalla costituzione alla politica: la decisione in Carl Schmitt; e em: CALLI, C., La teologia politica in Carl Schmitt: proposte per una rilettura critica, ambos em: AA. VV., *La politica oltre lo Stato: Carl Schmitt*, Veneza, 1981, organizado por G. Duso, p. 15-24 e 127-137. Ver: DUSO, De G., La rappresentazione come radice della teologia politica in Carl Schmitt, *La rappresentazione: un problema di filosofia politica*, Milão, 1988, p. 115-138.

[105] Como também nota D. Sölle (*Politische Theologie*, p. 78), sobre os rastros de: MAIER, H., Teologia politica? Obiezioni di un laico, in: AA. VV, *Dibattito sulla teologia politica*, Bréscia, 1971, p. 32-37.

época, a última época de um desenvolvimento linear construído por estações sucessivas, mas o ponto de vista, o *único* ponto de vista, a partir do qual se olha o passado e também o futuro. Nada mais que a conferência sobre a *Época das neutralizações e das despolitizações*,[106] com a conexa teoria da sucessão dos diferentes centros de referência, constitui uma prova mais evidente: jamais como nela está cortado o caminho a todo sonho de restauração, assim como a toda hipótese de ultrapassagem. A "emigração europeia" de um "campo de luta" a um "terreno neutral" e de um "terreno neutral" a um novo "campo de luta" dá o sentido dos confins estruturais dentro dos quais deve restar circunscrita a análise para não perder a sintaxe multifuncional dos vários âmbitos linguísticos da Modernidade e do seu inédito enredo: antes de tudo, entre política e técnica. Esta última introduz uma forte diferença qualitativa no interior da sucessão dos centros de neutralização até agora subsequentes. De fato, enquanto esses, mesmo reproduzindo em outros níveis os conflitos neutralizados, eram, no entanto, capazes de informar historicamente a sua época, de conferir-lhes um sentido e, também, um destino, a técnica, enquanto pura neutralidade, resta em pleno poder das forças que a geram. É essa absoluta disponibilidade que a torna totalmente apolítica. Ainda mais: princípio mesmo de despolitização. Seria, porém, errado derivar dessa essência em si despolitizadora da técnica um prognóstico tranquilizador acerca das características da sua época, a partir do momento em que é precisamente tal essência que a torna presa possível de *qualquer* política capaz de dominá-la. Isso significa que a sua hiperneutralidade termina por se inverter no seu oposto, tornando-se objeto da máxima despolitização, e realmente o que impede ulteriores despolitizações:

> O processo de progressiva neutralização dos diversos âmbitos da vida cultural chegou ao seu fim depois que alcançou a técnica. A técnica não é mais terreno neutral na linha daquele processo de neutralização e toda política da potência pode servir-se dela. Por isso representar a época contemporânea, em sentido espiritual, como a época técnica pode ser somente um fato provisório. O significado final se extrai apenas quando parece claro qual tipo de política é bastante forte

---

[106] SCHMITT, Carl. Das Zeitalter der Neutralisierungen und Entpolitisierungen. In: *Der Begriff des Politischen*, p. 167-183, 1972. Precisas observações a respeito encontram-se em: MARRAMAO, G., La decisione senza presupposti e il fantasma dello Stato, *La politica oltre lo Stato: Carl Schmitt*, p. 69-87.

para apropriar-se da nova técnica e quais são os reais agrupamentos amigo-inimigo que crescem nesse terreno.[107]

Daí, para Schmitt, por um lado, a recusa de toda posição nostálgico-restaurativa, e, portanto, a aceitação do horizonte da técnica como o único efetivamente dirigível; por outro, a recuperação, a partir do próprio interior da técnica, do seu "vazio" político, de uma noção de política adequada às circunstâncias: isto é, capaz de aceitar o desafio imposto pelo tempo da técnica e de "decidi-la" existencialmente. Só uma decisão livre de pressupostos historicistas e de esquemas providencialistas pode preencher o "nada-político" da técnica, direcionando-o aos seus fins.

O dever do poder

1. É exatamente desse lado que retorna a relação com Guardini. Como num espelho invertido: se da convergência confiada aos escritos sobre o catolicismo brotavam os sinais de uma distância incalculável, a partir dessa, por sua vez, voltam a desabrochar os contornos de uma simetria insistente. A análise da Modernidade, como está fixada, desde as *Briefe vom Comersee*, e depois através de *Welt und Person*, em *Das Ende der Neuzeit*,[108] fornece um teste decisivo. Certamente muda, como se dizia, o ponto de vista do qual é julgado o processo histórico, que permanece aquele, duplicado, da bipolaridade transcendência/imanência: mas resta, apesar disso, uma convergência ainda mais significativa sobre o plano categorial e semântico. No entanto, no que diz respeito à caracterização do moderno, cortada em termos de rigorosa descontinuidade, e, aliás, de excepcionalidade, em relação aos seus antecedentes antigos e medievais[109]: no sentido da ruptura do nexo entre conceito e vida, reflexão e

---

[107] SCHMITT, Das Zeitalter der Neutralisierungen..., p. 182.

[108] GUARDINI, R. *Das Ende der Neuzeit*. Basel, 1950. (trad. it. Bréscia, 1984.)

[109] Ver *Erwiderung* de Guardini a algumas objeções que lhe foram feitas por G. Krüger em: *Unsere geschichtliche Zukunft: Ein Gesprach über das Ende der Neuzeit zwischen C. Münster, W. Dirks, G. Krüger und R. Guardini*, Wurzburgo, 1954. Krüger havia sustentado que a atual não é uma época pós-moderna (nachneuzeitlich), mas a última fase da modernidade (p. 81 em diante). Outra crítica, absolutamente infundada, de "catastrofismo", foi feita a Guardini por parte de N. Clarke em: The End of the Modern World?, *America*, v. 3, p. 106-108, 19 abr. 1958. Foi publicado novamente em: QUINTAS, A., López, *Romano Guardini y la dialéctica de lo viviente*, Madrid, 1966, p. 126-127. Sobre esse debate, ver: RIVA, G., *Romano Guardini e la katholische*

experiência (mas também entre alma e corpo, homem e coisas, e assim por diante). Porém, o que conta mais, acerca da época "por-vir", e ainda "sem nome",[110] que se aproxima de suas margens exteriores.

Dela aquilo que se conhece é a peculiar caracterização técnica. É verdade que a técnica, como modo de relacionar-se com o mundo natural, afunda suas raízes no curso dos séculos passados, mas aquilo que permaneceu por muito tempo mudança de quantidade se tornou agora mudança de qualidade. O salto qualitativo se refere, por um lado, à relação entre subjetividade e função; por outro, aquela entre conhecimento, ação e experiência. Enquanto antes, no moderno, a técnica se referia ainda a um sujeito-homem (o *homo faber*), considerado fundamento "inconcusso" da própria atividade prática e cognitiva, agora a nova técnica nasce precisamente do seu irreversível "desfundamento": daí a sua relação epocal com a massa, entendida não como simples soma de indivíduos, mas como "estrutura" de uma diversa "lei de normalização".[111] Tudo isso determina uma transformação radical no estatuto da subjetividade, a qual se especifica em um crescente desfaser-se entre o âmbito do conhecimento e da ação e aquele da experiência: e por isso na delineação de um tipo particular de homem, agora "não humano",[112] enquanto não mais definível com base na categoria de sujeito-fundamento.

Isso, no entanto – por certos aspectos, a delineação dessa inominada época "pós-humana" recorda, *além* Schmitt, alguns lugares de Jünger –, não deve levar a um comportamento de resistência ou de recusa por parte do indivíduo expropriado das suas características naturais: "Ele deve mais superar a si mesmo com um esforço resoluto e abrir-se para aquilo

---

Weltanschauung, Bolonha, 1975, p. 218-231. Porém, sobre a concepção de Guardini em relação à Idade Média e ao moderno, particularmente sobre o caráter irreversível do trânsito de fase, ver: AUER, A., Gestaltwandel des Christlichen Weltverständnisses, *Gott in Welt*, 1964, p. 333-365, especialmente p. 333-349.

[110] GUARDINI, *Das Ende der Neuzeit*, p. 54.

[111] p. 60.

[112] p. 70. Mas já a oitava carta do *Lago de Como*, p. 83: "Esse processo é 'não-humano', ao menos é medido com o metro do homem existente até então; é inatural, se medido com o metro da natureza tal como ela existiu até então. E tu sentes o implacável avanço com que tal fato destrói tudo o que chegou da humanidade de um tempo e da estreita relação com a natureza. Por todos os lados, advertes a progressiva desmedida das coisas, o desmembramento das medidas, percebes como uma criação é devorada por outra, como um ordenamento antigo é reutilizado por outro".

que, talvez, ameaça a sua própria natureza, assim como foi plasmada pela história";[113] isto é, assumir *in positivo* todo o potencial inovador contido em tal incipiente de mutação "genética". É uma posição, essa de Guardini, que não só deixa bem atrás o antimodernismo da direita católica (desde o primeiro Maritain a Del Noce),[114] mas bate na fenda aquele, explícito ou implícito, de todos os críticos da civilização (também a partir, atente-se, de um ponto de vista bem distante daquele modernista ou genericamente liberal). A secularização técnica não só é considerada inevitável, mas é "acrescida",[115] levada às suas extremas consequências, à plena "maturidade".[116]

E o que significa, precisamente, levar a técnica às suas extremas consequências? A resposta a tal interrogação está contida nos ensaios dedicados ao tema do poder, culminados em *Die Macht,*[117] que tornam finalmente explícita a alma acentuadamente política de toda a mensagem guardiniana. Levar a técnica às suas extremas consequências significa medir-se profundamente com o seu específico objeto conduzido, com aquilo que ela empurra para o centro da existência, ou seja, o *poder*[118]: "A ciência como concepção racional da realidade e a técnica como complexo do novo ordenamento da ação, tornado possível pela ciência, imprime um novo caráter à existência: o caráter do poder, ou seja, da potência num sentido que diremos agudo".[119] Na relação sinonímica instituída entre técnica e poder, o discurso de Guardini encontra um primeiro nível de apoio no quadro analítico schmittiano. A técnica é essencialmente

---

[113] p. 63.

[114] Ver: *Mondernità. Storia e valore di un'idea* (organizado por E. Berti, Bréscia, 1982), e, em especial, o relatório Guardini-Maritain-Del Noce, o ensaio de E. Garulli, "Modernità e cristianesimo", p. 121-138, o ensaio de S. Nicolosi, "Le radici dell'antimodernita di Iacques Maritain", p. 139-147, e o texto de A. Marchesi, "Consapevolezza critica e limiti della 'modernità'", p. 148-159; além disso, os informes na introdução de Y. Belaval, *Sur l'idée de modernité*, p. 17-25, e de A. Del Noce, *L'idea di modernità*, p. 26-43.

[115] GUARDINI, *Briefe vom Comersee*, p. 94 (nona carta).

[116] GUARDINI, *Sorge um den Menschen*, v. I, p. 61.

[117] GUARDINI, R. *Die Macht*. Wurzburgo, 1951. (trad. it. Bréscia, 1954.)

[118] Sobre o conceito católico de "poder", são, agora, vistos os dois importantes volumes que recolhem os atos do XVII e XVIII Congresso de Gallarate de 1962, depois em: GUARDINI, *Sorge um den Mensche*, v. II, p. 57-72.

[119] GUARDINI, *Die Macht*, p. 151.

domínio. Todas as suas descrições em termos fracos, pacificados, batem inexoravelmente contra a dureza desse dado. Técnica é poder.[120] No entanto, a analogia com Schmitt não para aqui. Diz respeito também à qualidade específica que tal identidade assume: isto é, a absoluta disponibilidade: "O poder é pura disponibilidade",[121] no sentido que pode ser usado para fins reciprocamente contrários. Assim, a técnica – é a mesma tese de Schmitt –, justamente por sua natureza intrinsecamente apolítica, chama o homem à mais intensa politicização, à grande Decisão. Isso – a assunção da técnica enquanto poder e a decisão existencial sobre tal poder – não só não contrasta com o empenho teológico do homem ultramoderno, como descende dele diretamente.

Aqui, Guardini abre um caloroso capítulo de teologia política, "Il concetto teologico del potere" [O conceito teológico de poder],[122] que recava a necessidade do comando do homem, o *dever* do poder, de um comando preciso de Deus.[123] Para ser semelhante a Deus, e, portanto,

---

[120] O tema do nexo técnica-poder volta com frequência na cultura católica alemã da época. Basta pensar em DESSAUER, F., *Philosophie der Technik*, Bonn, 1927 (trad. it. Bréscia, 1933, v. 2, p. 101): "Que a civilização se sirva da técnica como meio para o crescimento de sua potência (guerras coloniais, por exemplo) é outra coisa. Que tipo de desejo *não* se vale da técnica? Ele não traz nenhuma relação com a essência da técnica. Outra coisa é o que jaz na própria natureza desse grande fenômeno que é a técnica, também no que há nela de ético, e outra coisa é o que os homens fazem dela. A técnica possui, sem dúvida, uma potência. Porém, enquanto ela forma os homens, e aqui entendo os próprios técnicos, trata-se de uma potência que enobrece. A psicologia do trabalho técnico, no entanto, tem de ser escrita". De Dessauer, ver também: *Technische Kultur* (Kempten, 1907), e *Streit um die Technik* (Frankfurt Main, 1956). Porém, sobre o nexo poder-técnica (e também poder-vida-técnica), ainda é importante o que escreve E. Zschirnrner em: *Philosophie der Technik* (Berlim, 1917), e, sobretudo, polemizando com Jakob Schwadt, em: *Technik und idealismus* (Jena, 1920, disponível em: <https://www.youtube.com/watch?v=-KTWKUctFq4>).

[121] GUARDINI, *Die Macht*, p. 117.

[122] p. 127-144.

[123] Sobre esse ponto, ver o belíssimo escrito de: BALTHASAR, H. U. von, Des Menschen Macht nach der biblischen Offenbarung, *Potere e responsabilità*, p. 82-97. Ver também: LIPPERT, P., *Vom Endlichen zum Unendlichen* (trad. it. Bréscia, 1956, p. 159), o qual havia concluído: "Até no conceito de ética e de religião no homem deve-se assinalar que a pessoa moral e religiosa deve tender sempre, ao mesmo tempo, à potência e à afirmação de si mesmo, que nele há o pano de um dominador que deve submeter a si mesmo todas as coisas e todo ser vivente da terra".

verdadeiro homem, o homem deve exercer o poder: "O homem não pode ser homem e, além disso, exercer pelo menos um poder; exercer esse poder é essencial para ele. Àquele se destinou o Autor da sua existência".[124] Disso uma ulterior consequência. Não só o exercício do poder. O simples poder. Mas um poder potencializado à enésima potência. Um poder – para chegar à definição que mais que qualquer outra Guardini se apropria – *capaz de dominar o próprio poder*. É em relação a essa exigência, precisamente, que "naufragou" o moderno. Este foi o seu limite fundamental, expresso pela ruptura da bipolaridade homem-Deus em favor do primeiro termo: não um excesso, mas um defeito, de poder. A recusa de Deus significou, para o homem moderno, a recusa de governar o próprio poder. A renúncia àquele poder supremo dada somente pelo poder sobre o poder. Pela "ascese",[125] como ainda se exprime Guardini, enquanto extrema dominação da própria potência. "Ascese", naturalmente, não no sentido weberiano de renúncia *pelo* proveito econômico, e, portanto, objetiva despolitização: mas ascese *pelo* econômico para o cumprimento do político; poder sobre o poder, ou seja, poder pela *ideia*, segundo a *poderosa* lógica representativa da Igreja romana.

Precisamente ao mal-entendido do conceito de "ascese", à sua declinação apolítica, à sua perda de potência decisiva, Guardini liga a sua polêmica – esta também fortemente schmittiana – nos confrontos da mentalidade "liberal" ou "burguesa", ali onde observa que essa última, antes de "tomar abertamente as defesas do poder", procura "ao contrário cobri-lo com os pretextos da utilidade, do bem-estar, do progresso".[126] Contra essa leitura "fraca", economicista, do poder é para Guardini necessário voltar à sua essência de opção decisiva sobre as grandes questões da existência: "o problema central em torno do qual terá que circunscrever-se o trabalho da cultura futura e a partir de cuja solução dependerá não só o bem-estar ou a miséria, mas a vida ou a morte é a potência".[127] Por isso se "deve saber e aceitar que o sentido da cultura do futuro seja não o bem-estar, mas o domínio".[128] Jamais como hoje o mundo requer poder, direção, comando; jamais como hoje "a terra se

---

[124] GUARDINI, *Die Macht*, p. 129.

[125] GUARDINI, *Sorge um den Menschen*, v. I, p. 61-62.

[126] GUARDINI, *Die Macht*, p. 129.

[127] GUARDINI, *Das Ende der Neuzeit*, p. 88.

[128] GUARDINI, *Die Macht*, p. 197.

fechou num único campo político que não contém mais nenhuma zona de vazio";[129] jamais como hoje "adquire uma particular urgência aquilo que em sentido próprio se chama 'governar': isto é, ver, julgar, aferrar, guiar, valorizar aquilo que é dado, mantendo o olhar em direção ao conjunto".[130] Agora, Guardini pode tirar as conclusões sobre seu discurso. Também a época que sobrevém, a época ainda sem nome, começa a delinear-se. Ela é o cumprimento da técnica, mas, também, *justamente por isso*, o tempo da máxima politicização da vida:

> Agora que a terra se apresenta a nós como um espaço definitivamente fechado, de extensão determinada, fixa, irá se verificar uma particular pressão "vinda de fora", um impulso marginal, cuja ação irá se repercutir sobre o porvir do estado, da economia, da civilização e até mesmo da alma. Essa pressão colocará à mostra todos os pontos de articulação essenciais e as formas de relação dos grandes conjuntos humanos, dando-lhes – à humanidade, à civilização, ao povo, à personalidade – o seu verdadeiro significado, mas, sobretudo, o seu significado político.[131]

Por isso, "conquistar uma relação originária com a técnica" não pode significar senão reconquistar "uma relação originária com o poder".[132] Enfrentar o seu risco[133] e redescobrir todo o seu potencial positivo: "O perigo não pertence aos sintomas puramente negativos da cultura futura; pois, em tal caso, teríamos que concluir que essa deve desaparecer. O perigo é essencial para a futura imagem do mundo, e, se entendido justamente, ele lhe dá uma nova seriedade. Em todo o futuro não haverá vida de homem

---

[129] p. 181.

[130] p. 182.

[131] GUARDINI, *Briefe vom Comersee*, p. 43 (quinta carta).

[132] GUARDINI, *Die Macht*, p. 197.

[133] Claríssimo, sobre os temas do "risco" (*Wagnis*), da *insecuritas*, a relação com a problemática de Wust. Para Wust, como se sabe, a situação típica do homem, que é a de um ser intermediário (Zwischenwesen) entre mundo da natureza e mundo do espírito, necessariamente o expõe ao risco, ou seja, a contínuas decisões de cujos resultados não é possível ter certeza. Sem dúvida, tal decisão, necessariamente arriscada, não implica o voluntarismo absoluto do irracionalismo (Entscheidungsirrazionalismus), mas a audácia da sabedoria (*Wagnis der Weisheit*). Ver especialmente o cap. XIV ("A *insecuritas* humana e o risco do irracionalismo da decisão") de *Ungewißheit und Wagnis* Salzburgo, 1937. (trad. it. Bréscia, 1985, p. 267-282.)

que na sua essência não esteja em perigo".[134] Só "viver no perigo, ou pelo menos sentir a tarefa e a capacidade de aprendê-lo"[135] significa viver profundamente o tempo que advém. Acolher a "imensidão"[136] de poder que ele nos oferece e *decidir* junto a ele. Nesse tempo, o choque de potências brotadas e "provocadas" pela técnica torna-se, em todos os sentidos, decisivo. Ele é mais que nunca o tempo das decisões absolutas:

> Faz parte desse quadro o sentimento de imperativos absolutos. O homem futuro é decididamente iliberal, e isso não significa que ele não tenha o sentido da liberdade. Segundo o comportamento "liberal", não se pode introduzir na vida nenhum elemento absoluto, pois esse logo geraria o *aut-aut* e, por isso, a luta. Dever-se-ia dizer, ao contrário, que se podem considerar as coisas de um determinado modo, ou também de modo diferente. A coisa principal seria a "vida" e o viver em paz uns com os outros; os valores e as ideias, antes, diriam respeito somente às opiniões pessoais... Mas o homem que agora temos em mente sabe que um comportamento semelhante não soube manter-se à altura da situação existencial em evolução. Nela, não nos encontramos diante de sutilezas e complicações, mas de algo de absoluto: dignidade ou submissão; vida ou morte; verdade ou mentira, espírito ou violência.[137]

2. Mas se aquilo que está por vir é o tempo da decisão, qual será o seu *espaço* específico? A resposta a esta pergunta – onde cai a decisão, qual é o seu *topos* histórico-epocal? – oferece a ocasião de chegar a alguma consideração conclusiva sobre o discurso de Guardini e, ao mesmo tempo, de ainda situá-lo mais uma vez em relação àquele de Schmitt. Nenhum dos grandes politólogos contemporâneos tinha, mais que esse último, assumido o problema do espaço histórico-político no centro de sua própria pesquisa. O *Nomos der Erde*,[138] para assumir como referência o grande afresco em que

---

[134] GUARDINI, *Die Macht*, p. 186.

[135] p. 198.

[136] p. 198.

[137] p. 199.

[138] SCHMITT, Carl. *Der Nomos der Erde im Völkerrecht des Jus Publicum Europaeum.* Köln, 1950. Nesse âmbito temático, referências precisas às fontes schmittianas e à literatura crítica, encontram-se em: PORTINARO, P. P., *La crisi dello jus publicum europaeum*, Milão, p. 161-215, 1982; CASTRUCCI, E., *La ricerca del nomos*, Florença, 1984; BOLAFFI, A., Apresentação a Carl Schmit, *Land und Meer: Eine Weltgeschichtliche Betrachtung*, Leipzig, 1942 (trad. it. Milão, 1986, p. 5-29).

toda a sua reflexão sobre o nexo espaço-política-decisão chega à forma mais nítida e, também, mais intensa, constitui o seu testemunho mais direto. Exatamente por isso, no entanto, com o procedimento típico autodissolutivo que caracteriza todos os seus grandes textos, o próprio objeto da análise tende a deslocar-se, a transmigrar para além das mesmas linhas que também parecem defini-lo. A decisão cai num espaço em fuga, é decisão *pelo* espaço. É esse submovimento interior a partir do qual o texto schmittiano é apreendido, e como subtraído do próprio objeto tópico, da sua "definição", barrando-lhe todo êxito sistemático-construtivo. Para puxar, entre o ponto de partida e o ponto de chegada, uma linha de pura negatividade: aquilo que *não* pode mais ser, que está em irreversível dissolução.

O objeto de que se fala é naturalmente o *jus publicum* e o seu espaço europeu. Ele é arrancado de seus próprios confins, multiplicado e, também, fragmentado ao longo de segmentos que dissipam a sua originária centralidade. De centro é reduzido a resto, resíduo, rastro de uma ordem definitivamente rompida. A ordem – ou melhor seria dizer, a desordem – que lhe sucedeu é o êxito de contínuos transbordamentos, desenraizamentos, de sua antiga raiz. Por outro lado, no texto schmittiano ressoa o eco como de uma terrível nêmesis. Não havia sido – aquela raiz europeia agora erradicada – ela própria o fruto de um mais antigo, mas não menos traumático, desenraizamento? O resultado de uma dilaceração de algo que lhe preexistia e que só em forma dissolutiva essa continuava a trazer dentro de si? Não se havia erguido, aquele *jus*, sobre as ruínas da *respublica christiana*, não havia sido ele mesmo que decretou o seu fim? É da ruptura do conúbio entre direito romano e Igreja romana, e, portanto, entre *auctoritas* e *Veritas*, que nasce a Europa dos Estados, o seu novo direito: mesmo se resíduos, fragmentos, desse conúbio restam, em forma de "teologia política", no interior da nova ordem. São, de fato, eles que agem como elementos da sua futura dissolução quando, a partir da primeira Guerra Mundial, a criminalização do inimigo e a consequente transformação da guerra em operação de polícia internacional evocam, nos limites de uma nova organização do mundo, os fantasmas teológicos do *bellum justum*.

Essa organização, no entanto, não tem nenhuma possibilidade de cumprimento, se por cumprimento se entende a constituição de uma paz internacional. Esta estava ligada àquela identidade de poder e fé pregada pela *repraesentatio* católica no centro da Europa. Já contra ela havia nascido, e crescido, a Europa moderna dos Estados, mas um abismo a separa da internacionalização da economia e da formação do mercado mundial que religam agora a Europa e o seu direito à periferia dos novos impérios da terra. É um destino, num certo sentido, já implícito no primeiro grande descentramento europeu representado pela apropriação do novo mundo, através do qual, contraditoriamente, a Europa dos Estados celebrava a sua centralidade moderna. Agora essa é "apropriada" pelo próprio lugar onde se invertia a sua antiga apropriação. Paga, agora, aquela primeira traição, aquele primeiro abandono do centro cristão. Sem ele, fora dele, a Europa vê levado embora o espaço de suas decisões. Não pode mais decidir nem mesmo pelo *seu* espaço. Contra toda intenção refundadora, o *Nomos* schmittiano se encerra nessa absoluta impraticabilidade. As fraturas, os frontes de hostilidade, as guerras que destroçam por dentro e por fora o espaço da nova ordem dão o sentido de sua total ingovernabilidade. Se a Europa dos Estados não pode ser mais a antiga *res publica christiana* – nessa dupla passagem cruzada se concentra todo o significado do *Nomos* –, o novo espaço pós-estatual não pode mais ordenar a história do mundo.

Guardini está perfeitamente em linha com tal conclusão. O que muda – e se inverte – é a premissa, não a consequência, do raciocínio de Schmitt. Também para ele, fora da relação com a Cristandade, a Europa não pode senão desaparecer enquanto sujeito de história mundial; e também para ele, fora do olhar da Europa, a história mundial é destinada a perder o próprio sentido. Mas – aqui surge em Guardini o elemento utopicamente resolutivo – não é de forma alguma dito que isso ocorra. Não é dito que o mundo perca a palavra de Cristo:

> Sem dúvida, a Europa do mandato pela qual falamos ainda não exista. Falava-se de uma lei, segundo a qual a pressão marginal existente em torno de um certo campo sociológico faz com que os territórios particulares situados neste campo fiquem juntos. Além disso, porém, não podemos esquecer que a palavra "lei" pode ser usada somente num sentido impróprio nos confrontos dos eventos históricos. Não é uma expressão de necessidade, mas uma forma de tornar-se dotada de significado. Ver na história um processo que transcorra com necessidade em determinadas formas é um erro fatal. A história não é um processo natural, mas um devir humano, que não se realiza por si mesmo, mas deve ser desejado.[139]

---

[139] GUARDINI, *Sorge um den Menschen*, v. I, p. 291 (trata-se do discurso intitulado "Europa: Realtà e compito", proferido depois da atribuição do *Praemium erasmianum*, em Bruxelas, 28 de abril de 1962).

O fato que a "lei" natural se encrave, que à sua ordem necessitada escape a realidade da Europa é, por outro lado, diretamente consequente ao fato que a realidade da Europa, sua tarefa, é precisamente liberar o mundo da lei da necessidade: de exprimir a história como incondicionalidade pela lei natural. A Europa – para responder finalmente à pergunta da qual partimos – é o *espaço da decisão*. E é o espaço da decisão porque é o espaço de Cristo. O *topos* do nexo cristianismo-Europa recorre com impressionante frequência no interior do pensamento católico do tempo: assumindo tons e significados diferentes segundo a colocação político-cultural de seus intérpretes. O que em todo caso une sensibilidades muito distantes como aquela, complexa e conturbada, de Maritain,[140] e aquela, francamente reacionária, de um Massis,[141] ou de um Belloc,[142] é a ideia que não foi o Ocidente a vitalizar o cristianismo, mas este que vitalizou aquele. Aliás – é o

---

[140] J. Maritain, justamente contra Belloc, ou seja, contra a confusão de *latinidade* e *catolicismo*, de *ocidentalismo* e *catolicismo*, polemizava a propósito da Europa em *Primauté du spirituel* (Paris, 1927, trad. it. Roma, [s.d.], p. 99): Escrevíamos num estudo recente (Crónicas del Roseau d'or, v. 1, 1925), procurando-se transmitir a ideia que a Europa não seria nada sem a fé, e que sua razão de ser tem sido, e segue sendo, a difusão da fé no mundo, Hillaire Belloc tem razão quando diz que a Europa é a fé. Porém, falando de modo absoluto, não! A Europa não é a fé e a fé não é a Europa: a Europa não é a igreja e a igreja não é a Europa. Roma não é a capital do mundo latino, Roma é a capital do mundo. *Urbs caput urbis*".

[141] MASSIS, A. *Défense de l'Occident*. Paris, 1927, p. 221. "Sua alma [da Europa], sua concepção da vida e do universo, seus princípios de discernimento e de avaliação moral e até sua ideia da ciência, é obra do cristianismo. Para conhecer sua essência é necessário buscá-la ali. A ordem cristã, seus fundamentos vivos, tornaram-se, a tal nível, inerentes ao nosso ser, que até mesmo nossos maiores erros parecem estar revestidos dessa grandeza de origem." Deve-se perceber o elogio que Massis dirige ao "doutor H. Platz", nas p. 62-63 da própria obra, bem como "aos seus colaboradores d'Abendland".

[142] O texto de H. Belloc a que se refere Maritain é, certamente, *L'anima cattolica dell'Europa*, Bréscia, 1927 (o título original é *Europe and Faith*: lembremos que Belloc, filho de pai francês, é inglês, e ainda, ao lado de Chesterton, representante da reação católica inglesa diante do moderno), p. 3: "Assim, é de nós que temos a fé e da grande história da Europa. Um católico que lê esta história não a tateia pelo lado de fora, mas a apreende por dentro. Não pode compreendê-la plenamente porque está acabado em suas capacidades, mas é ele próprio que constitui o objeto a ser compreendido. A fé é a Europa e a Europa é a fé", e, na p. 329: "Nesse momento crucial resta firme a verdade histórica, que esse nosso organismo europeu, erguido sobre as nobres fundações da antiguidade clássica, foi plasmado pela Igreja católica, por ela existe, a ela se une, apenas na forma de ela persistir. A Europa voltará à fé ou irá perecer. Pois a fé é a Europa e a Europa é a fé".

esquema classicamente delineado no *Christus und der Geist des Abendlandes*[143] de Adam –, o cristianismo, nascido no Oriente, desenvolveu-se no Ocidente, até que o Ocidente não tenha traído o cristianismo. Essa traição marcou seu destino e produziu a sua derrota. Daí o prognóstico conclusivo: só a reconquista da própria raiz cristã poderá salvar o Ocidente e recompor a antiga fratura com o Oriente. Essa grande tarefa compete ao catolicismo: só ele, em sua capacidade de síntese – a *complexio* schmittiana –, pode conduzi-lo ao seu fim. De Herwegen[144] a Moenius[145] a Wust,[146] esse motivo unifica todo o fronte do catolicismo alemão.

Mas em nenhum deles o argumento contém a força da "reflexão político-teológica" – como o autor a define – entregue a Guardini no

---

[143] ADAM, K. *Christus und der Geist des Abendlandes*. Munique, 1928. Ver o capítulo "Cristo y el espíritu de Occidente", que Lippert dedica ao livro de Adam em: *Vom Endlichen zum Unendlichen*, p. 153-168.

[144] De I. Herwegen não penso só em *Antike, Germaneruum und Christentum* (Salzburgo, 1932), mas também em S. Benedetto. Ver, dessa obra, p. 124: "Oriente e Ocidente dependem um do outro, completando-se reciprocamente. O espírito ocidental é o princípio organizador que dá forma e figura, excluindo com crítica inflexível tudo o que é distante. As forças do Oriente se tornam fecundas apenas se submetidas à energia ocidental. Por outro lado, a religiosidade oriental, especialmente a mística, fecunda ao espírito ocidental, dando-lhe amplitude de olhares, tranquilidade, sentimento, profundidade, dedicação ao divino".

[145] MOENIUS, *Italienische Reise*, p. 190-191: "Assim, a Igreja católica, mesmo sendo uma potência ordenadora de primeira ordem, é a síntese unificadora dos dois mundos e de seus contrastes. Com toda a intransigência de sua doutrina, ela é plena de amor do Espírito Santo. Por isso ela constitui [...] o único meio para assimilar o gênio do Oriente, como também para esse objetivo o catolicismo é o único intérprete competente do espírito ocidental. Só o catolicismo é o sinal ao qual convergem as palavras do Fausto: 'Como tudo no Todo se une! / Como toda coisa na outra obra e vive! / como as forças celestes sobem e descem, / depondo, umas nas outras, seus ramos de ouro'".

[146] WUST, P., *Die Krisis des abendländlischen Menschentums*, Innsbruck, 1927 (trad. it. *Romanesimo e germanesimo*), p. 333: "Assim pode colocar a questão a quem possa hoje realizar a missão especial de constituir nessa indiferente humanidade ocidental o levante de uma nova força de fé e o sal da terra. Devemos dizer em geral: ao homem *cristão*? Este não irá, se pensamos, por exemplo, que o cristão protestante de hoje foi privado quase em todos os lugares da sua rígida fé em Cristo pela ciência liberal. E os movimentos de regeneração do protestantismo do tipo daqueles de Karl Barth e de Friedrich Gogarten confirmam apenas esse fato assustador. Resta, portanto, em fundo, no geral caos espiritual e religioso, só o *homem católico* como possível atuante de um apóstolo elevado e pleno de responsabilidade no que diz respeito ao mundo ocidental moderno".

esplêndido fragmento *Il Salvatore nel mito, nella rivelazione e nella politica*.[147] Dele – da sua *potente* utopia –, todo o restante de sua obra parece receber uma significação mais intensa e mais nítida. Mais uma vez no centro do quadro está a figura de Cristo. E mais uma vez essa encarna o princípio da história. Precisamente por isso Cristo contrasta com o mundo do mito, o qual algumas tradições (a gnóstica, por exemplo) quiseram assimilar. Contra o tempo do "era uma vez", do "continuamente ocorrido", ou, é o mesmo, do "futuro contínuo", do sempre-futuro, "Cristo é absolutamente histórico"[148]: "não está no mítico passado, mas na luz aberta e precisa da história".[149] Por isso, evidentemente, não faz parte da legião dos "salvadores"; não compartilha com eles significado e destino; não traz sua herança. Essa herança, ininterrupta cadeia de envios e de cumprimentos, segue a ordem do ciclo natural. Nascimento e morte, e depois, novamente, outra vida e outra morte. Nesse ritmo, implanta-se a obra dos salvadores; essa cadência assume a *sua* salvação. São salvadores, redimem, mas dentro desse caso, no interior de suas ondas. Seu papel não é o de "seduzir" a natureza, de forçar suas portas. Mas de confirmá-la. De exorcizar seus traumas e de preparar suas soluções. Eles não rompem seu círculo, ao contrário, saldam-no e reproduzem. Sua ação é puramente horizontal: não conhece os impulsos da história. Ou só os conhece para apagá-los.

Mas Cristo é outra coisa. Ele escapa de seu poder e salva de sua salvação: "Quem é, portanto, Cristo? Aquele que realmente redime daquilo que se manifesta nos salvadores. Ele liberta o homem da inevitabilidade do caso de vida e morte, de luz e trevas, de ascensão e queda. Viola a monotonia da natureza, que encanta, aparentemente satura de todo sentido de existência e que, na realidade, dissolve toda dignidade pessoal".[150] Aquilo de que salva, precisamente, é a continuidade da totalidade, a *indecisão* entre princípios contrapostos. Para os salvadores "não há bem e mal no sentido verdadeiro e próprio, que seja separado

---

[147] GUARDINI, R. *Der Heilbringer in Mythos, Offenbarung und Politik*. Zurique, 1945. (trad. it. *Natura, cultura, cristianesimo*, Bréscia, 1983, p. 251-295). Ver sobre sua importância na de Guardini, em: ENGELMANN, H.; FERRIER, F., *Romano Guardini*, Paris, 1966.

[148] ENGELMANN; FERRIER, *Romano Guardini*, p. 266.

[149] p. 266.

[150] p. 268.

do *aut-aut* da decisão ética [...]".[151] Contra Cristo decidem. Separam e escolhem: "Ele ergue as diferenças absolutas. Torna claro o significado da decisão pessoal [...].[152] É por isso – como história *e* decisão, decisão *na* história – que ele determinou e determina o papel *político* da Europa: "O que chamamos de Europa, aquele contexto de países e povos, que está entre a África e o Ártico, a Ásia Menor e o Oceano Atlântico e cuja história começa no terceiro milênio antes de Cristo com a época primitiva da Grécia e que se estende até nós, em seu conjunto é determinado precisamente pela figura de Cristo".[153] É determinado pela figura de Cristo – note-se, é o ponto que afasta o discurso de Guardini do catolicismo político de inspiração reacionária – não porque ele a mantenha distante, protege-a do êxito ultramoderno, técnico, de sua história. Mas, ao contrário, porque a ele o confia: "Nada é mais falso da opinião que o domínio moderno sobre o mundo no conhecimento e na técnica tenha sido alcançado lutando em contradição com o cristianismo, que queria manter o homem em inerte sujeição. É verdadeiro o contrário: o enorme risco da ciência e da técnica moderna, cujo alcance avistamos, depois das últimas descobertas, com profunda inquietude, tornou-se possível apenas sobre o fundamento daquela independência pessoal, que Cristo deu ao homem".[154] Nessas proposições – em que volta a ecoar a antiga profecia novalisiana do *Christenheit oder Europa* –, e concentra-se a utopia política de Romano Guardini, a contradição vital para um duplo motivo: não só para tornar possível a permanência da centralidade da Europa, mas, sobretudo, para confiá-la àquela origem cristã essa mesma matriz, forma teológica, do máximo desenraizamento histórico-epocal: a Cruz como aquilo que dispara seus raios para longe

---

[151] p. 269.

[152] p. 270.

[153] p. 278.

[154] p. 279-280. Cf. também a nona carta do *Lago de Como,* p. 92-93: "[...] e tampouco se deve pensar que essa evolução seja cristã. Tal pode ser, às vezes, a mentalidade que a preside, mas não a evolução em si mesma. Aliás, a ciência, a técnica e tudo que dela deriva foram tornadas possíveis somente por meio do Cristianismo. Apenas um homem, cuja alma se sabia salva pela presença imediata de Deus e pela dignidade do Batismo, um homem chegado, assim, à convicção de ser diferente de todo o restante da natureza, podia romper a ligação que a ela o unia: o que é exatamente o que fez o homem da época da técnica".

do centro.[155] Mesmo assim nunca como nessa utopia a sua voz responde como um eco infiel àquela de Carl Schmitt. E vice-versa. Uma resta estreita, aderente, à realidade do moderno, à aparente eternidade de sua época; a outra presa à sua superação e, ao mesmo tempo, vinculada à sua antiga raiz teológica. Uma agarrada ao seu realismo desesperado, a outra suspensa à sua utópica esperança. Em seu cruzamento, uma passagem de época não ainda concluída.

---

[155] Um conceito que é expressão com grande potência da imagem por G. K. Chesterton, *Orthodoxy*, p. 40: "O budismo é centrípeto; o cristianismo é centrífugo: este emerge. O círculo é, por sua natureza, infinito e perfeito, mas resta fixo em suas dimensões; não pode ser maior, nem menor. A cruz, que tem no próprio centro uma colisão e uma contradição, pode estender seus quatro braços ao infinito sem alterar sua forma. Pelo paradoxo central que essa contém, pode crescer sem mudança. O círculo retorna sobre si mesmo e é fechado. A cruz abre seus braços aos quatro ventos; é um sinal indicador para viajantes em liberdade". Mas não diversamente se manifestava P. Lippert em *Die Weltanschauung des Katholizismus*, p. 166-167: "Há outra característica, pela qual o Catolicismo se destaca nitidamente de outras metafísicas, puramente filosóficas. Enquanto, efetivamente, essas terminam na maior parte, isto é, tendem a um conceito único, assumindo uma estrutura por assim dizer centrípeta, enquanto se dão num ponto central, a metafísica católica se desenvolve vice-versa por um ponto, por Deus, e adquire, aos poucos, ao ser elaborada, sempre maior plenitude e riqueza de formas; essa se estende como uma espécie de leque, abraçando espaços sempre mais amplos: Encarnação de Deus, Redenção, Igreja, Sacramentos, Santos, símbolos de toda espécie. Assim que nos pontos mais distantes dessa periferia do centro, Deus parece quase perdido de vista".

Capítulo II
Pólis irrepresentável

A representação da diferença

1. Se quiséssemos condensar numa fórmula unitária o sentido e os limites da "simetria opositiva" estabelecida no capítulo anterior entre Schmitt e Guardini, poderíamos dizer que essa repousa na *diferente* acepção que os dois pensadores dão à *mesma* expressão "teologia política". No fim de suas histórias intelectuais, tal disparidade – ainda contraída, e como ocultada, nos anos 1920, por um mesmo campo semântico – explodirá em toda sua radicalidade: por um lado – o de Guardini – como pesquisa de uma superação do dualismo moderno entre poder e fé numa gestão "ideal" da técnica; por outro, em Schmitt, através da assunção desse dualismo como destino ao qual a analogia teológico-política entre Estado e Igreja, em última análise, também se refere (como expressão de pura funcionalidade). Assim, como dizíamos, não é sem significado, nem sem consequências que conteúdos tão divergentes permaneçam aderentes a um mesmo léxico conceitual. Que o desdobramento ainda se realize, e ainda assim, no interior do protocolo "teológico-político". É nessa consonância lexical que refloresce – como mensagem (em Guardini) ou como "lembrança" (em Schmitt) – a *complexio* católica. Essa é *complexio*, de fato, pela sua capacidade de hospedar as mais diferentes teologias políticas (pensemos também naquela, pós-conciliatória, de Metz e Moltmann);[1]

---

[1] Em mérito às duas antologias, editadas pela Queriniana (*Giornale di teologia*), *Dibattito sulla "teologia politica"*, organizado por H. Peukert (Bréscia, 1971), e *Ancora sulla "teologia político": il dibattito continua*, organizado por R. Gibellini (Bréscia, 1975).

mas também – e aqui encontramos o vetor transversal que dá unidade a este livro – o sêmen categorial do qual o paradigma teológico – político será antes escavado do interior e depois negado até o fim, como emerge claramente da obra de outro pensador católico alemão, Eric Voegelin, que não se limita, como Guardini, a se situar nas margens internas do catolicismo político, mas dele floresce decididamente com êxitos absolutamente fragmentados para toda forma de teologia política.

Não por acaso, a sua oposição a Schmitt, assim como é expressa na longa resenha, de 1931, à *Verfassungslehre,*[2] torna-se, apesar das numerosas concessões, evidente. O que não quer dizer que seja fácil capturar seu sentido: no entanto, para a complexidade constitutiva de algumas das categorias colocadas em campo, a partir daquela, já encontrada, de "representação". E, depois, pelo contínuo deslizamento de significado que elas experimentam – como já vimos – no interior do aparato teórico schmittiano: como é demonstrado pelo fato que no escrito sobre o catolicismo romano de 1923, sobre o qual já nos debruçamos, Schmitt parece delinear uma posição, por certas vezes, não diferente daquela a partir da qual será atacado, em 1931, por Voegelin. Tal convergência não diz respeito tanto à atribuição, totalmente rara naqueles anos, de "inconcebível potência política"[3] ao catolicismo romano, nem a sua referência causadora do tema da *complexio* – seja do ponto de vista socioinstitucional, seja daquele teológico –, ele também difusamente circulante na apologética do tempo; como, antes, o modo em que (como vimos no capítulo anterior) tal *complexio* é logicamente vinculada ao conceito-cardeal de "representação" e o contraste que essa associação determina nos confrontos do pensamento não representativo circunstante (e sempre mais dominante):

---

[2] VOEGELIN, Eric. Die Verfassungslehre von Carl Schmitt. *Zeitschrift für öffentliches Recht,* v. XI, n. 1, p. 89-109, 1931 (trad. it. de G. Zanetti, in: VV.AA., *Filosofia politica e pratica del pensiero,* organizado por G. Duso, p. 291-314). Para uma análise das teses schmittianas, Voegelin havia dedicado também o parágrafo "Carl Schmitts Begriff des totalen Staates de Der autoritäre Staat. Ein Versuch über das österreichische Staatsproblem" (Wien, 1936), ao qual Schmitt teria replicado em Der Staat als Mechanismus bei Hobbes und Descartes, *Archiv für Rechts – und Sozialphilosophie,* v. 30, p. 622-32, 1936/37 (trad. it. e introdução de A. Bolaffi em: *Il Centauro,* n. 10, p. 169-177, 1984, e depois de C. Galli em: SCHMITT, Carl, *Scritti su Hobbes,* organizado pelo próprio Galli, Milão, p. 45-59, 1986.)

[3] SCHMITT, *Römischer Katholizismus und politische Form,* p. 31.

Considerada pelo ponto de vista da ideia política do catolicismo, a essência dessa *complexio oppositorum* romano-católica consiste numa específica superioridade formal diante da matéria da vida humana, como até agora nenhum império conheceu. Neste caso, a uma formação substancial da realidade histórica e social conseguiu – apesar de seu caráter formal – permanecer dentro da existência concreta, de ser plena de vida e, no entanto, racional no grau mais elevado. Essa peculiaridade formal do catolicismo romano se baseia na rigorosa atuação do princípio de representação. Na sua especificidade, isso aparece claramente em oposição em relação ao pensamento técnico-econômico, hoje hegemônico.[4]

Qualquer que seja esse contraste, ele se torna claro pela própria essência do princípio representativo como é formulado na passagem em questão e explicado mais difusamente a seguir. Essa essência "consiste numa específica superioridade formal" sobre a matéria da vida que conserva, no entanto, intacto todo *singular* elemento. A superioridade não é apagamento e nem mesmo simples domínio. É isso que torna possível, e politicamente produtiva, a *complexio*: o fato que nenhum dos opostos vitais – dos aspectos da vida – seja sacrificado à forma representativa que os unifica. A representação é tal somente se salvaguarda a *pluralidade* dos elementos representados. Mas isso não é tudo. Para que isso seja possível, é necessário – entre representante e representados, *além* deles – caracterizar um terceiro elemento que determine sua relação *transcendendo a ambos*. Esse terceiro elemento é definido por Schmitt como "a ideia": como já vimos no capítulo anterior, "nenhum sistema político pode durar, mesmo que só por uma geração, com a única técnica da conservação do poder. Ao 'político' adere a ideia, dado que não há política sem autoridade, nem há autoridade sem um *ethos* da convicção".[5]

É sobre esse ponto, precisamente, que explode o contraste com o pensamento não representativo. Enquanto este último (segundo a conhecida equação weberiana) reduz o conceito de autoridade àquele de poder, isto é, comprime toda a realidade no interior de uma única ordem técnico-mecanicista, o catolicismo representativo conserva e exalta a *diferença* segundo dois níveis distintos e entrelaçados: a diferença-pluralidade (horizontal) dos elementos representados é garantida no

---

[4] p. 36-37.

[5] p. 45.

interior da estrutura representativa somente se se realiza uma diferença-transcendência (vertical) ainda mais marcada entre o representante e a ideia em nome da qual ele representa. Sem essa dupla bipolaridade – ou essa bipolaridade vista por um duplo ponto de vista –, todo o sistema representativo, e, portanto, político, deixa de existir. Quando a bipolaridade se rompe, quando um dos dois polos – aquele transcendente – é esquecido, quando todo o real se fecha dentro de um único princípio monístico, então a grande representação política não pode senão separar-se e deixar o campo para seu *moderno* adversário: "O pensamento econômico só conhece um tipo de forma, isto é, a precisão técnica, que está muito longe da ideia de representação".[6] O fim da bipolaridade marca o fim da política. O ensaio sobre o catolicismo apresenta um quadro temático bem mais rico, mas, de acordo com nosso discurso, interessava-me fixar essa passagem específica.

2. Justamente sobre ela se debate a crítica de Voegelin. Também, aqui, o quadro dos problemas enfrentados – daquele da constituição de Weimar ao da relação com Jellinek e Kelsen,[7] à crítica do normativismo – é tão amplo e articulado que não é possível ser percorrido novamente por completo, mas apenas por partes. No entanto permanece, de todo modo, central a referência polêmica ao caráter monístico, isto é, à queda de bipolaridade, que caracteriza o novo ponto de vista schmittiano. É como se Schmitt tivesse drasticamente reduzido o alcance diferencial do conceito de representação como aparecia no ensaio de 1923. O que ali estava cuidadosamente descrito, distanciado, está agora concentrado, violentamente concentrado, numa "obsessão" de unidade[8] que não deixa

---

[6] p. 49.

[7] No que diz respeito a Kelsen, recorde-se que Voegelin, apesar das críticas sucessivamente que lhe foram dirigidas, foi seu aluno devoto, como demonstra o elogio a ele direcionado, em 1927, em *Political Science Quarterly*. Kelsen também, por sua vez, atacou Voegelin em: Foundations of Democracy, *Ethics*, v. LXVI n. 1, parte II, 1955-56. (trad. it. em: *La democrazia*, Bolonha, 1984 [1955], p. 181-211, particularmente p. 196-211.)

[8] Para o problema da unidade em Schmitt, sobre o qual renuncio a dar referências bibliográficas gerais, aqui, ver pelo menos: HOFMANN, H., Das Problem der Einheit, incluído no mesmo volume do próprio Hofmann, *Legitimität gegen Legalität: Der Weg der politischen Philosophie Carl Schmitts* (Neuwied, 1964, p. 131-141). Além disso, o recente artigo de: FORTI, S., Liberalismo, partiti ed unita politica nell'interpretazione di Carl Schmitts, *Il Mulino*, v. XXXIV, n. 300, p. 538-561,

espaço ao outro por si próprio. É precisamente ela, segundo Voegelin, que arrasta o ponto de vista de Schmitt, mesmo estando propenso a romper com a falsa coerência da teoria na concretude da realidade existencial, no plano tradicional da abstração.

Mas de que coisa é abstrato o conceito de unidade estatal schmittiano? Não é certamente, tanto da existência histórica do Estado enquanto *vontade de potência* – ao tema da vontade voltaremos mais adiante – quanto da existência propriamente política que tal vontade deveria traduzir: sempre que por política se entenda aquilo que entende Voegelin, ou seja, uma unidade que funciona, ou melhor (Voegelin jamais usaria essa expressão), que apenas tem sentido baseado na diferença que consegue salvaguardar. Dúplice diferença, como se dizia: diferença entre os sujeitos – Voegelin, em conformidade com a tradição católica, prefere falar de "pessoas" – representados e diferença entre o âmbito efetivo de seu "viver juntos" (a *philia* aristotélica) e o fundamento transcendente que transmite a ele o seu valor específico. Também aqui, entre as duas diferenças – aquela, por assim dizer, horizontal, interior à esfera da imanência, e aquela vertical, situada entre imanência e transcendência –, instaura-se uma relação causativa direta. A primeira pressupõe a segunda, no sentido que só a aceitação consciente (a "compreensão noética")[9] da segunda abre a possibilidade ontológica da afirmação da primeira.

Voegelin irá posteriormente sistematizar essa tese no nexo necessário entre representança elementar, representança existencial e

---

1985. O nexo unidade-representação é traduzido por Schmitt, nesses termos, em *Verfassungslehre* (Berlim, 1928, trad. it. de A. Caracciolo, Milão, 1984), p. 273: "Uma total, absoluta identidade do povo cada vez presente consigo mesmo como unidade política não existe em nenhum lugar e em nenhum momento. Toda intenção de realizar uma democracia direta ou pura deve observar esses limites da identidade democrática. De outro modo, a democracia direta não significará outra coisa senão a dissolução da unidade política. Não há, assim, Estado sem releção entre representante e representado, porque não há nenhum Estado sem forma de Estado e à forma lhe espera a representação da unidade política. Em todo Estado deve haver homens que podem dizer: L'Etat c'est nous". A esse respeito, ver: CASTRUCCI, E., Le forme della costituzione politica: Appunti per una lettura della *Verfassungslehre* de Carl Schmitt, *Rivista internazionale di filosofia del diritto*, v. LXIII, n. 2, p. 196-235, 1986.

[9] Sobre a "nóesis", Voegelin se detém, especialmente, em: *Anamnesi: Zur Theorie der Geschichte und Politik*, Munique, 1966. (trad. it. [incompleta] Milão, 1972, sobretudo p. 197-269.)

representança transcendental.[10] Mas deixemos que o texto em análise fale: "Encontramo-nos aqui diante do problema que Schmitt infelizmente não elaborou – inicialmente: um Estado, fundamentalmente, não é um dado, mas se dá sempre, pelo contrário, nas ações das pessoas [...]. Toda pessoa tem, no Estado, o seu *status* político, mesmo quando esse *status* devia ser caracterizado pela total falta de direitos políticos, e nesse sentido *cada* pessoa representa a unidade política: mesmo se nem alguns indivíduos, nem todos os indivíduos são tomados em sua totalidade, *são* a unidade política".[11] Como se disséssemos: não é a forma político-jurídica que faz a pessoa, mas é a realidade da pessoa que produz forma político-jurídica. A função representativa se apoia numa sólida estrutura antropológica.[12] Qualquer mecanismo funcional – disso é acusado Schmitt – ordenado a dissolver em seus aparatos formais a identidade substancial, metafisicamente fundada, do sujeito-pessoa, é destinado a destituir de significado a própria ideia de representação. Esta se apoia, por um lado (de baixo), na pluralidade das pessoas, por outro (do alto), na transcendência do fundamento. Que tal fundamento seja, para Voegelin, irreconhecível, que se baseie numa experiência de mistério, não desfaz a noção que a ele está vinculada a pensabilidade do princípio representativo. Como dirá mais tarde na *Nuova Scienza Politica*, o princípio antropológico – o *metaxú* platônico e a *philia* aristotélica – requer como sua fonte de sentido o princípio teológico: "A verdade do homem e a verdade de Deus são uma unidade inseparável. O homem vive na verdade da sua existência quando abre a sua psique à verdade de Deus [...]. Seguindo a terminologia platônica, poderíamos dizer que o princípio antropológico

---

[10] Cf. os primeiros três capítulos de Voegelin em: *The new science of politics*, Chicago, 1952 (trad. it. Turim, 1968), com um importante ensaio introdutório de A. Del Nace, "Eric Voegelin e la critica dell'idea di modernità", p. 7-34). Sobre a relação representante-representado em Voegelin, ver pelo menos: SCHMOLZ, F. M., Auf der Suche nach der Politik, *Die neue Ordnung*, t. 14, p. 123-128, abr. 1960. E também: MERCADANTE, F., Ordine e storia della rappresentanza in Eric Voegelin, in: *La democrazia plebiscitaria*, Milão, 1974, p. 209-248. Porém, mais em geral, sobre o conceito de "relação representante-representado", ver: *Il Centauro*, n. 15, 1985, e *Filosofia politica*, n. 1, 1987, dedicados ambos a ele, com particular atenção aos ensaios de G. Duso e de C. Galli.

[11] VOEGELIN, Die Verfassungslehre von Carl Schmitt, p. 304.

[12] Sobre a necessidade do pressuposto antropológico para toda teoria do Estado, cf., sobretudo, também de Voegelin: *Rasse und Staat*, Tubinga, 1932, especialmente p. 2.

numa interpretação teórica da sociedade requer, como seu correlativo, o princípio teológico. A verdade dos *standards* elaborados por Platão e por Aristóteles está ligada à ideia de que o homem pode ser a medida da sociedade porque Deus é a medida da sua alma".[13]

Fora dessa bipolaridade metafísica, o político resta aleijado, desprovido de verdadeira substância vital, reduzido à pura superfície. O que lhe escapa, mesmo quando tal superfície recobre todas as exigências conservadoras da vontade de existência e todas aquelas agressivas da vontade de poder, é a relação ontologicamente constitutiva com a realidade da retaguarda. É isso que detém a sua vontade, se não aos conteúdos, à linguagem conceitual de Jellinek e Kelsen: "A vontade que é encontrada numa existência política é o último tipo de unidade por trás do qual Schmitt, nas suas observações programáticas, não retrocede posteriormente; ele exclui, assim, de seu sistema, um futuro avanço na fundação do real".[14] Tal vontade resta completamente infundada, e por isso incapaz, ela mesma, de fundar autêntica ação política. Também o conceito de decisão que logicamente descende disso, mesmo oportunamente contraposto por Schmitt à abstração da norma pura, é destinado a perder sua potência afirmativa e a desdobrar circularmente sobre si mesmo: "Esses novos conteúdos conceituais não se tornam totalmente estéreis, e geram alguns quadros conceituais peculiares de Schmitt, como a relação entre Existência e Decisão, onde a vontade permanece perceptível como o elemento que leva os homens à fundação do Estado; também esses conceitos, no entanto, se submetem coercitivamente à representação da unidade e não se dissolvem por completo da esfera conceitual jurídica, com as suas complexas sínteses pessoais".[15]

3. Nesse ponto é necessário ter atenção, porque voltará, transavaliado e invertido na sua tessitura lógica, no discurso da Arendt. O que significa dizer que a vontade aparece, em Schmitt, indissociavelmente inscrita dentro da "representação da unidade"? Como pode uma faculdade, como a vontade, tradicionalmente ligada à capacidade de escolha, de discriminação, de decisão, aderir à representação da unidade? A pergunta consente uma aproximação ulterior ao caráter que assume

---

[13] VOEGELIN, *The New Science of Politics*, p. 131-132.

[14] VOEGELIN, Die Verfassungslehre, p. 301.

[15] p. 303.

em Schmitt o tema da unidade. Brevemente: o fato que *aquela* unidade seja um produto da vontade também significa que é o resultado de uma *separação*, de uma exclusão: e, portanto, uma unidade negativa. Note-se: fala-se de uma separação que não coincide em nenhum ponto com a bipolaridade voegeliniana. Ela é, aliás, seu exato contrário: enquanto esta última consente e produz verdadeira unidade, unidade substancial, positiva, afirmativa – a *philia* aristotélica entre sujeitos-pessoas diferentes mas em comunhão recíproca –, aquela schmittiana determina uma unidade exclusivamente funcional, porque baseada na cisão entre amigo e inimigo; isto é, porque é capaz de definir a amizade apenas a partir da inimizade, a saber, negando-a.

A relação é recíproca: *esta* unidade é o resultado da vontade-decisão como a vontade-decisão é o resultado *desta* unidade. Uma não pode dispensar a outra. Como a unidade, para ser tal, no sentido indicado acima, tem necessidade de uma vontade que a recorte em relação, isto é, *contra*, àquilo que lhe é exterior, assim a vontade, para poder agir, para querer *decididamente*, deve ser uma. É um impulso intrínseco ao conceito que também caminha para além da alternativa categorial entre representança e identidade, visto que tanto o filósofo clássico da representança, ou seja, Hobbes, quanto aquele da identidade, Rousseau, chegam à unificação da vontade (o primeiro na soberania, o segundo na *volonté générale*). E, de fato, o problema colocado por Voegelin não é tanto aquele da escolha entre identidade e representança[16] – do momento que em Schmitt a representança está ela própria inclinada categoricamente em direção à identidade, enquanto não mais assegurada ao equilíbrio diferencial do princípio de bipolaridade –, mas aquele da opção entre uma concepção clássica e uma moderna da representança: ou, ainda mais radicalmente, entre Clássico (grego *e* cristão) e moderno. Aí se joga a verdadeira

---

[16] "Na realidade da vida política – assim escreve Schmitt em *Verfassungslehre*, p. 272 – existe tão pouco um Estado que possa renunciar aos elementos estruturais do princípio de identidade, quanto menos um Estado que possa renunciar aos elementos estruturais da representança. Também ali, onde é fato a tentativa de realizar incondicionalmente uma identidade absoluta, permanecem indispensáveis os elementos e os métodos da representança, como vice-versa não é possível nenhuma representança sem representações da identidade. Essas duas possibilidades, a identidade e a representança, não se excluem, mas são só dois pontos contrapostos de orientação na concreta estruturação da unidade política. Em todo Estado prevalece um ou outro, mas ambos fazem parte da existência política de um povo".

partida, como também a referência polêmica à noção hobbesiana de vontade deixa entender. Hobbes é atacado do mesmo modo que Schmitt.[17] A diferença, certamente forte mas não decisiva para o argumento de Voegelin, é que enquanto o primeiro abre, o segundo fecha, a Modernidade: mas ambos a partir *de seu interior*. É essa, a deriva moderna, que arrasta a vontade, ainda vitalmente dual em Agostinho, no redemoinho da unidade; que retira um polo – aquele transcendente – e que absolutiza o outro: "Santo Agostinho distinguiu entre o *amor sui* e o *amor Dei* e fundou a sua psicologia somente no *amor sui*, por ele entendido no sentido de orgulho e de soberba do indivíduo".[18] Antes de Schmitt, com Schmitt, Hobbes abre a história da imanência radical, isto é, da imanentização radical da história. Puxemos os fios do discurso. Deixemos por agora não prejudicado o problema da exatidão da interpretação que Voegelin oferece de Schmitt. Ou seja, deixemos abertas as seguintes questões: 1) se Schmitt é legível como o filósofo político da imanentização radical

---

[17] No que diz respeito à leitura voegeliniana de Hobbes, ver, sobretudo, *The New Science os Politics*, especialmente p. 184-195 e 214-224. Mas Voegelin havia dedicado a Hobbes um capítulo (o quarto) da obra "juvenil" *Die politischen Religionen* (Viena, 1938, p. 42-49), intitulado *Der Leviathan*, além de várias passagens esparsas também em outros textos, entre os quais ressalta, por sua capacidade de síntese, aquele incluído no terceiro volume de *Order and History* (Batan Rouge, Louisiana University Press, 1957), parcialmente traduzido para o italiano por G. Zanetti e com uma lúcida introdução de Nicola Matteucci (Bolonha, 1986, p. 134): "A construção artificial de um mundo comum a partir dos 'mundos privados' no sentido de Heráclito foi levado a cabo de modo mais elaborado no século XVII, e numa situação semelhante, por Hobbes. No caso de Hobbes, torna-se particularmente claro que o acordo contratual era motivado por uma paixão do mesmo tipo daquelas que provocaram o isolamento dos indivíduos. Hobbes faz, de fato, do "medo da morte", a paixão dominante que levará os homens a renunciar a completa satisfação das outras paixões. Esse *summum malum* do indivíduo estimulou a criação de uma ordem artificial quando o universal *summum bonum* não foi mais tido como realidade vinculante e ordenadora. O desaparecimento do *summum bonum* (no sistema do pensamento cristão de Hobbes, o equivalente do *xynon* de Heráclito), isto é, a perda do *realissimum* universal, deixou os mundos oníricos individuais como a única realidade". Ainda sobre Hobbes, ver, sempre em confronto entre a interpretação de Voegelin e a de Schmitt (agora disponível nos já citados *Scritti su Hobbes*): LAUFER, H., *Homo, Homini Homo*, in: DEMPF, A.; ARENDT, Hannah; ENGEL-JANOSI, F., *Politische Ordnung und menschliche Existenz: Festgabe für Eric Voegelin*, Munique, 1962, p. 320-342. Uma precisa e importante observação à leitura hobbesiana de F. Tönnies está contida na citada introdução de A. Bolaffi ao ensaio de Schmitt de 1937 (p. 165).

[18] VOEGELIN, *The New Science of Politics*, p. 266.

ou se, ao contrário, tal imanentização não deixa fora de si, ou dentro de si, elementos, fragmentos, de transcendência irredutível; 2) se a categoria de "representação" da *Verfassungslehre* diverge tão radicalmente daquela aproximada em *Römischer Katholizismus* (isto é, ainda, se é tão integralmente "horizontalizada"[19]); 3) se já no texto de 1923 não está presente o conceito de vontade-decisão (na pessoa do papa) depois absolutizado nos trabalhos posteriores. É um fato que essa é a leitura voegeliniana de Schmitt; e que isso é suficiente para colocá-lo na outra margem do muro contra o muro que, segundo Voegelin, divide em dois campos adversários o debate filosófico-político: "a verdadeira linha divisória da crise contemporânea não corre entre liberais e totalitários, e sim entre os transcendentalistas religiosos e filosóficos, de um lado, e os sectários imanentistas e totalitários, do outro".[20]

Origem e fundamento

1. A frase citada, na realidade, não era direcionada a Carl Schmitt, mas a outro protagonista desse debate: isto é, a Hannah Arendt, já então conhecida autora de *As origens do totalitarismo*. E, ainda, através de uma resenha crítica de Voegelin sobre tal obra, desenvolveu-se, em 1953, uma breve, intensa, discussão destinada, na radicalidade de seus êxitos, a projetar um raio de luz também sobre a produção sucessiva dos dois

---

[19] Passagens desse tipo deixariam entender o contrário: "A dialética do conceito consiste no fato de que o invisível é pressuposto como ausente e é, ao mesmo tempo, tornado presente. Isso não é possível com qualquer espécie de ser, mas pressupõe uma espécie particular. Algo de morto, algo de decaído ou desprovido de valor, algo de baixo, não pode ser representado. Falta-lhe a espécie desenvolvida capaz de realizar uma progressão no ser público de uma existência [...]. Na representança, ao contrário, manifesta-se concretamente uma maior espécie do ser. A ideia de representança baseia-se no fato de que um povo que existe como uma unidade política em relação à existência natural de um grupo qualquer de homens que vivem juntos tem uma espécie de ser mais elevada e desenvolvida, mais intensa. Se falta o sentido dessa particularidade da existência política e os homens preferem outros modos da sua existência, também desaparece a compreensão de um conceito como a representança" (SCHMITT, Verfassungslehre, p. 277).

[20] A frase de Voegelin foi retirada de sua resenha para *The Origins of Totalitarianism* (Nova York, 1958), publicada, com a resposta de Arendt e com uma conclusão em: *Review of Politics*, v. XV, 1953. (trad. it. Roma, 1978, p. 69.) Sobre a polêmica entre os dois, ver: YOUNG-BRUEHL, E., *Hannah Arendt: for Love of the World*, New Haven/London, 1982, p. 252-255.

autores: quase como se raciocinassem – e se dividissem – por um fio problemático que sintoniza suas posições para muito mais além de suas consciências. Tanto que a ruptura teórica substancial com a qual se encerra a polêmica de 1953 entre Voegelin e Arendt dá hoje a impressão de um recíproco mal-entendido: ou pelo menos da incapacidade de apreender aquele quadro comum de questões no interior do qual somente as diferenças, certamente relevantes e significativas, assumem significado e profundidade. E não falo tanto daqueles referentes – a filosofia prática, o retorno aos gregos, a crítica da Modernidade – em relação aos quais a crítica canonicamente, e um pouco ritualmente, liga os dois autores (ao lado de Leo Strauss): que constituem, antes, os pontos sobre os quais o destaque é mais nítido e profundo;[21] quanto daquela trama conceitual, ou melhor, ainda semântica, na qual mesmo as mais relevantes deformações parecem canalizadas ao longo de um mesmo vetor de sentido.

Tentemos entrar mais no mérito do debate de 1953. A ocasião – como se dizia – está constituída pelo grande ensaio de Arendt sobre o totalitarismo. Duas são as acusações que, depois de um reconhecimento não formal de interesse pelo livro, Voegelin lhe direciona. A primeira, mais leve, inconsequente: mesmo sendo consciente da entidade do problema que enfrenta (o da pobreza espiritual das massas modernas), "a Doutora Arendt [...] não tira conclusões teóricas das suas próprias intuições".[22] A segunda, mais pesada, e para Voegelin decisiva, de conivência conceitual, de envolvimento mental pelo objeto analisado, isto é, pelo totalitarismo: "No entanto, este livro sobre os conflitos de nossa época está também marcado por eles, porque contém as feridas do estado insuficiente da teoria à qual nos aludimos. Ele abunda de formulações brilhantes e de intuições profundas – como esperaríamos apenas de um autor que se apropriou de seus problemas como um filósofo – mas surpreendentemente, quando a sua autora segue essas intuições em suas consequências, a elaboração sofre uma mudança em direção a uma superficialidade deplorável. Tais descarrilamentos, embora embaraçosos, são, porém, instrutivos – às vezes, mais instrutivos do que suas intuições – porque revelam a confusão intelectual de nossa época e mostram de modo mais convincente que qualquer argumento, porque as ideias

---

[21] Sobre a questão, remeto ao meu: Politica e tradizione: Ad Hannah Arendt, *Il Centauro*, n. 13/14, p. 97-136, 1985, e à bibliografia existente na revista.

[22] VOEGELIN, *The Origins of Totalitarianism*, p. 67.

totalitárias encontram um consenso de massa e o encontrarão ainda por muito tempo".[23]

A verdade – sempre segundo Voegelin – é que Arendt não tem um verdadeiro método filosófico. É por isso que do fenômeno totalitário consegue capturar algumas características fundamentais, mas não a "essência". Se tivesse caracterizado tal "essência", se não tivesse se detido em certas "diferenças externas" que obscurecem "a essencial identidade",[24] então Arendt teria apreendido os acontecimentos históricos na sua unidade significativa que os ata para além dos séculos e, também, dos milênios. Teria apreendido, no caso específico, a origem e a essência do totalitarismo naquele imanentismo que, segundo as conhecidas teses de Voegelin, ligam, por um fio vermelho da gnose, a recente história europeia às heresias joaquimitas[25] da baixa Idade Média. Um imanentismo – é o último golpe dado por Voegelin – que se desenvolve e transparece no livro de Arendt, ali onde a autora parece aludir a uma possível mudança da natureza humana. Um sinal que a Voegelin parece um "sintoma do colapso intelectual da civilização ocidental"[26]: a brecha através da qual o inimigo se insinuou e se alastrou. Como dizíamos anteriormente: na batalha entre filósofos da transcendência e filósofos da imanência, Arendt está do outro lado da barricada; e isso basta para falsificar a posição.

A resposta dela, mesmo se mantida nos limites do respeito sobre o plano formal, não é menos dura do que aquele sobre os conteúdos. Depois de ter motivado as dificuldades do livro com o fato que esse "não pertence a nenhuma escola e não usa quase nenhum dos instrumentos oficialmente reconhecidos ou característicos das polêmicas oficiais"[27] – dos quais a originalidade de um estilo que conjuga conhecimento e imaginação –, passam diretamente a retorcer sobre o ilustre interlocutor as acusações direcionadas a ela. No que se refere ao conceito de história, que Voegelin lhe parece ter bloqueado dentro de uma teoria da secularização que sacrifica as distinções a uma identidade pressuposta: "A razão pela qual o professor Voegelin pode falar da 'putrefação da civilização

---

[23] p. 58.

[24] p. 58.

[25] Grupo milenarista surgido a partir dos franciscanos. Eram seguidores do abade Joaquim de Fiore (1135-1202), filósofo místico, defensor do milenarismo. [N.T.]

[26] VOEGELIN, *The Origins of Totalitarianism*, p. 68.

[27] ARENDT, *Review of Politics*, p. 76.

ocidental' e da 'expansão mundial do contágio ocidental' é que ele trata as 'diferenças exteriores' — as quais para mim, enquanto diferenças de factualidade, são de extrema importância — como algumas consequências menores de alguma 'identidade essencial' de natureza doutrinal".[28] Mas também referente à relação entre teologia e política. A qualificação de imanentismo por Voegelin atribuída à posição da Arendt deriva, para ela, de uma indevida introdução de "argumentos semiteológicos na discussão sobre o totalitarismo".[29] Não só, mas — Arendt ainda leva mais adiante seu ataque — confirma uma instrumentalização que confina sob muitos aspectos com "o último e talvez mais perigoso estágio do ateísmo"[30] (aquele que usa a teologia em função legitimante): "Aqueles que dos terríveis acontecimentos dos nossos tempos concluem que se deva voltar à religião e à fé por motivos políticos me parecem mostrar justamente a mesma falta de fé em Deus de seus opositores".[31] Concluindo e resumindo a troca polêmica entre os dois: se, para Voegelin, Arendt carece de uma verdadeira chave hermenêutica capaz de expor filosoficamente o imanentismo totalitário, e, o que mais conta, cai inconscientemente como presa dele, para Arendt Voegelin, aprisiona o evento totalitário no interior de uma tradicional filosofia da história e escorrega por fim numa verdadeira e real forma de teologia política.

2. Como já assinalava no início, a minha impressão é que ambos os pensadores se enganam; que fomentam a defesa de sua opinião até o ponto de equivocar-se em substância com aquela do outro. Partamos de Voegelin. A sua perspectiva — dizíamos — é interpretada por Arendt em termos de "filosofia da história" e de "teologia política". Agora não apenas nenhuma das duas definições se adere à efetiva posição voegeliniana, mas chegaria a dizer que essa se constitui exatamente em seus antípodas: como "antifilosofia da história" e como "antiteologia política". Mas sigamos ponto a ponto. Como antifilosofia da história, em primeiro lugar. Que aquela de Voegelin não seja uma filosofia da história, como comumente entendemos a expressão — isto é, como paradigma linear que predetermina o êxito em função da sucessão e reconstrói a sucessão

---

[28] p. 80-81.

[29] p. 84.

[30] p. 84.

[31] p. 85.

em função do êxito – já é algo certo[32]: a mesma interrupção – e revisão – do projeto de *Order and History*, originariamente fixado como uma sucessão de fases no decorrer de uma mesma linha de desenvolvimento, atesta-o com plena evidência. De resto, a impossibilidade de traçar – ou de predicar – um *eidos* da história é por várias vezes declarado pelo autor: "Todas essas interpretações que pretendem lhes dizer qual seja o significado da história presumem que possa ser conhecida como coisa definitiva. Para colocar a questão em termos técnicos, a história é considerada *modo futuri exacta*, no sentido de um futuro realizado, como se seu fim fosse conhecido. Efetivamente, *não se pode conhecer qual será o fim, por isso toda afirmação sobre o significado da história é impossível*".[33]

A citação foi retirada do ensaio de Voegelin, "Configurations of History". Nesse trabalho – que representa talvez o lugar da mais marcada autoproblematização em que se põe a concepção voegeliniana da história –, não só é retomada a polêmica contra toda noção ingenuamente cronológica do tempo,[34] como é também confirmada a superação do paradigma dito "axial", isto é, como tessitura horizontal, adotado por Jaspers, mas com a categoria de "êxodo",[35] mostrada na conclusão do ensaio. Voegelin acentua e radicaliza as características de descontinuidade

---

[32] Ver, nessa direção, o ótimo ensaio de: CHIGNOLA, S., Ordine e ordinamento della storia, *Il Mulino*, v. XXXV, n. 307, p. 749-774, 1986. E também do mesmo autor: Filosofia ed esodo: Oltre la teoria política. *Filosofia e pratica del pensiero*, p. 69-111, embora com algum excesso de avaliação em relação a Voegelin.

[33] VOEGELIN, E. Configurations of History. In: *The Concept of Order*. Organizado por P. G. Kuntz. Seattle/Londres, p. 23-42, 1968.

[34] Ver, a propósito: VOEGELIN, E., *From Elightment to Revolution*, organizado por J. H. Hallowell, Durham (Carolina do Norte), 1975, especialmente p. 72 em diante.

[35] VOEGELIN, Configurations of History, p. 120-121: "A tensão existencial da partida, o ato da morte é um movimento do coração – essa é a definição de êxodo. O problema se reduz ao que hoje poderíamos chamar de uma filosofia da existência. Agostinho nos fala de uma tensão de base que todos podem pressentir e, no que diz respeito à sua formulação, não se pode ir além [...]. Essa tensão é central para a interpretação da história. *Em qualquer lugar há mudanças na ordem existente, há mudanças nas direções desse êxodo*. Em todo lugar está advertida essa tensão se existem novas compreensões da ordem e, então, se manifesta o modelo verdadeiro e real do êxodo. Temos exemplos concretos nos êxodos dos judeus pelo Egito e no êxodo dos pais peregrinos pela Holanda e pela Inglaterra. *A tensão entre a ordem constituída e a sua concepção se traduz em outra ordem de maior validade*". Para o conceito de "êxodo", ver, de Voegelin, todo o primeiro volume de *Order and History: Israel and Revelation* (1956).

e de impredicabilidade da própria interpretação do tempo histórico. Este se define com base naqueles "saltos de época" – Voegelin usa o termo-conceito de "irrupção" (*Einbruch*), caro, além do mais, a Schmitt[36] – que dilaceram seu tecido unitário através de uma série ininterrupta de eventos catastróficos (ou seja, capazes de determinar novas e inéditas configurações morfológicas).

Tudo isso induz a uma marcada revisão crítica da tese arendtiana de um Voegelin filósofo tradicional da história. Não só: mas também para aproximar os dois autores justamente com base na comum desconstrução da filosofia da história tradicional. Há um elemento, no entanto – é necessário observar para não cair no erro oposto de excessiva assimilação –, em relação ao qual a diferença reivindicada por Arendt resta plenamente válida. Trata-se do conceito de "origem". Veremos mais adiante a transliteração semântica que ele sofre no aparato teórico arendtiano. Restemos ainda com Voegelin. Foi dito que ele desintegra a categoria de *telos* como âmbito de possível unificação do tempo histórico. Isso, todavia, não significa que exclua qualquer consideração unitária dele. Se assim fosse, não se poderia tampouco falar de história. Mas assim não é. E assim não é porque, mesmo uma vez excluído o "fim" (ou a "finalidade") como lugar do qual reler toda a cadeia dos eventos, existe outro ponto a partir do qual a nossa interrogação – certamente destinada a ficar sempre parcialmente insatisfeita – sobre o significado da história adquire, de todo modo, sentido. Ele é constituído pela *origem*.

Aqui é necessário um suplemento de atenção. A história, para Voegelin, torna-se legível a partir da origem. Isso não quer dizer que tal origem seja ela mesma legível. Pelo contrário: poder-se-ia afirmar que a história torna-se legível pela ilegibilidade da própria origem, pela sua incogniscibilidade em termos, precisamente, históricos.[37] Isso significa a expressão voegeliniana segundo a qual a história é um processo não

---

[36] SCHMITT, Carl. *Hamlet oder Hekuba. Der BinbruchderZeit in dasSpie*. Düsseldorf/Colônia, 1956.

[37] Ver, a este propósito: VOEGELIN, Eric, Wisdom and the Magic of Extreme, in: *Der Sinn des Unvollkommenen*: *Eranos Jahrbuch 1977* (v. 46), conferência ministrada nas Eranos Tagung em Aseona (17 a 25 de agosto de 1977), editado por A. Portsmann e R. Ritsema (Frankfurt del Main, 1981, p. 341-409). Sobre o "mistério" na história, precisas observações também na introdução de N. Matteucci na edição italiana citada de *Order and History*, p. 22, além de: BUENO, A., Consciousness, Time and Trascendence in Eric Voegelin's philosophy, in: *The Philosophy of Order:*

humano mas "divino-humano".[38] "No tempo, mas fora dele". Exposto ao eterno, como Voegelin destaca no ensaio *Essere eterno nel tempo*.[39] Se assim não fosse, por outro lado, se a origem fosse por ele entendida como evento plenamente cognoscível, ela adquiriria as características metafísicas do "fundamento": primeiro entre os quais a capacidade de predeterminação do depois. Ela não faria, nesse caso, senão assumir retroativamente o papel predeterminante subtraído ao *telos*, constituindo assim nada mais que uma simples inversão simétrica da tradicional filosofia da história. Mas ainda uma vez assim não é. É verdade que Voegelin fala explicitamente de "fundamento" – há realmente um capítulo de *Anamnesis* intitulado *La coscienza del fondamento*[40]: mas o faz de modo totalmente negativo, subtraindo-o a qualquer afirmabilidade positiva. Não só: mas derivando precisamente de tal inatingibilidade do fundamento aquela tensão em direção a ele cuja consciência apenas pode carregar de sentido a experiência histórica:

> A tensão em direção ao fundamento é a estrutura objetiva da consciência, mas essa não é objeto de afirmações, e sim um processo da consciência que tem por sua natureza graus diversos de transparência. Na experiência noética, a consciência alcança a clareza ideal na qual a tensão em direção ao fundamento pode interpretar o próprio *logos*; e partindo da presença da exegese claramente consciente do seu *logos*, ela pode constituir o campo da história passada como campo das fases menos transparentes da própria procura constante da verdade do fundamento. Sem a dimensão da consciência clara, não há alguma

---

Essays on History, Consciousness and Politics, organizado por P. J. Opitz e G. Sebba (Stuttgart, 1981, p. 91-109).

[38] Sobre isso, ver: SEBBA, G., *Introduzione alla filosofia politica di Eric Voegelin* (Roma, 1985, p. 145-146), citado em: SANDOZ, E. (Ed.), *Eric Voegelin's Thought: A Critical Reappraisal* (Durham, 1982).

[39] VOEGELIN, Eric. Ewiges Sein der Zeit. In: *Zeit und Geschichte: Dankesgabe an Rudolf Bultmann zum 80*. Tubinga, 1964, p. 591-614. Foi reeditado depois em: *Die Philosophie und die Frage nach dem Fortschritt*. Editado por H. Kuhn e F. Wiedmann (Munique, 1964, p. 267-292). Finalmente, foi impresso em: *Anamnesis. Zur Theorie der Geschichte und Politik*, cuja citada edição italiana não traz o ensaio em questão, traduzido e pontualmente comentado por Racinaro em: *Il Centauro*, n. 17-18, p. 215-236, 1986.

[40] Ed. it. Milão, 1972, p. 201-229.

dimensão etiológica da consciência; e sem essas duas, não há alguma dimensão histórico-crítica da consciência por participação.[41]

Isso implica duas consequências estritamente ligadas entre si: antes de tudo, aquilo que Voegelin chama de "fundamento" em tanto vale enquanto continuamente escapa à própria definição. E, depois, que a história não é, por outro lado, unificável senão pela consciência sempre mais tensa da necessidade de tal subtração. Nesse sentido, poder-se-ia chegar a dizer que a história é unificada pela consciência da própria irrepresentabilidade, pelo resíduo diferencial em relação a qualquer projeto de autointerpretação imanente. Como se sabe, portadora, para Voegelin, de tal resíduo é a filosofia. Ela não nasce com a história: *cai* na história a uma dada altura de seu desenvolvimento, conduzindo até ela a sua verdade. Mas – desde o início – trata-se de uma verdade que não só não pode cristalizar-se em resposta em relação à pergunta que a coloca em questão; mas que, em última análise, coincide com a consciência do próprio limite nos confrontos daquele obscuro "fundamento" do qual resulta e que também jamais pode revelar integralmente. Nesse sentido – e, também, sem ceder a nenhuma sugestão wittgensteiniana – é entendida a expressão de Voegelin segundo a qual a parte mais importante da consciência é a distinção entre o cognoscível e o não cognoscível.[42] Quando a filosofia apaga essa distinção, quando ultrapassa esse limite, ou, ainda pior, o imanentiza em *telos*, ela penetra na gnose.

3. Como se sabe, a tematização da gnose – e a sua assunção como categoria-base de interpretação da Modernidade – constitui a parte mais sugestiva, mas também mais autocontraditória, do discurso de Voegelin. Basta pensar na inadequação conceitual entre a adoção de um critério hermenêutico como aquele da "secularização" e a ocultação das relações evidentes entre cristianismo agostiniano e Modernidade.[43] Não tenho

---

[41] p. 210-211.

[42] SEBBA, *Introduzione alla filosofia politica di Eric Voegelin*, p. 53.

[43] Sobre a ideia de "gnose" em Voegelin, ver: SEBBA, G., History, Modernity and Gnosticism, in: *The Philosophy of Order*, p. 190-241. Ver também: PEBER, R., Eric Voegelin: Gnosis-Verdacht als polit(olog)isches Stratagem, in: TAUBES, J. (Ed.), *Religions Theorie Und Politische Theologie*, t. 2: *Gnosis und Politik*: Munique/ Paderborn/Viena/Zurique, 1984, p. 230 em diante. De Faber – sempre no sentido de uma atribuição à qualificação de gnóstico referida ao próprio Voegelin –, ver

aqui a possibilidade de confrontar o tema em toda a sua extensão.[44] Quero fazê-lo apenas tangencialmente e naquilo que me permite colocar em causa também a segunda contestação de Arendt: aquela pela qual a perspectiva de Voegelin seria atribuível a alguma forma de teologia política, onde por "teologia política" se entenda um curto-circuito entre léxico político e léxico religioso em função legitimante. Pois bem, é fácil demonstrar como toda a *Nuova Scienza Politica* voegeliniana possa ser lida como uma crítica substancial dessa forma de teologia política.

Já o ensaio de 1938 sobre as religiões políticas, na distinção entre überweltliche Religionen e *innerweltliche Religionen*, colocava como fundamental para a avaliação epocal da relação entre política e religião o conceito de "diferenciação". *The New Science of Politics* traz essa tese em definitiva maturação. O nível de desenvolvimento de uma dada sociedade – como aquele da filosofia que a interpreta – é proporcional ao nível da própria diferenciação interna. A mesma ideia de representança, que constitui o objeto específico da análise voegeliniana, é diretamente informada a partir dele: no sentido que "a articulação é [...] a condição para que exista representança",[45] onde por articulação se deve entender a relação bipolar que passa entre o representante e a sociedade representada, e a outra que passa entre essa ideia e a ideia transcendente de acordo com qual só a função de representação adquire sentido. Recordemos – como já vimos em detalhes – que justamente em defesa de tal bipolaridade Voegelin havia atacado, em sua resenha à *Verfassungslehre*, a representança schmittiana, tão desequilibrada, segundo ele, em direção à identidade. Agora, a propósito da questão da teologia política, o ponto central a ser destacado diz respeito ao fato de que, para Voegelin, o cristianismo com

---

também: *Der Prometheus-Koplex: Zur Kritik der Politotheologie Eric Voegelins und Hans Blumembergs* (Wurzburgo, 1984). Ulteriores críticas à concepção voegeliniana de gnose (embora a partir de posições distintas), encontram-se em: DEL NOCE, A., *L'idea di modernità*; GERMINO, D., Voegelin, Christianity and Political Theory: The New Science of Politics Reconsidered, *Rivista internazionale di filosofia del diritto*, v. 1, p. 40-64, 1985; MARRAMAO, G., *Potere e secolarizzazione*, Roma, 1985, p. XXXIII-XXXV.

[44] Desenvolvi o tema com maior amplitude em: Politica e tradizione, p. 105-111. Os textos de Voegelin em questão são essencialmente: "Religionsersatz", em: *Wort und Wahreit*, v. XV, n. 1, p. 5-18, 1960, reimpresso em: *Science, Politics and Gnosticism* (Chicago, 1968); *Wissenschaft, Politikund Gnosis* (Munique, 1959).

[45] VOEGELIN, *The New Science of Politics*, p. 98.

sua forma de representança soteriológica é assumível como vértice epocal contraposto à *degradatio* moderna não porque esse reunifica num mesmo nível existencial a ordem da experiência já diferenciada pelo nascimento da filosofia, mas, ao contrário, porque amplifica e intensifica a separação numa alteridade ainda mais radical.

Todo o capítulo da *Nuova Scienza* dedicado à *Lotta per la rappresentanza sull'impero romano* – que não por acaso assume a polêmica anti-teológico-política de Erik Peterson[46] convocada na introdução – insiste nesse ponto. Tal luta vê contrapostos dois frontes: o da teologia política romana – de Varrone a Cicerone e a Celso –, empenhada em suprir a diferença soteriológica, a restabelecer a antiga aliança entre a cidade política e seus deuses, e aquele cristão, de Ambrósio a Agostinho, destinado a reiterar e potencializar a diferença: isto é, a salvaguardar o absolutismo da cidade de Deus, mas, é necessário ter atenção, ao mesmo tempo, e precisamente por isso, também a autonomia da cidade terrena. Esse lado do discurso de Voegelin – que inverte realmente a imagem avançada por Arendt, de um pensador "teológico-político" – é colocado em particular ênfase. Quando Voegelin ressalta a convicção de Ambrósio que "são as legiões que fazem a *Victoria*" e "não a *Victoria* que faz o império";[47] quando anota que "isso que Santo Agostinho não conseguia compreender era a compacidade da experiência romana, a convivência inseparável de deuses e homens na concretude histórica da *civitas*, a simultaneidade de instituição, humana e divina, de uma ordem social",[48] ele interpreta o cristianismo como aquele movimento de pensamento que, defendendo a autonomia da esfera da transcendência, garante efetivamente também aquela da esfera histórico-política (condenada, por Agostinho, a ser *saeculum senescens*, mas não por isso menos *absoluta* que a outra).

Não por acaso o cristianismo é pensado dentro da categoria de "desdivinização": "A luta entre os vários tipos de verdade no império romano se concluiu com a vitória do cristianismo. O resultado mais importante dessa vitória foi a desdivinização do poder temporal".[49] Daí a sua contrariedade nos confrontos de qualquer forma de teologia política: seja que essa se apresente na tipologia pré-moderna da gnose, ou seja, como

---

[46] p. 169.

[47] p. 150.

[48] p. 154.

[49] p. 177.

uma tentativa de redivinização do mundo, de imanentização da *veritas* transcendente; seja que se apresente na tipologia moderna e hobbesiana da sua eliminação integral. Em ambos os casos nos encontramos diante de uma simplificação espúria, de uma integração forçada daquilo que antes a filosofia grega e depois o cristianismo tinham rigorosamente diferenciado. A mesma noção de "representança", que a Modernidade também herda da ordem precedente, resulta dela radicalmente modificada, no sentido que perde aquela característica diferencial (a articulação) que anteriormente a qualificava. Com Hobbes tal processo de transformação e de drenagem unitária está praticamente concluído: em sua ideia de representança, "os contratantes não criam um governo que os represente como indivíduos singulares; no ato contratual eles cessam de ser pessoas autônomas e fundam seu impulso de poder numa nova pessoa, a comunidade, e o chefe dessa nova pessoa, o seu representante, é o soberano".[50]

Constituição do novo

1. Aqui se abririam, naturalmente, muitas questões acerca da interpretação que Voegelin avança do cristianismo, da Modernidade e, sobretudo, de sua relação. Mas – para voltar ao eixo principal do discurso, isto é, a relação com Arendt – me parece que o trecho citado, relativo à crítica da representança moderna (e, particularmente, hobbesiana), coloca em evidência outro ponto de contiguidade substancial entre os dois pensadores. Esse ponto – como deveria ser evidente pelo já dito – é constituído precisamente pela crítica da teologia política. Verdadeiro é – e isso dá razão à recíproca incompreensão – que a categoria de "teologia política", e, portanto, também a sua crítica, se constrói em Arendt sobre tópicos diversos, e por certos aspectos até mesmo opostos, em relação àquelas da assunção voegeliniana. Enquanto essa, como se viu, depende de uma integração entre os dois léxicos (teológico e político) que elide, aplana horizontalmente, a separação da transcendência, a teologia política, como é declinada conceitualmente por Arendt, é o resultado, pelo contrário, de um processo de cisão que determina efeitos de transcendência no interior do mundo político. Toda a política ocidental, de Platão em

---

[50] p. 264.

108

FILÔ

diante, a partir desse ponto de vista, está atravessada, e "contaminada", por tal "doença" teológica: se se pensa que justamente a Platão se refere àquela dissociação lógica e semântica que quebra a figura originariamente compacta da *arché* na dupla modalidade do "começar" (*archein*) e do "realizar" (*prattein*): onde à *archein*, resta a tarefa de comandar sem agir e ao *prattein*, aquela de agir sem comandar, isto é, de executar.[51]

Desde então – pode-se dizer: e tal afirmação é o testemunho mais sólido do caráter exclusivamente crítico, não propositivo, do aparato analítico arendtiano – nenhuma forma (teórica e prática) de política escapou a esse destino teológico. Tampouco aqueles eventos, representados por Arendt como os únicos não entrópicos, que são as revoluções modernas.[52] Nelas, é como se dois impulsos, duas forças confluíssem inexoravelmente, atadas a seu próprio confluir. De um lado, a força, a potência, do *novo*: a revolução é "uma experiência nova que revela [...] a capacidade humana de novidade".[53] Que esse *pathos* de novidade – "a ideia que o curso da história recomece improvisadamente do princípio, que esteja para ser desenvolvida uma história totalmente nova, uma história jamais vivida, nem narrada até então"[54] – seja ele mesmo um fato completamente novo, que não tenha nenhuma combinação antes das duas grandes revoluções modernas, representa, para Arendt, a mais clamorosa retratação do modo como Voegelin entende o princípio de secularização: "[...] a teoria – é a ele que Arendt se refere explicitamente – que as doutrinas cristãs sejam revolucionárias em si mesmas vem igualmente

---

[51] Ver: ARENDT, Hannah, *The Human Condition*. Londres/Chicago, 1958. (trad. it. Milão, 1964, p. 145-160 e 236-238.) E também: *Between Past and Future: Six Exercises in Political Thought*, Nova York, 1961. (trad. it. Florença, 1970, p. 181-182.)

[52] Sobre a literatura arendtiana da revolução, manifestada não apenas em: *On Revolution* (Londres, 1963), mas também em: *Die ungarische Revolution und der totalitäre Imperialismus* (Munique, 1958), depois incluído na edição norte-americana de *As origens do Totalitarismo* (1958), e na conversa com: REIF, A., Politik und Revolution, in: Reif, A. (Ed.)., *Gespräche mit Hannah Arendt* (Munique, 1976), ver a introdução de R. Zorzi para a edição italiana de *On Revolution* (Milão, 1983); NISBET, R., Hannah Arendt e la rivoluzione americana, *Comunità*, v. XXXV, n. 183, 1981, editado em: REIF, A., *Hannah Arendt. Materialen zu ihrem Werk* (Viena, 1979), e: LOSURDO, D., Hannah Arendt e l'analisi delle rivoluzioni, in: *La pluralità irrappresentabile: Il pensiero politico di Hannah Arendt*, organizado por Roberto Esposito (Urbino, 1987, p. 139-153).

[53] ARENDT, *On Revolution*, p. 31.

[54] p. 24.

refutada pelos fatos quanto à teoria da não existência de uma revolução americana. O fato é, de todo modo, que nenhuma revolução jamais foi feita em nome do cristianismo antes da Idade Moderna; quando muito, pode-se dizer, em favor dessa teoria, que era necessária a idade moderna para liberar os germes revolucionários da fé cristã, o que obviamente é uma *petitio principii*".[55] Desse ponto de vista, revolução é o exato contrário de secularização. Se esta significa continuidade, aquela significa, é, diferença. Diferença na história, precisamente. História *como* diferença.

Mesmo assim isso não é tudo; é só a primeira face do problema. Não se pode confundir a história, o evento, com a consciência que se tem dela. E não se pode perder de vista, sobretudo, as mudanças e os deslocamentos que caracterizam essa mesma consciência. Falávamos do *pathos* de novidade[56] que exalta os protagonistas das revoluções modernas. Mas – é o ponto sobre o qual se centra Arendt – o fato é que esse "emerge só depois que haviam chegado, em grande parte contra sua vontade, a um ponto do qual não se podia voltar atrás".[57] Não é uma diferença a ser desconsiderada, porque dá razão de uma característica absolutamente decisiva do "espírito revolucionário", isto é, da coexistência, e do contraste, em seu interior, de dois vetores diretamente opostos: um de tipo inovativo, induzido e provocado pela força dos fatos; um outro mais originário, mas não menos resistente, de tipo conservativo, que, além do mais, dá razão do étimo originariamente reparador-reintegrativo do termo "*revolutio*". O comportamento de tal coexistência historicamente é resultado de uma espécie de "estrabismo prospectivo": olhar o futuro com os olhos do passado; isto é, interpretar a novidade revolucionária sempre como repetição de um evento precedente, a partir da fundação de Roma, celebrada pelos seus intérpretes como refundação de Troia.

Mas é exatamente o tema da "fundação" que introduz um novo nível de análise dessa contradição, a qual, embora expressa subjetivamente na autointerpretação dos revolucionários, se manifesta irredutível a uma simples resistência de tipo psicológico e penetra na semântica estrutural do evento revolucionário. Viu-se como este implica, para ser tal, uma

---

[55] p. 22.

[56] MILLER, J. The Pathos of Novelty: Hannah Arendt's Image of Freedom in the Modern World. In: M. Hill (Ed.). *Hannah Arendt: The Recovery of the Public World*. Nova York, 1979, p. 177-208.

[57] ARENDT, *On Revolution*, p. 40.

ruptura radical – uma verdadeira e própria decisão – em relação à situação precedente. No entanto, desde o início, Arendt havia esclarecido que esse caráter de dissolução-desenraizamento pelo velho não dava plenamente razão do significado integral do conceito de revolução: desde quando não estivesse conjugado com o outro aspecto, a ele coessencial, de fundação-constituição do novo.[58] Precisamente essa "ulterioridade", essa projeção construtiva separa a ideia de revolução daquela de simples rebelião. Para efetuar uma verdadeira revolução, em suma, não basta combater a antiga tirania: é necessário construir uma nova liberdade. "Constituir – precisamente, segundo a nobre expressão de Montesquieu – a liberdade política".[59] Só quando resolvermos reconectar termos geralmente assumidos em sua recíproca oposição, como precisamente revolução e constituição, desenraizamento e fundação, liberdade e poder, a dialética revolucionária será entendida em toda a sua armação complexa.

Porém – e aqui surge a contradição anunciada –, se revolução não é apenas liberação do passado, mas, também, constituição do futuro, isso significa que ela não será declinável em termos de pura decisão. Ou melhor, a decisão, para não se limitar a "decidir" o velho, para promover o novo, deverá ser tomada com base em um determinado princípio. É esse o motivo pelo qual todos os grandes teóricos da revolução, de Maquiavel a Robespierre, viram-se forçados a evocar a inspiração divina dos legisladores, isto é, a conjugar a ruptura da tradição em linguagem ainda teológico-política. No entanto, também é o motivo da falência das revoluções por eles teorizadas. A revolução requer nova fundação; esta requer um princípio transcendente – lei, autoridade, legitimidade – ao qual apelar: um Absoluto, mesmo que seja novo, no qual enraizar-se. Mas não era precisamente a liberação do Absoluto, em todas suas formas, o desenho no qual era definida a revolução como *evento moderno*? "O problema era muito simples e, colocado em termos lógicos, parecia insolúvel: se a fundação era o objetivo e o fim da revolução, então o espírito revolucionário não era mais simplesmente o espírito com o qual se começa algo de novo, mas o espírito com o qual se dá início a algo de permanente e duradouro.

---

[58] Sobre o entrelaçamento entre inovação e constituição, cf. COOPER, L. A., Hannah Arendt's Political Philosophy, *The Review of Politics*, v. XXXVIII, n. 2,1976, particularmente p. 61 em diante.

[59] ARENDT, *On Revolution*, p. 166.

E uma instituição estável, que encarnasse esse espírito e o encorajasse a novas ações, teria alimentado em si os germes da própria ruína".[60] É o círculo vicioso que devora regularmente toda revolução.

2. Toda revolução? Pelo menos uma – a revolução americana – parece à primeira vista escapar desse êxito cíclico-restaurador. As circunstâncias históricas de tal exceção são, como se sabe, caracterizadas por Arendt sobretudo na ausência, se não de uma "questão social" (presente na América pelo menos com relação à discriminante racial), certamente de uma pobreza de massa assimilável àquela europeia, assim como na experiência de autogoverno precedente à revolução e baseada na existência de uma pluralidade de corpos titulares de poderes diversos. No entanto, essa dupla circunstância objetiva não bastaria para colocar a revolução americana em abrigo pela espiral degenerativa habitual, se não estivesse combinada com uma opção subjetiva, de repente, descartada no entendimento dos seus promotores: isto é, de romper com o passado e de proclamar-se iniciadores – Pais Fundadores – de uma experiência totalmente nova. Isso não significa, continua Arendt, que eles escapassem do natural impulso de referir-se a um precedente exemplar: mas seja a escolha de tal referente – a república romana, seja o elemento que a partir dele foi, sobretudo, valorizado valeu para converter uma necessidade autolegitimante, e como tal inevitavelmente conservadora, em um impulso potencialmente inovador.

Vejamos como. O problema de toda revolução, dissemos, mas, mais em geral, de todo organismo político é sempre o da necessidade, porém ao lado da contraditoriedade, de um princípio normativo – uma fonte de autoridade – superior ao agir político enquanto tal. Nem mesmo a república romana, no momento de sua constituição, podia renunciá-la, pelo menos para não ser presa do grau de arbitrariedade inevitavelmente inerente em cada início: isto é – isso queria compreender Hannah Arendt, de confundir poder e autoridade (de eliminar a autoridade a favor do poder). Mas com a decisiva variante, em relação a todas as outras experiências precedentes, de reconduzir, através do órgão do Senado, tal autoridade ao próprio ato da fundação do Estado. Precisamente essa relação constitutiva de autoridade e fundação, essa atribuição de autoridade ao ato fundador foi o elemento vital que os homens da revolução

---

[60] p. 268.

112   **FILÔ**

americana assumiram pelo *exemplum* romano: conseguindo, assim, na impagável atitude de conservar intacta a fonte de autoridade sem, no entanto, situá-la num âmbito transcendente ao agir político:

> O próprio fato de que os homes da revolução americana pensavam em si mesmos como "fundadores" indica a medida em que deviam dar-se conta de que o ato da fundação teria se tornado, no fim, a fonte de autoridade do novo estado, e não um Legislador Imortal ou uma verdade autoevidente ou qualquer outra fonte transcendente e sobre-humana. Daí resulta que é inútil procurar um absoluto para romper o círculo vicioso no qual cada início é inevitavelmente prisioneiro, porque esse "absoluto" é inerente ao próprio ato do começar.[61]

À manutenção desse equilíbrio maravilhoso – "que o início e o princípio, o *principium* e o princípio não só são correlatos entre si, mas também coevos" – se deve o êxito singular da revolução americana. Aqui, porém, na frase inicial do *incipit*, se fecha, e se conclui tal êxito. Observando bem, esse destino está inscrito na própria exclusividade com que é pensada a experiência do início;[62] na radicalidade com que

---

[61] p. 234.

[62] Sobre o conceito arendtiano de "origem" – e a sua ressignificação semântica nos confrontos da tradição –, vale a pena desenvolver algumas observações. O seu caráter epifânico já foi abundantemente evidenciado tanto pela tradição grega quanto pela tradição judaico-cristã. Duas citações – uma de Platão e outra de Agostinho – restituem o quadro clássico dentro do qual "o pensamento do início" teve sua máxima intensidade. Platão: "O início é como um Deus, que salva todas as coisas enquanto mora entre os homens" (*Leggi*, VI, 775). Agostinho: "Para que houvesse um início, foi criado o homem" (*De Civitate*, XII, 21). Mas é precisamente em relação a tal quadro que ganha destaque a dupla torsão conceitual operada por Arendt. A primeira se refere à declinação temporal, a direção semântica, tradicionalmente orientada ao passado, e agora, pelo contrário, direcionada ao futuro. Do início, a via *para* prevalece, e quase a apreende, sobre a via *por*. A chegada à partida, o percurso em direção à raiz, o devir sobre o ser. Nessa interpretação da *Ursprung*, é como se mantivessem, e confluíssem produtivamente, a interpretação de Nietzsche (sobre o "nietzschianismo" de Arendt, ver, sobretudo, a resenha de S. Wolin sobre *The Life of the Mind*, em: *New York Review of Books*, v. XXV, n. 16, p. 16-21, 26 out. 1978) e a interpretação de Benjamin (para a relação com Benjamin, ver, sobretudo, o já citado ensaio de J. Miller, especialmente p. 182-183): pretendendo com isso a circunstância que se Hannah Arendt detém o sentido da contraposição nietzschiana entre *Ursprung*, de um lado, e *Entstehung* e *Herkunft*, de outro (retomo, aqui, a distinção de Michel Foucault, no ensaio nietzschiano incluído em *Microfisica del potere*, Turim, 1979, p. 29-54), a dobra em mesmo tempo em direção da revitalização semântica da *Ursprung* operada por Benjamin contra Cohen

é exaltada a sua absoluta novidade em relação a qualquer precedente, compreendido o romano do qual também se reproduzia um traço decisivo na determinação do momento da autoridade. Justamente o conceito de autoridade, por outro lado, em ambos os casos subtraído à identificação com o poder e incorporado no ato da fundação, marca, no entanto, a mais nítida diferença entre os dois modelos institucionais: não só para a transferência, por parte dos revolucionários americanos, da sua sede de uma instituição política – o Senado romano – a uma instituição judiciária – a Corte suprema, mas, sobretudo, para a ruptura da relação vinculadora que ela conservava com a tradição. Era precisamente isso, em Roma, que ligava, ao mesmo tempo, *religava*, permanência e mudança, que aumentava *permanentemente* o início, que conservava sua duração no tempo: "A ininterrupta continuidade desse crescimento e a autoridade inerente nele podiam realizar-se apenas através da tradição, ou seja, através da transmissão, ao longo de uma linha ininterrupta de sucessores, do princípio estabelecido ao início".[63] Realmente tal "linha" é rompida pela revolução americana. É essa ruptura que faz com que viva uma experiência totalmente inédita – um *novus ordo saeclorum* que não repete, mas se contrapõe ao *magnus ordo saeclorum* romano. Mas é também aquela que – *no tempo* – determina a sua futura dissolução.

Aí o discurso de Hannah Arendt parece curvar-se sobre si mesmo, levando a contradição ao ápice da sua potencialidade expressiva: situada num "vazio" do tempo, naquele hiato "entre um 'não mais'" e um "não ainda" que parece suspender o tempo a um puro presente, a revolução se torna sua presa irresistível. É exatamente o máximo de diferença – o seu desafio ao tempo, a sua irrepresentabilidade temporal – que a condena

---

(obviamente a referência é a Walter Benjamin, *Ursprung des deutschen Trauerspiels*, Frankfurt a.M., 1963, trad. it. Turim, 1971, p. 28 em diante). Se para este último a "origem" remete a um princípio lógico-cognoscitivo, e, portanto, bloqueado no seu próprio começo, Benjamin, da origem, põe em evidência, sobretudo, o caráter dinâmico, sua tendência em seguir adiante, o seu projetar-se quase para fora de si. Contra Cohen, a origem, antes de ser o que predetermina logicamente o depois, que o arrasta até seu fim, é muito mais o que o torna efetivamente indeterminado. Assim entende Arendt quando define a história "como uma história que tem muitos começos, mas não um fim" (Understanding and Politics, *Partisan Review*, v. XX, n. 4, p. 377-392, 1953 (trad. it. em: *La disobbedienza civile e altri saggi*, organizado por T. Serra, Milão, p. 29-88): a impredicabilidade do fim a partir da pluralidade do início.

63 ARENDT, *On Revolution*, p. 230.

à repetição falimentar das experiências precedentes. Nesse caso, há algo que vai além de um específico evento histórico para dar expressão a uma aporia constitutiva da política moderna, como é pensada por Arendt. Nem mesmo a revolução americana consegue escapar da impossibilidade, lógica e semântica, além de histórica, de fundir estavelmente a liberdade *enquanto* pluralidade, a liberdade do início plural, da pluralidade inicial, é literalmente inimaginável. Exterior a toda possibilidade representativa, seja sobre o plano temporal, seja sobre o plano espacial. A partir dessa perspectiva, a fratura com a concepção voegeliniana aparece em toda a sua radicalidade. Essa, bem além de uma simples divergência política ou categorial, exprime um verdadeiro e próprio desvio semântico. A semântica representativa do catolicismo político de Voegelin se choca com a recusa, e, aliás, com a "proibição", hebraica da representação.[64]

É verdade que, no que diz respeito à relação de Arendt com a cultura hebraica, é necessário proceder com muita prudência (também pela substancial indefinição de uma "cultura hebraica"). E, no entanto, toda a última parte do ensaio sobre a revolução, dedicada à crítica do princípio de representança, pode ser lida nessa chave. Há, em primeiro plano, a polêmica política, como posição federal, nos confrontos com a centralização representativa. E a partir desse ponto de vista, assume importância tanto a apaixonada defesa de todas as experiências de autogoverno – a Comuna francesa, os *townships* americanos, os *soviet* russos, o *Rätesystem* húngaro – nascidas de cada eclosão revolucionária e com ela regularmente fundadas quanto o correspondente ataque à partidocracia, responsável pela transformação, e degradação, pela participação em consenso, pela ação em execução, pela política em administração. Mas também há algo a mais, que envolve em seu não dito, em sua não manifestação, *qualquer*

---

[64] A contraposição entre "vista" e "escuta" percorre toda a I seção (*Thinking*) de *The Life of the Mind* (Nova York/Londres, 1978, trad. it. organizada e com uma notável introdução de A. DalLago, Bologna, 1987). Como se sabe, o mesmo tema da proibição hebraica da imagem não está de forma alguma dado por certo no plano historiográfico. Para seguir com Arendt, por exemplo, ele foi contestado por S. Wolin, que, resenhando para a *New York Review of Books* (26 out. 1978), em *The Life of the Mind*, argumenta sobre o caráter "visionário", ou seja, essencialmente imaginativo, da profética hebraica (p. 16-21). Sobre o tema, ver, sobretudo, a introdução de L. Ritter Santini a H. Arendt, *Il futuro alle spalle* (Bolonha, 1981). E também: FRIEDMANN, F. G., Hannah Arendt, in: *Eine deutsche Jüdin im Zeitalter des Totalitarismus*. Munique/Zurique, 1985. Além da antologia completa de Arendt, *Ebraismo e modenità*, organizada por G. Bettini (Milão, 1986).

forma política. Essa diz respeito ao centro, ao fogo originário, da irrepresentabilidade revolucionária, isto é, aquela coincidência de início e princípio em que se libera a pluralidade do político, o político como pluralidade. É essa essência plural que se torna totalmente impronunciável à linguagem representativa. E impronunciável por um duplo aspecto: porque esse último unifica o que é plural *e* divide o que é coincidente. Ou melhor, unifica os sujeitos representados precisamente separando-os de seu representante.

Que por representança se entenda uma simples supressão da ação direta do povo ou do governo, controlado pelo povo, sobre o próprio povo, o resultado não muda: e é, de todo modo, "a velha distinção entre governante e governados que a revolução havia procurado abolir com a instauração da república".[65] Dessa perspectiva, todas as variantes experimentadas entre os séculos XIX e XX pelos governos representativos ocidentais não modificam a essência do princípio representativo: resta aquela – ainda e sempre "teológico-política" – de uma unidade construída pela transcendência daquilo que representa em relação àquilo que é representado. A instituição representativa transcende em todos os casos a vontade dos sujeitos representados. A vontade – a decisão – dos sujeitos é subordinada à transcendência da representança. *Não pode decidir livremente*, porque a representança rompe com a relação imediata entre vontade e liberdade, interpõe entre elas o filtro de uma absoluta *mediação*. É esta, em última análise, que bloqueia o agir político. Que o traduz, e o trai, em técnica administrativa. Nesse caso, a crítica de Arendt ao princípio representativo toca o ápice e *parece* desequilibrar-se no próprio oposto especular: imanência contra transcendência, identidade contra representança, vontade contra representação. A força do grito de sua polêmica parece lançá-la na estrada de um incondicionado elogio da decisão. Dissolver a vontade pelos seus vínculos representativos, reabri-la à liberdade, liberá-la à decisão.

As aventuras da vontade

1. Trata-se de pura impressão. Não é essa – a autolegitimação de uma decisão imanente a si própria – a direção tomada por Arendt. A crítica

---

[65] ARENDT, *On Revolution*, p. 274.

da representança não "escapa" numa apologética da vontade. O êxito da Revolução Francesa, por outro lado, está ali, semelhante e contraposto ao da Revolução Americana, bloqueando o caminho. Se a Revolução Americana é a revolução da representança, a Revolução Francesa é a revolução da vontade. Não só: mas de uma vontade que se apresenta como negação da representança, como aquilo que *não pode* ser representado: "um povo que é representado não está livre, porque a vontade não pode ser representada".[66] Rousseau está na origem dessa tese[67] que *parece* inverter radicalmente a perspectiva hobbesiana.[68] Se a representança rompe com a relação entre vontade e liberdade, a vontade pode reconquistar a liberdade apenas expelindo a representança.[69] Tal conclusão comporta a queda de todas as categorias do pensamento representativo: a partir

---

[66] A expressão, citada por Arendt (*On Revolution*, p. 279), é de Leclerc, por sua vez citada em: SABOUL, A., Na den Ursprüngen der Volksdemokratie: Politische Aspekte der Sansculottendemokratie im Jahre II, in: *Beiträge zum neuen Geschichtsbild: Festschrift für Alfred Meusel*, Berlim, 1956.

[67] O texto principal de Rousseau (*Il contratto sociale*, III, 15) é o seguinte: "A soberania não pode ser representada pela própria razão que não pode ser alienada; ela consiste essencialmente na vontade geral, e a vontade não se representa: ou é ela mesma, ou é outra; não há uma via de meio". Aí Rousseau se aproxima da tese (discutível historicamente) da "modernidade" da representança: "A ideia da representança é moderna; chega-nos do governo feudal, desse iníquo e absurdo governo, no qual a espécie humana é degradada, o nome do homem é desonrado. Nas antigas repúblicas, e também nas monarquias, o povo jamais teve representantes, não se conhecia essa palavra".

[68] No que diz respeito a Hobbes, a passagem mais explicativa do caráter "unificador" da representação está em *Leviatã*, XVI: "Uma multidão de homens se torna *uma* pessoa quando é representada por um homem ou por uma pessoa, de modo que se torna tal com o consenso de cada particular componente a multidão. De fato, é a *unidade* do representante, não a *unidade* do representado que faz *uma* a pessoa, e é o representante que sustenta a parte da pessoa e de uma única pessoa; a *unidade* numa multidão não pode ser entendida de outro modo".

[69] Era, de fato, a tese de Rousseau (*Il contratto sociale*, II, 1): "Digo, portanto, que a soberania, não sendo senão o exercício da vontade geral, jamais pode alienar-se, e que o soberano, que não é senão um ente coletivo, não pode ser representado a não ser por si mesmo; pode, sim, transmitir-se o poder, mas não a vontade [...]. O soberano pode bem dizer: 'Eu quero atualmente o que quer aquele dado homem, ou pelo menos o que diz querer', mas não pode dizer: 'o que aquele homem desejará amanhã, eu ainda o quero', pois é absurdo que a vontade dê a si mesma uma cadeia para o futuro e não dependa de alguma vontade o consentir como coisa contrária ao bem do desejante. Se, portanto, o povo promete simplesmente obedecer, nesse ato ele se dissolve, perde a sua qualidade de povo; a partir do

daquela de "consenso", ligada ao velho conceito de *volonté de tous*, e, por isso, inadequada à tarefa da *grande* decisão: "Esta última, a vontade de todos, ou consenso, não só não era bastante dinâmica e revolucionária para construir um novo estado ou para instaurar um governo, mas obviamente pressupunha a própria existência de um governo e podia, portanto, ser considerada suficiente apenas por particulares decisões [...]".[70] Note-se: a incapacidade de decidir não descendo do fato que o consenso exprima *uma* vontade, mas pelo fato que tal vontade é vontade de todos e não vontade *geral*. Isso significa que o elemento de bloco político contido no conceito de consenso não é imputado à compreensão, que nele se realiza, da pluralidade da participação; mas, ao contrário, à permanência, ao seu interior, de uma resídua dimensão plural.

Contra essa a vontade geral é vontade de *unidade*:

> Era de maior importância o fato que a própria palavra "consenso", com seus significados implícitos de escolha deliberada e meditada opinião, fora substituída pela palavra "vontade", que substancialmente exclui todo processo de trocas de opinião e toda tentativa eventual de conciliar opiniões diversas. A vontade, se deve agir, deve ser uma e indivisível, "uma vontade dividida seria inconcebível": não há mediação possível entre vontades diversas, como existe, pelo contrário, entre diversas opiniões.[71]

A esse conceito de vontade como *union sacrée*,[72] destinada a conceber a nação como um só corpo, um indivíduo, apelariam todos aqueles que sepultariam sob a bandeira da unidade – da nação, do Estado, do partido – a originária consonância de revolução e pluralidade. Também,

---

momento que há um patrão, não há mais soberano, e de agora em diante o corpo político está destruído".

[70] ARENDT, *On Revolution*, p. 79-80.

[71] p. 80.

[72] O processo de metamorfose do indivíduo na *unidade* do todo já está perfeitamente delineado em Rousseau (*Il contratto sociale*, II, 7): "Aquele que sabe desenvolver a instituição de um povo deve se sentir capaz de mudar, por assim dizer, a natureza humana, de transformar todo indivíduo, que por si mesmo é um todo perfeito e solitário, em parte de um todo maior, do qual esse indivíduo receba, de algum modo, a sua vida e o seu ser [...] de maneira que, se todo cidadão não é nada, não pode nada senão por meio de todos os outros, e se a força adquire pelo todo é igual ou superior à soma das forças naturais de todos os indivíduos, pode-se dizer que a legislação tocou o mais alto grau de perfeição que possa alcançar".

por esse lado, volta a contradição fundamental do político como *incon-sistência*, impossibilidade de consistir, da pluralidade. Nada menos do que a vontade de Rousseau – "o que solidificava os muitos numa única unidade"[73] – era capaz de salvaguardá-la. Entretanto, não é tudo. Não é só o nexo que liga vontade e unidade a atingir Hannah Arendt, mas também o lugar específico em que ele se constitui. Esse lugar é a antítese amigo/inimigo:

> Por essa sua construção de uma unidade de mil cabeças, Rousseau se baseava num exemplo enganosamente simples e plausível. Inspirava-se na experiência comum em que dois interesses em conflito se aliam imediatamente quando se encontram diante de um terceiro igualmente inimigo de ambos. Do ponto de vista político, ele pressupunha a existência e contava com o poder unificador do comum inimigo nacional. Só em presença do inimigo pode-se realizar uma coisa como *la nation une et indivisible*, o ideal do nacionalismo francês e de todos os outros nacionalismos.[74]

Aí o discurso de Arendt, partido da crítica de Voegelin, parece direcionar-se contra seu antigo adversário. Submetida à crítica não e mais à *Repräsentation* voegeliniana, mas à *Identität* schmittiana.[75] Essa é estritamente dependente da presença, real ou imaginada, do inimigo. É este, a sua *absoluta* diferença, que unifica a vontade. Se o risco da democracia consequente à burocratização administrativa do político,[76]

---

[73] ARENDT, *On Revolution*, p. 81.

[74] p. 91.

[75] Substancialmente extrínseca a aproximação entre Arendt e Schmitt operada por M. Jay em: Opposing Views, *Partisan Review*, v. XLV, n. 3, p. 348-367, 1978, porque se baseou em duas concepções da irredutibilidade do político totalmente diferentes, até mesmo contrapostas. Jay argumenta que, apesar das reiteradas tomadas de posição contra Schmitt, Jünger e Bäumler, o pensamento de Arendt se situa dentro da cultura do existencialismo político. A própria Arendt, por outro lado, em: What is Existence Philosophy?, *Partisan Review*, v. XIII, n. 1, p. 34-56, 1946, havia afirmado que a tradição iniciada com Schelling e Kierkegaard e culminada em Heidegger é a filosofia do tempo moderno. Sobre o "existencialismo político" de Arendt, ver: KATEB, G., Freedom and Worldliness in the Thought of Hannah Arendt, *Political Theory*, v. V, n. 2, p. 141-182, 1977.

[76] Sobre esse risco, insiste P. Flores d'Arcais, em seu empenhado ensaio introdutório à antologia de escritos arendtiano reunidos sob o título de *Politica e menzogna* (Milão, 1985, p. 7-81).

o risco da democracia direta é aquele de um hiperpolítico organizado ao redor do domínio de um como *exclusão* do outro.[77] Se a pluralidade é dominada pela unidade, esta, por sua vez, é dominada pelo princípio de exclusão. Exclusão em relação ao inimigo exterior; mas – e aqui está o "passo à frente" filosófico de Rousseau – também em relação àquele interior: "O próprio Rousseau havia dado um passo mais adiante. Ele se propunha a descobrir no interior da própria nação um princípio unificador válido também para a política interna. Assim, o problema era como descobrir um inimigo comum fora do âmbito da política externa; e a solução foi que tal inimigo existia no peito de cada cidadão, ou seja, na sua vontade particular e no seu interesse particular".[78] Apenas a interiorização individual do princípio de exclusão é a condição de realização perpétua, isto é, de *fundação filosófica*, da unidade da vontade. Estamos, de certo ponto de vista, além de Schmitt. Não só a amizade é função da inimizade, mas de uma inimizade potencializada e multiplicada por quantos são os indivíduos que a compõem:

> A unidade da nação é garantida enquanto cada cidadão traz dentro de si seja o inimigo comum, seja o interesse geral que o inimigo comum produz: porque o inimigo comum é o interesse particular ou a particular vontade de todo homem. Apenas se cada homem insurge contra si mesmo na própria particularidade, será capaz de provocar dentro de si o próprio antagonista, a vontade geral, tornando-se, assim, um verdadeiro cidadão do estado nacional. Porque "se se abstém de todas as vontades [particulares] que mais ou menos se eliminam reciprocamente, à vontade geral resta a soma das diferenças". Para se tornar parte integrante da equipe política da nação, cada cidadão deve erguer-se e restar em constante rebelião contra si mesmo.[79]

Aí a contradição da vontade *política*, a insustentabilidade da relação exclusiva vontade-política alcança o seu cume: pode ter se unido, e se uniu, aos outros – e, por isso, capaz de decidir –, apenas se foram divididos por si mesmos. Não só: se uma parte de si está submetida e anulada pela outra parte. É o mais poderoso ataque talvez jamais registrado pela filosofia política nos confrontos do sujeito-pessoa. Mas é, ao

---

[77] ARENDT, *The Human Condition*, p. 270.

[78] ARENDT, *On Revolution*, p. 81-82.

[79] p. 82-83.

mesmo tempo, uma ulterior, e talvez definitiva, retratação do político como espaço de deliberação comum. A possibilidade da decisão comum passa pela necessidade da luta de cada um contra si mesmo. A reflexão de Rousseau se fecha como um círculo em si mesmo: a vontade coincide com o interesse na medida em que o interesse coincide com o conflito. Isso significa que a política pode assumir o ponto de vista da vontade – atingir *a* decisão – apenas quando a vontade-decisão é diretamente assumida pela dimensão do conflito. Nessa relação imediata entre política e conflito – isto é, nessa tradução da política em guerra –, efetiva-se o "sonho político" da vontade. No curto-circuito entre filosofia de Rousseau e êxito da Revolução Francesa, essa impraticabilidade exibe a sua face mais manifesta. Mas – como já se indicou algumas vezes – a contradição agora se alargou tanto que não pode mais ser atribuída a uma particular conjuntura histórica. Assim, deve ser reconstruída em sua própria gênese conceitual. A falência da vontade revolucionária sobre a qual se encerra o ensaio sobre as revoluções leva Hannah Arendt a um empenho mais complexo que tem como quadro toda a genealogia da categoria de vontade.

2. É o objeto de *Willing*. Conhecemos o problema de partida. Refere-se à relação entre liberdade e vontade. Pode a vontade fundar a liberdade no sentido de constituir seu espaço político durável? Num ensaio de 1960, a reposta de Arendt era muito, e talvez demasiadamente, nítida: "Na sua relação com a política, a liberdade não é um fenômeno da vontade [...]".[80] O motivo dessa negação, no escrito que remonta à fase em que mais direta era a polêmica da autora diante da *vida contemplativa*, derivava do caráter "inativo" da vontade: identificando-se a liberdade com a ação, descendia dela a não liberdade, a impossibilidade de alcançar a liberdade, por todas as faculdades não ativas, compreendida a vontade. Já na segunda parte do ensaio, no entanto, a dicotomia inicial se destemperava numa progressiva complexidade de discurso. Resumindo, aquilo que subtrai a liberdade à vontade não é tanto o fato de que "a vontade e a força de vontade em si e por si mesmas, excluindo o nexo com todas as outras, sejam faculdades essencialmente extrapolíticas e precisamente

---

[80] ARENDT, Hannah. Freedom and Politics: A Lecture. *Chicago Review*, v. XIV, n. 1, p. 28-46, 1960. Agora, em: *Between Past and Future*, p. 166.

antipolíticas",[81] nem aquele que a vontade seja fundamentalmente comando que pretende obediência, ou que tal comando seja por si mesmo contraditório: "Em outras palavras, o 'dois em um' da solidão, que põe em movimento o processo do pensamento, tem sobre a vontade efeito exatamente oposto: paralisa-a e a fecha em si mesma; na solidão querer é sempre *velle* e *nolle*, querer e não querer ao mesmo tempo".[82] Em suma, a não liberdade da vontade emerge da circunstância que essa, manifestando um comando intrinsecamente contraditório, é, definitivamente, *impotente*:

> Do ponto de vista histórico, os homens descobrem a vontade justamente ao experimentar a impotência e não o poder, como disse Paulo: "Pois querer está ao meu alcance, mas realizar o bem não". À mesma vontade alude Agostinho quando se lamenta: "não [lhe parece] monstruoso, em parte, querer, em parte, não querer", e mesmo enquanto sublinha que essa é "uma doença do espírito", o admite, por outro lado, como uma espécie de doença natural, para um espírito dotado de vontade: "Enquanto a vontade comanda para que haja uma vontade, não comanda outra coisa, mas a si mesma... Se a vontade fosse íntegra não, deveria tampouco requerer-se ser, porque já seria". Em outras palavras, se é verdade que o homem tem uma vontade, a aparência é, de todo modo, sempre a de duas vontades presentes na mesma pessoa, em luta para obter o domínio sobre o seu espírito. Isso significa que a vontade é, ao mesmo tempo, potente e impotente, livre e não livre.[83]

Willing retoma essa última indicação, mas a insere num quadro contextual levemente modificado e definido pela progressiva reavaliação das atividades espirituais: sempre separadas por aquelas operativas e políticas, mas não por isso a elas subordinadas. Aliás, a direção de discurso prevalente parece ser aquela segundo a qual, precisamente na sua separação pela ação política, na tomada de distância em relação a ela, as faculdades espirituais conservam sua específica, e positiva, qualidade.

Já é assim para o pensamento.[84] O mesmo também ocorre para o ato de volição, mas com a decisiva diferença que enquanto o primeiro,

---

[81] p. 180.

[82] p. 174.

[83] p. 177.

[84] Sobre a experiência do pensamento em Arendt, ver: JONAS, H., Acting, Knowing, Thinking: Gleanings from Hannah Arendt's Philosophical Work, *Social Research*,

mesmo no deslocamento em que se coloca diante do real, refere-se, de todo modo, a algo que é naquele momento ou que foi no passado, e a vontade se refere sempre a algo que deverá, ou melhor, *poderá*, ser no futuro. Ora, é precisamente essa intencionalidade direcionada ao futuro que confere à vontade aquelas características, ausentes como tais pela esfera do pensamento, de contingência, eventualidade, impredicabilidade, que recortam sua natureza em termos de máxima liberdade: "Uma vontade que não seja livre é uma contradição em termos [...]".[85] Estamos longe – parece – da radical antítese de liberdade e vontade do texto de 1960. Aquela posição parece agora invertida numa relação sinonímica entre os dois termos em questão. Ainda assim basta focar melhor o problema para se dar conta que, mais do que inversão, devíamos falar em uma nova articulação dos planos do discurso. Vejamos. A primeira condição pela qual a vontade possa definir-se livre é – como teorizado por Duns Scoto, máximo filósofo medieval da vontade – a sua capacidade de diferença, de resistência, por um lado, às exigências do desejo, por outro, aos ditames do intelecto, ambos, mesmo que diversamente, *determinados* por forças irresistíveis (aquela do impulso e aquela do princípio de não contradição). Para essa condição – num certo sentido resumida pela distinção entre vontade como capacidade *livre* de iniciar algo completamente novo e livre arbítrio, *forçado* a escolher entre duas ou mais possibilidades já dadas – acrescenta-se aí, porém, uma outra, implícita na mesma posição de Scoto; isto é, a de restar *pura* vontade, de *não* transformar-se em ação: "em outros termos, a vontade humana é indeterminada, aberta à contradição e, portanto, dilacerada, apenas enquanto a sua única vontade consista em formar volições; logo que cessa de querer e começa a agir realizando uma das suas proposições, essa perde a sua liberdade [...]".[86] A conclusão que tira Hannah Arendt não é diferente daquela do ensaio precedente: o fato de que a vontade seja considerada, agora, livre em si mesma não contradiz a antiga convicção que essa não pudesse fundar a

---

v. XLIV/I, p. 25-43, primavera 1977 (antes publicado em: *Merkur*, v. XXX, n. 10, p. 921-935, 1976); ESLIN, I-C., L'evénement de penser, *Esprit*, v. VI, p. 7-18, jun. 1980; BRUNDY, M. I., The Life of the Mind, In: *Esprit,* p. 92-97; e, finalmente, o recente e inteligente: RAMETTA, G., Comunicazione, giudizio ed esperienza del pensiero in Hannah Arendt, *Filosofia politica e pratica del pensiero*, p. 235-287.

[85] ARENDT, *The Life of the Mind*, p. 325.

[86] p. 464.

liberdade política. Tanto é verdade que essa primeira – e, como dizer, toda interior à forma mental – liberdade resta tal quando não se busca traduzir-se, e, portanto, negar-se, em liberdade política.

Para compreender o motivo de tal paradoxo, é necessário percorrer rapidamente a genealogia conceitual da vontade, e analisar, assim, a razão da sua pouca fortuna filosófica, ou também, e significa a mesma coisa, da sua necessária matriz *teológica*. Esta diz respeito, em primeiro lugar, à concepção cristã linear (não cíclica) da história; e, em segundo lugar, ao conceito, propriamente hebraico, de criação a partir do nada, distinto enquanto tal da teoria oriental de uma emanação do mundo por parte de forças preexistentes. Justamente essa concepção hebraica, no entanto, referia-se a experiências que "não eram de natureza política, nem se reportavam ao mundo – caso se tratasse do mundo das aparências e da posição que o homem ocupa nele ou da esfera dos negócios humanos, cuja existência depende de fatos e de ações. Eram experiências situadas exclusivamente no interior do homem".[87] Daí a contradição de fundo – a indecidibilidade política, e precisamente prática – que acompanha a ideia de vontade por sua atormentada história conceitual. Começando por Paulo, para o qual a vontade repete a estrutura bipolar do pensamento – o dois-em-um –, mas a transforma em conflito. Não apenas entre "eu quero" e "eu não posso", mas também entre "eu quero" e "eu não quero", isto é, entre uma vontade que comanda e outra, interior à primeira, que *não* obedece. Conflito irresolúvel, que paralisa necessariamente a vontade, da qual essa poderia sair somente recompondo-se em *unidade*, *decidindo-se* uma, agindo unitariamente: mas perdendo-se, portanto, como vontade, transformando-se, e negando-se, em decisão-ação, decisão *em* ação.

Se resta tão não predicada a vontade cristã de Paulo, não melhor efeito produz aquela, estoica, de Epíteto. Aí, aliás, a falência é dupla – sobretudo se proporcional à atribuição de onipotência que Epíteto confere à vontade, uma vez restrita a sua esfera de ação às coisas que dependem do homem. E é relativo ao fato que, desse modo – decidindo de não querer o inexequível e de querer o inelutável – a vontade, por um lado, chega a uma doutrina no destino (*heimarmenē*), por outro, não escapa da situação de impotência existencial nos confrontos do mundo factual.

---

[87] p. 378.

Não só em Agostinho,[88] por certos aspectos, pelo menos, o antagonismo desaparece: não porque ele não reconheça a estrutura irremediavelmente bipolar do nexo querer/não querer, que, aliás, é definitivamente formalizada enquanto tal; e tampouco por uma aceitação da possibilidade limite da autossupressão estoica, do momento em que é declarado impossível o não querer absolutamente; mas através de um deslocamento teológico-semântico que inverte a vontade em amor, que faz do amor a única *potência* de vontade. *Volo ut vis*, segundo a vontade de sacrifício divina. Mas também, nesse caso, precisamente nesse caso, sobretudo como apareceu em *De Trinitate*, a vontade alcança a potência, supera a contradição, cura a ferida, apenas saindo de si mesma. Transformando-se em outro. Recorrendo à ação, o conflito que opõe face a face *velle* e *nolle* é suspenso: mas com "um golpe de Estado" (como se exprime Bergson)[89] supressivo da liberdade.

Voltamos à estaca zero. A contradição é *politicamente* insuperável dentro do horizonte do político. Vontade implica conflito, porque não é possível querer fora o contraste com o próprio não querer. Tal conflito impede o agir, a tradução da vontade em ação. Impede a verdadeira decisão. Para decidir praticamente, para agir decididamente, o conflito deve ser superado, resolvido, reintegrado. A vontade é reunificada através do domínio do querer sobre o não querer. Só assim pode readquirir potência, experimentar-se onipotente: destruir o próprio contraditório, segundo as indicações do primeiro Nietzsche. Mas como o próprio Nietzsche, ainda antes de Heidegger,[90] perceberá, essa solução é totalmente mítica: salta o problema ao contrário de resolvê-lo. Simplesmente, desconhece

---

[88] Como se sabe, Arendt dedicou a Agostinho a sua primeira obra *Der Liebesbegriff bei Augustin* (Berlim, 1929), que em boa parte reproduz o texto da dissertação defendida em Heidelberg com Jaspers. Sobre ela, ver, portanto: BODEI, Remo, Hannah Arendt, interprete di Agostino, *La pluralità irrappresentabile*, p. 113-121. E também: RAMETTA, G., Osservazioni su "Der Liebesbegriff bei Augustin" di Hannah Arendt in: *La pluralità irrappresentabile*, p. 123-153.

[89] ARENDT, *The Life of the Mind*, p. 421.

[90] Sobre a relação filosófica (para a biográfica, à espera de conhecer a correspondência privada, ver as indicações de Young-Bruehl, presentes no decorrer do curso de toda a obra citada) entre Arendt e Heidegger, além do trabalho, discutível, de: TAMINIAUX, J., Arendt, disciple de Heidegger?, Études phénoménologiques, v. 1, n. 2, p. 111-136, 1985, ver: DALLAGO, A., Una filosofia della presenza: Hannah Arendt, Heidegger e la possibilità dell'agire, *La pluralità irrappresentabile*, p. 93-109.

seus termos. A vontade pode, certamente, ignorar o conflito, ou também domá-lo: *mas fora de si mesma*. Fazendo-se misericórdia, piedade, amor; ou, pelo contrário, comando, imposição, domínio. Não vontade, de qualquer forma.

O *Sim e Amém* de Nietzsche e a *noluntas* de Heidegger contrapõem a essas soluções a impenetrável *irresolubilidade* do impolítico. Renunciam a toda *positividade* do querer. A única positividade do querer está em seu negativo, na diferença que o subtrai a si mesmo. Queimar esse resíduo, conjugar vontade e potência, vontade e política; fazer da vontade a fonte da política significa perder ambas. Arrastar a política na contradição da vontade ou unificar a vontade ao comando da política. Entre liberdade da vontade – o dois-em-um de *velle* e *nolle* – e liberdade política – os muitos-em-um da *pólis* –, corre um hiato superável. Toda a conclusão de *Willing* bate nessa absoluta insuperabilidade: "A liberdade filosófica, a liberdade da vontade, aplica-se apenas a pessoas que vivem fora das comunidades políticas, como indivíduos solitários".[91] Daí a polêmica com aqueles, de Jaspers[92] a Buber – a cuja "filosofia da comunicação" a filosofia de Arendt foi muito frequentemente assimilada – que consideram "que a intimidade do diálogo, a 'ação interior' em que eu 'faço apelo' a mim mesmo ou ao 'alter ego', o amigo de Aristóteles, o amado de Jaspers, o Tu di Buber possa ser estendida até se tornar paradigmática para a esfera política".[93] Essa inadmissibilidade entre as atividades mentais e a ação política nos leva ao ponto do qual havíamos partido: a infundabilidade da liberdade política por parte da vontade. A mesma metáfora bíblica da criação – desdobrada por Agostinho em termos de filosofia da natalidade – não pode ser empregada senão analogicamente. Além de conter essa própria um risco de opressão: "Estou totalmente consciente que mesmo na versão agostiniana o argumento resta de algum modo pouco transparente, o qual não parece nos dizer nada mais que

---

[91] ARENDT, *The Life of the Mind*, p. 527.

[92] Para a relação com Jaspers, além das notícias de Young Bruehl, ver as cartas em: *Briefwechsel* 1926-1969, organizado por L. Köhler e H. Saner, Munique-Zurique, 1985. Algumas cartas relativas a Rahel Varnhagen foram publicadas, com a organização de L. Ritter Santini, como apêndice de *La pluralità irrappresentabile* (p. 211-222).

[93] ARENDT, *The Life of the Mind*, p. 528.

estamos *condenados* a ser livres em razão de sermos nascidos, não importa se a liberdade nos agrada ou se detestamos a sua arbitrariedade, se nos "agrada" ou se preferimos fugir da sua enorme responsabilidade escolhendo uma forma qualquer de fatalismo".[94]

3. "Esse *impasse*[95] – assim conclui a passagem (e também o livro) –, se é realmente tal, pode ser superado ou resolvido apenas fazendo apelo a uma outra faculdade da mente, não menos misteriosa que a faculdade do começo, a faculdade do Juízo, uma análise da qual, talvez, pode pelo menos nos dizer que coisa esteja implicada em nossos julgamentos 'me agrada' ou 'não me agrada'".[96] Como se sabe, o ensaio sobre o juízo, que nas intenções da Arendt deveria completar a trilogia de *The Life of the Mind*, jamais foi escrito. A morte surpreendeu a autora quando havia datilografado apenas o título do livro e duas notas iniciais: assim, qualquer indicação sobre a direção do discurso que Arendt poderia ter seguido não pode senão ser hipoteticamente deduzida, além do *post-scriptum* de *Thinking*, em que a autora enunciava o seu programa de trabalho, pelos escritos sobre o juízo precedentes à escrita de *The Life of the Mind*.[97] Esses, em seu conjunto, mais que de uma verdadeira e própria resolução do *impasse*, dão o sentido do seu progressivo deslocamento aos confins externos do político, e precisamente nesse terreno impolítico que do pensamento sobre a política constitui a última morada e, ao mesmo tempo, a máxima realização.

Qual era, inicialmente, esse *impasse*, já o repetimos muitas vezes. Ele diz respeito à infundabilidade de uma liberdade política que se recusa à centralização da representação. Que queira restar plural, e, portanto, unicamente irrepresentável. Essa fundação não pode ser confiada à vontade, do momento em que essa, na sua solicitação de potência, no seu querer-se política, no seu tomar-se decisão, chega a uma unidade ainda mais imediata, porque determinada pela exclusão–eliminação do outro. Se a unidade representativa é a da partidocracia, a unidade da

---

[94] p. 546.

[95] Sobre tal impasse, ver: GRAY, J. G., The Abyss of Freedom-and Hannah Arendt, *Hannah Arendt, The Recovery of the Public World*, p. 225-244.

[96] ARENDT, *The Life of the Mind*, p. 546.

[97] Agora reunidos, com uma importante introdução (p. 89-157), por R. Beiner, com o título *Lectures on Kant's Political Philosophy* (Chicago, 1982).

vontade-decisão é, tende a ser, a do totalitarismo.[98] Essa – a vontade – resta como a faculdade do início, do novo, do não predicado. Mas desde o início, de fato, resulta dar voz precisamente ao elemento do arbítrio, de imotivação, de pura imanência a si mesmo, que o caracteriza quando não é iluminado por um princípio, quando é puro desenraizamento pelo velho e não ainda constituição do novo. Se a *tal* início – e à faculdade que politicamente lhe corresponde – Hannah Arendt desse crédito, iria aderir, nesse caso, dando-a como boa, à interpretação legitimante que o moderno[99] dá de si próprio: o moderno como esquecimento da tradição, ausência de fundamento, radical abandono.[100] Mas essa autointerpretação – Arendt o sabe bem – é nada mais que utopia, utopia *do* moderno. A ela correspondem, no plano filosófico-político, as duas grandes unificações, opostas e complementares, de Hobbes e de Rousseau: a primeira em forma de representança, a segunda, de vontade geral. Ambas baseadas na redução da multiplicidade das opiniões como guerra civil, sobre a exclusão total, se não já totalitária, do conflito. Restando, por outro lado, a única declinação possível da pluralidade política, da política como pluralidade.

É desse fracasso – da vontade, mas, mais em geral, de todas as categorias do político moderno – que toma movimento a dupla referência à esfera do juízo e àquela do pensamento. Trata-se, evidentemente, de um deslocamento categorial que vai muito além do simples salto de um à outra das faculdades mentais. Já todo o projeto de *The Life of the Mind* marca a passagem de uma fase, a dos primeiros escritos, em que a atenção estava centrada numa reavaliação, e, portanto, na reivindicação de superioridade, das atividades práticas (*vita activa*) em relação àquelas teoréticas (*vita contemplativa*), a uma outra, mais madura, na qual

---

[98] Sobre a interpretação arendtiana do fenômeno totalitário, intervieram: CRICK, B., On Rereading "The Origins of Totalitarianism", *Social Research*, v. XLIV, n. 1, p. 106-126, 1977; MORGENTHAU, H., Hannah Arendt on Totalitarianism and Democracy, *Social Research*, p. 127-131; PROSS, H., Die Welt absoluter Selbstlosigkeit: Zu Hannah Arendts Theorie des Totalitarismus, *Hannah Arendt: Materialien zu ihrem Werk*, p. 203-210; VETO, M., Cohérence et terreur: Introduction à la philosophie politique de Hannah Arendt, *Archives de Philosophie*, v. XLV, n. 4, p. 549-584, 1982.

[99] Em relação ao moderno, ver: KATEB, G., Hannah Arendt e le categorie politiche della modernità, *La pluralità irrappresentabile*, p. 15-28.

[100] ESPOSITO, *Politica e tradizione. Ad Hannah Arendt*.

a atenção se detém essencialmente na sua distinção, na sua distância. Mais precisamente: na *necessidade* de manter tal distância. É verdade que toda a obra de Arendt confronta a crítica da fatal separação entre pensamento e ação funcionalizada por Platão ao predomínio do primeiro sobre a segunda. Porém, uma vez contestado esse predomínio, resta, irremediável, a separação. Essa é efetivamente *fatal* e nenhuma redução, nenhum curto-circuito ideológico valeria, agora, para recompô-la. Pelo contrário, todas as tentativas modernas de cancelá-la com um "golpe de Estado" teórico levaram a um êxito catastrófico. A uma *filosofia* política destinada a experimentar na prática, antes ainda que na teoria, os próprios fracassos. Os exemplos estão sob os olhos de todos e não é necessário lembrá-los: basta pensar o que significou, para a história do mundo, a ideia de uma política infalivelmente governada pela *necessidade* de uma dada filosofia. Naturalmente, para Arendt, não está em questão um retorno à antiga superioridade da vida contemplativa; e tampouco uma queda de responsabilidade da filosofia nos confrontos com a política. Trata-se de outra coisa: isto é, de uma relação mais complexa, da qual o termo "impolítico" caracteriza o progressivo deslocamento do ponto de refração num espaço não mais interno à forma categorial, necessariamente unificante, como se viu, do político.

De fato, é exatamente por sua fidelidade à pluralidade, por sua dimensão constitutivamente plural – ele produz sentido, significado, precisamente através da multiplicidade das opiniões –, que Hannah Arendt recorre ao juízo. Não há aqui espaço para seguir o percurso hermenêutico e teórico ao longo do qual ela chega a tal definição. Basta lembrar que as modalidades, os elementos em torno dos quais, nos rastros do juízo reflexivo de Kant, imposta a sua interpretação são aqueles de "gosto", "imaginação" e "senso comum". Através deles, Arendt dá ao juízo a possibilidade efetiva de julgar o singular fora da hipótese abstrata, normativa, transcendente, do universal. Colocando-se, pelo contrário, pelo ponto de vista, eminentemente plural, dos *outros*; mais precisamente, de possíveis expectadores externos. É assim que o juízo, escapando da objetividade reificada da verdade científica, mas fora, ao mesmo tempo, da subjetividade infundada da escolha puramente individual, pode mostrar-se imparcial.[101] Não só – mas o que mais conta – pode colocar

---

[101] É uma tese retomada e amplificada por E. Vollrath, em: *Die Rekonstruktion der politisehen Urteilskraft* (Stuttgart, 1977). Porém, sobre a dialética do juízo, ver,

em discussão, realmente *julgando-a*, a concepção (mais uma vez *filosófica*) da história que se limita a deduzir o "depois" do "antes", que subordina o depois à imposição de sentido do antes, o evento ao processo, o efeito à causa, a contingência à necessidade. Resumidamente: o "fato" ao Progresso.[102] É justamente a essa filosofia que se opõe o juízo kantiano: "Depois de Hegel e Marx, enfrentaram-se essas questões na perspectiva da História e na suposição que essa ideia, o Progresso do gênero humano, seja efetivamente uma realidade. Ao fim, iremos nos encontrar apenas com uma única alternativa possível em tais questões: pode-se afirmar com Hegel, *Die Weltgeschichte ist das Weltgericht*, deixando que seja o Sucesso o último a julgar, ou se pode sustentar, com Kant, a autonomia da mente dos homens e a sua independência virtual das coisas assim como são ou como se tornaram".[103] Deixemos agora de lado a questão da medida em que é aceitável tal leitura de Kant[104]e, sobretudo, a leitura de Hegel. O que conta é a oposição entre juízo e filosofia do Progresso que Arendt retira dela. A ideia de "progresso" exclui por si a possibilidade que haja um ponto "no qual podemos ficar parados e olhar para trás com o olhar anterior do historiador"[105] – assim concluem as *Kant's Lectures*. E a exclui, porque quando a história é interpretada, de todo modo, como Progresso, quando a ela é designado um Significado geral, e quando tal significado coincide com o seu Fim último, o juízo é sempre levado a uma conclusão que jamais chegará.

A coisa é reconstruível também a partir de outro ponto de vista. A filosofia do Progresso – precisamente como a vontade que constitui sua faculdade privilegiada – olha sempre para o futuro: mesmo quando esse futuro é considerado a consequência do seu passado. Mas o passado resta efetivamente *seu*. Intencionado, e, portanto, *destruído*, no futuro. Passado *do* futuro. Não por acaso o seu êxito é o esquecimento. Um

---

sobretudo: DENNENY, M., The Privilege of Ourselves: Hannah Arendt on Judgement, in: *Hannah Arendt: The Recovery of the Public World*, p. 245-276.

[102] Sobre o tema da história, ver toda a terceira parte (*L'épreuve de l'histoire*) da monografia de: ENEGRÉN, A., *La pensée politique de Hannah Arendt*, Paris, 1984, p. 161-249.

[103] ARENDT, *The Life of the Mind*, p. 311.

[104] Por exemplo, segundo H. G. Gadamer (*Wahreit und Methode*, Tubinga, 1960, trad. it. organizada por Gianni Vattimo, Milão, 1972, p. 56 em diante), Kant tende a despolitizar o "senso comum".

[105] ARENDT, *Lectures on Kant's Political Philosophy*, p. 77.

esquecimento levado pela própria tradição que o moderno pressupõe ter obliterado e que, ao contrário, o produz secretamente. Nessa filosofia, a ruptura da tradição traz o esquecimento do passado. O seu apagamento-esquecimento. O passado é apagado pela Tradição. Arendt – a sua *solicitação de juízo* – inverte essa lógica. É a tradição (autolegitimante) que é rompida, que é reconhecida na sua fratura, para poder readquirir um olhar nítido sobre o passado.[106] Juízo e justiça, segundo o ditado da antiga palavra judaica.[107] O passado, fora da tradição, não é equivalente. Esse é julgado não com base em suas vitórias, mas em suas verdades *factuais*: *victrix causa deis placuit, sed victa Catoni* – é a citação que fecha o *post-scriptum*

---

[106] Ver: ARENDT, *Between Past and Future*, p. 103-104. A passagem é retomada e comentada num ensaio de B. de Giovanni (Presente e tradizione, *Il Centauro*, n. 13-14, p. 81, 1985) não apenas muito bonito, mas também próximo, por sua clareza de escritura e de timbre argumentativo, à obra de Arendt.

[107] "E querer ser judeu em nossos dias, antes que crer em Moisés e nos profetas, é reivindicar esse direito de julgar a história, ou seja, reivindicar a posição de uma consciência que postula incondicionalmente, ser membro de um povo eterno [...]. A eternidade de Israel, então, é sua independência com relação à História e sua capacidade de reconhecer aos homens como maduros em todo o momento para o juízo, sem esperar que o fim da História nos entregue seu sentido supostamente último. E Israel, mas além de Israel carnal, contém todas as pessoas que rechaçam o veredito puramente arbitrário da História". Retiro a passagem de um texto de E. Lévinas dedicado a Rosenzweig, *Franz Rosenzweig, une pensée juive moderne*, n. 1, p. 65-78, 1982, incluído também em *Les Cahiers de la nuit surveillée*, p. 77-78. A relação de Arendt com Lévinas não se detém no rechaço da filosofia da história, mas investe aquele da representação (ver, especialmente, de Lévinas, *Autrement qu'être ou au-delà de l'essence*, La Haye, 1974, trad. it. Milão, 1983, p. 168), o motivo da natalidade do instante (ver *De l'existence à l'existant*, Paris, 1984, p. 130, uma expressão tipicamente arendtiana: "O instante, antes de estar em relação com os instantes que o precedem ou o sucedem, esconde um ato pelo qual se adquire a existência. Cada instante é um começo, um nascimento"), e aquele da irredutibilidade do "outro". Para esse último ponto os intérpretes insistem geralmente na diferenciação que a impoliticidade das categorias de Lévinas determina diante de Arendt. Naturalmente, pelo ponto de vista, aqui avançado, de uma Arendt (por certos aspectos) "impolític", as coisas são mais problemáticas. Para uma aproximação de Arendt e Lévinas, ver, de todo modo: MONGIN, O., *Comment juger?*, *Les Cahiers de la nuit surveillée*, n. 3, 1984, dedicado a Lévinas (p. 282-300). Com referência ao tema do juízo, lateral porém não assimétrico, em relação ao discurso de Arendt, resulta o quadro dos problemas recentemente recolhido em J. Derrida, V. Descombes, G. Kortian, P. Lacoue-Labarthe, J.-E Lyotard, J.-L. Nancy (*La faculté de juger*, Paris, 1985), que por sua vez assume como centro de referência o diálogo entre J.-E Lyotard e J.-L.Thébaud, publicado com o título de *Au juste* (Paris, 1979).

de *Thinking* e abre a página branca de *Judging*. O juízo do histórico – do espectador-narrador, portanto, não do ator, de quem está bastante distante do evento no espaço e no tempo para poder "narrá-lo"[108] sem estar diretamente envolvido por ele – reestabelece a verdade do *fato*, a sua não predicada potência. Reestabelece a força e a dignidade do passado. Ele é o único que pode condená-lo. Mas também que o pode redimir. Para lhe dar um sentido diferente daquele que a violência da tradição lhe atribuiu: o que guia esse pensamento – é de Benjamin que Arendt fala – é a convicção que o mundo vivente ceda à ruína dos tempos, mas que o processo de decomposição seja, ao mesmo tempo, também um processo de cristalização; que na "proteção do mar" – no mesmo elemento não histórico ao qual deve ceder tudo o que se realizou na história – nascem novas formas e formações cristalinas que, tornadas invulneráveis contra os elementos, subsistem e esperam apenas o pescador de pérolas que as traz à luz: como "fragmentos de pensamento", como fragmentos ou também como eternos "fenômenos originários".[109]

4. Isso, no que diz respeito ao juízo: que, no deslizamento da posição do ator àquela do espectador-narrador, já constitui um primeiro recuo prospectivo da tópica do político. Mas é com o pensamento que tal deslizamento – ou "retirada"[110] – assume um inconfundível tom impolítico. Ele está implícito em primeira estância naquilo que Arendt

---

[108] Sobre o descentramento da ideia de História naquela de narração-conto de "histórias", ver: YOUNG-BRUEHL, E., Hannah Arendt's Storytelling, *Social Research,* v. XLIV, n. 1, p. 183-190, 1977. Trata-se de um tema situado objetivamente na confluência de filões culturais muito distintos no plano linguístico e categorial, mas convergentes sobre o objeto "história-narração". Pensemos, para dar apenas um nome, por um lado, em alguns trabalhos de P. Veyne, entre os quais *Comment on écrit l'histoire* (Paris, 1971), e de Paul Ricoeur como *Temps et récit,* I (Paris, 1983); por outro, no debate aberto por L. Stone sobre o "retorno da narração", em: The Revival of Narrative: Reflections on a New Old History, *Past and Present,* n. 85, 1979, no qual depois intervieram E. J. Hobsbawm e Ph. Abrams – sobre o qual ver: SALVATI, M. (Ed.), *Scienza, narrazione e tempo* (Milão, 1985); e por outro lado, a assim chamada "teologia narrativa", para a qual está disponível o livro de: WACKER, B., *Narrative theologie?,* Munique, 1977 (trad. it. Bréscia, 1981).

[109] ARENDT, Hannah. Walter Benjamin. *Merkur,* v. XXII, p. 50-65, 209-223, 305-316, 1968. (trad. it. in: *Il Futuro alle spalle,* p. 105-170.)

[110] Assumo a expressão num sentido não distante daquele dos autores da coletânea *Le retrait du politique* (Paris, 1983), com especial referência às posições de Jean Luc-Nancy e Philippe Lacoue-Labarthe.

define, para o pensamento, o estar "fora da ordem": isto é, por um lado, a detenção de todas as atividades "indispensáveis aos fatos do viver e do sobreviver", por outro, a inversão de "todas as relações ordinárias": "o que está próximo e aparece diretamente aos sentidos está agora distante, o que está distante está efetivamente presente. No ato de pensar, eu não sei onde estou na realidade: não me circundam objetos sensíveis, mas imagens invisíveis a qualquer um. É como se me retirasse numa espécie de terra de ninguém, a terra do invisível [...]".[111]

Esse chamado ao invisível – o pensamento escapa das categorias do político porque subtraído à visibilidade da representação – coloca numa dimensão mais "profunda" do impolítico, subsequente, ou ainda melhor, pressuposta, àquela da criticidade relativa à inversão das "relações ordinárias". Das relações, dissemos. Não dos valores. Porque o impolítico no pensamento não substitui novos valores aos valores dados, "não cria valores; não descobre, uma vez por todas, o que é "o bem"; não corrobora, mas, quando muito, dissolve as regras de conduta aceitas. E não possui nenhuma relevância política, a menos que não surjam situações de emergências particulares. Que como vivo deva saber conviver comigo mesmo é consideração que não surge em forma de política senão em "situação limite".[112] O impolítico não está simplesmente na ausência de "relevância política", mas na politicidade que essa ausência de "relevância política", assume nessas "situações de emergência particulares" que, com expressão de Jaspers, Arendt define "situações limite": isto é, numa ausência que se faz presença ou numa presença que ressoa (silenciosamente) numa ausência: que, melhor ainda, se *transcende* numa ausência. E, efetivamente, a uma operação de *transcendência* – atenção, não de "transcendência", não de hipóstase metafísica do ato do "transcender" – aludia Jaspers com aquela expressão: "Essa última expressão foi cunhada por Jaspers para a universal, imutável condição humana – "não podia viver sem luta e dor; dever assumir inevitavelmente a própria culpa; dever morrer" –, para indicar a experiência de "algo de imanente que já reenvia à transcendência" e que, se obtém respostas de nós, nos levará a *transformar a existência que potencialmente somos*".[113]

---

[111] ARENDT, *The Life of the Mind*, p. 169.

[112] p. 287.

[113] p. 287. A citação de Jaspers, na tradução italiana (Torino, 1978) de sua *Philosophie* (1932), encontra-se nas p. 678-679 do livro II, seção III, cap. 7.

É essa imanência "que já reenvia à transcendência", uma imanência transcendente ou uma transcendência cavada na imanência, o modo do impolítico. Não um espaço, ou, ainda menos, um valor situado fora do político e a ele indiferente, mas a transcendência interior ao político enquanto categoria afirmativa. O vazio, a ausência, que o político abre quando coloca em jogo, coloca em causa, a própria dimensão de presença (de representação). Em uma saída para fora de si, que não faz escala em nenhuma transcendência, consiste o impolítico. Por isso, ele faz parte da vida. É a vida subtraída à pura imanência a si mesma e precipitada na transcendência da existência (na existência como transcendência):

> Em Jaspers – continua Arendt –, a expressão traz a própria plausibilidade sugestiva não tanto de experiências específicas quanto do simples dado de fato que a própria vida, contraída nos limites do nascimento e da morte, constitui, por sua vez, uma circunstância limite na medida em que a minha existência mundana me força sempre a perceber um passado no qual ainda não estava presente, de um futuro no qual não estarei mais. O importante, aqui, é que todas as vezes que transcendo os limites do breve espaço da minha vida e que começo a refletir sobre esse passado, julgando-o, e sobre esse futuro, dando forma aos projetos da vontade, o pensamento cessa de ser uma atividade politicamente marginal. E semelhantes reflexões emergem inevitavelmente em temos de emergência política.[114]

É, então, que a crítica impolítica do político – da sua valorização teológico-política, da sua assunção a *valor* político – revela a própria alma nada mais que a-política (ou antipolítica). Arendt o diz referindo-se dessa vez a Sócrates, cuja maiêutica, "que traz à luz as implicações das opiniões irrefletidas e deixadas sem análise, e com isso as destrói – trate-se de valores, de doutrinas, de teorias, até mesmo de convicções [...] se revela, implicitamente, política".[115] Qual seja essa politicidade da ausência pelo político (ou também: *do* político), havia sido anteriormente explicado através de uma proposição do próprio Sócrates segundo a qual "sofrer um erro é melhor que cometê-lo".[116]

---

[114] ARENDT, *The Life of the Mind*, p. 287-288.

[115] p. 288.

[116] p. 275. A passagem é destacada muito pertinentemente por: FISTETTI, F., Metafisica e politica in "La vita della mente" di Hannan Arendt, *Poleis*, p. 38, jan./

Essa proposição não é compreensível na linguagem do político, que, de fato, pela boca de Cálicles, lhe responde que "sofrer um erro não é verdadeiramente coisa de homem, mas de escravo para o qual é melhor morrer que viver se, ofendido, não se sente capaz de ajudar a si mesmo ou quem mora eu seu coração".[117] O cidadão não pode compreender a proposição de Sócrates porque essa contradiz radicalmente a lógica do político, caso seja entendida (realisticamente) segundo as modalidades "apropriativas" da vontade de potência, seja (utopicamente) segundo aquelas "comunicativas" da relação entre iguais. Mas Sócrates, precisamente, "não está falando, aqui, em vestes de cidadão".[118] Ele "fala, ao contrário, como homem essencialmente votado ao pensamento. É como se dissesse a Cálicles: se tu fosses como eu, apaixonado pelo saber, desejo por pensar sobre todas as coisas, por submeter a exame todas as coisas, saberias que se o mundo fosse assim como tu o representas, dividido em fracos e fortes, onde 'os fortes fazem o que é neles poder e os fracos sofrem o que devem' (Tucídides), de modo que não se dá alternativa alguma que não seja a de cometer o erro ou sofrê-lo, se assim fosse seria melhor sofrer mais que cometer um erro. Mas, obviamente, o pressuposto é: *se tu amas a sabedoria e o filosofar: se* sabes o que significam as atividades de refletir e de examinar".[119] Apenas desse "pressuposto" o político aparece como a única linguagem do mundo: mas precisamente por essa submissão, por parte de um pensamento que deseja restar tal, a um processo de transcendência interior capaz de inverter as "relações ordinárias"; isto é, de "ordená-los" na presença *daquilo que não se vê*. Daquele invisível ao qual antes aludíamos como ao objeto ausente do pensamento.

No entanto, nessa ausência o pensamento *não* repousa. Nem abandona a sua responsabilidade nos confrontos com a vida *presente*. Aliás, o presente – é esta a resposta à pergunta que percorre todo o livro acerca do espaço do pensamento, depois condensada no último capítulo intitulado "Onde estamos quando pensamos?" – é *o lugar* do pensamento, como narrado na "parábola" kafkiana a que recorre, por fim, Hannah

---

mar. 1988, numa linha de discurso não distante, pelo menos para a última parte do ensaio, daquela, aqui, discutida.

[117] p. 275.

[118] p. 277.

[119] p. 277.

Arendt.[120] Nela, o pensamento é representado no cruzamento de duas forças opostas e desobedientes, entendidas como o passado e o futuro, nas quais e contra as quais ele trava uma batalha sem fim. O lugar em que "Ele" – é o título de Kafka – combate é, obviamente, o presente, o *instante* do presente, como Arendt logo define evocando a alegoria de Zaratustra à porta trafegável interpretada como o Agora suspenso à confluência polêmica de passado e futuro. O presente é, portanto, o lugar da luta do Instante contra aquele tempo que corre sem interrupções, que transforma continuamente o ser em devir e assim o aniquila. Àquela luta o pensamento não pode renunciar. Se o fizesse, se se interpretasse acima das partes, se se atestasse como árbitro e espectador fora do jogo da vida, se dissolvesse, em outras palavras, o próprio olhar pela *realidade* do político, ele não faria senão repetir o velho sonho da metafísica ocidental de uma região sem tempo e sem ânsias, habitada precisamente pelo pensamento.

Não é essa a solução de Arendt. O pensamento não pode trair a vida, abandonar o *próprio* lugar, chamar-se para fora da luta. Mas como? Como o pensamento deve fazer sua essa luta, qual é o modo específico da sua responsabilidade? Como se determina a responsabilidade em filosofia? A resposta de Arendt – metaforizada na figura da diagonal que do ângulo de cruzamento entre passado e futuro, e, portanto, radicada no presente, procede ao infinito sem aderir "positivamente" nem a um, nem a outro – me parece que seja a seguinte: não trair o presente, não tentar utópicas fugas ou fracos desencantos, restar-lhe fiel. Mas – eis o ponto decisivo – sem colocá-lo na continuidade do tempo, sem aderir "positivamente" ao fluxo da história, sem preencher "projectualmente" a lacuna aberta entre passado e futuro. Aquele vazio, aquele resíduo, aquela distância, é pelo pensamento salvaguardado: porque só desse modo pode proteger-se da força evasiva do existente, da violência unificadora da *sua* história: "A parábola do tempo de Kafka não se aplica ao homem imerso nas suas ocupações cotidianas, mas exclusivamente ao eu que pensa, enquanto se tenha retirado dos afazeres da vida de todos os dias. A lacuna entre passado e futuro, de

---

[120] p. 296-307. O mesmo tema em *Between Past and Future* (p. 11-19). Retomo, aqui, o argumento desenvolvido no Congresso sobre "A responsabilidade do filósofo", ocorrido no Instituto Suor Orsola Benincasa, de Nápoles, cujas atas foram publicadas nos *Annali del Contemporaneo* (1989), dirigido por Antonio Villani.

fato, não se escancara senão na reflexão, cujo objeto é constituído por aquilo que está ausente – trate-se daquilo que já desapareceu ou daquilo que ainda não apareceu".[121] Essa ausência *no* presente, essa duplicação do presente em si mesmo, esse resíduo através daquilo que também existe e que é *tudo* o que existe pode assumir o nome de impolítico. Só a partir dele a última citação de Catão para Arendt reencontra luz: *Numquam se plus agere quam nihil cum ageret, numquam minus solum esse quamcum solus esset.*[122]

---

[121] p. 300.

[122] CICERONE, M. T. *De Republica*, I, 17. Tradução: "Nunca ele está mais ativo do que quando nada faz, nunca está menos só do que quando a sós consigo mesmo".

Capítulo III
Poder e silêncio

Biologia política

1. Tentemos esticar a linha do discurso precedente. O êxito hermenêutico que descende dele a propósito da reflexão de Hannah Arendt sobre a política segue no sentido de uma sensível complicação da interpretação corrente (a utopia da *pólis*, ou a filosofia prática, no melhor dos casos[1]). Na realidade, a ideia de irrepresentabilidade da política-pluralidade que, como vimos, Arendt, na fase terminal da sua pesquisa, exprime a queda de qualquer nexo direto, especular, entre política e conceito. Não que – note-se – jamais se dê no curso da sua produção o interesse intenso, por vezes exclusivo, para a política; o impulso que radicaliza sempre mais o pensamento: mas é precisamente tal intensificação que impede sua conceitualização frontal, tradicionalmente *filosófica*, como é, por outro lado, provado pela polêmica nos confrontos com a "filosofia política" (isto é, com uma filosofia imposta por uma dada política) que constitui o fio condutor de toda sua obra. A política não pode ser conceitualizada em forma positiva: mas só a partir do que se destaca em sua margem externa, que a determina em negativo, que constitui seu fundo e, ao mesmo tempo, sua inversão.

---

[1] Nessa direção, as duas intervenções de P. P. Portinaro (*La politica come cominciamento e la fine della politica*) e de F. Volpi (*Il pensiero politico di Hannah Arendt e la riabilitazione della filosofia pratica*), ambos em: *La pluralità irrapresentabile*, p. 29-45 e 73-92.

É efetivamente dessa progressiva restrição do âmbito de determinação afetiva da política – subsequente, como dizíamos, à mesma radicalização a que Arendt submete seu estatuto – que depende a noção de "impolítico". Vamos nos deter um pouco nesse termo. É totalmente evidente que ele não só não tenha nada a ver com qualquer forma explícita, ou também implícita, de despolitização, mas que, na sua ausência, constitua exatamente o seu contrário: o êxito extremo, "ulterior" em sentido forte – e por isso mesmo intrinsecamente contraditório –, a que chega a sua crítica política. Verdade é que essa conclusão, impolítica no sentido referido, é explicitada claramente por Arendt apenas na incompleta trilogia final, ali onde à polêmica política contra a inatividade constitutiva das faculdades mentais, característica de toda a sua primeira produção até *A condição humana*, sucede uma reavaliação das mesmas enquanto lugares de potencial distância daquela adesão servil ao existente. Dela, provém a "práxis" no mundo moderno: por isso, paradoxalmente, sempre que a situação política se torna crítica, ou seja, "quando todos se deixam levar sem refletir sobre o que todos acreditam e fazem",[2] a função inovadora do político se refugia no âmbito impolítico do pensamento, que vem a assumir, portanto, um papel de controle e de suplência em relação às faculdades ativas momentaneamente entorpecidas e degradadas.

Isso não exclui, no entanto, que mesmo as primeiras obras que parecem marcadas – e realmente o são, por uma acentuação diferente e, de forma mais direta, "plenamente", política – contêm, se lidas dentro do horizonte da visibilidade aberto pelas últimas, elementos que vão na direção supracitada: desde o grande livro sobre o totalitarismo, no qual a dicotomia fundadora totalitarismo/política, isto é, a extensão da determinação afirmativa da política no interior do espaço histórico, lógico, semântico, *não* ocupado pelo totalitarismo, é já temperada pela tese, a ela sutilmente contraditória, que vê nascer a experiência totalitária no interior, e não já fora ou contra, a tarda sociedade liberal. Isto é, por outro lado, atestado pela circunstância, colocada claramente em luz pela autora, que a sociedade de massa, típica da ordem totalitária, mesmo levando-a a níveis até então desconhecidos, herda da "plebe" da sociedade classista a vocação apolítica e também antipolítica que essencialmente a caracteriza, ou que, para dizê-la em outros termos (que desenvolveremos ao longo do capítulo), entre individualismo e psicose

---

[2] ARENDT, *The Life of the Mind*, p. 288.

de massa, passa uma relação bem mais firme e direta de quanto não gostaria a sua tradicional oposição.

Mas deixemos isso para mais adiante. Basta, agora, assinalar a tendência, sempre mais acentuada por parte de Arendt, a sair da bipolaridade alternativa, por ela própria, em certos momentos, instituída, entre totalitarismo e sociedade política, para envolver a própria Modernidade "liberal" na acusação de progressiva, e progressivamente inatingível, despolitização. Tendência, já largamente operante em toda a seção "moderna" de *A condição humana*, mas chegada à sua plena capacidade explicativa no ensaio sobre a revolução, em que a área, por assim dizer, da entropia política se estende, para além da cena totalitária, em todo o horizonte moderno da representação, seja de matriz liberal, seja de matriz democrática. Hobbes e Rousseau – como se viu no capítulo anterior – marcam, no início da Modernidade, as linhas de deslizamento do seu destino despolitizante: aquela convergência forçada de técnica e decisionismo na qual a pluralidade política, a política como pluralidade, é inexoravelmente esmagada no recalque monolinear de uma figura unitária. A pluralidade política – é esse o resultado mais geral e, ao mesmo tempo, mais "escandaloso" (o lado hebraico?) ao qual Arendt, no fim de sua pesquisa, chega – é positivamente irrepresentável (no duplo sentido da representança e da representação). Irrepresentável, se não sobre a tela em movimento da revolução.

Mas também, nesse caso – é o ponto crítico, ou melhor, autocrítico, em que mesmo esse resíduo de discurso afirmativo regularmente precipita –, por não mais de um momento: o da origem, do princípio, por Arendt isolado e exaltado com ênfase maquiavélica: a origem, e apenas ela, é o lugar da potência; por isso a ela é necessário recorrer – "voltar aos princípios"[3] – quando a revolução ameaça estabilizar-se, e,

---

[3] MACHIAVELLI, Niccolò, *Discorsi*, III, 1: "Ele é algo verdadeiríssimo, como todas as coisas do mundo tem o termo da sua vida; mas tais coisas seguem todo o curso que lhes é ordenado pelo céu, geralmente, que não desordenam o seu corpo, mas o mantêm de forma ordenada, ou que não altera, ou, se ele altera, é pela saúde, e não para seu dano. E porque eu falo de corpos mistos, como são as repúblicas e as seitas, digo que aquelas alterações são como a saúde, que as reduzem inversamente os seus princípios. E, porém, são mais bem ordenadas, e têm longa vida, que mediante as suas ordens, são ditas como renovação. E é a coisa mais clara que a luz, que, não se renovando, esses corpos não duram. O modo de renová-los é, como se disse, reduzi-los aos seus princípios". Para a leitura de Arendt sobre Maquiavel, ver o meu livro *Política e tradizione: Ad Hannah Arendt* (p. 128 e ss.).

portanto, necessariamente, perder-se, dentro dos inevitáveis aparatos burocrático-representativos, perdendo, assim, mais uma vez, o nexo entre pluralidade e política do qual também havia originariamente emergida. É o ponto em que a crítica do moderno, a individuação da sua carga constitutivamente (não contingentemente) despolitizante, surge com uma força que nos leva à consideração de partida: no moderno, ou também num período a ele posterior, mas ainda tocada por sua sombra invasora, a política, para quem ainda a ela se volta (e ninguém o faz com maior paixão que Arendt), não pode ser nomeada em negativo, como aquilo de que se sente a exigência, mas que não é mais possível positivamente representar.

2. Dito isso, no entanto (e não é pouco respeito a quem lê Hannah Arendt como última, utópica, vestal do humanismo político), também se diz que a sua obra, no seu conjunto e nos seus momentos singulares, não segue toda ela nessa direção extrema e que, antes, mantém segmentos, grumos discursivos, que arrastam para trás o seu itinerário, bloqueando-o em linhas intermediárias: quase como se o programático anti-hobbes, por assim dizer, não conseguisse chegar a uma posição estavelmente pós-hobbesiana, mas se detivesse, por vezes, e, sobretudo, no que diz respeito ao oceano antropológico, numa posição pré-hobbesiana. E isso não apenas nas primeiras obras, nas quais à política-pluralidade, constituída em oposição à homogeneização totalitária, está ainda reservado um espaço afirmativo recortado sobre o modelo da *pólis* grega; mas também nas últimas, a partir do mesmo longo ensaio sobre a revolução: e precisamente no que diz respeito à questão da origem na sua ambivalente relação com a *violência*.

Aliás, desse ponto de vista, *Sobre a Revolução* seria lido com o *pamphlet* antissartriano (ou, mais precisamente, antifanoniano) sobre a violência: o que resulta disso? Certamente uma contradição interna, para a qual, por um lado, o momento do início revolucionário é declarado, pelo menos em certos casos, necessariamente violento – como já, de resto, Maquiavel, exatamente para esse "antepassado das revoluções modernas",[4] havia destacado com força; por outro lado, a política, concentrada, como vimos, efetivamente naquele início e só por ele

---

[4] ARENDT, *Between Past and Future: Six Exercises in Political Thought*, p. 153; mas ver também *On Revolution*, p. 32-37.

protegida, não pode, pena a sua dissolução interna, conter momentos de violência, do momento em que "politicamente falando [...] o poder e a violência são opostos; onde um governa de modo absoluto, o outro está ausente".[5] A conclusão é que a liberdade – por Arendt identificada com o poder na mesma medida em que ele é separado do domínio – não pode emergir da violência: mas isso é realmente o quanto regularmente acontece nas revoluções exitosas. E então? A contradição – expressa superficialmente pela concepção comunicativa, discursiva, horizontal do poder justamente reprovada em Arendt por alguns de seus críticos[6] – funda suas raízes numa incongruidade ainda mais vistosa: isto é, aquela de interpretar o momento lógico-histórico da origem como pluralidade, mas *não como conflito*.

É esse *impasse*, exatamente, que detém a antropologia de Arendt aquém de Hobbes (e, desse ponto de vista, também de Maquiavel). E é o mesmo que confere à sua ideia de política a acepção ingenuamente positiva que ainda ressoa, através do modelo da *pólis* grega, ou ainda da *civitas* romana, na sua também radical crítica do moderno. Se a distinção entre governantes e governados, ou, mais intensamente, entre dominadores e dominados; se a ruptura vertical que solta o poder da liberdade para isolá-lo numa esfera necessariamente a ela contraposta; se a tendência à unificação violenta, ou pelo menos à bipolaridade conflitual amigo/inimigo; se tudo isso não faz parte da cena originária – a *Urszene* freudiana[7] –,

---

[5] ARENDT, H. *On Violence*. Nova York, 1970. (trad. it. in: *Politica e menzogna*, p. 204-205.)

[6] Penso, sobretudo, em: HABERMAS, J., Hannah Arendts Begriff der Macht, *Merkur*, v. XXX, n. 10, p. 946-960, 1976, sobre o qual valem, no entanto, as observações, tendentes a direcionar ao próprio Habermas as suas críticas, de: FERRY, J. M., Habermas critique de Hannah Arendt, *Esprit*, v. IV, p. 109-124, 1980.

[7] Falo naturalmente de *Totem e tabu* (1912-1913), in: *Gesammelte Werke*, Frankfurt del Main, v. IX, p. 1-194, 1940-1953, onde a cena representada é aquela "originária", como o próprio Freud nos adverte transcrevendo em linguagem analítica o confronto pai-filhos (para a possessão das mulheres) já hipnotizado por Darwin. Mas o que conta, em relação à narrativa darwiniana, é a nova semantização que Freud, na linha das pesquisas de S. Reinach sobre o código do totemismo e de W. R. Smith sobre a natureza do sacrifício, atribui aos protagonistas do confronto e à essência de sua relação. Tal novidade diz respeito, sobretudo, aos dois princípios metodológicos da identificação e da ambivalência. De acordo com o primeiro, a morte e a devoração do pai por parte dos irmãos-filhos, ao contrário de significar o definitivo afastamento, exprime uma necessidade de identificação com o genitor

mas, como Arendt parece considerar, apenas intervém num segundo momento para romper a pacífica pluralidade do início, então, apesar disso, em toda cautela metacrítica e toda radicalização interpretativa, existirá sempre um ponto de vista – aquele efetivamente direcionado ao princípio, degradado mas jamais definitivamente perdido – a ser reproposto *em positivo* ao pensamento sobre a política: a traduzi-lo novamente – em outras palavras – na *filosofia* política a que a própria Arendt sempre havia desejado, justamente, subtraí-lo.

---

morto; para o segundo, depois, tal identificação *via* assassinato é o resultado de uma ambivalência emotiva que determina uma complexa relação feita de sentimentos reciprocamente contraditórios como o ódio e a atração. É justamente a este último impulso que se deve, mediante o rito totêmico, a criação de um substituto da figura soberana do pai morto: ou seja, o compromisso recíproco de proibir-se com a lei do incesto aquelas mesmas mulheres por cuja possessão havia sido consumado o homicídio do pai. Até aqui a reconstrução freudiana. Claras as resultantes sobre o terreno especificamente analítico, desenvolvidas por Freud em toda a obra sucessiva. Mas que consequência tirar do plano da antropologia política? A mais evidente, destinada a minar toda semântica afirmativa do vocabulário político, é que a sociedade nasce de uma dupla figura negativa: não só o assassinato, mas também a *renúncia*. E, de fato, como Freud logo evidencia, a salvação do grupo passa pela conjugação de renúncia e de força. A força do grupo está na sua capacidade de renúncia. Esse duplo sacrifício – aquele originário do pai, e aquele, derivado da própria potência soberana – determina-se como dupla proibição resultante da cumplicidade do delito e do remorso que ele gera. Mas isso não é tudo. Se fosse assim, por mais que construída por defeito, por mais que apoiada sobre o duplo vazio do homicídio e do remorso, a sociedade política dos irmãos, isto é, a política como pluralidade, ainda seria, mesmo negativamente, representável. E, ao contrário, não é assim: ela, para durar, para sobreviver como política, deve, por necessidade, autodestruir-se enquanto pluralidade-fraternidade; reunificar-se no nome do pai: "De tal modo – cito da tradução italiana (Turim, 1975, p. 152) –, com o curso do tempo, depois de um longo período, pôde faltar o desespero contra o pai que havia forçado os irmãos à ação e pôde crescer a nostalgia por ele, dando vida a um ideal cujo conteúdo consistia na plenitude da força e na ilimitada potência do progenitor num tempo combatido e na disposição a que se sujeitara a ele. A originária paridade democrática de todos os membros do clã não foi mais sustentável com a chegada de mudanças decisivas da civilização". É, desse modo, que a "vingança do pai abatido e restaurado se tornou inexorável" (p. 153): privando a fraternidade-pluralidade de toda possível representação política; arrastando a política para longe da pluralidade. Esse êxito autodestrutivo soa como definitiva nêmese da *verdadeira* culpa dos irmãos: não por ter matado o pai, mas a de tê-la feito para incorporar, ao contrário de aboli-la, a sua violência. Tal *jus* ecoa na sua *cum-juratio*. Sobre este último ponto, ver: MARRAMAO, G., L'ossessione della sovranità, in: *Effetto Foucault*, de vários autores, organizado por P. A. Rovatti, Milão, 1986, p. 177-178.

Há outro ângulo de refração a partir do qual podemos olhar a questão: é o da relação entre política e direito: da iniciada, mas jamais definitivamente concluída, crítica política do direito. Como se sabe, a função da lei é, para Arendt, proteger a liberdade-poder – em última análise, a política – da violência: seja aquela externa ao organismo político, seja aquela interna. O poder é salvaguardado pelo risco da sua absolutização vertical, e também por aquele da sua fragmentação horizontal. A essa exigência de estabilidade, e de continuidade, do poder político, cumpre o ordenamento jurídico, mais forte, sob esse aspecto, de costumes e tradições. O que descende dessa declinação metapolítica da lei como pressuposto da política – o que a precede e circunscreve em seu espaço de operatividade – é uma dupla consequência. Antes de tudo, a de sua necessidade: a política fora do ordenamento legislativo não poderia existir, ou pelo menos durar. Mas, depois, ao mesmo tempo, a qualidade rigorosamente *negativa* de tal necessidade: ou seja, a rígida exclusão da lei do mundo da ação (política), como é confirmado pelo seu pertencimento ao âmbito da "poiética" e não àquele da "prática". A lei não é nada mais que *limite*: "As leis positivas nos estados de direito são entendidas a erguer limites e a instituir instrumentos de comunicação entre os homens, cuja convivência é continuamente colocada em perigo pelos novos homens que nascem";[8] mas isso significa – que o direito "pode fixar e legalizar as mudanças uma vez que elas sejam intervindas, mas as mudanças em si resultam sempre de uma ação extrajurídica".[9]

É precisamente esse escrito – ele também dedicado à relação entre direito, política e violência – que coloca clamorosamente em campo a contradição já assinalada a propósito da revolução. Esse texto se concentra não apenas na distinção entre política e direito, entre poder (humano) e lei (institucional): mas, mais exatamente, sobre o primado (emergido do papel puramente negativo da lei limite) da primeira sobre o segundo. A esse primado remete a legitimidade, efetivamente política, da desobediência civil, chamada a romper com a estabilidade conservadora do ordenamento jurídico. Estamos a um passo de uma crítica do direito que, em vez de vê-lo como aquilo que protege a política da violência, o reconheça ele próprio, pelo menos em certas circunstâncias, violento:

---

[8] ARENDT, *The Origins of Totalitarianism*, p. 637.

[9] ARENDT, H. Civil Disobedience. *The New Yorker*, 12 set. 1970. (trad. it. in: *La disobbedienza civile e altri saggi*, p. 63.)

violento no sentido de impedimento à função inovativo-liberatória em que substancialmente consiste, para Arendt, a ação política. A lei, desse ponto de vista, é, antes de tudo, o que distancia da origem, o que bloqueia o seu potencial transformador. A ela, a desobediência civil responde com a linguagem da política, ou seja, com uma projeção ao futuro que é, ao mesmo tempo, um chamado àquele início, agora, comprimido pela lei. Tal início contém, como vimos, dentro de si, um sêmen de violência necessário: mas a linguagem política, para restar tal, deve ser de necessidade não violenta; e não violência, de fato, é a desobediência civil. Estamos no ápice da contradição. Para vencer a violência latente da lei, a política deve recorrer de modo não violento àquela origem que é sempre violência: combater a violência de uma lei não violenta com a não violência de uma origem violenta. Aí o discurso, para seguir adiante, e, também, para projetar luz sobre as passagens precedentes, deve sair, mesmo sobre o fio dos mesmos temas, do léxico arendtiano e encontrar outros autores e outros textos.[10]

---

[10] Nietzsche, por exemplo, cujo "impolítico" se constitui como o resultado contrastivo – êxito e fundo ao mesmo tempo – de uma radicalização do pensamento sobre a política que coloca em pleno destaque o seu caráter autofundativo ou, em outras palavras, a irrelatividade à esfera do valor. Essa subtração de valor ético, essa "desfundação" de toda ética política, que caracteriza toda a reflexão de Nietzsche, evidencia-se, além do mais, de maneira mais sensível justamente a partir daqueles dois nós problemáticos em relação aos quais a resposta de Arendt havia restado insatisfatória, ou totalmente contraditória: ou seja, a crítica do direito e o nexo poder-violência (ou, dito de outro modo, a questão da origem). No que concerne ao primeiro ponto, importante logo dizer que Nietzsche considera o direito não só como tudo aquilo que subtraído das relações de força presentes numa dada sociedade (e, muito menos, ao modo de Arendt, como aquilo que protege a sociedade política da invasão da força), mas em direta função deles, assim "não cremos num direito que não repouse sobre a potência para se fazer valer: consideramos todos os direitos como conquistas com a força" (NIETZSCHE, F., *Frammenti postumi 1887-1888*, ed. Colli-Montinari, Milão, 1972, p. 131). Daí, de um lado, um conceito de justiça (para Nietzsche solidário e interno àquele de direito) entendida como relação privada de troca entre interlocutores de força paritária, de outro, uma ideia de pena subtraída de qualquer referência a noções de responsabilidade moral, culpa, castigo, e expressamente interpretada como vingança pública, se não realmente como produção de um bode expiatório. Esta última conotação (retomada, como se sabe, nos trabalhos de R. Girard), que estilhaça toda a semântica jurídica tradicional, desloca a atenção para a segunda questão (à primeira, evidentemente, ligada), isto é, sobre aquele ineliminável *quantum* de violência, da qual a pena-vingança não é senão o apêndice-judiciário, inextricavelmente unido à organização política da sociedade. Dela, deriva não

3. Um texto, sobretudo, pela própria Arendt editado e introduzido com uma participação intelectual tão intensa que, por vezes, dificulta uma compreensão plena. Falo de *Politik. Ein Kondensat*,[11] de Hermann Broch, que representa o único escrito total e programaticamente dedicado

---

apenas a ideia de Estado como "violência organizada", organização da violência, típica, além do mais, de outros aspectos, mesmo distantes, da cultura alemã do tempo, quanto a posição antropológica, aqui realmente pós-hobbesiana – ultra-hobbesiana, deveríamos dizer – que a sustenta. Ultra-hobbesiana, precisamente, porque partida da premissa, sem dúvida hobbesiana, da conflitualidade radical do "estado natural", mas não disposta, depois, a sublimá-la no otimismo da hipótese contratualista. O Estado põe em ordem a violência originária, mas não pode fazê-lo apenas através da produção de uma violência não menor. Não há nenhuma possível "poliarquia" entre a anarquia e a hierarquia (o objetivo, mesmo "irrepresentável", de Arendt): a hierarquia não é senão a anarquia ordenada como "estado". Na origem não há um pacto entre indivíduos iguais, mas a subjeção e a dura tirania sobre os outros por parte de uma "horda primitiva". Só com ela – na violência da sua raiz animal – "tem início sobre a terra o 'Estado': penso que foi liquidada aquela fantasia que o fazia começar por um contrato" (*Genealogia della morale*, v. II, n. 17, disponível em: <https://www.youtube.com/watch?v=-KTWKUctFq4>).

[11] Para os textos de Broch, faço referência à edição das obras organizadas por P. M. Lützeler para a Suhrkamp (Frankfurt a. M., 1974-81), em 13 volumes. No entanto, também faço referência à edição Rhein (Zurique, 1952-61), ainda importante, sobretudo, pelas preciosas introduções em cada volume. Restam, depois, alguns textos inéditos e realmente manuscritos depositados na Hermann Broch-Archiv, na Yale University Library (New Haven, Connecticut), que consultei em microfilmes. Para a bibliografia, ainda útil é aquela contida no epistolário entre Broch e o editor D. Brody, *Briefwechsel 1930-1951*, organizado por B. Hack e M. Kleiss (Frankfurt del Main, 1971, p. 1105-1168). Por fim, no que diz respeito à biografia, agora está disponível aquela muito rica de P. M. Lützeler, *Hermann Broch: Eine Biographie* (Frankfurt, 1985). O texto brochiano de Hannah Arendt constitui a introdução aos dois volumes *Dichten und Erkennen* e *Erkennen und Handeln* das *Gesammelte Werke* de Rheinverlag, citado. O ensaio, já citado, traduzido em inglês na seleção *Men in Dark Times* (Nova York, 1968), agora está disponível na edição italiana na antologia, já citada, *Il futuro alle spalle* (p. 171-216). Os outros textos de Arendt sobre Broch são Hermann Broch und der moderne Roman, *Der Monat*, v. 1, n. 8-9, p. 147-151, 1949; No Longer and Not Yet, *The Nation*, p. 300-302, 14 set. 1946; The Achievement of Hermann Broch, *The Kenyon Review*, v. XI, n. 3, p. 476-483, 1949; A Writer's Conscience, *Times Literary Supplement*, p. 209-210, 29 mar. 1963. Para o *Condensato di politica*, cito da tradução italiana dos dois volumes antes citados (Milão, 1966). O texto de Broch está agora disponível com o título "Menschenrecht und Irdisch-Absolutes", no v. IX das obras completas (*Massenpsychologie*), p. 456-510.

pelo autor a uma reflexão sobre o político[12]: e mais significativo, pelo nosso ponto de vista, também dos longos e difíceis ensaios de filosofia da história e de psicologia das massas às quais está comumente ligada a sua fimbriada imagem de pensador político. Esse se abre a partir de duas afirmações sucessivas e entrelaçadas. A primeira se refere à necessidade da antropologia como base da teoria (e da prática) política, do momento em que "toda política parte do homem porque é exercida pelo homem, para o homem e, por vezes, contra o homem"[13] – e é uma primeira etapa do processo de contínuo recuo em direção às raízes originárias em que consiste para Broch toda verdadeira meditação política, ou, melhor dizendo, "meta política"[14]. A segunda, a oportunidade que tal

---

[12] Pela dificuldade, não só psicológica, de levar a cabo o próprio trabalho político, ver as cartas citadas em meu: Hermann Broch politico contro possibilità, *Filosofia politica*, v. 1, n. 1, p. 121-155, 1987, que constitui o esboço preparatório deste capítulo. No mesmo sentido, ver: STEINECKE, H., H. Broch als politischer Dichter, *Deutsche Beiträge zur geistigen Überlieferung*, v. VI, p. 170, 1970). À dificuldade de Broch para ambientar-se politicamente na Alemanha (sobre a qual, ver a carta a Waldo Frank, de 20 de junho de 1947, in: *Briefe*, v. 1, n. III, p. 144-146), à sua pouca possibilidade de homologação com todos os partidos políticos existentes, também alude W. Rothe em: Hermann Broch als politischer Denker, *Zeitschrift für Politik*, v. 4, n. V, 1958, agora incluído em: DURZAK M., *Hermann Broch: Perspektiven der Forschung* (Munique, 1972, especialmente p. 145-146).

[13] BROCH, *Politik: Ein Kondensat*, p. 227.

[14] Aquele da "metapolítica", frequentemente ligado a uma avaliação positiva do método marxista do "retorno aos fundamentos", é um motivo que surge constantemente, sobretudo, nas cartas. Ver, por exemplo, a carta a Abraham Sonne, de 14 de março de 1950, em: *Briefe*, v. 1, n. III, p. 441: "Por outro lado quero logo concluir meu livro político. Uma resenha desse livro apareceu em 'Neuen Rundschau' e te envio outra sobre ele, faço-a da pensão Aschner, já que certamente o envio levará semanas, e tu estarás ali mais uma vez. Nesse livro trato de propor uma nova fundamentação lógico-gnoseológica da política, ou mais corretamente, da metapolítica". Ver também a carta a Friedrich Torberg, de 28 de julho de 1950, em: *Briefe*, v. 1, n. III, p. 487: "Onde existem erros iniciais nada pode 'continuar seu desenvolvimento': dito de outro modo, tudo tem que começar novamente. Para isso, é necessário se perguntar se se pode chegar, por meio de uma virada dos fundamentos gnoseológicos e lógicos (aos quais Marx também regressou apelando à dialética), à construção de um sistema metapolítico, que seja capaz de satisfazer as necessidades do homem moderno como o fez Marx, sem por isso, como nesse caso, cair no inumano". Além disso, importante lembrar que também aquele dos *Schuldlosen* é definido por Broch como um título "metapolítico" (ver a carta a Daisy Brody, de 15 de novembro de 1949, em: *Briefe*, v. 1, n. III, p. 374).

antropologia, declinada em positivo por todos os humanismos teológicos e laicos da nossa tradição, volta a falar a dura linguagem do negativo:

> Na sua meta política, Santo Agostinho procurou retirar da concepção do homem como imagem e semelhança de Deus essência, metas e meios da ação política. Agostinho baseou-se, portanto, no polo positivo e, por isso, em prática, faliu, como havia falido a concepção análoga de Platão. No reino das coisas nada pode, de fato, ser definido em termos positivos e muito menos é possível tirar do absoluto o modelo de um comportamento moral; todos os dez mandamentos (exceto aqueles voltados direta ou indiretamente ao absoluto e que chegam, porém, ao imperativo a motivação mundana: "se queres viver bem") se referem ao "polo negativo" e se baseiam na fórmula: "tu não deves".[15]

Como para Nietzsche e Freud – e por certos aspectos diferentemente de Arendt –, estamos radicados em pleno território hobbesiano (mas, sobre o plano escorregadio das ascendências, não é negligenciada uma direta filiação pascaliana e uma mais remota matriz gnóstica).[16] Isso está confirmado pela reflexão que segue, e que confere unidade a todo o discurso, acerca da utilização da noção de direito natural e a sua pretensa relação com a ideia de liberdade. A tese, também aqui inédita, de Broch, é que essa relação, hipoteticamente válida para um "parlamento de animais", não se

---

[15] BROCH, *Politik: Ein Kondensat*, p. 227-228.

[16] Quem destacou de maneira convincente a propensão gnóstica de Broch, sobretudo no que diz respeito à *Morte de Virgílio*, foi Sergio Givone, Broch interprete di Virgilio, in: *Ermeneutica e Romanticismo* (Milão, 1982, p. 121-141). Em relação a Pascal, cuja ligação com o gnosticismo foi destacada por H. Jonas (*The Gnostic Religion*, Boston, 1954, trad. it. Turim, 1973, sobretudo p. 337 em diante), refiro-me de modo especial aos pensamentos sobre a justiça, um dos quais, que aparece com o número 310 na edição Mondadori dos *Pensieri* (Milão, 1976, p. 228), convoca de modo quase literal algumas passagens brochianas relativas ao nexo justiça-força: "*Justiça, força*. É justo que aquilo que é justo seja seguido, e é necessário que aquele que é mais forte seja seguido. A justiça desvinculada da força é impotente; a força desvinculada da justiça é tirânica. A justiça sem a força é contradita, porque há sempre maldades; a força sem a justiça é reprovada. É necessário, portanto, conjugar a justiça e a força, fazendo de modo que aquilo que é justo seja forte e que aquilo que é forte seja justo. A justiça está sujeita a contestação; a força se faz reconhecer à primeira vista, e sem disputas. Por isso não se pôde dar a força à justiça, já que a força se ergueu contra a justiça, afirmando que ela sozinha era justa. E assim, não conseguindo fazer de modo que o que é justo se tornasse forte, fez-se de modo que aquilo que é forte fosse justo".

dê mais no que diz respeito ao homem; e não se dá pelo simples motivo que a liberdade, como é universalmente entendida, e, sobretudo, praticada, pelo homem, é por si mesma inatural, a partir do momento em que "se configura unicamente como rebelião à comunidade social".[17] Não que os homens não apreendam a conveniência de uma relação institucional – da qual as associações, da família ao Estado; só que a tendência "anárquica", que exprime o sentido mais profundo e inconfessável da liberdade humana, é tal para conferir àquelas instituições a mesma marca agressiva típica da condição individual,[18] assim "toda instituição aspira (como o indivíduo) a uma total liberdade de ação, aspira a um ilimitado poder seja diante dos próprios membros, seja – e precisamente isso revela o seu caráter anárquico – diante de todas as outras instituições semelhantes".[19]

Não apenas. Se "a luta de todos contra todos" – insiste Broch – fosse combatida unicamente com base em interesses perseguidos racionalmente, então por política poderia entender-se, como se faz comumente, a "mecânica desse equilíbrio de interesses; tratar-se-ia, de fato, de um processo racional que não deveria revelar – como ao contrário revela – aquele caráter tão desesperadamente anárquico e caótico que deixa, sim, entrever aqui e ali algum objetivo parcial, mas não apresenta, em geral, senão absurdidade".[20] É verdade que esses interesses estão quase sempre presentes, mas tão indissociavelmente unidos aos impulsos irracionais que constituem a mais autêntica "biologia política" do homem, resultando menos influentes, porque a política, "nascida da luta, é por ela mais condicionada do que não possa, por sua vez, condicioná-la".[21] Estamos não apenas em linha com o realismo político mais cru, mas num limbo extremo do seu

---

[17] BROCH, *Politik: Ein Kondensat*, p. 230.

[18] Também por esse motivo tem um preciso eco freudiano, como surge, por exemplo, evidente através de um simples confronto com: Zeitgemässes über Krieg und Tod (1915, in: *Gesammelte Werke*, v. X, p. 323-355), que cito da edição Musatti (Turim, 1975, p. 39): "Os povos, mais ou menos, são representados pelos Estados que formam; esses Estados, pelos governos que os guiam. O cidadão civil tem o modo de se persuadir durante essa guerra com o terror de um fato que, talvez, já em tempo de paz havia intuído: isto é, que o Estado interveio ao único uso da injustiça, não porque pretende suprimi-la, mas apenas porque quer monopolizá-la, como o sal e os fumos".

[19] BROCH, *Politik: Ein Kondensat*, p. 233.

[20] p. 234.

[21] p. 235.

território: nascida do caos, o *Tohuwabohu* antecedente à criação, a política não tem nenhuma possibilidade de eliminá-lo. Não pode senão organizá-lo institucionalmente, "educá-lo" como Estado. Estado *do caos*, da luta de todos contra todos. Hobbes é tomado e, ao mesmo tempo, ignorado no que diz respeito ao otimismo prescritivo da solução contratual. Nenhuma *solutio*, nenhum pacto, pode placar a luta, visto que a luta emerge justamente da impossibilidade do pacto. Por isso – continua Broch – as análises de Maquiavel e Clausewitz "têm [...] a inestimável vantagem de ser justas": porque liquidam "toda forma de otimismo místico sobre a necessidade e sobre a possibilidade de definitivas soluções políticas [...]".[22] Tais soluções, para a política, são impossíveis porque no seu interior um elemento – a tendência à liberdade – está ainda mais em contraste frontal com o outro, ao primeiro ligado: dele constitutivo, ou seja, a tendência à *submissão*.

É o ápice conclusivo em direção ao qual precipita todo o discurso. A identificação de liberdade e escravidão, de autonomia e submissão, que conota a política contemporânea (mas presente em germe em *toda* política) assinala o "ponto zero" (*Nullpunkt*), o "polo negativo", "que a nossa época alcançou".[23] Adotar ainda uma antropologia positiva significa não se dar conta de "que o desejo de gozar de uma absoluta e desenfreada liberdade [...] leva constantemente a escravizar o próximo [...]. É um mecanismo diabólico, que tem funcionado em todas as épocas graças à infernal intercambialidade entre masoquismo e sadismo; um mecanismo que aprisiona o próprio escravo"[24] (como revelou a possível identificação de vítima e carrasco nos campos de concentração nazista) e todos os regimes políticos, inclusive o democrático, que, por mais referível aos outros, não faz senão fragmentar a submissão numa cadeia de microsservidões locais. Não só: mas que – volta o grande tema político de Hannah Arendt – penetra, e perverte a visão, também a dinâmica das revoluções,[25] como veremos melhor mais adiante.

4. É realmente o ponto limite, a negatividade absoluta, a morte da política, isto é, a política *como* morte.[26] A margem além da qual não

---

[22] p. 235.

[23] p. 236.

[24] p. 236.

[25] p. 238.

[26] Parecerá estranho, mas uma singular resposta do motivo da política-morte, isto é, da morte como *ratio* antes da política, encontra-se em Bergson, e precisamente nas

se pode proceder ao longo da estrada daquele "mal" que para Broch define "gnosticamente" o âmbito de deslizamento do político. Mas também é o ponto que, precisamente porque intransponível sobre o plano do mal, pode, e quase deve necessariamente, introduzir a um diferente nível de discurso. É exatamente como acontece com o ensaio de Broch que, alcançado o seu *clímax* negativo, se inverte em sua mesma pele e, como uma espécie de funil semântico, começa novamente a se alargar em direção de um "polo positivo". Qual seja, o que seja, esse polo positivo – liberdade, humanidade, justiça: ele assumirá vários nomes, sem, no entanto, identificar-se com nenhum deles – restará, no fim, não prejudicado, como deseja a lógica portadora de toda a perspectiva, que é efetivamente a de sua irrepresentabilidade: só negativamente, enquanto mal, como vimos, a política é representada e representável. Isso não exclui, porém, que especificamente a exclusividade do nexo política-mal livres de seus limites exteriores – e precisamente ali onde tal mal assume as conotações mais radicais, mais absolutas –, uma dimensão que, mesmo na sua inefetualidade positiva, e, aliás, justamente para essa, constitui a sua superação e, por certos aspectos, a sua redenção. Essa dimensão é, portanto, impolítica: também, nesse caso, não no sentido comum, e tampouco no sentido de Thomas Mann,[27] de uma estranheza ou de uma simples contraposição

---

Deux sources (Paris, 1932), que cito da tradução italiana (Milão, 1966, p. 300): "E aqui se manifesta um traço característico do 'animal político' que é o homem. Não chegaremos a afirmar que um dos atributos do chefe, no estado latente em nós, seja a raiva. Mas é certo que a natureza, que massacra indivíduos assim como gera as espécies, teve que exigir o chefe implacável, previu certos chefes. Toda a história é testemunha disso. Hecatombes inauditas, precedidas de piores suplícios, foram comandadas com perfeito sangue frio por homens, e eles próprios nos deixaram essa narrativa cravada na pedra. Poderíamos dizer que tais coisas aconteciam em tempos muito antigos. Mas se a forma mudou, se o cristianismo pôs fim a alguns delitos, ou pelo menos conseguiu que não se tivesse orgulho deles, o assassinato restou quase sempre como a *ratio última*, quando não *primeira* da política". Note-se que sobre esse texto de Bergson argumentaria Jacques Lacan, retirando dele a raiz simbólica à relação matriarcal/patriarcal numa direção de discurso que, contestando *ante litteram* a fácil oposição "libertária" do matriarcado ao patriarcado de Fromm e de Marcuse, reivindicava (nisso se aproxima da posição de Bachofen) o caráter *originalmente* repressivo do matriarcado, depois aliviado, mas não elidido, pelo patriarcado sucessivo (ver *Encyclopédie française*, v. 8, p. 40-15).

[27] A propósito dessa distinção pelo impolítico de Mann, considero decisivas as observações de Massimo Cacciari em: *L'impolitico nietzschiano*, in: NIETZSCHE, F., *Il libro*

categorial à política, mas naquele de uma tensão diferencial entre interior e exterior que, justamente na medida em que se situa fora do político, determina suas condições de existência na forma de implícito, mas ineliminável pressuposto.

Toda a segunda parte do ensaio, aquela sobre o "direito humano", é orientada à definição, conscientemente irrealizável, de tal pressuposto, cumprida através de um caminho para trás em relação à direção "negativa" da primeira. Se aquela havia partido da ideia de liberdade para desembarcar no conceito de escravidão e de morte, a segunda, da ideia de escravidão e de morte – "nós podemos entender o significado de 'valor' apenas partindo do polo negativo, partindo da morte"[28] –, remete

---

del filosofo, organizado por M. Beer e M. Ciampa, p. 105-120. É evidente, a propósito de Mann, que, na polêmica entre o "conservador" e "esteta", Thomas e o socialmente compromissado Heinrich, dos quais praticamente nasceram as *Betrachtungen*, Broch *tinha* que se alinhar com o segundo. E é o aspecto mais óbvio do fato. Isso não tira, no entanto, uma afinidade subterrânea com Thomas, explicitada, além do mais, no ensaio "Philistrosität, Realismus, Idealismus der Kunst", publicado em 1913 (1 fev. 1913) em *Brenner* (a revista publicada em Innsbruck a partir de 1910 pela direção de Ludwig Ficker, para a qual colaboraram, além de Georg Trakl, Else Lasker-Schüler, Theodor Däubler, Félix Grafe e Theodor Haecker, do qual *Vergil, Vater des Abendlandes* [Leipzig, 1931] Broch foi inspirado pela própria interpretação de Virgílio). Ali, Broch defende Thomas do ataque de Carl Dallago (também ele entre os mais prestigiosos colaboradores da revista e um dos intelectuais mais evidentes à época), que, numa série de artigos publicados entre janeiro e fevereiro em *Brenner*, com o título "Philister", havia polemizado duramente com Mann a propósito do seu ensaio sobre Chamisso. A Dallago, Broch dá alguma razão sobre Chamisso, mas defende fortemente o Mann de "Morte em Veneza" (*Schriften zur Literatur*, v. I, p. 22). Na realidade, ao "progressista" Broch não podia ser congenial aquela "simpatia com a morte, a áurea acre de 'cruz, morte e sepulcro', de obscura fonte nietzschiana", que, como diz Marianello Marianelli, na sua maravilhosa apresentação à edição italiana das *Considerazioni* (Bari, 1967, p. XXIV), representa o duplo fundo obscuro da mais "conservadora" das obras de Mann. Perceba-se, a esse propósito, que o próprio Mann, numa entrevista a *Les Nouvelles Littéraires*, de 23 de janeiro de 1926 (agora presente em Thomas Mann, *Conversazioni 1909-1955*, organizado por S. Vertone, Roma, 1986, p. 72), exprime-se quase com os mesmos termos: "A *Considerazioni di un impolitico* era uma obra romântica, surgida numa atmosfera de destruição. Nela, havia, portanto, uma desejada dedicação à morte, uma simpatia pela morte". Uma prova e gesto *contrário* do comportamento de Broch sobre Mann é dada pela sua posição ambivalente diante de Zola, valorizado pelo compromisso social (segundo as teses de Heinrich), mas também criticado como "cientista" e como escritor. Sobre Zola, ver o artigo de Broch, "Zolas Vorurteil", publicado em *Summa* (1917), e agora também presente em *Schriften* (p. 34-40).

[28] BROCH, *Politik: Ein Kondensat*, p. 260.

à ideia de liberdade, depurada, assim, por toda valência humanística[29]de fundamento metafísico e reconduzida à função de puro irrepresentável: "A liberdade humana que é uma componente dessa afinidade divina se colocará, assim, não mais, dogmaticamente, no início mas apenas no final da série das definições, como objetivo último das próprias definições, objetivo ao qual se pode tender por um processo infinito de aproximação, mas, em si, inalcançável".[30] O instrumento "ideal-típico" dessa "ascensão" é constituído por Broch pela categoria de "absoluto terrestre" (*Das Irdisch-Absolute*), assumido, paralelamente com a física e a termodinâmica, como "limite intransponível" ou "zero absoluto", para além do qual não é possível descer, mas, também, como "excedente de conteúdo" que, mesmo discursivamente indescritível, resta solidamente radicado num significado antimetafísico e antiteológico, realmente "terreno" (e por isso, diferentemente do antigo Absoluto metafísico, de que constitui a necessária secularização, apenas declinável em negativo).[31]

Diante dele se coloca a lógica estritamente dedutiva do "direito em si" (*Das Recht an sich*), que, como a matemática, deriva a própria legitimidade do transcendental absolutismo do *logos*. E, como a matemática, ele consente um conhecimento exclusivamente formal. Apesar disso, no entanto, ou melhor, precisamente por essa sua indiferença aos conteúdos, o "direito em si" está destinado a cair em contradição consigo mesmo.[32] Sendo, de fato, neutro em relação a fenômenos como a escravidão e o campo de concentração (as penas são juridicamente indiferentes: daí

---

[29] A tomada de distância de Broch de toda utopia humanística é nítida e sem piedade, como declarado literalmente a Carl Seeling em 28 de agosto de 1939: "Que farei, ainda não o sei. Meus esforços para o fortalecimento da posição humanista no mundo colapsam evidentemente com o começo da guerra. O humano já não terá muito o que fazer nesse mundo" (*Briefe*, v. II, p. 136).

[30] BROCH, *Politik: Ein Kondensat*, p. 242.

[31] "Uma ideologia democrática tem que estar baseada, assim, numa teoria dos direitos humanos. Sem dúvida, mesmo quando temos histórias de desenvolvimento dos direitos humanos, não há uma verdadeira teoria científica, simplesmente porque os direitos humanos ainda são um conceito religioso derivado da ideia de que o homem é uma imagem de Deus. O que é necessário é uma secularização. Temos que trazer à terra o absoluto que até então se encontrava só no céu, e penso que já chegou o momento oportuno" (carta a Alvin Johnson, de 17 de março de 1950, em *Briefe*, v. III, p. 446).

[32] Uma clara exposição da complexa filosofia do direito de Broch encontra-se em: SCHLANT, E., *Die Philosophie H. Brochs* (Bern, 1971), sobretudo p. 158-163.

aquele *quid* demoníaco que sempre acompanha o direito,[33] segundo uma intuição que liga Broch ao primeiro Benjamin,[34] mas também a Freud[35]),

---

[33] BROCH, *Politik: Ein Kondensat*, p. 247, onde torna a imagem (e a metáfora) kafkiana do véu da justiça.

[34] Penso obviamente no Benjamin de *Zur Kritik der Gewalt* (1921), mas ver também os fragmentos de "Zur Geschichtsphilosophie, Historik und Politik", editados em: *Gesammelte Schriften*, v. IV (Frankfurt a. Main, 1985, organizado por R. Tiedemann e H. Schweppenhausen, p. 90-108). Nele, Benjamin, com a equação direta direito-violência, parece levar as questões contraditoriamente esboçadas por Arendt às suas mais radicais e explícitas consequências com uma resolução desconhecida ao próprio "apólogo" freudiano. Não só – para dizê-la brevemente – a origem é violência: mas violência que detém preventivamente toda sua crítica. Daí a dupla necessidade de levar a fundo a crítica política do direito e de concebê-la, ao mesmo tempo, como positivamente indeclinável. Há um ponto, sobretudo, em que o afastamento da antropologia arendtiana se torna mais marcado. E é, portanto, depois de ter rechaçado como consolatório e, ao mesmo tempo, mistificante todo modelo contratual – "como o resultado, também a origem de todo contrato reenvia à violência" (cito da trad. it. Turim, 1962, in: *Angelus Novus*, organizado por R. Solmi, p. 16) –, se pergunta se é possível "o regulamento não violento de conflitos". A resposta, num primeiro momento positiva em explícita referência àquela esfera da "conversa", do "entendimento", da "língua", assumida por Arendt como âmbito não violento do agir político, muda depois radicalmente de sinal, já que Benjamin observa, agora, "como a violência jurídica está penetrada também nessa esfera" (p. 17), como confirma a passagem da impunidade da mentira à punição do engano. Isso – a penetração da violência jurídica no interior da esfera linguística – significa a impossibilidade de toda mediação: não só dialógico-discursiva (a concepção comunicativo-horizontal do poder, no léxico de Arendt), mas também histórica. A passagem tem uma lógica interna que é diretamente explicitada. A violência não pode ser "suprimida" através da mediação histórica porque a mediação histórica é essa mesma violência. A propósito, ver: DESIDERI, F., *Walter Benjamin, il tempo e le forme* (Roma, 1980, p. 97-110), e SCHIAVONI, G., *Walter Benjamin: Sopravvivere alla cultura* (Palermo, 1980, p. 176-181), mas também: KAMBAS, C., Walter Benjamin lecteur des "Réflexions sur la violence", *Cahiers Georges Sorel*, n. 2, 1984; KAMBAS, C., "Wider den Geist der Zeit": Die antifaschistische Politik Fritz Liebs und Walter Benjamins, in: *Der Fürst dieser Welt: Carl Schmitt und die Folgen*; FIGAL, G.; FOLKERS, H., *Zur Theorie der Gewaltlosigkeit bei Walter Benjamin*, Heidelberg, 1979.

[35] Cito da resposta de Freud à carta de Einstein sobre a guerra (30 de julho de 1932), enviada também por iniciativa do Instituto Internacional de Cooperação Intelectual (por sua vez solicitada pelo Comitê Permanente das Letras e das Artes da Sociedade das Nações). A resposta de Freud é de setembro de 1932, cito da edição Turim, 1975, já aqui citada, p. 287-288: "O senhor começa pela relação entre direito e força. É certamente o ponto de partida justo para nossa pesquisa. Posso substituir a palavra 'força' pela palavra mais incisiva e mais dura 'violência'? Direito e violência são para nós, hoje, termos opostos. É fácil demonstrar que um

ele acaba por negar inevitavelmente a precondição conteudística sobre a qual se apoia (isto é, o fim humano da justiça). Nesse caso, entra em jogo o "absoluto terrestre" e o "direito humano terrestre" aos quais dá lugar. Ao mesmo tempo em que deve pressupor a transcendência do "direito em si", vem a constituir o seu ineliminável "pressuposto": "em ambos os casos está em jogo um irrepresentável pressuposto metodológico-formal, aliás, o pressuposto originário de todo pensamento [...]".[36] Essa ruptura do "direito em si", operada pelos conteúdos pressupostos do "direito humano terrestre", conserva, no entanto, as características irredutivelmente "negativas" da estrutura, positivamente irrepresentável, da pressuposição, para que "se torna macroscopicamente evidente também a virada copernicana que esse processo determina na esfera do "direito em si": a "justiça" (pertencente ao "polo positivo"), a "lei", ou as "ações judiciárias" não constituem mais o cerne da estrutura conceitual; no centro de todas as construções está agora a "pena", que é, efetivamente, a única que contém os elementos conteudísticos dos quais o "direito em si" pode, em certas circunstâncias, ser autorizado a infringir o princípio da própria neutralidade em relação ao conteúdo".[37]

Isso – essa necessária indeterminabilidade afirmativa de uma justiça em si, a sua obrigação de resolver negativamente em "pena" – deriva do fato que, como Broch escrevia (também aqui em linguagem benjaminiana[38]) exatamente para Hannah Arendt, enquanto "aqui de baixo não se pode

---

se desenvolveu a partir do outro [...]". A linha desse desenvolvimento é, de fato, aquela que passa pela cena originária da morte e do renascimento simbólico do pai: da unidade do Um à unidade dos muitos constituídos no Um: "Esse é, portanto, o estado originário, o predomínio do mais forte, da violência bruta ou sustentada pela inteligência. Sabemos que esse regime foi mudado no curso da evolução, que um caminho conduz da violência ao direito, mas qual? Um único, segundo minha opinião: aquele que passava pela verificação que a maior força do um podia ser compensada pela união dos mais fracos. *A união faz a força.* A violência é rompida pela união de muitos, a potência daqueles que se uniram representa, agora, o direito em oposição à violência do indivíduo. Vemos, assim, que o direito é a potência de uma comunidade. É ainda sempre violência, pronto a se voltar contra qualquer um que se oponha a ela, opera com os mesmos meios, persegue os mesmos objetivos; a diferença reside, na realidade, apenas no fato que não é mais a violência de um indivíduo que triunfa, mas aquela da comunidade" (p. 288-289).

[36] BROCH, *Politik: Ein Kondensat*, p. 270.

[37] p. 278.

[38] Sobre a oposição benjaminiana entre direito e justiça, importantes considerações em: CACCIARI, Massimo, Diritto e Giustizia, *Il Centauro*, n. 2, p. 58-81, 1981.

operar senão através de modelos", "a justiça é determinada pelo alto (*von oben*) e não permite a edificação do modelos"[39]: "A aspiração à justiça – estamos na conclusão de *Kondensat* – parece quase surgir de um metadireito ainda menos formulável que o direito divino e que o direito natural e situado para além de ambos e também do direito humano. Esse edifício metajurídico é ainda menos visível que os outros edifícios jurídicos, mas transparece, porém, aqui e ali neles e se concretiza (com a negação da escravidão, por exemplo) de modo bem mais crepuscular, mas, ao mesmo tempo, necessitante como o Eu mesmo".[40] "Crepuscularidade" e "necessidade", necessidade da intraduzibilidade e intraduzibilidade da própria necessidade são os termos nos quais se manifesta (escondendo-se) o "polo positivo". Ele não é necessário, embora, mas *porque*, crepuscular. Se fosse totalmente reconhecível, transferível positivamente em normas e instituições, identificável enquanto tal, o direito (e a política que dele resulta) se reuniria em si mesmo, mas perderia, ao mesmo tempo, aquela alteridade que "do alto" o salva. Privaria o homem do seu eco distante e da esperança inapagável que ela traz:

> Certamente também esse direito é exposto às mesmas objeções positivistas que foram tantas vezes direcionadas ao direito divino e ao direito natural. Pode-se, de fato, negar a produtividade de todo esforço voltado a compreender e definir o que está destinado a ficar invisível (e imaginemos, depois, se a entidade indagada é duplamente invisível); pode-se argumentar que o homem não pode aceder à esfera da ideia platônica, também admitindo por intuição que esse seja o lugar do seu ser, e, aliás, se pode realmente definir esse retroceder em direção à pátria originária como uma audácia arriscada, perigosa como a liberdade que também vem daí. Permanece o fato que a imagem dessa pátria distante produz a incessante nostalgia que nos acompanha por toda a vida.[41]

Despolitização e revolução

1. Se tivéssemos que levar ao nível de máxima generalização o êxito teórico de *Kondensat*, deveríamos concluir que o ponto de vista

---

[39] Carta de 21 de fevereiro de 1949, *Briefe*, tomo III, p. 303.

[40] BROCH, *Politik: Ein Kondensat*, p. 284-285.

[41] p. 285.

que o toma para si é o do fim declarado de toda teologia política no sentido católico de uma relação possível e necessária entre bem e poder. É por isso que, para além das mais explícitas e declaradas referências, insisti sobre o primeiro, mais oculto e certamente mais essencial, ao Benjamin da *Crítica da violência*. Como nesta, a consciência da falência histórica (ou, mais decididamente, da História[42]) determina uma seca

---

[42] Sobre esse ponto de vista, deve-se fazer uma observação ulterior. Vimos como Benjamin excluiu a mediação histórica como remédio à violência, porque ela própria, portadora de violência. Volta, aqui, em primeiro plano, o caráter "conservativo" do direito. Ele, enquanto destinado à "duração", pertence a uma história que reprime violentamente o novo; que se coloca, precisamente, nos seus antípodas até chegar a se congelar numa dimensão mítica. E no tempo do mito o direito afunda as suas antigas raízes, como Benjamin observa no ensaio sobre *Destino e caráter* (*Schicksal und Charakter*, 1921), que de *Zur Kritik der Gewalt* representa o complemento necessário: "Por um erro, enquanto foi confundido com o reino da justiça, a ordem do direito, que é apenas um resíduo do estado demônico de existência dos homens, no qual estatutos jurídicos não regularam somente as suas relações, mas também a sua relação com os deuses, conservou-se além da época que inaugurou a vitória sobre os demônios" (cito da trad. it., in: *Angelus Novus*, p. 32). O que comporta essa crítica da mediação, radicada na convergência violenta entre história e mito, no que diz respeito ao papel da política? Antes de tudo, a recusa de toda sua "teologização" em sentido católico-romano. Jamais como nesse caso crítica da violência soa como recusa da representação, seja em sentido católico-romano, seja em sentido moderno-hobbesiano: e desse ponto de vista realmente nada de Schmitt – nem a perspectiva católico-transcendente, nem aquele moderno-imanente – passa na linguagem de Benjamin. É Hannah Arendt, além de Broch, que Benjamin desse lado antecipa. Mas com uma radicalidade totalmente incomensurável. A crítica da representação é aqui também, e essencialmente, crítica do político. A sua irrepresentabilidade afirmativa, nesse caso, não conhece exceções. Nem a origem (violência), nem o fim (redenção) podem constituir trâmite entre direito e justiça. O político, como também em Broch, é votado à linguagem do negativo. Pelos menos, caso se queira falar ainda em linguagem: porque, além disso, num âmbito de impredicabilidade linguística – e, portanto, histórica – acena aquela "violência pura divina", aquela violência "imediata" que se contrapõe, sem armas e sem sangue, à violência mítica do direito. Também essa violência salvífica, sobretudo, repousa no segredo do impolítico: por isso pode ser vivida em eventos particulares como a ação revolucionária ou a greve geral, mas jamais adequadamente "sistematizada" naquele mecanismo de "meio como objetivo" que a retraduziria em termos de violência mítica. E, no entanto, o impolítico, também nesse caso, não está sem relação com o político do qual "justamente" se retira: não só para a permanência de categorias políticas – aquela de "decisão", em primeiro lugar – que continuam, mesmo "silenciosamente", a conotá-lo; mas, sobretudo, pela margem de contraste que requer ao político necessariamente. Apenas ao político cabe definir, negativamente, o impolítico. Só ele pode, sem esperança de resposta, "chamá-lo". Talvez a essa extrema dialética

disparidade de planos entre poder (político) e bem (ético) reconduzível a um duplo postulado: impraticabilidade de uma política em termos éticos e impensabilidade de uma ética em termos políticos.

Dito isso, é necessário olhar através de um possível equívoco que simplificaria artificiosamente a questão: a inconjugabilidade positiva de poder e bem não constitui o ponto de partida, mas o ponto de chegada falimentar (não se pode perder de vista que *Kondensat* pertence à última fase de Broch) e, ao mesmo tempo, a retratação de toda uma obra (ou, poderíamos acrescentar sem retórica, de toda uma vida) voltada à realização de tal relação, à afirmação projetual de uma ética política e de uma política ética. Não apenas, mas entre hipótese de partida e êxito conclusivo, instaura- se uma dialética complexa feita de impulsos contrastantes, de oscilações violentas e, também, de verdadeiras e próprias contradições que acompanhará, e condicionará, os escritos de Broch no decorrer de todo seu complexo e acidentado percurso.

Sobre um ponto, no entanto, a esse propósito, deve-se preliminarmente fazer um esclarecimento. Quando se fala de "contradição" na obra de Broch não se pretende aludir somente ao seu limite – como incapacidade de compor discursivamente impulsos lógico-linguísticos que vão em direções contrárias – quanto, mais precisamente, ao seu objeto. Broch assume como objeto a própria incapacidade de superar a contradição, de *dizê-la*, e, portanto, de mediá-la, através do discurso: no sentido que o discurso – a linguagem – é constitutivamente inadequado para apreender a verdade não contraditória que pressiona até o fundo sem poder voltar à superfície. O limite é do instrumento, antes ainda que do intérprete: e, aliás, a única interpretação capaz de escapar da cegueira e da remoção estético-romântica (o que Broch

---

(dialética do extremo, não da mediação) alude uma "obscura" passagem do assim chamado *Fragmento teológico-político* (provavelmente de 1919-20): "Se se representa com uma flecha a direção com que se executa a *dynamis* do profano, e com uma outra flecha a direção da intensidade messiânica, certamente a busca de felicidade da humanidade livre encontra o próprio impulso nesse argumento messiânico; mas, tal como pode uma força, com a sua trajetória, facilitar a ação de outra força agente sobre uma trajetória oposta, do mesmo modo o ordenamento profano do profano pode favorecer o advento do reino messiânico. O profano, assim, não se torna uma categoria desse reino, mas muito menos uma categoria, e das mais eficazes, de sua ágil aproximação" (o "Fragmento" está traduzido em: CASTRUCCI, E., *La forma e la decisione*, Milão, 1985, p. 84, no interior de um ensaio dedicado ao jovem Benjamin, p. 67-89).

chama de *Kitsch*[43]) é aquela que tematiza intencionalmente o limite, mesmo desejando continuamente, e desesperadamente, transpô-lo. Essa é precisamente a reponsabilidade do escritor no mundo contemporâneo: entender o seu trabalho como "casa" de contradições irresolúveis, "composição" (no sentido matemático e, *ao mesmo tempo*, musical da expressão) de antinomias não mediáveis por parte de nenhum *nomos* discursivo. O *nomos* – como aquilo que libera da contradição – é o lugar máximo da cegueira, da distância daquela luz que através da contradição, *antinomicamente*, transparece nela, mas simultaneamente para além da convenção linguística, mesmo se toda expressão, todo "dito" (mas também todo número ou toda nota musical) transporta a sua ideia[44]: mas efetivamente como linguisticamente inexprimível em singulares fragmentos, inapropriável por qualquer significado. Historicamente irrepresentável, sobretudo.

Não por acaso todos os escritos de Broch que procuram, numa nova teoria, da história (de marca kantiana, essencialmente: um kantismo assimilado pela mediação de Chamberlain,[45] além, entenda-se, da dupla tradição de Marburg e de Heidelberg, para não falar do influxo lateral,

---

[43] Sobre o *Kitsch*, ver, sobretudo, os três ensaios de Broch: *Das Weltbild des Romans* (1933), *Das Böse im Wertsystem der Kunst* (1933) e *Einige Bemerkungen zum Problem des Kitsches* (1950), recolhidos por Lützeler em *Kitsch und Literaturen las Schriften zur Literatur*, v. II, p. 89-173. Sobre o Kitsch, são ainda úteis algumas observações de: FORTE L., *Romanzo e utopi: H. Broch e la trilogia dei "Sonnambuli"*, Florença, 1970, p. 44.

[44] Nesse sentido, vários "impulsos" de Broch estão presentes na tessitura conceitual de *Icone della legge*, de Massimo Cacciari (Milão, 1985).

[45] O texto em questão de H. S. Chamberlain é *Immanuel Kant: Die Persönlichkeit als Einführung in das Werk* (Munique, 1905). Cito integralmente a *Fußnote* agregada à carta de 11 de abril de 1914 a L. von Ficker (*Briefe*, v. I, p. 25-26): "Com muita ênfase deve-se assinalar um belo livro e sábio cheio de cultura filosófica: *Chamberlain "Immanuel Kant – Die Persönlichkeit als Einführung in das Werk"*. Chamberlain conseguiu (além de seu amplo domínio na matéria), com seu vivaz método da comparação, esclarecer os "pensamentos limites" de Kant, como ele os chamava, e expressá-los com maior precisão. Desse modo, ele unifica sua ética antidogmática nas palavras, compreensíveis desde os críticos, "sujeito, atua objetivamente", e mostra com muito mais insistência que nesse breve artigo, que toda a especulação filosófica, por mais que tenha que mover-se no terreno formal e matemático, é, sem dúvida, uma questão do humano e, por isso, ética. Aqui, é necessário, espero, lembrar a concepção intuitiva de Kant feita por Dallago: "Kant, der erste Immoralist". Trata-se de *Das Buch der Unsicherheiten* (Leipzig, 1911, p. 104).

mas intenso, de Vaihinger[46]), o lugar de resolução da contradição entre ética e política (encontrada pelo jovem Broch já nos textos de Weininger[47] e de Kraus[48]) chegam, a partir desse ponto de vista, a uma falência substancial. Pensemos – por uma única correspondência – no ensaio de 1918 *Konstruktion der historischen Wirklichkeit,*[49] efetivamente concentrado no cruzamento produtivo de ética, política e teoria da história. Só uma teoria da história – é a tese do ensaio – pode promover eticamente o político e, correspondentemente, apenas uma perspectiva ética pode permitir

---

[46] Ver: VAIHINGER, H., *Die Philosophie des Als ob – System der theoretischen, praktischen un religiösen Fiktionen der Menschheit auf Grund eines idealistischen Positivismus: Mit einem Anhang über Kant und Nietzsche*, Berlim, 1913.

[47] Para a relação com Weininger, ver o primeiro capítulo de: DURZAK, M., *H. Broch., Der Dichter und seine Zeit* (Stuttgart, 1968), e, também, do próprio Durzak, Hermann Brochs Anfänge: Zum Einfluß Weiningers und Schopenhauers, *Germanisch-Romanische Monatsschrift* (Bd. 17, n. 3, Heidelberg, 1967), e a fundamental monografia de: LÜTZELER P. M., *Hermann Broch: Ethik und Politik* (Munique, 1973, p. 36-37). Além disso, mais em geral, sobre a influência exercida por Weininger naqueles anos: RELLA, Franco, *Il silenzio e le parole* (Milão, 1981, p. 11-16) – confronte-se quanto Broch escreve no juvenil (1912) *Notizen zu einer systematischen Ästhetik*, ou nas citadas *Schriften zur Literatur* (v. II, especialmente p. 19), mas também na carta de 9 de fevereiro de 1914 a Ludwig von Ficker, na qual Broch reprova Carl Dallago por ter comparado o seu (de Dallago), profundamente meditado, ensaio sobre Weininger Otto: Weininger und sein Werk, *Der Brenner*, v. III, n. 5, 1912, com o "miserabler Schund" de Bruno Sturm (pseudônimo de Burghard Breitner), Gegen Weininger: Ein Versuch zur Lösung des Moralproblems, *Briefe*, v. I, p. 21 (Viena/Leipzig, 1912).

[48] No que diz respeito aos primeiros escritos, Broch acena a Kraus, seja nas citadas *Notizen*, seja, mais difusamente, no ensaio, também por ele citado, cf. "Philistrosität, Realismus, Idealismus der Kunst" (p. 18 em diante): onde no primeiro caso a (provável) referência é a *Apokalypse* (Die Fackel, *Heft*, 261-2, p. 1), e no segundo, a *Harakiri und Feuilleton: Gespräch der Kuli* (Die Fackel, 357-9, p. 75-84). Mas a ocasião mais conspícua de intervenção sobre Kraus se apresentou quando ele foi duramente atacado pela revista *Zeit im Bild*. Foi então que Ludwig von Ficker organizou um debate sobre Kraus do qual participaram, entre outros, Stefan Zweig, Adolf Loos, Thomas Mann, Peter Altenberg e o próprio Broch. Seu artigo, "Antwort auf eine Rundfrage über Karl Kraus", publicado em: *Der Brenner*, v. III-18 (15 jun. 1913, p. 849-850), pode ser lido agora em: *Schriften zur Literatur*, v. I, p. 32-33. Para uma relação entre Broch e Kraus, ver: DURZAK, *H. Broch: Der Dichter und seine Zeit* (p. 12 em diante). E também: LÜTZELER, *H. Broch: Ethik und Politik* (p. 20-33).

[49] BROCH, Hermann, *Konstruktion der historischen Wirklichkeit*, depois em: *Philosophie Schriften* (tomo II, p. 23-25). O texto de Broch já havia sido publicado em: *Summa"*, v. 2, Jg. 4, p. I-XVI, 1918.

uma concreta atuação histórica. Daí a exigência de uma absolutização da categoria de realidade paralela àquelas já experimentadas pelo *Logos* e pelo *Ethos*. Mas é precisamente a modalidade de tal "absolutização" que reproduz a "fratura" originária, aquele "estado, na verdade, antinômico-antagonístico" (*antinomisch-oppositioneller Sachverhalt*),[50] cuja superação todo o discurso havia sido funcionalizado. É o ponto-chave do ensaio e do procedimento autocrítico de Broch: a antinomia não é resolvível no interior desse sistema discursivo que logicamente a produz. Em suma, e em outras palavras, pode redefinir-se uma nova teoria da história sobre a sustentação da ética? E pode esta, historicamente, traduzir-se em critério efetivo de prática política? O kantismo, mesmo com todos os seus méritos "metodológicos", não parece apto a resolver a questão colocada a Broch pela "desagregação dos valores" (*Zerfall der Werte*) e por sua indébita absolutização. Outros caminhos a partir desse momento se abrem, mesmo sem que os primeiros sejam apagados. E precisamente *A estrada*, *Die Straße*, se intitula o *Offener Brief*, de Franz Blei,[51] em que a reflexão brochiana sobre a relação entre ética e política parece assumir outra, e mais inquietante, direção daquela aberta pela teoria kantiana da história.

2. Essa, escrita imediatamente fora da proclamação da república democrática, é particularmente significativa porque, além de introduzir no quadro de reflexões sobre a massa que confluirão naquela inconclusa *Massentheorie* à qual já nos referimos,[52] permite uma primeira, relevante,

---

[50] p. 36.

[51] "Offener Brief", agora incluído em *Brief* (tomo I, p. 30-34), aparece em *Die Rettung* (editado em Viena pelo próprio Blei junto a Paris van Gütersloh), em 20 de dezembro de 1918. Blei havia sido o fundador, em 1917, de *Summa*, juntamente com o editor Jakob Hegner, revista em que Broch publicou vários artigos, incluído o famoso "Eine methodologische Novelle" (v. II, n. 3, 1918). A relação muito intensa entre Broch e Blei está atestada, por parte de Broch, no artigo "Der Schriftsteller Franz Blei" (*Zum fünfzigsten Geburtstag*), publicado na *Prager Presse*, em 20 de abril de 1921 (e agora publicado em: *Schriften zur Literatur*, v. I, p. 53-58), além da resenha a *Formen der Liebe* (Berlim, 1930) de Blei, publicada sempre no mesmo volume de Broch (p. 397-380): por parte de Blei pela dupla citação de Broch (uma das quais justamente a propósito de *Die Straße*) presente no volume citado. Sobre isso, ver a introdução de Ernst Schönwiese ao v. X das *Gesammelte Werke* editadas por Rheinverlag, além da citada biografia de Lützeler (p. 66 em diante).

[52] Sobre a qual vão confrontados, pelos menos: LOEWENSTEIN, K., Juden in der modernen Massenwelt, *Bulletin für die Leo Baeck Gesellschaft*, v. 11, p. 157-176,

elaboração do comportamento brochiano diante do catolicismo e da Modernidade, e, sobretudo, da sua relação: que vai bem além da relação linearmente opositiva tradicionalmente relevada pela crítica. Se assim fosse, se Broch dispusesse a relação catolicismo-Modernidade ao longo de uma linha, dispondo numa ponta todo o positivo e na outra todo o negativo, então a sua recusa do "agregado de bocas, narizes, barbas e barrigas"[53] que é a massa seria muito menos ambivalente do quanto ele próprio não denuncia na introdução: "Estou perfeitamente persuadido que a massa é 'bela' e que pode provocar um enorme sinal de alarme aos princípios aqui descritos".[54] O motivo de tal ambivalência – desgosto, mas, *ao mesmo tempo*, esperança, espera – é procurado na relação, no entanto negativa, que a massa (salvo, em certa medida, aquela nacionalista) tem com a categoria e, melhor se diria, o 'espírito' de "comunidade",[55] ou seja, com o "sentimento comum de verdade metafísica (*Das gemeinsame metaphysische Wahrheitsgefühl*) que "subordina a inteligência dos fins últimos a uma fé",[56] constituindo, assim, uma verdadeira e própria autorrenúncia do espírito humano. Ou também com o "êxtase barato do ritmo comum [...], com a ajuda barata, desprovida de consciência, que preenche completamente, por exemplo, o cristianismo enquanto culto",[57] como

---

1960, e: HORST, K. A., Stereoskopie der Massenphänomens, *Merkur*, v. XV, n. 5, p. 491-496, 1961.

[53] BROCH, *Die Straße*, p. 33.

[54] p. 30-31.

[55] A esse propósito, não deixar de lado uma resposta precisa através de um ensaio sobre a massa que um outro autor alemão havia escrito naqueles anos. Refiro-me à observação de S. Kracauer em: Das Ornamentder Masse, *Frankfurter Zeitung*, n. 9, 10 jun. 1927, traduzido em italiano como *La massa come ornamento*, organizado por Remo Bodei (Nápoles, 1982, p. 100): "Elemento portador das figurações ornamentais é a *massa*. A massa, não o povo; de fato, quando é o povo que cria figuras, essas não vivem numa dimensão abstrata, mas se desenvolvem através do seio da comunidade. Aí uma corrente de vida orgânica as une aos grupos que a história fatalmente manteve juntos, conferindo-lhes significado e mágica necessidade, assim não podem ser reduzidas a simples conjuntos de linhas sem densidade. Mesmo aqueles que, excluídos da comunidade, estão conscientes de possuir uma individualidade pessoal, não conseguem criar novos modelos de representação de massa". Para uma comparação com Kracauer, ver: VENZLAFF, H., *Hermann Broch: Ekstase und Masse – Untersuchungen und Assoziationen zur politischen Mystik des 20, Jahrhunderts* (Bonn, 1981, p. 34 em diante).

[56] BROCH, *Die Straße*, p. 31.

[57] p. 31.

Broch evidentemente define ali o catolicismo, opondo-o à experiência de Deus como "questão da pessoa" individual.[58]

Esse dogmatismo comunitário, que para Broch caracteriza o catolicismo, vinculando-o a uma dimensão exterior, espiritualmente imatura – daí a polêmica com o ponto de vista católico-comunitário, mais que comunista, de Blei –, não toca a massa moderna. Mas – eis o ponto que separa Broch também dos apologistas da secularização – não a toca, não porque a massa recuse enquanto tal todo dogmatismo, mas sim pelo contrário, porque ela própria é portadora daquele outro, e mais poderoso, princípio de dogmatismo constituído pela ausência de princípios que lhe permite passar indiferentemente do delírio nacionalista ao entusiasmo socialista.[59] É dessa pós-ação, definida por uma tomada de distância do *Zerfall* moderno que *não* coincide com uma reproposição da comunidade católica (e vice-versa), que Broch pode, agora, introduzir aquele breve *excursus* sobre a "essência" do político já semanticamente encaminhado à tarda temática do *Kondensat*: "Pois bem – é a proposição que abre explosivamente a segunda parte da carta – [...] o que é assustador é o fato que seja necessário dogmatizar e deteriorar a ideia! Que a essência do político consista neste e que o político seja necessário em virtude do espírito dessa época e que ele seja ordenado a ser o último nível de rebaixamento daquela".[60]

É a declarada *necessidade* da política que afasta Broch daqueles que, como Blei, pensam nostalgicamente na restauração de uma comunidade pré-moderna. Mas isso não deve esconder o preço de degradação que essa necessidade comporta. Retorna o pressuposto central de toda a filosofia política brochiana, ou melhor, da sua *impossibilidade*, de uma

---

[58] p. 31.

[59] Desse ponto de vista é possível instituir uma simetria, mesmo na forte diversidade semântica, com a posição expressa por J. Ortega y Gasset em *La rebelión de las masas* (Madri, 1929). Os pontos de convergência que vão além de simples assonâncias me parecem os seguintes: 1) ligação entre o discurso sobre a massa e aquele sobre a crise dos valores; 2) identificação de reacionários e revolucionários na negação da moral; 3) ataque ao estatalismo como legitimação da violência: "O estatalismo é a forma superior que assumem a violência e a ação direta constituída como norma. Através e por meio do Estado, máquina anônima, as massas agem por si mesmas" (cito da tradução de "Rebelión", presente em *Scritti politici* de Ortega, organizado por L. Pellicani, Turim, 1979, p. 895).

[60] BROCH, *Die Straße*, p. 32.

política pura enquanto ideia, mas, em nada mais representável que no mal, no negativo, da sua atuação prática: o que é excluído, também nesse caso, é a especularidade afirmativa de bem e poder ainda predicada pela teologia política católica. Para ser pura, a política, isto é, a sua *ideia*, não pode tornar-se poder (e tampouco direito: benjaminianamente, *Gewalt*). Deve restar Justiça: "O conceito de Político coincide com aquele de Justiça. Outra política que não aspire à Justiça não existe. Uma política de interesses não é política, mas unicamente comércio, mais ou menos oculto. O resultado da Justiça é a liberdade. A política pura é nada mais que ideia e, enquanto tal, tem uma necessidade suprema e não tem nenhuma relação com certa ocultação corpórea. A política pura nasceu da autonomia do espiritual, enquanto a política temporal anterior, orientada a um fim, foi a serva da sociedade existente".[61] Essa política absolutamente pura, irrepresentável por interesses, ou também só por fins preestabelecidos, no entanto, não pode senão dogmatizar-se, e, portanto, corromper-se, em contato com as massas às quais *deve* (sendo por princípio democrático) voltar-se:

> Isso significa que a política pura não só é democrática, mas deve voltar-se ao homem de massa como tal enquanto único objeto a ser informado e, ao mesmo tempo, a funcionar como seu único motor. Ela é, portanto, destinada a se dogmatizar no interior de uma massa feita por um agregado de bocas, narizes, barbas, barrigas. Não há outro caminho para o espiritual que a de seu rebaixamento absoluto sob forma de uma palavra de ordem vazia destinada à massa e mais alta e pura é a vontade moral que se manifesta na política, tanto mais profunda é a sua queda e a sua canalização no êxtase em saldo da massa.[62]

Não conhecendo, a massa, o antigo espírito comunitário do catolicismo político, é levada à última degradação possível, isto é, àquele misto de "prazer" e de "dogmatismo" típico não apenas do burguês filisteu, mas também do operário socialista que o substitui na cena social. Essa representação puramente negativa de um irrepresentável puramente positivo faz parte, e, aliás, constitui o seu espírito, do tempo. Estamos agora bem distantes da utopia neokantiana de uma nova filosofia da história

---

[61] p. 32.

[62] p. 33.

construída sobre a antiga "aliança" de ética e política. Agora a história surge radicalmente rompida, e como engolida, por aquela absolutização hipertrófica dos valores relativos, que enquanto faz da política um "reino absoluto", uma categoria ideal, a degrada, ao mesmo tempo, como ideologia de massa. Isso não exclui nada do caráter futuro de um tal evento. Se a política é o mal que representa o bem, esse mal não pode senão ser destino: "A política é simplesmente o inelutável (*das Unabwendbare*). Nela, como aparece no caráter do político prático [...] o pensamento mais miserável que existe é inserido no mundo. Ela é a última e pior brutalização do homem. O mal radical como consequência necessária da dogmatização do que é moral por excelência (*das Sittliche schlechthin*)".[63]

3. Certamente – como é, por outro lado, natural para um pensador complexo, dialético ao limite da contradição lógica – a palavra extrema de *A estrada* não se encerra na própria mordida radical toda a reflexão política do primeiro Broch. E, aliás, dos dois escritos políticos anteriores à escrita dos *Schlafwandler*, o primeiro, de modo oximoro, intitulado *Konstitutionelle Diktatur als demokratisches Rätesystem*, e composto na ocasião da discussão sobre o sistema de conselho ativado na fase conturbada entre 1918 e 1920 antes que a República assumisse a sua constituição definitiva, parece propor-se realmente em chave construtivo-projetual. E, no entanto, também nele, para além das propostas avançadas (uma forma de substancial compromisso de transição entre sistema de conselho e sistema parlamentar), talvez justamente por isso de modo ainda mais reconhecido, emergem os traços agora inconfundíveis que desde *Die Straße* ao tardo *Kondensat* acompanharão, e internamente perturbarão, a filosofia política do escritor.

O que, de fato, é importante destacar, talvez mais que os pontos de encontro com os pensadores austromarxistas e social-democratas do tempo, de Kautsky a Bauer e a Adler[64] (que também destacam

---

[63] p. 34.

[64] Os textos aos quais Broch se refere são essencialmente: KAUTSKI, K., *Terrorismus und Kommunismus. Ein Beitrag zur Naturgeschichte der Revotution*, Berlim, 1919; BAUER, O., *Der Weg zum Sozialismus*, Viena, 1919; ADLER, M., *Demokratie und Rätesystem*, Viena, 1919. Em relação a este último, ver a resenha de Broch a *Marx als Denker* (Viena, 1921), e a *Engels als Denker* (Berlim, 1921), publicada em: *Kant-Studien*, Bd. 27 n. 1/2, p. 184-186, 1922, depois reeditada em: *Philosophische Schriften*, v. I, p. 264-267. Nela, Broch interpreta o marxismo de Adler substancialmente em chave

significativamente os projetos brochianos daqueles dos conservadores católicos a Othmar Spann),[65] são precisamente os níveis, linguístico-conceituais, além de temáticos, de dissonância com uma tradição, como a social-democrata, encontrada mas jamais realmente efetivada. E isso desde o início do ensaio, onde ao princípio ditatorial do Estado enquanto tal – "todo Estado é a realização de poder da própria ideia [...], todo Estado são é ditatorial"[66] –, realizado paradigmaticamente pela Revolução Soviética, é contraposto ao princípio de justiça expresso pela democracia e coincidente com a liberdade do indivíduo. O ideal-tipo do Estado socialista resulta efetivamente do encontro, e da mola, desses dois extremos – ditadura *total* e democracia *total*, segundo a arriscada síntese semântica teorizada por Broch, sobretudo, nos escritos posteriores à Segunda Guerra Mundial.[67] Agora, como realizar tal mola? Como conjugar "anarquia individual" e "anarquia do Estado" sem, com isso, destruir a democracia? A solução colocada por Broch sobre o plano prático vai no sentido de um sistema bicameral capaz de assegurar uma representança em todos os grupos econômicos, segundo o projeto exposto pelo amigo Paul Schrecker.[68]

---

metodológica. É justamente essa chave que permite a Adler rechaçar a acusação, para a filosofia marxista, de materialismo naturalista [feita precisamente por Rudolf Stammler em *Wirtschaft und Recht nach der materialistischen Geschichtsauffassung,*1899], e também reivindicar seu nexo com o kantismo, constituído fundamentalmente pelo conteúdo ético do socialismo, numa linha com F. Staudinger (ver *Ethik und Politik*, Berlim, 1899), L. Woltmann (ver *Der historische Materialismus: Darstellung und Kritik der marxistischen Weltanschauung* [Düsseldorf, 1900]) e K. Vorlander (ver *Kant und Marx*, incluído em *Marxismus und Ethik. Texte zum neukantianischen Sozialismus*, organizado por R. de la Vega e H. J. Sandkühler, Frankfurt a. Main, 1970).

[65] Ver, sobretudo: SPANN, Othmar, *Der wahre Staat. Vorlesungen über Abbruch und Neubau der Gesellschaft*, Jena, 1938.

[66] BROCH, Hermann, Konstitutionelle Diktatur als demokratisches Rätesystem, *Der Friede*, v. 3, n. 64, p. 269-273, 11 abr. 1919, agora em *Politische Schriften*, sempre pela editora Suhrkamp (p. 11).

[67] Penso essencialmente em *Die Demokratie im Zeitalter der Versklavung*, 1949 (depois em: *Politische Schriften*, p. 110-191), que, a partir dos mesmos pressupostos de *Kondensat*, chega à conclusão de uma necessária "Totalisierung der Demokratie" (p. 161), mas também em: *Trotzdem: Humane Politik. Verwirk1ichung einer Utopie*, 1950, p. 364-396. Mais em geral, sobre o Broch político, além dos citados Rothe e Stenecke, ver também: PROSS, H., *Hermann Broch: "Massenpsychologie" und "Politik"*, in: AA. VV., *Broch heute*, Berna/Munique, 1978, p. 89 em diante, e: SCHLANT, E., *Die Philosophie Hermann Brochs*, p. 146-178.

[68] "Professor na Sorbonne, editor do filósofo francês Malebranche e um notável filósofo da matemática", como Broch o define em uma carta enviada a Egon Vietta

Mas o que mais conta, em relação à "filosofia política" do autor, é o dado de partida que rege toda essa (francamente improvável) estrutura: ou seja, o princípio de despolitização (*Entpolitisierung*) que constitui, de fato, a sua mais direta negação. A exigência que o torna necessário é o fato que a liberação do proletariado é apenas um meio para o fim da liberdade do homem em sua complexidade, e que "somente nessa socialização dos bens da cultura é que se vê a libertação do homem, dada apenas através da despolitização que transforma o Estado em sociedade. Assim, só nessa despolitização do homem livre isso se torna claro, porque aquilo que é sério na política (*Das Ernsthafte in der Politik*), e por isso que é sério no pensamento social-democrata, justamente a base econômica, deve ser apolítica. Mas a revolução enquanto tal é sempre política".[69] Esse trecho manifesta, à luz das categorias colocadas já em campo em *Di Straße*, a evidente contradição entre a intenção de politicização – explícita ali onde Broch sugere ligar diretamente o eleitor aos seus representantes da Câmara para além da mediação burocrática dos partidos[70] – e o êxito despolitizante que deriva dela. Essa contradição é, de fato, o único modo de inverter em sentido positivo – mas mais uma vez em *forma* negativa: despolitização, de fato – o pressuposto de fundo implícito em todo o discurso segundo o qual não há política prática capaz de atuar efetivamente a "ideia" de Política-Justiça: assim, ao contrário da revolução, que tenta fracassada-mente operar aquela tradução *impossível*, o único modo de responder à absoluta seriedade do político (da sua ideia) é despolitizar a realidade. Que seja mesmo através de uma despolitização simetricamente contrária à indiferença política, como Broch não deixa de ressaltar; e, aliás, essa também extremamente política. Diante de uma política efetiva – e nada é mais irrevogavelmente efetivo que uma revolução realizada – que *deve* trair a própria ideia de Justiça, a única solução possível é protegida pela incorruptibilidade não efetiva do impolítico:

> [...] O objetivo do sistema dos conselhos é a completa despolitização da humanidade e pode durar apenas até que essa tenha eliminado os

---

em 10 de novembro de 1936, in: *Briefe*, tomo I, p. 436. O livro ao qual Broch se refere é *Leibniz. Ses idées sur l'organisation des relations internationales* (Londres, 1937); enquanto aquele a que se refere em *Konstitutionelle Diktatur* é *Für ein Ständehaus. Ein Vorschlag zu friedlicher Aufhebung der Klassengegensätze* (Viena, 1919).

[69] BROCH, *Konstitutionelle Diktatur als demokratisches Rätesystem*, p. 15.

[70] p. 19.

resíduos políticos. Quem deseja a revolução pela revolução colocará o político no sistema dos conselhos e assumirá com impaciência e ganância infantis a culpa sanguinária cujo mais profundo crime é a degradação do homem. Só quando o Estado político estiver completamente atravessado pela ideia apolítica, ele se tornará a sociedade do homem livre.[71]

Ditas essas premissas, não surpreenderá que o segundo dos escritos "políticos" do período seja dedicado a um aprofundamento categorial do conceito de revolução assumido no primeiro como polo negativo e destinado a restar, como aquele de "massa", um *topos* fixo de toda a produção de Broch. Trata-se de *Die erkenntnistheoretische Bedeutung des Begriffes "Revolution" und die Wiederbelebung der Hegelschen Dialektik*, escrito em 1922 em forma de comentário a dois trabalhos do neokantiano Arthur Liebert (*Vom Geist der Revolution* e *Wie ist kritische Philosophie überhaupt möglich?*).[72] Também nesse caso, como, de resto, o próprio título anuncia, o escrito brochiano se apresenta distante dos excessos semânticos de *Di Straße* e conformado a um espírito conciliador – o kantismo de Liebert é integrado na dialética hegeliana – que suaviza também o rígido preconceito antirrevolucionário expresso no ensaio precedente.

Apesar disso, também esse não consegue saturar humores negativos e valências antinômicas destinadas a desabrochar, sempre mais caracterizando-os, nos grandes romances de sua maturidade. E precisamente pela definição de uma antinomia, na linha de Liebert, começa o ensaio de Broch. Trata-se da "antinomia" (*Antinomie*, mas também, mais secamente, *Kampf*) do Novo (*das Neue*) contra o Velho (*das Alte*), que Broch já havia encontrado no trabalho intitulado *Theorie der Geschichtsschreibung und der Geschichtsphilosophie*: e aí resolvida através da distinção entre "sistemas individuais", nos quais não se dá descontinuidade que não seja absorvida por um contexto unitário, e "sistemas plurindividuais" acessíveis a um *novum* que se manifesta, ou mediante fenômenos psicológicos, como a "maravilha", a "descoberta", a "perturbação", ou, paralelamente, pela emergência de um "sujeito genial" capaz de intuições históricas.[73] No

---

[71] p. 22-23.

[72] *Prager Presse*, v. 2, n. 206, p. III-IV, 30 jul. 1922, depois em: *Philosophie Schriften*, tomo I, p. 257-263. Os dois trabalhos de Liebert foram publicados em 1919; um em Berlim, o outro em Leipzig.

[73] *Philosophische Schriften*, tomo II, p. 94-155. Ver, sobretudo, p. 139 em diante.

ensaio sobre a revolução, e sempre seguindo os rastros de Liebert, essa antinomia se dramatiza em conflito entre "devir histórico" (*das geschichtlich Gewordene*) e "absoluto a-histórico" (*das ungeschichtlich Absolute*)[74]. A revolução exprime a essência desse conflito. Naturalmente, Broch logo se apressa para precisar que, quando se fala de "absoluto a-histórico", como autonomia humana a partir de todo condicionamento, trata-se sempre de algo "levado" de um homem que age na história, e, portanto, de um fenômeno, em última análise, histórico. Mas precisamente nessa copresença de condicionamento histórico e de absolutismo a-histórico está *die Tragik aller Revolutionen*, isto é, a antinomia que essa não pode desfazer *porque é precisamente constituída por ela*:

> No entanto, nessa opinião também está o trágico de toda revolução. Já que não apenas a continuação da vida histórica não permite uma cesura radical, mas é realmente a mesma lógica da revolução que elimina essa cesura. Toda revolução está na base da própria essência "exigência". Porém, o conceito de exigência pressupõe o conceito de algo em relação ao qual a exigência vale e, em geral, tem um sentido que em outras palavras corresponde à exigência. Mas esse algo é, de fato, novamente, apenas a vida histórica, aquele conjunto que pela revolução deveria ser destruído.[75]

Dito de outra forma: a antinomia – entre velho e novo, contínuo e descontínuo, estático de dinâmico – não é exterior, mas interior à própria revolução. Mais precisamente: é a antinomia entre a sua forma absolutamente incondicionada e o seu conteúdo absolutamente histórico: "Porém, nesse caso, na relação recíproca entre esses dois absolutos, mostra-se a mais profunda raiz e o peculiar fundo originário do princípio antinômico da revolução: ele é a antinomia lógica entre forma e conteúdo".[76] Que Broch tenda, nesse escrito, ainda para resolvê-la através da consideração que, como a autonomia da revolução faz parte do fluxo histórico, assim "o devir histórico é expressão da autonomia da razão", embora de modo "contraído", "convencional", "morto",[77]

---

[74] BROCH, *Die erkenntnistheoretische Bedeutung des Begriffes "Revolution" und die Wiederbelebung der Hegelschen Dialektik*, p. 258.

[75] p. 260.

[76] p. 260.

[77] p. 260.

não exclui nada da sua drasticidade. Nem a chamada formal à dialética hegeliana, nem o híbrido enxerto de marxismo e kantismo segundo a linha traçada por Vörlander, Masaryk,[78] Adler e, na vertente "burguesa", pelo próprio Liebert, trazendo na bandeira o moto de Liebmann do necessário "retorno a Kant",[79] valem para desfazer o nó logicamente (e historicamente) irresolúvel da revolução: que como tal, libertado das armadilhas metodológicas dos escritos juvenis, explode em toda a sua aspereza na parte final dos *Sonâmbulos*.

4. Nela – e mais precisamente no *excursus* lógico-histórico do *Zerfall des Wertes* explicitamente intercalado aos eventos narrativos –, voltam todas as categorias já empregadas no ensaio de 1922, mas com um *surplus* de generalização e de radicalização que inibe todo seu compromisso conciliador, qualquer flexibilização dialética: a partir do próprio conceito de revolução, estendido para além do seu significado específico e levado a coincidir com o "espírito europeu", isto é, com a Modernidade enquanto mudança. Estamos bem longe do sonho, difundido no catolicismo alemão do tempo (recorde-se de Guardini), de uma nova *Christenheit oder Europa*: a Europa, o seu espírito, é a Europa da "revolução" protestante; melhor, do protesto *como* revolução. É ela que, opondo o "mar" da abstração à "terra" do catolicismo, dissolve o mundo dos vínculos da sua antiga teologia política. Faz da ilha o continente, do riacho o grande rio:

> Diríamos que a corrente da abstração absoluta, que há dois mil anos fluía do gueto como um riacho apenas visível ao lado do grande rio da vida, deva agora tornar-se a corrente principal; que a inexorabilidade do pensamento protestante tenha tornado virulento todo o horror da abstração, que por dois mil anos havia sido confiada à proteção do mais obscuro e reduzida ao mínimo; que o pensamento protestante tenha produzido, quase numa explosão, a capacidade expansiva absoluta, potencialmente inerente na abstração pura e só nela, para que o tempo se fragmente e o

---

[78] De T. G. Masaryk, ver *Die wissenschaftliche und philosophische Krise innerhalb des gegenwärtigen Marxismus* (Wien, 1898), e *Die philosophischen und soziologischen Grundlagen des Marxismus* (Viena, 1899).

[79] LIEBMANN, O. *Kant und die Epigonen*. Stuttgart, 1865, p. 215.

obscuro protegido do pensamento se torne o paradigma encarnado dessa desagregação.[80]

A revolução protestante, no momento em que supera a antinomia tardo-escolástica abrindo um processo de progressiva interiorização para o homem, cai no excesso oposto, isto é, na pura abstração. Desde então a ruptura da tradição se tornou, ao mesmo tempo, traição. Aqueles polos opositivos, ainda dialeticamente conciliatórios no ensaio sobre a revolução, tornam-se extremos numa irrelatividade radical que, paradoxalmente, converte um no outro. É assim que o relativo – o politeísmo dos valores[81] produzido pelo espírito europeu – torna-se ele próprio absoluto, absolutização do relativo, sempre que cada uma das esferas em que se fragmenta o velho *organon* católico se apresenta "desencadeada na sua autonomia [...] ocupada com radical resolução para tirar as extremas consequências da sua lógica", até "cerrar o mundo", exterminando todos os seus valores "como um enxame de gafanhotos que atravessa um campo".[82] E é assim, realmente, que a autonomia de uma política reduzida a pura técnica pode abandonar o mundo a uma total despolitização.

Não há surpresa: trata-se simplesmente do fato que esses dois vetores contrastantes constitutivos da autonomia do homem – ou seja, o impulso irracional do *Leben*, por um lado, e o racional do *Geist*, por outro –, ainda harmonicamente conjugados no ensaio de 1922,[83] agora colidem numa batalha sem exclusão de golpes que faz de um, o substituto degradado do outro. Todo sistema parcial, que "em virtude da sua origem, da sua motivação lógica, é revolucionário",[84] exprime, no próprio impulso à especialização, uma lógica de racionalização. Mas, para defender-se da cisão que o produziu enquanto tal, isto é, de uma ulterior fragmentação que o destruiria pelo interior, é forçado a extrair das forças ainda irracionais que combate um feixe de forças irracionais

---

[80] BROCH, Hermann, *Die Schlafwandler*, incluído em: *Das dichterische Werk*, ed. Suhrkamp. (Cito da trad. it. Turim, 1960, p. 549.)

[81] Para o influxo weberiano sobre Broch, ver a introdução de W. Rothe no v. IX das obras da edição Rhein, p. 12-22. Mais em geral, sobre a teoria dos valores, ver: KAHLER, E., *Werttheorie und Erkenntnistheorie bei H. Broch*, in: BROCH, *Perspektiven der Forschung*, p. 353-363.

[82] BROCH, *Die Schlafwandler*, p. 465.

[83] BROCH, *Die erkenntnistheoretische Bedeutung des Begriffes "Revoluiton"*, p. 258-259.

[84] BROCH, *Die Schlafwandler*, p. 663.

"boas", e forçado a se agarrar a elas: dando, portanto, vida a uma luta que opõe a racionalidade do irracional à irracionalidade da antiga razão:

> Porque as revoluções estão direcionadas do mal contra o mal, direcionadas do irracional contra o racional, do irracional – sob a máscara de uma razão produzida – contra instituições racionais que, para preservar a própria existência, presunçosamente se apelam à irracionalidade do valor sentimental e elas imanente –, as revoluções são a luta entre irrealidade e realidade, entre violência e violência, e devem sobreviver quando o desencadeamento do ultrarracional provocou a manifestação do irracional, quando o desmembramento do sistema dos valores chegou à última unidade individual e todo o irracional irrompe, agora, que o indivíduo, sozinho e autônomo, se libertou de todo valor.[85]

Nessa inevitável perversão das revoluções, segundo a imagem clássica da serpente que se devora, os expulsos, destinados a "libertar-se do valor, são também os primeiros a ouvir o apelo do assassino",[86] segundo uma convergência dos opostos que faz das antigas vítimas, os novos carrascos, e dos antigos carrascos, as novas vítimas. Assim o ciclo do político toca o próprio *Nullpunkt*, o ponto zero traduzido no *Kondensat* através da metáfora bivalente do "absoluto terrestre". E também, nesse caso, aquele ponto limite, sob o qual não é mais possível proceder, constitui, por força das coisas, a mola contrastiva para a identificação de uma nova forma da política: "E parece quase descender da mesma necessidade lógica que a passagem do velho ao novo sistema deva realizar-se através de uma geração que, desprovida de toda relação com o velho e com o novo sistema, efetivamente nessa falta de relações, nessa indiferença, próxima à loucura, em direção à dor alheia, nesse estado, espólio de todo valor, justifica, a partir do ponto de vista ético e histórico, o implacável desprezo a que é exposto tudo o que é humano em tempos de revolução".[87] Mas – e é a conclusão de sempre – contanto que tal geração seja "muda", "para que apenas uma geração tão absolutamente muda seja capaz de suportar a vista do Absoluto e o primeiro cintilar da liberdade".[88] Muda, incapaz de

---

[85] p. 663-664.

[86] p. 663-664.

[87] p. 673.

[88] p. 673.

pronunciar palavras afirmativas sobre a própria potência, e cega por não dever representá-la numa cena que trairia a sua mensagem. Preparada para receber o sentido "político" – o *Wir das Stimmen* dos *Schuldlosen*[89] – da própria existência apenas através da imagem "refletida nas águas escuras do pântano" ou através da "impenetrável ressonância do mutismo, interposta como parede de atordoante silêncio entre homem e homem, assim a voz humana não pode atravessá-la, e o homem deve tremer".[90]

O Estado da ética

1. É desse silêncio que fala Virgílio na hora de sua morte. Fora dele – e da inversão de perspectiva que determina respeito à "voz" que também deve manifestá-lo – é difícil apreender o sentido profundo do confronto com Augusto, que constitui a parte mais relevante de *Der Tod des Vergil* e, ao mesmo tempo, uma chave de recapitulação e de explicação simbólica de toda a reflexão brochiana sobre a política e o seu destino. Nenhum dos dois problemas sobre os quais a crítica se deteve – o da ambivalência semântica da figura de Augusto, e o outro, ao primeiro ligado, da sua prevalência, não só "histórica" (a vitória final através da qual a conquista da *Eneida*), mas também lógica, nos confrontos com o seu antagonista também evidentemente sustentado pelo apoio do autor – é, de fato, resolvível dentro do quadro interpretativo tradicional: que vê Augusto defensor e titular de uma política emancipada pelas razões da ética e Virgílio defensor de uma política eticamente fundada.

A mim parece que essa perspectiva é quase integralmente invertida. É precisamente Augusto – daí a (parcial, como veremos) verdade da observação daqueles que retraçaram no Estado por ele defendido os

---

[89] "Nós somos nós mesmos os primeiros / lá embaixo, e nós somos os últimos; / não, continuamente virão se unir / muitos de nossa mesma espécie / e tudo, de repente, diremos Nós / e esqueceremos o eu. De tal modo, porém, / aqui poderemos falar: / [...]". Cito da tradução italiana dos *Schuldlosen* (Turim, 1963, p. 226-227). Sobre o conteúdo político das *Stimmen*, ver: BRUDE-FIRNAU, G., Prophetische oder politische Dichtung? Zur Entstehung und Konzeption von H. Brochs "Stímmen", Études germaniques, v. 31, n. 4, p. 431 em diante, 1976, depois em: TAGLIAFICO, A., *Gli "Incolpevoli" di Hermann Broch* (Nápoles, 1984).

[90] BROCH, *Die Schlafwandler*, p. 673.

traços do Estado hegeliano mais que daquele ditatorial[91] – que representa o Estado da ética: "tu consideras o tempo – replica a Virgílio – responsável pelas ações dos homens, o consideras responsável até mesmo pela perda da consciência [...] com isso tu libertas o homem, e, naturalmente, também, te libertas, de toda responsabilidade; isso é perigoso [...] eu prefiro considerar os homens responsáveis pelo tempo em que vivem".[92] A reivindicação, por parte de Augusto, pelo livre arbítrio humano, e pela consequente ética que dele descende, explicita, nesse caso, uma conexão ulterior. O agir do homem é ético – recorde-se da relação de ética e teoria da história instituído pelo Broch neokantiano – enquanto confere sentido ao deslocamento do tempo. Mais precisamente: ele o "coloca em forma". É por isso que sempre que Virgílio observa que "misteriosamente nós estamos vinculados ao tempo, misteriosamente esse flui [...] um rio seco [...] um rio da superfície, e nós não conhecemos a sua direção nem a sua profundidade [...]"[93], ele lhe contesta que o homem é mais forte que o tempo, que não é "contido" por ele, e "ao contrário, [...], ele detém o tempo em sua mão".[94] E assim: para poder afirmar a própria natureza de sujeito ético, o homem deve "formar" o tempo; mas

---

[91] Ver: SAVIANE, R., *Apocalissi e messianismo nei romanzi di Hermann Broch*, Padova, 1971, p. 184 em diante.

[92] BROCH, Hermann, *Der Todd es Vergil*, também reeditado pela editora Suhrkamp (cito da ed. it. Milão, 1982, p. 402). Já falamos da relação de Virgílio com a obra de Haecker (ver: ZIOLKOWSKI, Th., Broch's Image of Vergil and its Context, *Modern Austrian Literature*, v. 13, n. 4, p. 11-12, 1980). Sobre ele há uma ampla literatura, da qual devem ser lembrados pelo menos: MARTINI, F., Hermann Brochs "Der Tod des Vergil", in: *Das Wagnis der Sprache*: Interpretationen deutscher Prosa von Nietzsche bis Benn, Stuttgart, 1954, p. 413-464; HINDERER, W., *Die Todeserkenntnis in Hermann Brochs "Toddes Vergil"*, Munique, 1961; PUCHS, A., *Hermann Broch, Der Tod des Vergil*, in: B. v. Wiese (Ed.), *Der deutsche Roman vom Barock bis zur Gegenwart*, Düsseldorf, 1963, v. II, p. 326-360; COLLMANN, T., *Zeit und Geschichte in Hermann Brochs "Der Tod des Vergil"*, Bonn, 1967; DURZAK, M., Hermann Brochs "Der Tod des Vergil": Echo und Wirkun – Ein Pornschungsbericht, *Literaturwissenschaftliches Jahrbuch*, p. 273-347, 1969; BIER, J.-P., Hermann Broch et "La mort de Vergil", Paris, 1974; JAFFÉ, A., Hermann Broch: "Der Tod des Vergil": Ein Beitrag zum Problem der Individuation; in: *Hermann Broch: Perspektiven der Forschung*, p. 135-176. Finalmente, muito importante: ZAGARI, L., Hermann Broch e l'antimito di Virgilio, in: AA. VV., *La fortuna di Virgilio*, Nápoles, 1986, organizado por M. Gigante, p. 315-390.

[93] BROCH, *Der Todd es Vergil*, p. 401.

[94] p. 403.

para formar o tempo – é a segunda passagem da reflexão de Augusto –, deve organizar-se em Estado. É o Estado a verdadeira forma do tempo: "E eu não posso nem mesmo conceder que o âmbito dessas obrigações possa ser mudado pelo tempo [...] o homem traz a responsabilidade das obrigações e das tarefas que ele se coloca como fim da sua ação; em todos os campos ele deve endereçar essas obrigações e essas tarefas à comunidade e ao Estado, e se negligencia isso, o tempo se torna informe. Ele, porém, deve dar uma forma ao tempo, e essa forma, ele a dá no estado, que desde sempre é o maior dever do homem".[95] Resultado: é o Estado que realiza a ética do sujeito.

Esse é o pressuposto de base de toda a perspectiva de Augusto: não um Estado como negação, ou esmagamento, do sujeito ético: mas sua máxima e definitiva realização. É ele que confere ao discurso, e à mesma imagem física de Augusto, aquele *auctoritas* – representatividade histórica e coerência lógica – que Broch-Virgílio parece não poder, apesar de tudo, contestar. Seja a transformação social – do Estado cidadão ao Estado mercantil –, seja a pacificação do Império, e, portanto, do mundo, realizada por Augusto, inscrevem-se dentro de uma lógica ético-política que a polêmica de Virgílio, por *este* ponto de vista (ético-político, de fato), não consegue, por nenhum lado, afetar. Tampouco através da referência à liberdade ("E, no entanto, a liberdade de Roma, que tu tomaste sob a tua proteção, é consolidada, como no passado, pelos cidadãos")[96]: a partir do momento em que a mesma missão do Estado, enquanto portador do *telos* histórico, tem por objeto a produção e a ampliação da liberdade:

> Liberdade. Claro, claro, eu sou responsável pela liberdade do povo romano; ninguém ousará mais tocá-la, Antônio nenhum e mais ninguém. Essa é a missão do Estado Romano, e tal fim deve ser consolidado. O Estado, permitindo ao homem participar da sua força, comunica-lhe o sentimento da liberdade à qual ele aspira, porque é um sentimento que pertence à natureza humana e quer ser apagado. E unicamente no bem comum do Estado esse sentimento de liberdade é garantido, porque no bem do Estado é acessível a todos, até mesmo ao escravo, e precisamente por isso é algo a mais que a liberdade dos servos de que tu falas, porque é a liberdade de uma ordem divina.[97]

---

[95] p. 402-403.

[96] p. 415.

[97] p. 415.

Ao contrário do quanto argumentado pela ideologia popular, continua Augusto, que por trás de seu aparente radicalismo privilegia inevitavelmente uma ou outra das classes sociais – os escravos, os cidadãos –, a liberdade realizada pelo Estado é verdadeira liberdade não do indivíduo ou do grupo, mas do povo em sua totalidade. Por isso – enquanto Estado de liberdade – o Estado de Augusto é também Estado *do* povo no sentido literal que lhe pertence. O Estado e quem, como ele próprio, tudo menos que o patrão, não é senão o seu legítimo representante: "Nós mesmos fazendo parte do povo, somos propriedade do Estado onipotente, pertencemos a ele com tudo o que somos e possuímos; e pertencendo ao Estado, pertencemos ao povo; porque como o Estado é a personificação do povo, assim é dever do povo personificar o Estado, e se este tem um incontestável direito de propriedade sobre nós, o mesmo direito cabe ao povo".[98] É a última caracterização do Estado de Augusto: o dever que prescreve – também o de sacrificar-lhe o poema (o seu valor artístico) – está simetricamente entrelaçado com o direito que cabe aos cidadãos. Estado de liberdade, Estado de povo, esse é também, e sobretudo, Estado de *direito*. É este que subordina a lógica da singularidade àquela da coletividade. E é o mesmo que, precisamente por isso, o torna bem-vindo aos deuses: "O amor dos deuses não compete ao indivíduo; ele é por eles indiferente, e esses não conhecem a sua morte. Os deuses se dirigem ao povo, a sua imortalidade se dirige à imortalidade do povo, a única que conta e que eles protegem, porque sabem que também a sua imortalidade pereceria com aquela do povo".[99]

O direito do povo é a ligação entre o Estado e os *seus* deuses. Também a existência dos deuses depende da manutenção do Estado não menos do quanto depende da existência dos deuses. Eles, do alto dos céus, estão radicados profundamente na "terrestridade" do Estado – "terrestre é a realidade de Roma, terrestre é a sua humanidade".[100] O Estado olha para o céu porque o céu penetra na terra. É o céu *da* Terra. É essa relação que santifica o poder. Que permite a unidade entre poder e bem – poder do bem enquanto bem do poder – ainda reivindicada pela "teologia política" de Augusto, nesse caso coincidente com a da Igreja de Roma. A essa teologia pertence o direito do Estado, a sua *jurisdictio*,

---

[98] p. 420.

[99] p. 422-423.

[100] p. 419.

que, por quanto mortal, é, ao mesmo tempo, "símbolo" de imortalidade, "porque apenas simbolicamente o que é mortal pode inserir-se no que é imortal, numa imortalidade que, como o Estado romano, está acima de todo símbolo em força da própria realidade".[101] Numa imortalidade que não só traduz ao povo a imagem da própria potência, mas redime, através da pessoa de quem o representa, também o mal que essa inevitavelmente transporta:

> O Estado na sua dupla realidade deve simbolizar não apenas os deuses, não é suficiente que para celebrar os deuses ele se construa a acrópole; deve, além disso, constituir o símbolo para o povo, que é a outra metade da sua realidade, o símbolo forte que o povo quer ver e entende a forte imagem em que o povo se reconhece, a imagem da sua potência, à qual quer dobrar-se e à qual tem o direito de dobrar-se, pretendendo que o poder terrestre, como indica o exemplo de Antônio, está sempre inclinado à maldade e que só um representante do poder, que seja, por um momento, símbolo da realidade perene, exclui um perigo semelhante.[102]

2. É o *acmé* retórico da peroração de Augusto, a conclusão teológico-política a que ele hegelianamente chega: o poder, por sua origem divina, tem a força de transformar o mal em bem. Mas é também o ponto do qual toma direção a inversão de sentido produzida por Broch-Virgílio. A assunção de um código lógico-linguístico totalmente independente do primeiro: e, aliás, capaz, de outra perspectiva – não, como comumente se acredita, aquela da fundação ética da política, mas, pelo contrário, aquela "gnóstica", da sua radical colocada em mora –, de inverter e de reler *contrariamente* todas as afirmações precedentes. Não contestando o seu conteúdo, mas simplesmente revertendo a sua forma. Assim resta imóvel o mecanismo de transfiguração entre poder e mal; mas com uma mudança de papel entre sujeito e objeto: não é o poder que transfigura (em bem) o mal, mas o mal que transfigura, ou melhor, que revela, em sua real essência, o poder. Dessa inversão de perspectiva geral – a inversão do discurso a partir de um ponto de vista situado às suas costas – resulta finalmente compreensível aquele "duplo fundo" semântico contido desde o início na figura de Augusto: desde quando

---

[101] p. 424.

[102] p. 424.

o seu cativante sorriso parecia "algo de maligno e cruel"[103] e a púrpura de sua toga havia se tornado, de repente, "negra, violenta" em torno de um figura tornada "dura, rígida, afiada"[104] junto à própria paisagem da qual se destacava; ou desde quando "aquele que estava ali diante da janela não [parecia] mais Octaviano, mas sim uma criatura delicada e severa, estranhamente dura, quase que para além do humano, e ao redor se estendia o Estado em grandes linhas espectrais".[105]

Nessa nova luz "negra", literalmente diabólica, o Estado que havia sido apresentado e, atenção, *efetivamente era* a realização política da ética, a sua politização – mas justamente por isso, segundo os princípios fixados por *Die Straße* ao *Kondensat*, com sua inversão negativa –, assume o seu verdadeiro rosto, não mais hegeliano, mas "agostiniano", de *civitas homini*, ou, ainda mais, *diaboli*: assim como o *telos* progressivo, o "historicismo" por ele representado se evidencia no seu autêntico semblante de total rendição ao devir, puro niilismo: "É possível que tantas vezes me tenha ocorrido de ver a morte, mas, na verdade, meu amigo, tão pouco é a vida quanto a morte; a vida leva à morte, e ambas são nada".[106] E se niilista é a sua filosofia, se nada contam a vida e a morte, também a subjetividade "trazida" pelo Estado – o Estado, como Augusto dizia, *dos* sujeitos – será nada. Mais que Estado dos sujeitos, Estado da *sujeição*, sujeição ao Estado[107]: "Na verdade, é dura a humanidade que o Estado tem para oferecer, e é tão mais dura enquanto o Estado, que está a serviço do público, bem e precisamente por isso o encarna, pretende que o indivíduo, por sua vez, o sirva e plenamente se sujeite a ele, aliás, assume-se até mesmo o direito de reclamar e de destruir a vida do indivíduo, protegida por sua força, não só a segurança e a proteção da coletividade exigem essa

---

[103] p. 355.

[104] p. 366.

[105] p. 419. Mais em geral, sobre a prosa brochiana em *Virgilio*, ver: SCHLOKER, G., Janusköpfige Sprache: Gedanken zu Brochs Prosa, in: R. Thieberger (Org.), *Hermann Broch und seine Zeit*, Bern-Frankfurt a.M./Las Vegas, 1980, p. 146-152.

[106] BROCH, *Der Todd es Vergil*, p. 371.

[107] Conceitos não dissímeis, por outro lado, Broch expunha num ensaio imediatamente posterior à guerra (*Die Zweiteilung der Welt*, 1947, publicado em: *Politische Schriften*, especialmente p. 278-279), onde, partindo da premissa de que os estados servem para a proteção de seus próprios cidadãos, chega à conclusão de que eles, enquanto "máquina do poder" (*Machtmaschine*), tendem, por fim, inevitavelmente ao totalitarismo.

destruição".[108] Estamos bem além do puro absoluto Estado hobbesiano. Aí, precisamente falando, não há "absolutização", dissolução: há, antes, a tradução *in politicis* de uma ética da totalidade que, para realizar-se, impõe a eliminação do indivíduo; dessa maneira a sua realização coincide com a aniquilação:

> Assim, a minha obra foi, sim, dirigida para melhorar o destino dos escravos, mas, por outro lado, a prosperidade do Império necessita de escravos, e eles devem adaptar-se a essa realidade, independentemente dos direitos que cabem aos oprimidos e que eles poderiam reivindicar [...] e se eles se rebelassem mais uma vez, se ressurgisse um Spartacus como seu guia, eu deveria agir ao modo que Crasso e crucifixar milhares deles; eu deveria fazê-lo, seja para intimidar seja para recriar o povo, a fim de que ele, sempre pronto à crueldade e ao medo, reconhecesse na excitação da crueldade e do medo a nulidade do indivíduo diante da onipotência do Estado.[109]

Nesse caso, também o Estado-povo, o Estado das massas, exibe-se em seu mais recolocado, mas também profundo significado. Ele, justamente enquanto constituído pela e para a unificação das massas – "Eu devo me dar conta de determinados fatos, e todo meio que se revele adaptado a contribuir com a unificação das massas, não me é lícito negligenciar"[110] –, reproduz potencializada a sua íntima ambivalência. Isto é, aquele curto-circuito, descrito "cientificamente" em algum lugar por Broch (e não só por ele), entre "pânico" (contração do Eu) e "êxtase" (expansão do Eu)[111] que deriva a potência da massa da potência do chefe ao qual se liga numa relação insolúvel de identificação recíproca, "meta à qual o rebanho avidamente tendia pela necessidade de se sentir guiado, mas que precisamente por isso era também a imagem de uma potência enigmática, horrível, sombria, ausente, incompreensível a cada animal, incompreensível a cada homem [...]".[112]

---

[108] BROCH, *Der Todd es Vergil*, p. 418.

[109] p. 420.

[110] p. 414.

[111] Faço referência naturalmente, por um lado, à linha Le Bom-Freud e, por outro, a Canetti. Mas sobre sua relação (e sobre a oposição teórica de Broch a favor da primeira), voltaremos mais adiante. A respeito de Broch, ver todos os escritos em: *Massenpsychologie*.

[112] BROCH, *Der Todd es Vergil*, p. 81.

Incompreensível a *cada* homem porque pertencente àquela *reductio ad unum*, inextricavelmente ligada ao destino efetivo da política, que manifesta a sua lógica exatamente na exclusão de cada um, incapaz, enquanto indivíduo, de "participar da potência, da apoteose, da grandeza da liberdade, da infinitude do Uno, que habitava lá no palácio".[113] É, por isso, que "tensionado entre divindade e popularidade, reflexo daquela e imagem desta, o poder terrestre não se dirige a cada um, o Estado não se dirige à multiplicidade dos homens, mas sim, sempre e apenas, à totalidade do povo, para conservar nela a perene existência da própria realidade".[114]

Se é esse o Estado para o qual olha Augusto, se é essa, supressiva de qualquer outro direito, a lei do seu direito, Virgílio lhe opõe finalmente toda a sua estranheza. Volta a ecoar a seca oposição benjaminiana. Àquele direito – e aos deuses que o ligam aos confins da terra – responde a absoluta "imensidão" da Justiça: "Mesmo se hoje, ó César, tu deves ainda proteger as fronteiras do Estado, o reino será sem fronteiras; mesmo se hoje tu estás ainda forçado a distinguir o grande direito do direito menor, indivisível será a justiça, a coletividade estará vulnerável em cada indivíduo, o direito de cada um estará protegido no direito da coletividade".[115] Ilimitada será a sua liberdade "porque o reino da consciência, que florescerá do teu Estado, o reino da verdadeira realidade não será o reino das massas, aliás, não será tampouco o reino dos povos, mas sim um reino da comunidade humana, erguido pelo homem que se encontra na consciência, erguido pela alma individual do homem, por sua dignidade e por sua liberdade, erguido por sua semelhança com a imagem divina".[116] À teologia política do Estado de direito ecoa "a imagem e semelhança" do estado de Justiça. É o "polo positivo" ao qual o *Kondensat* se refere. Mas, como nele, também, nesse caso, com um rosto que não se assemelha com nenhum rosto, com o rosto, mais precisamente, da ausência de rosto. Tal é, e só pode ser, aquela "imagem e semelhança": uma semelhança *sem* imagem. Por isso, Virgílio cede ao imperador: à superioridade da *sua* lógica e à obrigatoriedade do *seu* direito. A restituição da *Eneida* a Augusto – não

---

[113] p. 83.

[114] p. 423.

[115] p. 419.

[116] p. 419.

era esse o seu poema? – não marca nenhuma conciliação entre os dois interlocutores, mas o definitivo desvio dos dois âmbitos discursivos: a restituição, de fato, do poder à única linguagem, negativa, que pode representá-la;[117] a subtração do "polo positivo" de toda representabilidade. Se "sobre a terra não é possível suprimir a violência [...] [se] a luta pelo poder divide o homem do homem, onde quer que os homens habitem, uns ao lado dos outros",[118] então "a estrela migrará para a terra em repouso, não para os estados",[119] porque "a liberdade está junto a nós; o estado é ridículo e terrestre".[120]

Essa – a impossível conjugação de ética e política, não certamente a sua realização – é a única mensagem que Broch envia a Virgílio. Ele é assumido em toda a sua radicalidade, para fora de qualquer "reabilitação" construtiva. Entre ética e política cai um abismo que nenhuma teoria da história – nem mesmo aquela reproposta, sempre mais contraditoriamente, sempre menos convincentemente, nos últimos ensaios narrativos – pode sanar, porque precisamente pela história continuamente recriado. Não por nada sobre a recusa da história, e da sua fatal continuidade, se encerra *A morte de Virgílio*, sempre que o protagonista moribundo entrevê uma "única, profunda contemporaneidade, porque voltando-se para trás para olhar o infinito que havia deixado para trás de si, vê através dele no infinito do presente, de modo que olhava e escutava para trás e para frente, ao mesmo tempo, e o burburinho do passado, mergulhado na invisibilidade do esquecimento, emerge no presente, tornando-se fluente contemporaneidade, na qual repousa o eterno, o arquétipo de todas as imagens. Então, foi percorrido por um calafrio, e enorme era esse calafrio, quase benigno na sua definição, porque o anel do tempo estava concluído, e o fim era o início. Caída era a imagem, caídas as imagens, apenas o tremor continuava, o murmúrio que, invisível, as protegia".[121]

---

[117] Ver a pontual interpretação do ato de restituição (mas também de toda a obra de Broch) contida em: SCHIAVONI, G., *Hermann Broch*, Firenze, 1976, p. 56 em diante, ainda muito útil.

[118] BROCH, *Der Todd es Vergil*, p. 387.

[119] p. 411.

[120] p. 416.

[121] p. 538-539.

A tela de Goya

1. No final de *A morte de Virgílio*, a viagem impolítica de Broch parece ter alcançado a sua meta. Nesse percurso a projetualidade ético-política, ainda afirmativamente declinada em chave de filosofia da história nos escritos juvenis (e continuamente emergente das próprias cinzas dos últimos escritos americanos), surge por fim demolida pelo interior, e como esvaziada, por uma *força de negação* que empurra o "polo positivo" do político para além das margens do representável. E, no entanto, como prova de um dissídio interior jamais definitivamente suturado, tal meta também assinala um limite, por assim dizer, insuperável. Precisamente à transcrição desse irrepresentável – *além* das imagens, *além* da linguagem – realmente estava dedicada, inevitavelmente em forma representativa, a maior parte do livro: à pesquisa, até muito conceitualmente elaborada, de explicação do inexplicável, de nominação do inominável. O resultado que emergia dele – é esse o dado "falimentar", não a pesquisa em si, inevitável e suscetível de êxitos muito diversos, como veremos na parte final de nosso trabalho – era uma espécie de compromisso formal necessário entre uma programática declaração de indefinibilidade e um esforço de definição ("a humanidade", "a solidariedade", "a ajuda recíproca") destinada a constituir a sua negação empírica.

A resposta (também essa, como se verá, em forma de *pura* pergunta) a esse *impasse* não é encontrável no *corpus* brochiano. Ela é eventualmente procurada nos limites exteriores da obra de Broch, nos escritos precisamente de seu outro grande intérprete e amigo (também nos confrontos com Arendt, e situado, em relação a ela, em posição simetricamente oposta: "para além" de Broch). Falo, naturalmente, de Elias Canetti. Há algumas páginas na terceira parte de sua grande autobiografia intelectual que manifesta, com aquela lucidez analítica de que apenas a escritura canettiana é capaz, na mesma aproximação intelectual ao amigo (e, em certos casos, mestre), a intransponível distância que dele o separa. *Início de um contraste*[122]se intitula, de fato, o parágrafo num certo sentido explicativo da insistente metáfora que conota no "mítico" mundo de Canetti a figura de Broch; a de um

---

[122] CANETTI, Elias. *Das Augenspiel. Lebensgeschichte 1931-1937*. Munique-Wien, 1985. (trad. it. Milão, 1985, p. 44-56.)

"grande e lindíssimo pássaro do qual foram cortadas as asas",[123] de "um voo cortado".[124] Há uma troca de piadas, citada por Canetti, que talvez melhor que outras, mais elaboradas, divergências conceituais (como, por exemplo, o juízo diferente sobre a psicanálise freudiana),[125] dá uma evidente razão de contraste. Trata-se da crítica, direcionada por Broch a Canetti, segundo a qual este último produziria em seus textos (particularmente o drama *Hochzeit* e a *Blendung*), uma espécie de "intensificação", e quase "introjeção" do medo: "Mas você não ameaça o inferno, o representa, e nessa vida. Você não o representa objetivamente, a fim de que as pessoas tenham uma visão mais exata e uma consciência real, mas o representa de modo que as pessoas se sintam já dentro dele e angustiadas por ele. Mas a tarefa do escritor é trazer *mais* medo ao mundo? Parece-lhe um objetivo assim tão nobre?".[126]

---

[123] CANETTI, Elias. *Das Gewissen der Worte*. Munique-Wien, 1976. (trad. it. Milão, 1984, p. 30.)

[124] CANETTI, *Das Augenspiel*, p. 46.

[125] "Ficava indignado quando eu criticava as concepções de Freud. Certa vez tentei esclarecer que era necessário diferenciar pânico de fuga de massa: o pânico é, sim, uma verdadeira desintegração da massa, mas também há casos – e podemos constatar, por exemplo, nos rebanhos – em que as massas em fuga não se desintegram, ficam todas unidas e, aliás, tiram vantagem precisamente do sentido vivíssimo de ser uma massa. Naquele dia Broch me perguntou: "E como você faz para sabê-lo? Ocorreu-lhe ser uma gazela num rebanho em fuga?" (CANETTI, p. 55). Sobre a relação entre Canetti e Freud ver o (discutível) ensaio HENNIGHAUS, L. Canetti und Freud. Polemische Bermerkungen zum Beginn einer "Todfeindschaft", in: *Austriaca*, v. XI, n. 21, p. 41-48, que destaca justamente a diferença entre as duas concepções do "rebanho primordial". Canetti, substancialmente, liberta a concepção da massa do quadro categorial freudiano da "sugestão" e da "hipnose" (que leva Freud à falaciosa aproximação da massa às instituições do exército e da Igreja, exatamente recusada por Canetti). Cito da tradução da Massenpsychologie de Freud, in: *Gesammelte Werke*, v. XIII, p. 125 (Turim, 1971): "O caráter perturbador, coercitivo, da formação coletiva, o qual é manifesto nos fenômenos de sugestão que a contradistinguem, pode, portanto, ser com razão reconduzido à origem dessa no rebanho primordial. O chefe da massa ainda sempre é o temido pai primordial, a massa ainda quer ser sempre dominada por uma violência ilimitada, está sempre em medida extrema ávida de autoridade, e tem, segundo a expressão de Le Bom, sede de submissão. O pai primordial é o ideal da massa que domina o Eu em vez do ideal do Eu. A hipnose pode ser bem definida como uma massa a dois". Sobre o tema do rebanho, ver ENRIQUEZ, E. *De la horde à l'état*, Paris, 1983. (trad. it. Bolonha, 1986.)

[126] CANETTI, *Das Augenspiel*, p. 52. Ver a propósito: BUSCH G., Der Roman des großen Erschreckens, "Die Blendung", in: *Canetti lesen: Erfahrungen mit seinen Büchern*, organizado por H. G. Göpfert, Munique, 1975, p. 31.

A esse procedimento, efetivamente típico de Canetti, Broch responde com uma diferente estratégia narrativa, que é aquela de uma contraposição ética de "diferentes sistemas de valores, bons e ruins, de modo que o contraste salte aos olhos", com a consequência de uma "compensação" que "retira um pouco do medo"[127]: o resultado disso é que Canetti define um efeito de "apaziguamento"[128] – quase de equilíbrio – que reduz o *grito mortal* produzido, ao contrário, sobre o leitor pela "medrosa" escritura canettiana. Nessa diferença "metodológica", toda a distância que passa entre as duas concepções "filosóficas" – mas aquela de Canetti apenas com boa aproximação pode definir-se tal –, isto é, entre dois modos radicalmente divergentes de entender a relação entre "polo positivo" e "polo negativo", para usar a formulação de Broch. Ainda sentimos este último: "Você, pelo contrário, quer intensificar a inquietude até o ponto de torná-la pânico. Em *Núpcias*, certamente teve êxito. O resultado é um só: destruição e ruína. Mas você *quer* essa ruína? Intui-se que deseja justamente o contrário. Você gostaria de fazer algo para apontar uma saída, mas não indica nenhuma: para as duas obras, para o drama e para o romance, você dá um epílogo cruel e implacável, com a destruição. Há nisso uma intransigência que é necessário respeitar. Mas essa intransigência significa que você renunciou à esperança, que você próprio não consegue encontrar uma saída. Ou significa que duvida realmente da possibilidade de uma saída?".[129]

A resposta de Canetti acerta bem no centro o sentido último da divergência. Se para Broch, para a sua filosofia política, e para a filosofia da história sobre a qual ainda, apesar de tudo, ela se baseia – "a sua primeira grande obra, a trilogia narrativa *Os sonâmbulos* representa bem a realização poética da sua filosofia da história [...]",[130] observa em algum lugar Canetti –, a "esperança", o "polo positivo", deve ser procurada fora, *no exterior*, do polo negativo; se os valores, "bons e ruins", são contrapostos "de modo

---

[127] CANETTI, *Das Augenspiel*, p. 52.

[128] CANETTI, *Das Augenspiel*, p. 52.

[129] p. 52-53. E, de resto, como prova da "insustentabilidade", por parte de Broch, do "negativo absoluto" canettiano, veja-se a sua leitura substancialmente positiva de trágico final da *Blendung*: BROCH, Hermann, Einleitung zu einer Lesung von Elias Canetti in der Volksschule Leopoldstadt am. 23. Januar 1933, in: *Canetti lesen*, p. 121.

[130] CANETTI, *Das Gewissen der Worte*, p. 25.

que o contraste salte aos olhos", em Canetti as coisas se dão diversamente. Complicam-se e, ao mesmo tempo, se simplificam "medrosamente". O polo positivo, a esperança jamais apagada a que ele alude, não só não é mais representável positivamente e positivamente teorizável – como já sabia Broch –, mas é totalmente subsumido, e mantido, dentro da espectral evidência do polo negativo. Trata-se, em relação a Broch, de uma realização, e, ao mesmo tempo, de uma inversão. Se representável é apenas o negativo, o mal na linguagem brochiana, o *poder* na linguagem canettiana, é só a partir dele, da sua análise meticulosa, que pode emergir, de *reflexo*, como através de um eco invertido, o *silêncio* do positivo.

A esse gesto de absoluta concentração, a essa sobreposição sem restos, é reconduzível o extremismo intelectual que Broch lhe reprova. A coincidência liminar do mundo representado com o negativo que ele representa; com o "medo" que preenche e encrespa a sua superfície. E a isso ainda se referia talvez a última, intensa, metáfora que precisamente a Broch, no discurso em homenagem aos seus 50 anos, Canetti havia dedicado: a "pretensão cruel e radical"[131] de ser *ao mesmo tempo* "cão do próprio tempo" e "contra o próprio tempo". De ser "contra" *por dentro* do próprio tempo. De acabar – como Canetti dirá de Goya – com a esperança, *toda* a esperança, no interior do horror da realidade: e apenas desse modo de elevar o horror da realidade aos limites da esperança:

> Depois do Cristo de Grünewald, ninguém havia representado o horror como ele, sem melhorá-lo por um fio em relação à realidade, repugnante, opressora, mais perturbadora que qualquer profecia, e, no entanto, sem pô-la a nu. A coerção que exercia sobre o contexto, a direção ineludível que imprimia aos seus olhos, era o último resto de esperança, mesmo que ninguém tenha ousado chamá-lo assim.[132]

2. Precisamente essa propensão de Canetti a encerrar a esperança no desespero e a ler o desespero como esperança; assumindo a morte, o mal, o negativo como o único "campo explorador": deixando-o, por assim dizer, falar diretamente, sem efeitos estranhos ou vozes fora de campo, explica a predileção de Canetti pela linguagem dos "grandes

---

[131] p. 27. Sobre as metáforas da *Rede zum 50: Geburtstag* (Wien, nov. 1936), ver: ZAGARI, L., "Die Splitter des Staunens": Canetti über Kafka und Broch, *Studi Tedeschi,* Napoli, 1982, particularmente p. 191-192.

[132] CANETTI, *Das Augenspiel,* p. 342.

inimigos", dos grandes pensadores "negativos" – em primeiro lugar, Hobbes, De Maistre e Nietzsche – que *como* ele, mesmo se *contra* ele, excluem qualquer "fuga" afirmativa do rosto macabro da realidade analisada: "Todos os pensadores que partem da maldade do homem possuem uma imensa força de persuasão. Soam espertos, corajosos e verdadeiros. Olham a realidade nos olhos e não temem chamá-la pelo nome. Que nunca se trate de toda a realidade, entende-se só mais tarde; e ainda mais corajoso seria ver, nessa mesma realidade, sem falsificá-la, nem aboli-la, o núcleo de outra realidade, possível em circunstâncias transformadas, isso o confessa apenas quem conhece ainda melhor a maldade, quem a tem em si, procura-a em si, encontra-a em si: um poeta".[133]

Esse aforisma, que faz par com outro em que o autor declara que jamais "teria aprendido a conhecer realmente o poder se não o tivesse exercido e se não tivesse se tornado também a vítima de tal exercício",[134] mostra sobre a dimensão talvez mais "obscura" (também porque jamais realmente penetrada pela crítica, geralmente empenhada a traçar contragolpes utópicos[135] num autor que faz da antiutopia um verdadeiro e próprio plano de vida) do pensamento de Canetti e sobre o sentido da sua reviravolta impolítica.[136] Este último não se irrompe, como acontecia com Hannah Arendt e, em parte, com o próprio Broch, como o "contra-ataque" ultrapolítico, político até o ponto de se ocultar (e de se redimir, pelo menos em Broch) no próprio oposto simétrico, diante

---

[133] CANETTI, Elias. *Die Provinz des Menschen. Aufseichnungen 1942*-1972. Munique, 1973. (trad. it. Milão, 1978, p. 291.)

[134] CANETTI, *Die Provinz des Menschen: Aufseichnungen 1942-1972,* p. 118.

[135] Penso, por exemplo, em: SCHWEIKERT, U., Der Weg durch das Labyrinth, *Neue Rundschau*, n. 85, p. 157-158, 1974; e também em: DISSINGER, D., Alptraum und Gegentraum: Zur Romanstruktur bei Canetti und Bernhard, *Literatur und Kritik*, n. 14, p. 421-434, 1979.

[136] Sobre a irredutibilidade da obra canettiana em categorias histórico-políticas, ver: DURZAK, M., Der Roman des abstrakten Idealismus als satirischen Roman. Elias Canetti "Die Blendung", in: *Gespräche über den Roman. Formbestimmungen und Analysen,* Frankfurt, 1976, p. 121. A mesma anotação, porém, de modo crítico, já havia sido feita (de modo pouco pertinente) por AUER, A., Ein Genie und sein Sonderling. Elias Canetti und, "Die Blendung", in: *Sinn und Form*, n. 21, p. 963-983, 1969; e por HOLZ, H. H., Elias Canettis "Masse und Macht" als religionsphilosophischer Entwurf, in: *Text und Kritik*, n. 28, p. 24, 1982. Absolutamente inutilizáveis, sempre nessa chave, as observações de PISCHER, E., Bemerkungen zu Elias Canettis "Masse und Macht", in: *Literaturund Kritik*, n. 7, p. 12-20, 1966.

de uma realidade progressivamente despolitizada; mas, pelo contrário, é o rosto oculto, a voz reprimida, o fundo esquecido de uma realidade integralmente estruturada dentro de um único código político, isto é, aquele do poder. Se há um autor que interpreta politicamente cada segmento da realidade psicológica, antropológica, social, esse é certamente Canetti.[137] Mas é exatamente essa compacidade e aparente exaustão da linguagem política que abre – dentro dele, como se disse, e jamais em forma externa ou realmente alternativa – um vazio semântico no interior do qual toda palavra adquire um eco invertido. Daí a presença de uma dimensão escondida, mantida no impensado[138] (típica, além do mais, de certa tradição hebraica), que acompanha como silencioso contracanto a definição, toda em negativo, da história como história do acontecido, do efetivo, do realizado: "a história apresenta tudo como se nada pudesse ter sido desenvolvido de outra forma. Ao contrário, poderia ter sido desenvolvido de cem modos. A história se coloca à parte do que aconteceu e o destaca do não acontecido construindo sólidas conexões. Entre todas as possibilidades, baseia-se na única que sobreviveu. Assim sempre age a história, como se estivesse da parte do acontecimento *mais forte*, isto é, daquele realmente acontecido: não teria podido permanecer não acontecido, tinha que ocorrer".[139] O que conta não é tanto a presença de todas as outras histórias *possíveis* quanto a sua *efetiva* ausência: isto é, a vitória da única história real que nenhuma das possíveis tem o poder de contestar.[140]

---

[137] Interessante, nesse sentido, a conversa radiofônica com Adorno publicada em: *Elias Canetti: Die gespaltene Zukunft, Aufsätze und Gespräche*, Munique, 1972, p. 66-92; sobre a qual ver: BARNOUW, D., *Elias Canetti*, Stuttgart, 1979, p. 65-68. Nem surpreenda, nesse sentido (mas só nesse, naturalmente), a comparação com Schmitt (a morte como "inimigo") desenvolvido por: PIEL, E., *Elias Canetti*, Munique, 1984, p. 130-131.

[138] Ótimo, nessa chave, o livro de: SCHIAVONI, G., *Il luogo taciuto di Elias Canetti*, Munique, 1984, p. 130-131.

[139] CANETTI, *Die Provinz des Menschen*, p. 169-170.

[140] Nesse sentido, mais que de Hannah Arendt, Canetti está muito próximo de Benjamin: no que diz respeito a esse aspecto, ver ISHAGHPOUR, Y., Variationen über den Selbst-Denker Canetti, in: *Literatur und Kritik*, n. 177-178, 1983; além de JESI, Furio, Composizione e antropologia in Elias Canetti, in: *Nuovi argomenti*, n. 40-42, p. 332, 1974. Mas se deve levar em conta esse ensaio de modo mais abrangente, em relação à alegoria canettiana, interpretada por Jesi justamente em sentido rigorosamente antirrepresentativo: "A alegoria de Canetti está, realmente,

Daí ambos os traços característicos do impolítico canettiano: não só a recusa de qualquer dimensão teológico-política no sentido do nexo bem-poder – é a própria realidade, a *sua* história, que tem, em outro sentido, uma estrutura rigidamente teológico-política como *"religião do poder"*[141] –, mas também a exclusão de toda alternativa histórica (e, ainda mais salvífica) à linguagem do poder. E, note-se bem – estamos no fundo mais obscuro do discurso de Canetti –, não tanto porque toda projetualidade alternativa seria necessariamente presa da filosofia progressiva da história considerada responsável pelos piores crimes contra os homens em nome da humanidade quanto, sobretudo, pela linguagem *só por si* potente necessariamente específica de todo possível *sujeito* de antipoder. Isto é, pela tendencial identificação, que se consome dentro da estrutura da subjetividade, de poder e antipoder, de dominador e dominado, de vítima e algoz. Agora a absoluta radicalidade da perspectiva canettiana deriva do fato que tal identidade, capturada ou anunciada por toda uma série de pensadores – de Nietzsche ao próprio Broch (para não voltar ainda mais atrás) – como resultado momentâneo de uma dada conjuntura histórica, é apresentada por Canetti como a consequência de uma lei biológica: ou seja, relativa à vida e, mais precisamente, à sua ineludível relação com a morte:

> Com a consciência crescente de que estamos sobre um monte de mortos, homens e animais – escreve Canetti em 1956 –, de que a consciência de quem somos se alimenta do número daqueles que sobreviveram, com a consciência que rapidamente ganha terreno, torna-se ainda menos possível chegar a uma solução da qual não

---

concentrada em si mesma, não representa senão si mesma, não tem nada por trás de si, e precisamente porque é assim – porque é o não desmascarável por excelência, dado que não tem máscara –, a sua força de atração é eminentemente desmascarante" (p. 336-337).

[141] CANETTI, *Die Provinz des Menschen*, p. 45-46: "Na sua luta contra as formas escleróticas da fé, os iluministas deixaram uma única intacta, a mais delirante: a religião do poder. Em relação a ela, deram-se dois comportamentos: o primeiro, e mais perigoso em longo prazo, preferia não falar nem mesmo do poder e continuar a exercê-lo tacitamente ao modo tradicional, tirando forças dos exemplos inesgotáveis e, infelizmente, imortais da história. O segundo comportamento, muito mais agressivo, começou com o gesto de glorificar-se ainda antes de entrar em ação; apresentou-se abertamente como uma religião no lugar das agonizantes religiões do amor, que desdenhou com violência e malícia. Proclamou: Deus é poder, e qualquer um que o tenha é seu profeta".

sentimos vergonha. É impossível separar-se da vida, de que sentimos continuamente o valor e as expectativas. Mas é impossível também não viver da morte de outras criaturas, cujo valor e cujas expectativas não são menores que as nossas.[142]

A "Impossibilidade" da solução é, nesse caso, relativa exatamente à recusa do desdobramento brochiano entre os dois "polos" (negativo e positivo) do político e à consequente sobreposição dos eixos semânticos bem-mal, vítima-algoz, vida-morte. Como é possível viver fora da morte, a partir do momento em que da morte se alimenta a vida? Como é possível empurrar a morte para fora da vida, se a vida deriva da realidade irrecusável da morte. É essa *a* pergunta de Canetti. Como viver *sem* sobreviver? Como realizar a impossível "quadratura do círculo",[143] segundo os termos do aforismo decisivo do qual todos os outros parecem, em última instância, libertar? "A saciedade do vencedor, a sua ganância, a sua complacência, o seu longo prazer em digerir. Várias coisas não se deveria ser, mas ser um vencedor é a única coisa que jamais se deveria ser. Mas o é em cada homem que se conhece bem e ao qual se sobrevive. Vencer é sobreviver. Como pode fazer para continuar a viver, mas sem ser vencedor? – A quadratura moral do círculo".[144] Para que o círculo possa ser quadrado, seria preciso poder viver *sem* crescer ou crescer *sem* comer, do momento em que "um homem que não tivesse que comer e, no entanto, prosperar, que se comportasse como um homem quanto à inteligência e aos sentimentos, mesmo sem jamais comer – seria o mais avançado experimento moral pensável; e apenas se fosse resolvido alegremente, poder-se-ia pensar seriamente na superação da morte"[145]: quando é, pelo contrário, o crescimento que produz vida e o comer que produz crescimento. *Isto é, o poder que produz o sujeito: mesmo o do antipoder.* Sobre esse dado insuperável se encerra numa mordida a palavra de Canetti. A esperança, como se disse, faz tudo com ele. Não há espaços utópicos para habitar. O seu *topos* está inteiramente coberto pela sombra. Mas, ao mesmo tempo, pela luz que a consciência dessa sombra produz: "A coisa mais humilhante na vida é que no fim se

---

[142] p. 223.

[143] Ver: HÄDECKE, W., Die moralische Quadratur des Zirkels: Das Todesproblem im Werk Elias Canetti, *Text + Kritik*, n. 28, p. 27-32, 1982.

[144] CANETTI, *Die Provinz des Menschen*, p. 188-189.

[145] p. 145.

aceita tudo o que se detestou com força e orgulho. Assim se chega transformado ao ponto do qual se partiu quando jovem, no próprio ambiente de um tempo – Mas, então, onde se está realmente? Se está na dura clareza com a qual se vê e se registra tudo isso".[146]

3. Se esse é o sentido último do discurso de Canetti, isso não exclui que antes de chegar a ele, coloca-se em ato uma série de estratégias defensivas, de táticas delatórias diante do Poder sujeito, do Sujeito ao poder que, apesar de seu êxito falimentar, são registradas enquanto tais. A principal, e mais compreensiva, dessas estratégias, já amplamente discutida pela literatura crítica (mas quase sempre em chave "utópico–libertador") é aquela que é ligada ao conceito de "metamorfose" (*Verwandlung*)[147] e a todas as atitudes – multiplicidade, transformação, mudança – que constituem a sua constelação semântica em oposição à identidade paranoica do poder[148]:

> Dois tipos de pessoas: a um tipo interessa a posição na vida, a situação que se pode alcançar, esposa, diretor de escola, conselheiro de administração, prefeito. Miram sempre no ponto que uma vez colocaram na cabeça; também o seu próximo, qualquer um, podem apenas vê-lo girar em torno de tais pontos, e em geral se trata somente de posições; além destas, todo o restante não conta e é negligenciado por elas sem pensar a respeito. As pessoas do outro tipo querem liberdade, e, sobretudo, posição. Interessa-lhes a mudança; o salto que leva não a um degrau mais alto, mas a novas aberturas. Não podem restar diante de uma porta ou de uma janela, a sua direção sempre é voltada para fora. Fugiriam de um trono do qual ninguém do outro grupo, uma vez nele sentado, jamais conseguiria levantar-se nem por um milímetro.[149]

---

[146] p. 329.

[147] Sobre a *Verwandlung*, ver: BARNOUW, D., Significato e metamorfose: Il problema della obiettività nelle scienze umane in Canetti e Levy-Strauß, *Nuovi Argomenti*, n. 40/41/42, p. 294-331, 1974; ISHAGHPOUR, Y., Verwandlung und Identität: Zu "Masse und Macht", in: F. Aspetsberger e G. Stieg (Eds.), *Elias Canetti: Blendung als Lebensform*, Königstein, 1985.

[148] Também referente aos limites interiores a toda tentativa de inversão " afirmativa" do discurso de Canetti, ver o ensaio de: FADINI, U., Elias Canetti: per um pensiero della metamorfose, in: *Canetti*, Roma, 1985 (*Annali dell'Istituto di Lingue e Letterature Germaniche de Parma*), organizado por M. E. D'Agostini, p. 143-164.

[149] CANETTI, *Die Provinz des Menschen*, p. 89-90.

Talvez nenhuma passagem mais do que essa dê o sentido de uma *dupla* possibilidade, de um duplo caminho, confiada à escolha do sujeito: uma estática, conservadora, centrípeta; a outra, dinâmica, transformativa, centrífuga. A primeira paranoicamente voltada à defesa da própria identidade; a segunda pronta para um exercício de automultiplicação e, realmente, de metamorfose. A contraposição parece fixada por Canetti com tanta nitidez que condiciona o seu próprio juízo sobre os pensadores do passado: "Os escritores ruins apagam os rastros da metamorfose; os bons os colocam em evidência".[150] Entre os primeiros, um lugar preponderante cabe a Aristóteles, que "exclui o entusiasmo e a metamorfose do homem",[151] mas também, por exemplo, a Francis Bacon, típico expoente dos "espíritos fechados" (e por isso muito semelhante a Aristóteles, "com o qual sempre se mede"[152]). A característica fundamental deles é entender o mundo como saber e o saber como uma série de caixas dentro das quais tudo possa e deva ser sistematizado: "Basta que algo seja encontrado, para que imediatamente entre ali dentro e deva restar mudo e morto em sua caixa. Aristóteles é um onívoro, demonstra ao homem que nada é não comestível, contanto que seja capaz de enquadrá-lo em uma ordem".[153]

A esses pensadores "que colocam ordem" – da identidade e da cisão, do catálogo e da exclusão –, Canetti opõe os pensadores "que iluminam"[154]: Heráclito e Demócrito, Bruno[155] e Spinoza. Sobretudo este último, como foi observado,[156] com a substituição do conceito de "potência" por aquele de "poder", constitui o verdadeiro antecedente clássico de Canetti. Se poder se refere à imposição do limite, do termo, da proibição, potência diz respeito à fluidez, heterogeneidade, conexão. Se o primeiro é mediação, a segunda, imediatismo, imaginação, contingência. Afirmação contra negação, exterioridade contra profundidade, corpo contra consciência. A essa reivindicação – não no sentido de uma

---

[150] p. 82.

[151] p. 51.

[152] p. 60.

[153] p. 52.

[154] p. 268.

[155] Ver, numa perspectiva semelhante, os dois ensaios sobre Bruno de: GIOVANNI, B., De, Lo spazio della vita fra G. Bruno e T. Campanella, *Il Centauro*, n. 11-12, p. 3-32, 1984, e L'infinito di Bruno, *Il Centauro*, n. 16, p. 3-21, 1986.

[156] Ver: FADINI, Elias Canetti: per um pensiero della metamorfose, p. 144 em diante.

antologia do ser, mas de uma fenomenologia da vida – do corpo como não mediável se liga o famoso aforisma de 1951 *in philosophos*: "O que mais me provoca repugnância nos filósofos é o processo de *evacuação* de seu pensamento. Quanto mais frequente e habilmente usam os seus termos fundamentais, tanto menos resta do mundo ao redor deles. São como bárbaros num nobre e imenso palácio cheio de obras maravilhosas. Se estão ali e se jogam tudo pela janela, metódicos e irremovíveis: poltronas, quadros, pratos, animais, crianças, até que não reste nada mais que quartos vazios. Às vezes, por fim, são jogadas fora também as portas e as janelas. A casa fica nua. Imagina-se que essas devastações tenham trazido um *melhoramento*".[157]

Como se sabe, o protótipo desse esvaziamento do mundo, dessa "cabeça sem mundo",[158] como soa o título da primeira parte da *Blendung*, é o seu protagonista Peter Kien. Ele – máximo campeão do Poder-sujeito paranoicamente empenhado no seu projeto de sobrevivência – traz o princípio de especialização da moderna divisão do trabalho ao êxito anormal de uma voluntária cegueira diante de tudo o que o circunda: funcionalizando essa remoção-exclusão do outro – seja coisa ou pessoa – à conservação e ao reforço da própria identidade individual. Tal amputação da experiência a favor do eu é por ele sistematicamente operada através de um duplo mecanismo entrelaçado: o da redução das coisas a ideias, e o da redução das ideias a uma linguagem rigidamente formalizado,[159] e por isso capaz de unificar arbitrariamente a multiplicidade do real. À semântica repressiva de Peter se contrapõe, também, nesse caso, de maneira *aparentemente* alternativa, a libertação do irmão Georges.[160] Tanto a primeira é fechada e exclusiva quanto a segunda é aberta e disponível a uma relação de comunicação com pessoas e coisas.

---

[157] CANETTI, *Die Provinz des Menschen*, p. 173.

[158] Ver: ROBERTS, D., *Kopf und Welt*, Munique, 1975.

[159] Sobre o motivo da reificação, ver: CURTIUS, M., *Kritik der Verdinglichung in Canettis Roman "Die Blendung"*, Bonn, 1973; mas também: MAGRIS, C., Gli elettroni impazziti, *Nuovi Argomenti*, n. 40-42, p. 261-293, 1974.

[160] Sobre finas observações sobre o personagem de Georges, ver: NEGRELLI, G., L'ordine infranto: Elias Canetti e la crisi della civiltà asburgica, in: *Il pensiero politico*, n. 2, p. 182 e ss., 1978. Outra significativa contribuição de Negrelli sobre tal tema, "Alla ricomposizione dell'io: classificazione, descrizione, vita nell'opera di Elias Canetti", está agora incluída na antologia MORELLO, R. (Org.), *Anima e esatezza*, Casale Monferrato, 1983, p. 299-309.

Ainda mais: a uma espécie de integração entre sujeito e objeto – amplamente exemplificada no célebre episódio do "gorila"[161] – que chega a um resultado de verdadeira e real incorporação e transposição de um no outro: "Na sua consciência aproximava as partes separadas do doente como ele as personificava, assim procurava aos poucos reuni-las [...]. Desse modo vivia contemporaneamente numa infinidade de mundos".[162] Trata-se, em suma, da capacidade de metamorfose – "Incorporava agora um número infinito de papéis, e o seu espírito estava sedento pelas metamorfoses solicitadas pelo momento"[163] – que vimos minar a lógica repetitiva e excludente do Sujeito ao poder: e, de fato, à ideologia reativamente individualista de Peter, Georges responde com um saber da *massa* enquanto produzida por e produtora de metamorfoses:

> Da bem mais profunda e essencial mola da história, o impulso que leva os homens a alcançar uma espécie animal superior, a massa, e a se perder tão completamente nela como se um único homem jamais tivesse existido, eles não suspeitavam tampouco da existência. Isso porque eram pessoas cultas, e a cultura é o colete salva-vidas do indivíduo contra a massa que está nele. Nós conduzimos a assim chamada luta pela existência não só pela fome e pelo amor, mas também para sufocar em nós a massa. Em determinadas circunstâncias essa se torna tão forte que força o indivíduo a realizar ações desinteressadas ou totalmente contrárias ao seu interesse. A "humanidade" existia, como massa, já muito antes de ser inventada – e diluída – em sede conceitual.[164]

É o ponto de máxima tensão entre os dois mundos, aquele uniforme de Peter e aquele metamórfico de Georges. Se o primeiro vive *mascarando* o múltiplo no um, o segundo, *desmascarando* o um no múltiplo. E vice-versa. E, no entanto, precisamente a simetria das duas perspectivas, como é construída por Canetti, induz a problematizar o caráter alternativo da contraposição. Quase que o autor, com um procedimento que

---

[161] Sobre o episódio do gorila, ver: MOSER, M., Zu Canettis "Blendung", in: *Literatur und Kritik*, 1970, p. 592 e ss. Para uma leitura crítica das intepretações, ver: SELLINGER, B., Elementi della poetia canettiana nel riflesso dela critica a "Die Blendung", in: *Canetti*, p. 10-31.

[162] CANETTI, Elias. *Die Blendung*. (trad. it., Milão, 1967, p. 422.)

[163] CANETTI, *Die Blendung*, p. 430-431.

[164] p. 436-437.

lhe é típico, tenha contraposto os dois paradigmas para revelar realmente as suas características de complementariedade;[165] como, de resto, num certo ponto deixa entender o mesmo Georges (agora se tornado Georg no percurso de Paris a Viena), como testemunho da falência da própria "missão": "Apenas as duas juntas, a memória sentimental e a memória intelectual – porque desse tipo é a tua – tornam possível o homem universal. Talvez tenha te sobrestimado. Se nós, tu e eu pudéssemos nos fundir numa única pessoa, nasceria de nós um ser espiritualmente perfeito".[166] Georges falha a sua missão – em vez de compreender, e, portanto, salvar, Peter lhe sobrepõe, perdendo-o – não obstante, mas *em razão* da própria atitude metamórfica. Eis o ponto decisivo a ser destacado: essa não se "esgota", *mas se realiza invertendo-se em seu oposto*, realizando-se, não como estratégia de vida, mas como produção de morte. Essa ambivalência da metamorfose – vital, liberatória, mas, *ao mesmo tempo*, mortal, destrutiva – havia sido, por outro lado, teorizada pelo próprio autor sempre que, no mesmo momento em que predicava a sua realização, não escondia o *poder* que dela inevitavelmente renascia: "O homem deve aprender a *ser* conscientemente muitos homens e a mantê-los unidos. Essa última e muito mais difícil tarefa lhe dará o caráter que ele coloca em perigo com a sua multiplicidade. Em vez dos outros, terá que governar as suas próprias personalidades; estas terão nome, ele as conhecerá, poderá comandá-las. E a sua avidez de domínio não desejará mais agir sobre os estranhos; parecerá realmente vil ter necessidade dos estranhos, a partir do momento em que cada um de nós poderá ser tantos quantos conseguir subjugar".[167] E assim: metamorfose não como abolição, mas como transferência, e com esse *potenciamento*, da "avidez de domínio". Incorporação, mas nos termos de uma nova "submissão".

4. Aqui, finalmente – para além de toda possível leitura "rizomático-liberatória": metamorfose contra identidade, massa contra indivíduo, vida contra morte – volta a ecoar o timbre mais trágico, mas também mais autêntico, da escritura de Canetti. Que é aquele da sua sobreposição e troca recíproca, como emerge literalmente no capítulo de *Masse*

---

[165] Sobre a complementariedade dos dois irmãos, ver: DISSINGER, D., *Vereinzelung und Massenwahn: Elias Canettis Roman "Die Blendung"*, Bonn, 1971, p. 120.

[166] CANETTI, *Blendung*, p. 465.

[167] CANETTI, *Die Provinz des Menschen*, p. 107.

und Macht, dedicado à dialética de mascaramento e desmascaramento, que liga poder e metamorfose num único nexo sinonímico: ali onde ao poder do "rei sacral", protetor do idêntico, surge, e não certamente contraposto, o "xamã", "mestre de metamorfoses":

> O mestre de metamorfoses adquire efetivo poder de *xamã*. Durante os seus acessos estáticos, ele reúne junto de si espíritos que submete, fala a língua deles, torna-se um deles e pode comandá-los ao seu modo. Torna-se pássaro quando viaja pelos céus e animal marinho quando desce ao fundo do mar. Ele pode tudo; o paroxismo que alcança deriva da elevada e rápida sequência de metamorfoses que o agitam até que não tenha escolhido entre elas o seu verdadeiro objetivo.[168]

Por outro lado, a ambivalência constitutiva do conceito de metamorfose – não por nada aproximado com sintomática prudência por Canetti: "Acredito ter encontrado uma chave para a *metamorfose*, e a coloquei na fechadura: mas não girei a chave. A porta está fechada, não se pode entrar. Ainda terei muito o que penar"[169] – estava clara desde quando o autor a havia concentrado numa mútua dependência com aquele, semanticamente relacionada à esfera do poder, de "crescimento": "Não se pode, portanto, subavaliar a força do vínculo entre metamorfose e crescimento: os dois fenômenos estão ligados. Estabelecida e conservada tradicionalmente na sua exata forma, uma metamorfose assegura o crescimento de *ambas* as espécies de criaturas, tornadas nela numa única coisa. Uma das duas espécies é sempre aquela humana. Em todo totem o homem garante o crescimento de *uma outra* espécie animal".[170] Nessa citação, que além do mais deixa entrever com o Freud de *Totem e tabu* uma ligação muito mais forte do que Canetti jamais tenha querido admitir, é finalmente explicitada a cadeia que vincula numa série de recíprocas referências a metamorfose e crescimento, crescimento e produção, produção e metamorfose ("*A produção* se identifica, portanto, com a metamorfose").[171] E, assim, metamorfose e morte.

---

[168] CANETTI, Elias. *Masse und Macht*. Hamburgo, 1960. (trad. it. Milão, 1981, p. 462.)

[169] CANETTI, *Die Provinz des Menschen*, p. 255.

[170] CANETTI, *Masse und Macht*, p. 132.

[171] p. 455.

É a mesma cadeia que encerra numa única, insolúvel, dialética a massa e aquele eu, àquele Sujeito potente, a que, por outra perspectiva, essa também se opõe: como já aparecia na *Blendung*, onde a sequência imediata da frase de Georges, antes citada, a favor da massa deixava ver, *e contrário*, o seu outro, mas *simultâneo*, rosto: "Essa ferve, animal monstruoso, selvagem, ardente e túrgido de humores, nas profundezas do nosso ser, mais profunda das Mães [...]. Entretanto, dentro de nós, a massa se prepara para um novo assalto. Um dia, talvez .antes num único país, não voltará a se dissolver; depois, daí, irá se alastrar por todos os lados, até que ninguém mais possa duvidar dela, não havendo mais nenhum eu, tu, ele, mas apenas a massa";[172] ou também, e ainda mais, onde a parábola, sempre de Georges, do cupinzeiro, revelava, antecipando simbolicamente o próprio fim de Peter na "massa" do fogo, a verdadeira dimensão, destrutiva e autodestrutiva, da massa; que não nega a outra, liberatória, mas constitui o seu tradicional e obscuro leito: "Cada um pretende ser si mesmo, tudo tem início de cem ou mil deles, a sua loucura, uma loucura de massa, se propaga, os soldados abandonam os acessos, a colônia arde [...]".[173]Mas, sobretudo, em *Massa e poder*, no qual os dois termos que dão o título à obra estão solidamente vinculados numa correlação (metamórfica, de fato) que, mesmo opondo-os, transforma continuamente um no outro e vice-versa: como aparece desde o início, quando a massa assume *todos* os atributos do poder – crescimento, duração, impulso de destruição – que produzem *juntos*: 1) inimigo do poder, 2) instrumento do poder, 3) objeto do poder, 4) o próprio poder. Oposto e contemporaneamente realização *em massa* daquele Uno, daquele Sujeito que o poder encarna: também através da massa. Nova unidade que deriva do Uno, tendo ao Uno e *quer* o Uno como chefe e vítima simultaneamente. Porque dois são os movimentos oscilatórios do grande livro de Canetti: o que transforma o poder no seu contrário, que o dissolve enquanto poder – como infinitamente, e *por isso mesmo sem possibilidade de salvação*, narra o epílogo de *Dissolução do sobrevivente*;[174] e aquele que transforma o antipoder, a metamorfose, a massa em novo, e sempre mais potente, poder. Dentro dessa dupla tradução o texto é encerrado como numa cela que não permite fugas laterais, saídas de segurança: como prova

---

[172] CANETTI, *Die Blendung*, p. 437.

[173] p. 460.

[174] CANETTI, *Masse und Macht*, p. 565-571.

da irresolubilidade definitiva do cenário colocado "medrosamente" em ato pelo autor. Como prova, mais em geral, de contraditoriedade consciente, e, no entanto, insanável, de uma oposição ao poder por parte de qualquer sujeito – mesmo de antipoder, de mudança, de transformação. De qualquer *sujeito*: enquanto tal potente e, por isso, sólido, interior, ao próprio objetivo polêmico. Nesse ponto, então, limpado o campo de todo hipótese otimista sobre o fim do poder, de toda errônea interpretação das suas crises *orgânicas* como definitiva dissolução, retorna em toda a sua aspereza a interrogação da qual partimos: Como comer sem matar? Como crescer sem comer? Como viver sem crescer? Em um único: como viver sem sobreviver? É pensável um sujeito contra o poder? Ou o poder é o verbo *absoluto* do sujeito?

Capítulo IV
Política da ascese

O Sol de Viena (e os "homens-planta")

1. A resposta negativa à última pergunta – É possível arrancar o sujeito do predicado do poder? – coloca, no entanto, numa outra dimensão do mundo de Canetti. Dimensão lateral, implícita, apenas acenada, e mesmo assim presente e operante como uma aba oculta em seu interior: destinada, aliás, a redefinir ineditamente, deslocando-a adiante, toda a fenomenologia do impolítico. O sujeito não está separável-salvável do *próprio* verbo: *posse*. Este está fincado em tal profundidade no estatuto daquele que se torna um único ligado a ele. Em "poder" está sempre o sujeito, e o sujeito não pode fazer nada mais que poder. Havia sido esse nexo, ainda mais, essa consubstancialidade, que provoca o êxito falimentar da primeira estratégia – aquela metamórfica – colocada em ato pela escritura de Canetti: a metamorfose não pode liberar o sujeito do poder porque ela própria ao poder inextricavelmente se une em termos de multiplicação, crescimento, *aglomeração*. Transformar-se em outro – incorporá-lo ou deixar incorporar-se por ele – significa sempre *somar* a um *primum* uma alteridade adicional. Ligar, conectar, *incorporar*. A mesma semântica do corpo, usada em função liberatória, antinômica, implica evidentemente um processo de *potenciamento*. Opõe o léxico da potência – multiplicidade, mudança, exterioridade – àquele do poder. Mas precisamente por isso reforça o sujeito – preenche-o de corpo – e assim, inevitavelmente, também o poder que o constitui como tal.

Nesse sentido, portanto, a potência não pode subtrair-se do destino de poder. Arrasta-o para trás como a própria sombra, quanto mais procurar se libertar ou contrastá-lo. Mas há outro sentido, outro modo, de entender a potência: é o da potência-paixão, da potência-sofrimento, da potência-paciência. Em síntese: da *potência passiva*. Assim é, precisamente, que mantém a potência dentro do regime do sujeito, e, portanto, do poder, se não a sua modalidade ativa? Desde quando estiver ativa, a potência significará sempre potenciamento-crescimento. Produção de subjetividade potente. É só pelo lado da passividade que ela pode tentar reduzir o poder: reduzindo, em primeiro lugar, escavando do interior, o próprio sujeito, e invertendo-se, assim, no próprio aparente oposto (oposto apenas pelo lado da atividade): *impotência*: "Saborear a impotência depois do poder, fase por fase, com correspondências precisas; a todo passado triunfo contrapor a derrota recente; reforçar-se na própria fraqueza; reencontrar-se, quando se está muito perdido".[1] Nesse caso, Canetti, na dialética entre potência e impotência iniciada pela dimensão do "padecer", encontra finalmente um espaço, não alternativo-projetual, mas de subtração, ao mecanismo do poder. Note-se bem: não contrapondo simplesmente impotência a poder – nenhuma "ética da fraqueza" está aí em questão – mas escolhendo da potência a declinação passiva que a identifica à própria inversão.

Uma dialética autodissolutiva – não é mais a morte enquanto tal, a partir desse ponto de vista, o ídolo polêmico de Canetti, mas a vida absolutamente imanente a si mesma que produz morte – que investe o sujeito necessariamente potente em todos os seus mais constitutivos atributos: vontade, antes de tudo – "Eu quero, a fim de que me seja *desviada* a vontade"[2] –, mas, em seguida, pensamento. Também nesse caso, não no sentido de um abandono, de uma "distração". Mas no sentido de um pensar tão intenso, tão concentrado, tão *atento* – para introduzir uma expressão que teremos modo de aprofundar no curso do capítulo – que resolve em si mesmo o próprio objeto. Ou também – é o mesmo – para se perder integralmente nele. É por isso que para Canetti "[o homem] só pode ser livre se pensa inutilmente".[3] Se tira do pensamento toda finalidade que não seja o próprio ato do pensar.

---

[1] CANETTI, *Die Provinz des Menschen*, p. 112.

[2] p. 187.

[3] p. 140.

Se consegue – ainda melhor – não pensar em nada: pensar *o* nada: "Alguém vive na convicção que tudo o que lhe passa pela cabeça seja envenenado e a partir desse momento deveria ser evitado para sempre. A redução ao desconhecido de tudo o que existe se torna a sua única salvação. Para defender do próprio eu o desconhecido, ele descobre um sistema: *não pensar nada*. Consegue até mesmo atualizá-lo: o mundo ao seu redor floresce".[4] Floresce, precisamente, porque o pensamento, essa suprema atitude do sujeito, no tornar-se passivo, na autorreflexão, isto é, no refletir sobre a ausência de objeto de reflexão, cria um vazio que deixa espaço ao mundo, ao que não é pensamento, ou ao pensamento dos outros, ao outro pensamento. Pensamento que é tal a ponto de não se querer pensamento, e, portanto, de desfazer-se do próprio potencial niilista. De desfazer-se dele, não podendo queimá-lo, voltando-o contra si mesmo. Suprimindo-se para não ter que oprimir: "A verdadeira tentação do homem pensante é calar-se. O pensamento alcança com o silêncio a sua máxima dignidade: não se propõe mais nada. Não explica nada, não se estende. O pensamento que silencia renuncia ao contato. Talvez esse mesmo pensamento possa matar. Mas não o sabe. Não o quis. Não se obstina a sobreviver".[5]

Isso, portanto, no que diz respeito a vontade e pensamento. Vontade de *não* pensamento e pensamento que *não* quer. Mas é ao agir, à ação – à dimensão ativa, como se dizia, da potência – que se volta, sobretudo, a *intentio* autodissolutiva de Canetti. *Desse* Canetti, pelo menos. A recusa impolítica da ação está no centro de uma série de aforismas gravitacionais em torno da cadeia sinonímica agir-violar, violar-comer, comer-matar: "Toda obra – começa Canetti – é um ato de violência, já pela massa que tem".[6] E, assim, "é muito provável que, em geral, o fazer não seja mais separável do matar; e, se a terra não quer precipitar num fim grandioso, seria necessário que os homens se desabituassem completamente do fazer".[7] No entanto, é, sobretudo, uma passagem que gostaria de evocar em sua completude para as implicações que abre à sequência do discurso:

---

[4] p. 146.

[5] p. 323.

[6] p. 99.

[7] p. 43.

A lentidão das plantas é a sua maior vantagem sobre os animais. As religiões da passividade, como o budismo e o taoísmo, querem proporcionar aos homens uma existência vegetal. Talvez não estejam totalmente conscientes desse caráter das virtudes que preconizam; mas a vida ativa que elas combatem é eminentemente animal. As plantas não são selvagens; a parte preparatória ou sonhadora da sua natureza prevalece em grande medida sobre aquela volitiva. Mas no interior de sua esfera têm algo que lembra de perto os homens. Suas flores são a sua consciência. A esta, as plantas chegaram antes que a maior parte dos animais, aos quais a ação jamais deixa o tempo pela consciência. Os homens mais sábios, que deixaram há algum tempo para trás de si o tempo das suas ações, trazem o seu espírito como uma flor. As plantas, porém, têm múltiplos florescimentos, sempre renovados; o seu espírito é plural e parece livre da terrível tirania da unitariedade do homem. Nisso jamais conseguiremos nos igualar a elas. O número 1 nos capturou e agora estamos para sempre à sua mercê. As obras dispersas dos artistas têm alguma semelhança com as flores; apenas que, enquanto a planta sempre faz nascer a mesma coisa ou quase, os artistas modernos estão perturbados pela febre do diverso.[8]

O texto contém todos os elementos até agora enunciados: pela contraposição da parte "passiva" da *potentia* àquela "volitiva", até o consequente contraste ação/consciência. Mas a quem alude – dentro da metáfora vegetal – a referência aos "homens mais sábios"? É identificável, no texto de Canetti, para além da convocação genérica a uma espécie em via de extinção, algum desses "homens-planta" "que deixaram há algum tempo para trás de si o tempo das suas ações"?

2. Acredito poder dar – pelo menos em dois casos – uma resposta afirmativa a essa pergunta. O primeiro é o de Kafka,[9] logo identificado numa daquelas figuras "que viram, por trás do que faziam, alguma coisa mais importante e inalcançável, de modo que aquilo que faziam, por

---

[8] p. 80.

[9] Sobre Canetti e Kafka, além do já citado artigo de Zagari, "Die Splitter des Staunens", ver também: PARRY, I., Haltungen gegenüber der Marcht: Canetti, Kafka, Masse und Paranoia, *Canetti lesen*, p. 69-77; e: NEUMANN, G., La chute réfutée, *Austriaca*, n. 11, p. 67-79, 1980, que começa comparando algumas passagens dos dois autores sobre o tema do castigo divino.

consequência, tivesse que contrair-se, até desaparecer".[10] E contração e desaparecimento são as categorias pelas quais Kafka exibe tal impotência[11]que representa a nota dominante, o timbre de fundo – "irresolução, apreensão, frieza emotiva, falta de amor descrita nos mínimos detalhes"[12] – da correspondência com Felice Bauer "reescrito" por Canetti in *Der andere Prozeß*. O que do matrimônio o atormenta é efetivamente a ideia "que nele não se pode mostrar-se pequeno e desaparecer",[13] a partir do momento em que, dada "a equivalência entre pequenez e impotência [...] familiar a todos aqueles que conhecem as obras de Kafka",[14] a sua inclinação mais profunda é "tornar-se menor, mais silencioso, mais leve, e, por fim, desaparecer no nada".[15] Essa explica todas as "anomalias" que

---

[10] CANETTI, *Die Provinz des Menschen*, p. 326.

[11] Uma impotência, além do mais, e como Canetti não deixa de fazer perceber nos escritos dedicados à correspondência de Kafka com Felice Bauer (*Der andere Prozeß*, depois em: *Das Gewissen der Worte*, p. 195), sempre relativa a um poder que da própria impotência constitui a condição de pensabilidade e de existência. Ver, com esse propósito, a carta enviada a Felice, de 1 de novembro de 1912, *Briefe an Felice* (Nova York, 1967, trad. it. Milão, 1972, p. 26): "De fato, magro como estou, e sou o homem mais magro que conheço (não é pouco, já que andei por várias clínicas), não tenho em mim nada que diga respeito à escrita que possa se dizer supérflua, supérflua em bom sentido. Se, portanto, há um poder superior que quer me usar e que me usa, estou em suas mãos como um instrumento, pelo menos, claramente elaborado; se, ao contrário, não, então não sou nada e, de repente, me encontrarei num vazio assustador". Não é irrelevante, nesse sentido, o fato de que toda a correspondência com Felice seja legível em termos de uma *luta pelo poder a partir da impotência*, como Canetti quase sempre sugere, não apenas entrelinhas. Ver, por exemplo, algumas passagens de *Der andere Prozeß*: "Mas o modo com que perturba Felice denuncia uma avidez de domínio espiritual que não esperaríamos dele [...]. O que realmente, aos poucos, se espera dela é uma espécie de submissão, de obediência incondicional. As mudanças da imagem de Felice e as transformações que quer induzir em seu caráter, sem as quais não pode imaginar poder viver com ela no futuro, fazem certamente com que ele assuma o controle pouco a pouco de sua pessoa [...]. Em Praga, seria inevitável que Felice fosse convidada a se sentar à mesa dos pais de Kafka, e esse seu encontro com eles reforçaria a preponderância familiar, isto é, reforçaria aquele enorme poder contra o qual ele luta ininterruptamente com suas débeis forças. Esforçando-se, assim, para manter Felice longe de Praga, Kafka se comporta como um político que faz de tudo para evitar que dois dos seus potenciais inimigos estabeleçam uma aliança contra ele" (p. 213-216).

[12] CANETTI, *Der andere Prozeß*, p. 140.

[13] p. 145.

[14] p. 153.

[15] p. 146.

caracterizam, e que corroem desde o interior, o texto kafkiano; pela recusa da posição ereta: "A posição ereta representa o poder do homem sobre os animais, mas precisamente nessa clara posição de poder ele está mais exposto, mais visível, mais atacável. Já que esse poder é também a sua culpa, e só se nos deitamos na terra entre os animais podemos ver as estrelas que nos salvam do angustiante poder do homem";[16] à assunção da magreza como condição da existência: "No confronto contínuo com o poder, Kafka se servia da própria resistência para obter por vezes um diferimento. Mas quando ela não bastava ou lhe faltava, ele tentava e tentava novamente *desaparecer*; nisso se mostrava útil a sua magreza, pela qual, muitas vezes, como sabemos, também sentia um sentido de desprezo. Através de uma diminuição corpórea, ele subtraía o poder de *si mesmo* e, por isso, era menos partícipe do poder, a magreza também era uma forma de ascese voltada contra o poder";[17] ao esmagamento sobre a animalidade[18]representado, sobretudo, na narrativa da toupeira que representa o ápice do procedimento kafkiano de inoperosidade: "Graças a essa crispação, obtinha dois resultados: escapava daqueles que o ameaçavam enquanto se tornava muito insignificante para eles e, ao mesmo tempo, libertava-se de todos os meios execráveis de que se serve a violência: os animaizinhos nos quais Kafka se transformava eram de preferência totalmente inócuos".[19] Nessa subtração do corpo, nesse deslizamento em direção ao vazio corporal, Kafka experimenta, talvez, a única metamorfose não aumentativa, a única transformação não submetida ao retorno da "forma". Não por acaso ela não remete a nenhuma ação, nem mesmo àquela "intransitiva" da *fuga* pela ação enquanto sempre *ação* de fuga. Kafka o diz "numa anotação que poderia ser tirada de um texto taoísta [em que] ele próprio resumiu o significado que "o pequeno" havia para ele. "Duas possibilidades: tornar-se

---

[16] p. 197.

[17] p. 197-198.

[18] Ou precisamente sobre a madeira, como Kafka escreve a Felice, ver: *Briefe an Felice*, p. 302-303: "Dessas ideias ou desses desejos me ocupo quando estou insone na cama. Ser um pedaço de madeira bruta, apontado pela cozinheira contra o próprio corpo, a qual ao lado (portanto, na altura de meu flanco aproximadamente) dessa madeira rígida, puxando a faca com ambas as mãos corta energicamente lascas para acender o fogo".

[19] CANETTI, *Das Gewissen der Worte*, p. 198.

infinitamente pequeno ou sê-lo. A segunda é perfeição, portanto inatividade, a primeira, início, portanto, ação".[20]

A outra figura que "conta" na cena canettiana a passividade da potência é aquela que responde ao nome de Sonne: "palavra sagrada [...] luminosa, cintilante, alada, origem e – como naquele tempo ainda se acreditava – fim de toda forma de vida",[21] em torno da qual se dispõe como rota todo o mundo de *Das Augenspiel*. Figura, realmente, estrelar, misteriosa e nítida, a um tempo, na qual a representação canettiana parece encontrar um vértice da própria intensidade conotativa e, ao mesmo tempo, desvanecer-se enquanto tal, dividir-se num efeito de duplicação constituída pela intersecção de outras duas figuras àquela irredutíveis, e mesmo assim a ela misteriosamente especulares. A primeira é a de Karl Kraus. Sonne não se parece com Kraus. Ele é Kraus: "Era um retrato, não um sósia, porque quando estava em pé ou caminhava não havia nada em comum com Karl Kraus, enquanto lhe assemelhava como uma gota d'água quando estava sentado e lia o jornal".[22] É Kraus, mas um Kraus olhado pelo seu avesso, pelo ponto de vista que com Kraus *não* se parece de forma alguma; que está, aliás, situado exatamente em seu contrário: "O rosto era muito sério e estava imóvel, enquanto jamais havia visto nada de semelhante em Karl Kraus";[23] "[...] sentia quase que na presença real de Karl Kraus, mas de um Karl Kraus como jamais o havia conhecido: com a boca fechada".[24] Sonne, definitivamente, é a parte de Kraus que Kraus não sabe ser; que a sua presença, mais ainda, a sua *palavra*, continuamente nega. Sonne é a parte surda de Kraus. O seu *silêncio*. Um silêncio inominado, ainda sem nome, que arranca finalmente Canetti da tirania da palavra que até então tomou conta dele:

> Era melhor que não tivesse um nome. Logo que o recebesse, para mim não seria mais Karl Kraus, e acabaria no processo de metamorfose do grande homem que me cumprimentava tão ardentemente. Só mais tarde percebi que no curso da silenciosa relação algo se rompia dentro de mim. As forças da veneração se destacavam, aos poucos, de Karl Kraus e se voltavam a seu mudo retrato. Era uma profunda

---

[20] p. 202-203.

[21] CANETTI, *Das Augenspiel*, p. 242.

[22] p. 137-138.

[23] p. 136.

[24] p. 136-137.

transformação de meu quadro espiritual, em que a veneração sempre teve uma parte central; e o fato que a mudança ocorresse no silêncio não fazia senão aumentar a dimensão.[25]

3. Mas – como se dizia – Kraus não é a única figura que, *pela* própria alteridade, se sobrepõe a Sonne. A negação de Kraus – do que Kraus por sua vez nega – não esgota a "tarefa" de Sonne. Ele transporta, não mais na imagem, mas na voz, um outro nome: aquele de Musil. Atenção: também, nesse caso, trata-se de uma identificação e *contrário*: o silêncio de Kraus é, em Sonne, a *palavra* de Musil:

> Passou um pouco de tempo antes que se efetivasse o nexo: o doutor Sonne *falava* como Musil *escrevia*. Mas não se deve crer que Sonne anotasse em privado coisas que por algum motivo não podia publicar, e que depois recorresse, por suas conversas, àquilo que havia já pensado e colocado no lugar. *Não* escrevia para si em privado, e o que dizia nascia ali mesmo, enquanto falava. Mas nascia com aquela perfeita transparência que Musil atingia apenas no ato de escrever. O que eu, como verdadeiro privilegiado, podia ouvir todos os dias eram os capítulos de um segundo *Homem sem qualidades*, do qual ninguém teve conhecimento. De fato, mesmo se o doutor Sonne falasse com outras pessoas – não todos os dias, mas de vez em quando –, aqueles já eram outros capítulos.[26]

Quais eram esses outros capítulos – quais faziam parte do *Homem sem qualidades* –, nós veremos adiante. O que quero agora destacar é a relação simetricamente entrelaçada colocada por Canetti entre Kraus e Musil dentro da "máscara" de Sonne. Sabemos o que, o silêncio de Sonne, Canetti recusava da palavra de Kraus[27]: a pretensão de traduzir

---

[25] p. 138-139. Ver também a impressão, sempre iluminadora, de: CANETTI, Veza, *Das Augenspiel*, p. 167: "Quando o vi pela primeira vez, na casa do pintor Georg Merkel, me disse: '*Não* se parece com Karl Kraus. Como podes dizer uma coisa dessa? Longe disso, assemelha-se com a múmia de Karl Kraus!'. Aludia ao rosto magro e ascético de Sonne, aludia também a seu silêncio".

[26] CANETTI, *Das Augenspiel*, p. 163.

[27] Sobre Canetti e Kraus, além do ensaio, antes citado, de Zagari, ver: MARINO-NI, Cetti B., Giudizio e citazione: Elias Canetti alla scuola di Karl Kraus, *Nuovi Argomenti*, n. 40-42, p. 384-399, 1974; KRAFT, W., Canetti pour et contre Karl Kraus, *Austriaca*, n. 11, p. 81-88, 1980; SCHNEIDER, M., *Augen – und Ohrenzeuge des Todes: Elias Canetti und Karl Kraus, Austriaca*, n. 11, p. 89-101.

na língua a totalidade do Valor na qual se baseava para julgar e condenar; o fundamento ético-discursivo, por sua vez apoiado na homologia entre natureza e linguagem, que transmitia àquela palavra o sentido de uma Lei a ser defendida e imposta; a velocidade e a potência com que a condenação fechada em blocos de frases alinhadas e sólidas como uma muralha intransponível se fazia imediatamente execução. Assim, também na palavra de Sonne, Canetti recusa algo de Musil: e precisamente o comportamento "natural ou digamos tradicional" "voltado à sobrevivência",[28] pelo qual é reprovado, mesmo nos termos de uma explícita, e quase estupefata, admiração; seu ser "um homem no estágio sólido", sempre pronto a traçar limites, a ter desconfiança "das misturas e das fraternidades, das efusões e dos exageros";[29] o seu subtrair-se "dos contatos indesejados" e aquele seu "restar patrão do próprio corpo";[30] enfim, aquele êxito de reconduzir todos os eventos exteriores ao desenho projetado com cuidado, e milagrosamente levado adiante, à "plenitude" artística do próprio "eu":

> Musil estava totalmente imerso em sua empreitada, e embora lhe fosse concedida a mais ampla liberdade de pensamento, sentia-se subordinado a um objetivo; qualquer coisa que lhe acontecesse, jamais *renunciava* tal objetivo; tinha um corpo de que reconhecia a importância e através desse corpo restava ligado ao mundo. Observava o jogo dos outros que tinham a pretensão de escrever, e intuía deles a nulidade e a condenava. Apreciava a disciplina, a da ciência, particularmente, mas não se privava de outras suas formas.[31]

Estamos exatamente nas antípodas do mundo de Sonne: "Sonne, pelo contrário, não queria nada [...]. Estava livre de todo objetivo e não se media com ninguém".[32] É essa a característica que fascina Canetti desde quando o surpreende na primeira vez no Café Museum inteiramente *escondido* pelo seu jornal: a absoluta *impessoalidade*: "Em primeiro lugar, havia a ausência de toda referência pessoal. Sonne nunca falava de si. Jamais dizia nada em primeira pessoa. Ou também quando alguém lhe

---

[28] CANETTI, *Das Augenspiel*, p. 197.

[29] p. 195.

[30] p. 196.

[31] p. 171.

[32] p. 172.

dirigia a palavra não usava a forma direta. Tudo era dito em terceira pessoa e colocado a uma certa distância".[33] Sonne não consegue pronunciar o pronome "eu". Uma recusa – um desapossamento – que envolve não apenas a vontade, a racionalidade direcionada a um objetivo, a dimensão da expansão e do projeto de si, mas o próprio corpo: contrato – com Kafka –, diminuído a ponto de liberar puro pensamento, *pensamento de pensamento*: "Dele não sabia nada, toda a sua vida estava nas suas palavras, e ele estava fechado nelas de tal forma que pareceria um ato temerário descobrir sobre ele alguma coisa para além de suas palavras. Todos os outros davam algum sinal da sua vida física, e ele, nada: nem mesmo uma doença, um lamento, Sonne era pensamento, só pensamento, ao ponto que não havia nada mais que se pudesse notar nele".[34] Nada se podia notar nele porque, em última análise, esse "ele" não existia mais, aderia tão perfeitamente ao outro por si mesmo que era capaz de ser plenamente absorvido por ele, invertendo-se como uma luva na nua objetividade: "Dava a impressão de ser o mais objetivo de todos os homens, mas não porque os objetos e as coisas tivessem alguma importância para ele, mas sim porque não queria nada para si".[35]

O não querer nada para si – mais precisamente, o desejar-se nada, o querer ser nada – equivale em Sonne a doar-se aos outros, a viver a vida *deles*: não abandonando o mundo, mas anulando-se nele:

> Sonne havia abandonado todas suas atividades no mundo, e eu não sabia o porquê de uma semelhante renúncia. *Restava*, porém, no mundo, ligado com os pensamentos de cada um dos seus fenômenos. Deixava cair as mãos, mas não dava as costas ao mundo: mesmo no equilíbrio e na imparcialidade das suas palavras, podia-se advertir a sua paixão por este mundo, e eu era levado a acreditar que não *fizesse* nada só porque não queria fazer mal a ninguém.[36]

Mais uma vez volta o tema impolítico da não ação. Melhor: de uma ação não ativa, "potencial", detida na própria "potência", inabilitada a descarregar-se em atividades, a tornar-se "ato". De uma ação tanto mais "decidida", tanto mais responsável – e atento, tenso, vigilante

---

[33] p. 159.

[34] p. 168.

[35] p. 172.

[36] p. 172-173.

é o pensamento que a intenciona – quanto mais desprovida de efeitos impositivo-apropriados. Uma ação *não apetitiva*. O pensamento corre imediatamente ao *Ekstatische Sozietät*, ao *anderer Zustand* da terceira parte (*Em direção ao reino milenário*) do *Homem sem qualidades*. São esses os capítulos, a que antes nos referíamos, que Sonne, não obstante, ou talvez justamente em razão da distância de Musil, parece agora "falar":

> É necessário ficar calmo, calmo – dizia-lhe uma voz. – Não deixar lugar a nenhum desejo, nem mesmo o de fazer perguntas. É necessário despir-se também do bom senso com o qual se liga a suas atividades. Privar o próprio espírito de todos os instrumentos e impedi-los de servir como instrumento. É necessário excluir saber e o querer, livrar-se da realidade e o desejo de voltar a ela. Concentrar-se em si, até que mente, coração e membros estejam todos em silêncio. Caso se atinja assim a suprema abnegação, então, por fim, o fora e o dentro se tocam, como se tivesse escapado uma peça que dividia o mundo...![37]

Potência passiva

1. O chamado à *Gelassenheit* contido na passagem musiliana constitui o fundo de significado dentro do qual se colocam – e reciprocamente se ligam – todos os elementos que a análise que até então liberou. De Musil – *deste* Musil em rota vertical em direção ao "Reino Milenário" – ao Sol mudo e absorto de Canetti, da "toupeira" – Kafka ao Broch-Virgílio, o tema que caracteriza, e a seu modo unifica, todo esse pensamento *ohne Eigenschaften* é certamente o da crítica ao *proprium*.[38] O que não é próprio – apropriável, apetecível, devorável – não consegue penetrar na linguagem, nas linguagens, do mundo; mas, exatamente por isso, constitui o ponto de refração do qual elas podem ser radicalmente interrogadas. Dessa interrogação radical, a projetada destruição – e depois

---

[37] Sobre isso, Musil – o trecho de *O homem sem qualidades* está na página 1085 da tradução de A. Rho (Turim, 1962, v. II). Ver: CASTRUCCI, E., *Ekstatische Sozietät*, depois em: *La forma e la decisione*, p. 131-161; e: CACCIARI, Massimo, *Dallo Stheinof*, Milão, 1980, p. 88-97.

[38] Sobre o tema do *proprium*, uma importante referência interpretativa, que usei também em algumas passagens da introdução, é constituída pelo recente ensaio de: BARCELLONA, P., *L'individualismo proprietario*, Turim, 1987.

restituição a Augusto, como sinal da absoluta indeclinabilidade positiva também desse projeto – da *Eneida*, por parte do Virgílio brochiano é a mais explícita tradução. Mas essa ressoa igualmente, e talvez ainda mais surdamente, nos longos "vazios de ar" dos *Diários* de Kafka, nos agudos silêncios de Sonne, na impossível *coniunctio* de Ulrich e Agathe. Essa conjunção, quando estiver realizada, "colocada em ato", teria significado a negação dessa potência passiva que parece arrancar por breves, cintilantes, instantes estáticos, o destino dos personagens à imagem da sua "pessoa" – a *pessoa* é sempre transportável como imagem, como representação. Teria significado a reentrada da posse vazio-de-poder realizada pela (temporânea) renúncia dos sujeitos à essência da própria subjetividade; ou seja, ao estatuto do "próprio".

Há um nexo forte e objetivo que solidifica a estrutura do Ego às modalidades do *proprium*. Trata-se do direito, do *Nomos*, como expulsão de toda antinomia pela esfera do discurso. O discurso é lei de não contradição. E máxima contradição, contradição intolerável, seria aquela que nega a relação intrínseca entre "pertencimento" e sujeito. Sujeito é sujeito de pertencimento, em primeiro lugar: e só por isso de direitos inalienáveis. Não é o direito que funda o pertencimento, mas o pertencimento que funda o direito: mesmo se tal pertencimento resulta, em última análise, "injustificado". É, antes, constitutiva do direito a sua injustificabilidade, a sua estranheza-oposição à Justiça como lugar de alteridade radical pela esfera do "próprio". É por isso que a rejeição "justa" do "próprio" sempre se realiza colocada em mora pelo sujeito que o argumenta: como esvaziamento – autoesvaziamento – do seu direito à existência apropriada. Tal esvaziamento – vimos no mais "extremo" Canetti – se efetiva na trajetória de duas operações cruzadas: a dissolução de toda vontade de ação, de toda ação desejada; e, correspondentemente, a concentração da faculdade de pensamento numa reflexão metodicamente desprovida de toda finalidade, numa *atenção* liberada das escórias subjetivas da sensação e da imaginação.

Trata-se de um motivo – talvez melhor: de uma inclinação (no sentido próprio de *clinamen*) – presente em todos os autores agora evocados, e neles se vê a abertura de todo registro literário ou puramente estilístico: mas que encontra a mais realizada e intensa elaboração conceitual num outro pensador contemporâneo, aos primeiros distante por cultura e vocação, mas a eles – e talvez, de modo completamente inesperado, a Canetti mais que os outros – ligado por múltiplos fios subterrâneos.

Falo de Simone Weil. Nela, todas as relações, as alusões, as investidas que movimentam, às vezes, se diria, para além da sua própria vontade, o texto de Canetti para um espaço de deriva semântica, tornam-se objeto explícito e meditado de uma análise categorial que não encontra nada igual no pensamento de nosso século, por radicalidade e clareza. A partir da relação metafísica entre subjetividade e poder: "Posso, portanto, sou". "Existir, pensar, conhecer não são senão aspectos de uma única realidade: poder [...]. O que eu sou é definido por aquilo que posso".[39] O eu – o *moi*, mais precisamente que o *je* – é, antes de tudo, poder. Isso significa que ele se move no sentido de uma expansão constante – lembremo-nos da "massa de crescimento", de Canetti, como impulso *também* individual – que não conhece obstáculos na presença dos outros; e, quando os conhece, não pode senão (para não ser destruído) destruí-los. Nesse sentido, o eu é essencialmente negação da coexistência dos seres de cuja tessitura é formado o mundo.[40] Tal coexistência é destituída de objetividade, sem conteúdo, por uma imaginação (a imaginação para Weil é a mais "própria" qualidade do sujeito) que transforma as vítimas em sombras ou também em comida destinada ao aumento do sujeito: "Viver a morte de um ser – escreve Weil numa passagem extraordinariamente canettiana – significa comê-lo. O inverso é ser comido".[41]

Essa é a alternativa em que cai, ou melhor, da qual nasce, o sujeito: comer ou ser comido: pelos menos de não inserir no leque das próprias potencialidades uma variável, como dizer, oblíqua, que rompa essa dialética especular: o *olhar*, entendido como intenção (também estética: "Se quiser comer todos os outros objetos de desejo. O bonito é aquilo que se deseja sem querer comê-lo. Desejamos que assim seja"[42]) não apetitiva diante do outro. Daí a sua contraposição seca à modalidade apropriativa do

---

[39] Cito o texto inédito da Weil retirado dos trechos publicados por: PÉTREMENT, S., *La vie de Simone Weil*, Paris, 1973, v. I, p. 154. Do primeiro volume das *Œuvres completes* de Simone Weil (Paris, 1988, organizado por G. Kahn e R. Kühn), publicado quando o livro estava em preparação, não consegui me dar conta disso.

[40] Ver sobre isso: VETÖ, M., *La métaphysique religieuse de Simone Weil*, Paris, 1971, p. 27 em diante, que representa a melhor monografia sobre a metafísica weiliana (mesmo dando, talvez, excessivo peso ao papel do kantismo).

[41] WEIL, Simone. *Cahiers II*. Paris, 1972 [1953]. (trad. it. de G. Gaeta, Milão, 1985, p. 288.) Gaeta acrescentou ao primeiro volume dos *Quaderni* uma ampla, utilíssima, introdução histórico-biográfica e filológica.

[42] WEIL, *Cahiers II*, p. 294.

comer: "A grande dor do homem, que começa desde a infância e segue até a morte, é que olhar e comer são duas operações diferentes".[43] O homem deve decidir por uma das duas, com a consciência da consequência que tal escolha determina em relação ao "peso" da própria subjetividade: se o comer sem olhar eleva o sujeito, o olhar sem comer o reduz naquilo que conserva da existência do outro. Olhar o outro significa encontrar o seu olhar, dar à existência alheia a própria perspectiva. Destituí-la de centralidade (o centro é o *lugar* do sujeito): "Um homem a dez passos de mim é algo que é separado de mim mediante uma distância (dez passos), mas é também uma outra perspectiva em que aparecem todas as coisas".[44] Porque esse é o risco de assumir alguma perspectiva: considerá-la a única em que se baseia para cancelar todas as outras; entender todo o universo em função daquela: e, portanto, anulá-lo enquanto tal.

Nesse caso – na crítica da *centralidade* da perspectiva – baseia-se um motivo básico de toda a reflexão weiliana, em direto contraste com a tradição do personalismo católico que (lembre-se do quanto foi dito a propósito da *Weltanschauung* em Guardini) deriva precisamente da plenitude do "ponto de vista" do caráter ontologicamente forte da pessoa como sujeito de livre arbítrio: isto é, a recusa do voluntarismo. Ou melhor, segundo o típico procedimento de Weil de traçar um vetor de sentido até deixar capturar o seu oposto, a sua inversão no aparente contrário: adoração da Necessidade (mesmo não no sentido nietzschiano de *Amor fati*), ao longo de um percurso que a levará sempre mais distante do voluntarismo de Alain.[45] Desse ponto de vista (mas apenas deste, como veremos), parece-me justificada a polêmica de Del Noce contra a leitura contínua dada pela Pétrement sobre a relação de Weil com o seu mestre.[46] Não basta dizer, de fato, que em Simone, em relação à olímpica

---

[43] WEIL, Simone. *Cahiers III*. Paris, 1974 [1956], p. 338.

[44] WEIL, Simone. *Cahiers I*. Paris, 1970 [1951]. (ed. Gaeta, Milão, 1972, p. 231.)

[45] Em geral, sobre Weil e Alain, ver: MARIN, P., D'Alain à Simone Weil, *Cahiers Simone Weil*; ver: MARIN, P., D'Alain a Simone Weil, *Cahiers Simone Weil*, v. III, n. 1, p. 59-64, 1980; KAHN, G., Simone Weil et Alain, *Bulletin de l'Association des Amis d'Alain*, n. 58, p. 1-12, jun. 1984. Ver também o texto de: Alain (Emile Chartier), Simone Weil, *La Table Ronde*, p. 47-51, 28 abr. 1950. Várias referências sobre suas relações também estão contidas na já citada biografia de Pétrement, condiscípula de Alain, como se sabe.

[46] DEL NOCE, A. Simone Weil interprete del mondo di oggi. In: *L'epoca della secolarizzazione*. Milão, 1970, sobretudo p. 154 em diante.

prosa alainiana, há um excesso de pessimismo e de violência – a presença da dor.[47] E tampouco que a verdadeira (e única) ruptura ocorre a propósito da concepção da Graça[48]: quando não se acrescenta à dor, aliás, se antecipa, a mudança profunda e radical de quadro epistemológico (e lexical) que dessa ruptura constitui a precondição essencial. Isto é, a passagem, por parte de Weil, nos confrontos com a cultura de Alain, de um horizonte substancialmente pós-kantiano a um outro, mesmo com todos os trâmites que podem ligar (e, nesse caso, efetivamente ligam) o primeiro ao segundo, pós-nietzschiano (e, por certos aspectos, exatamente pós-heideggeriano: Heidegger também não contrapõe a concepção grega à moderna *repraesentatio* do *subjectum*?[49]).

Mas o que é ainda mais importante destacar – e que não está de forma alguma em contradição com a referida absoluta "contemporaneidade" do pensamento de Simone Weil – é o específico lugar filosófico, e, aliás, o específico autor, em que a desvio de Alain se realiza: isto é, Spinoza. Sabe-se que precisamente Alain (que havia inserido a Ética spinoziana no programa de curso do primeiro ano de *khâgne* de Simone) se refere a alguns comentários spinozistas de Weil através da expressão "aqui foi além".[50] Os seus colegas – J. Chateau, J. Hippolite e S. Pétrement, mesmo esta, com alguma distinção[51] – confirmam a mesma coisa. A própria

---

[47] Ver: PÉTREMENT, S., Sur la religion d'Alain (avec quelques remarques concernant celle de Simone Weil), *Revue de métaphysique et de morale*, v. LX, n. 3, p. 306-330, 1955. Mas também: PÉTREMENT, *La vie de Simone Weil*, v. II, p. 366: "A culpa de Chartier, ela me diz [Simone], é ter recusado a dor".

[48] PÉTREMENT, *La vie de Simone Weil*, p. 329.

[49] Refiro-me, obviamente, ao Heidegger de *Die Zeit des Weltbildes* (1935) in: HEIDEGGER, M., *Holzwege*, Frankfurt a. M., 1950. (trad. it. Florença, 1978.)

[50] Por essas razões, além da bibliografia, citada, de Pétrement, ver: GOLDSCHLÄGER, G., *Simone Weil et Spinoz: Essai d'interprétation*, Paris, 1982, p. 121.

[51] PÉTREMENT, *La vie de Simone Weil*, v. I, p. 88: "Lembro que durante nossas discussões eu defendia Spinoza, enquanto ela pretendia ser cartesiana. Sem dúvida, Simone respeitava Spinoza, como o próprio Alain e, ainda antes, Lagneau. (Entre os filósofos em quem não confiavam totalmente, certamente era Spinoza aquele que mais respeitavam). Porém, igual a eles, ela finalmente dava razão a Descartes. Alain citava a frase de Lagneau: 'Spinoza tem razão no fundo'. Não me lembro nenhuma vez, durante seus estudos, em que Simone tenha tido outra opinião)". Embora, depois, na p. 173, do v. II, Pétrement pareça inverter as partes. O texto de Lagneau ao qual faz referência Lagneau deve ser o breve parágrafo das *Célèbres Leçons et fragments* (Paris, 1950, p. 205), intitulado *Descartes a raison au fond* e precedido por outro, *Le Spinozisme ne suffit pas*.

Weil cita Spinoza umas 15 vezes nos *Cahiers* e define a sua meditação como "ultra-spinozista".[52] No entanto, também para além desses mesmos importantes choques histórico-biográficos, os pontos sobre os quais a conexão entre os dois pensadores investe precisas questões de mérito e de interpretação (no fundo, seja a obra de Spinoza, seja a de Weil seriam tecnicamente imputáveis ao gênero da hermenêutica) são pelo menos dois. O primeiro diz respeito à caracterização matematizante[53]– *ordem geométrica demonstrada* – da ética weiliana, e, em geral, a tendência à racionalização, e também à abstração, do seu léxico conceitual: "Mas como a ordem do mundo em Deus é uma Pessoa divina, que se pode chamar Verbo ou Alma do mundo, assim em nós, irmãos caçulas, a necessidade é relação, isto é, pensamento em ato. "Os olhos da alma", diz Spinoza, "são as próprias demonstrações". Não está em nosso poder modificar a soma dos quadrados dos lados no triângulo retângulo, mas não há soma se o espírito não a opera concebendo a demonstração".[54] E a partir desse ponto de vista o matematismo spinozista, entendido como ciência que privilegia as relações *não representáveis* em nível sensitivo-imaginativo – a matemática "procede por analogias absolutamente não representáveis"[55] – leva Simone Weil em direção gnóstica.[56]

---

[52] WEIL, *Cahiers III*, p. 53.

[53] Weil chega a levantar a hipótese de que a ausência de álgebra nos gregos (até Diofanto) seja reconduzível a um interdito para usar com fins mundanos uma ciência "divina". Ver: WEIL, Simone, *Sur la Science*, Paris, 1966 (trad. it. Turim, 1971, p. 187): "Acredito que a explicação pode ser encontrada apenas numa proibição de natureza filosófico-religiosa. Os jogos desse tipo deviam lhes parecer ímpios. Pois para eles as matemáticas eram não um exercício da mente, mas uma chave da natureza, chave procurada não em vista da potência técnica sobre a natureza, mas com o fim de estabelecer uma identidade de estrutura entre o espírito humano e o universo. O que é expresso pela frase: 'Deus é sempre geometria'. As matemáticas eram aos olhos dos pitagóricos (e de Platão) uma condição da mais alta virtude (e mantidas, portanto, secretas)".

[54] WEIL, Simone. *Intuitions pré-chrétiennes*. Paris, 1951. (trad. it. in: WEIL, S., *La Grecia e le intuizioni precristiane*, Milão, 1974, p. 269.)

[55] WEIL, *Cahiers II*, p. 196.

[56] Sustentaram a tese do gnosticismo de Weil, sobretudo: PÉTREMENT, *Sur la religion d'Alain*; MOELLER, Ch., Simone Weil et l'incroyance des croyants, *Littérature du XX siècle et christianisme*, Paris, 1953, v. I, p. 220-255; OTTENSMEYER, H., *Le thème de l'amour dans l'œuvre de Simone Weil*, Paris, 1958; GINIEWSKI, P., *Simone Weil ou la haine de soi*, Paris, 1978. Mais em geral, insistiram sobre a distância da obra de Weil em relação ao cristianismo: DANIÉLOU, J., *Hellénisme,*

Mas o ponto sobre o qual a relação com Spinoza se torna ainda mais rigorosa é aquele relativo à questão da necessidade e ao anexo sinonímico que a salda (ou melhor, identifica) à esfera da liberdade-vontade.[57] São bem conhecidos os trechos spinozistas que retiram a liberdade da contingência do livre arbítrio para esmagá-la no recalque racional da necessidade.[58] A liberdade não suprime, mas, pelo contrário, pressupõe a necessidade da ação. Também para Weil entre liberdade e necessidade se instaura uma relação que não é de simples oposição. Sabe-se que para ela o homem não tem nenhuma possibilidade de quebrar a jaula da necessidade que, vista pelo lado sobrenatural, se identifica com a obediência a Deus. Aquilo que o homem pode escolher é simplesmente dar para si o próprio consentimento – isto é, se desejá-la ou não – a tal obediência necessária.[59] Desse ponto de vista – ou seja, de um ponto de vista objetivo – desobediência

---

Judaïsme, Christianisme, na coletânea *Réponses aux questions de Simone Weil*, Paris, 1964, p. 19-39; e: DEL NOCE, Simone Weil interprete del mondo di oggi. Por último, sobre a questão do gnosticismo: BLECH-LIDOLF, L., Simone Weil et le Gnosticisme, *Cahiers Simone Weil*, v. VI, n. 2, p. 161-166, 1983.

[57] Ver, a propósito: DEVAUX, A. A., Liberté et nécessité selon Simone Weil, *Revue de théologie et de philosophie*, n. 1, p. 1-11, 1976. Aproveito a ocasião para agradecer a André Devaux por ter me permitido consultar importantes materiais bibliográficos.

[58] Famosíssimo, por exemplo, o cap. XXXII da IV parte da Ética: "Mas a potência humana é muito limitada, e é infinitamente superada pela potência das causas externas; por isso não temos o poder absoluto de adaptar ao nosso uso as coisas que estão fora de nós. No entanto, suportaremos com ânimo equilibrado as coisas que nos acontecem em contraste com o que requer a consideração de nosso útil, se somos conscientes de termos cumprido nosso dever e que a nossa potência não poderia estender-se até o ponto de poder evitá-las, e que somos uma parte de toda a natureza da qual seguimos a ordem. Se compreendemos isso clara e distintamente, aquela nossa parte que é chamada de inteligência, isto é, a nossa parte melhor, se sentirá satisfeita, e irá se esforçar para perseverar nessa serenidade. De fato, enquanto compreendemos, podemos desejar apenas o que é necessário e podemos encontrar satisfação apenas na verdade. E por isso, na medida em que entendemos nitidamente essas coisas, a esforço de nossa melhor parte entra em acordo com a ordem de toda a natureza". Mas sobre a ruptura entre liberdade e livre arbítrio, ver: *Epistole* LVII, p. 245-251 da edição Droetto, Turim, 1951 (p. 262-268, da edição Gebhardt, v. IV, Heidelberg, 1924-1925).

[59] O conceito havia sido fixado já quase literalmente no *Spinoza*, de Alain (Paris, 1949, p. 147-148): "Em resumo, aquilo que os ignorantes fazem por medo – obedecer às leis e procurar a salvação comum –, o homem racional o faz pela razão. Os mesmos atos que são impostos aos demais por causas exteriores, ou seja, pelo temor ou pela esperança, no homem racional são o resultado de sua natureza. Os outros, enquanto realizam esses atos, padecem; ele, enquanto o faz, atua".

enquanto tal não existe: existe obediência desejada e obediência indesejada (que é o que chamamos comumente por desobediência). Agora a diferença entre os dois tipos de obediência tem uma importância decisiva, visto que produz uma diferença qualitativa no próprio modo de entender a necessidade: que, se indesejada, resta aquela necessidade mecânica que domina materialmente o mundo; se, ao contrário, desejada, mesmo restando objetivamente a mesma, é apreendida como o conjunto das leis relativas à esfera do sobrenatural. É precisamente esse segundo tipo de necessidade que tem uma função liberatória diante do primeiro, isto é, da necessidade vivida como constrição: "A obediência é a virtude suprema. Amar a necessidade. A necessidade e o dharma são uma única coisa. O dharma é a necessidade amada. A necessidade é, em relação ao indivíduo, o que há de mais baixo – constrição, força, "uma dura necessidade" – a necessidade universal livre dela. Considerar o dharma não como dever, mas como necessidade é elevar-se para além".[60]

A necessidade, portanto, *livre* de si própria. De uma forma aparentemente inferior de si. A liberdade é, então, algo que se encerra na diferença da necessidade consigo mesma. Mas para que essa diferença possa tornar-se perceptível, é necessária uma condição subjetiva que diz respeito à vontade; e, mais precisamente, a sua ruptura. Na realidade, o homem experimenta a necessidade sempre como um obstáculo ou uma ocasião para a satisfação do próprio querer: desse ângulo de vista, a sua determinação é sempre ligada a um exercício de vontade. Agora, para chegar a uma interpretação objetiva da necessidade, é necessário desvendá-la do fundo material em que parece enraizada e entendê-la como um conjunto puramente ideal de condições inter-relacionadas: exatamente o objeto dessa ciência da realidade, de toda a realidade, que vimos ser a matemática.[61] Naturalmente, na necessidade pensada "matematicamente",

---

[60] WEIL, *Cahiers I*, p. 333.

[61] Como já estava claramente indicado por L. Brunschvicg em *Spinoza et ses contemporains* (Paris, 1923, p. 292-293), para citar o outro grande ensaio spinoziano (além daquele de Alain) que Weil tinha diante de si: "É aqui de onde importa afastar de nosso espírito toda consideração subjetiva e todo preconceito sobre a natureza e a função da matemática [...]. A contemplação da matéria enquanto matéria, erigida por Aristóteles em intuição do ser enquanto ser, não serve mais que para batizar o problema que devemos resolver; a solução efetiva consiste em tomar essa matéria de aparência opaca e inacessível numa rede de relações transparentes para o espírito, no sistema das ideias. Esse sistema de relações é em si mesmo a matemática: não

isto é, na única forma rigorosa, o homem não tem nenhuma presença ulterior àquela da operação através da qual a pensa. E, aliás, condição de pensabilidade de tal necessidade é absoluta impessoalidade do pensamento que a pensa: o seu progressivo afundamento no infinito mar da realidade: "Há analogia entre a fidelidade do triângulo retângulo com a relação que lhe proíbe sair do círculo do qual a sua hipotenusa é o diâmetro e a fidelidade de um homem que, por exemplo, se abstém de adquirir poder ou dinheiro à custa de uma fraude".[62]

2. Nesse caso, evidentemente, a conexão spinozista necessidade-liberdade – livre necessidade e necessidade que liberta – entra na semântica da "descriação".[63] Trata-se igualmente de um tema, pela mediação de Isaac Luria e de Haïm Vital, de matriz spinozista (chegado a Spinoza mediante Herrera), mas de um spinozismo que, definindo-se sempre mais no sentido de uma recusa da vontade, distancia definitivamente Weil de Alain, aproximando-a, agora, ao mestre deles, Jules Lagneau (ele também, mas diferentemente de Alain, spinozista[64]). É conhecida pelos

---

corresponde a nenhuma substância, já que não é nada corporal, porém desce no mundo dos corpos e das substâncias, de modo que hoje, como nos tempos de Platão, de nossos conhecimentos positivos, apenas aqueles resultados se aproximam à inteligibilidade interior e à rigorosa precisão das relações matemáticas que podem pretender plenamente e, sem equívocos, ao nome de ciência".

[62] WEIL, *Intuitions pré-chrétiennes*, p. 272.

[63] Ver sobre o tema: VETÖ, p. 19-43, que, além das referências a Luria e a Vital (tirados dos trabalhos sobre a mística hebraica e sobre a Kabbala de Scholem), também faz uma dupla referência a Schelling (*Werke*, v. VII, Stuttgart, 1860, p. 429) e a: HAMANN, J. G. (*Sämtliche Werke*, v. II, Viena, 1950, p. 171); KÜHN, R., *La décréation: Annotations sur un néologisme philosophique, religieux et littéraire*, *Revue d'histoire et de philosophie religieuses*, v. LXV, n. 1, p. 45-52, 1985.

[64] Ver: LAGNEAU, J., Quelques notes sur Spinoza, *Revue de Métaphysique et de Morale*, v. III, p. 375-416, 1895. Que Alain considerasse Lagneau "o especialista mais profundo" de Spinoza está testemunhado em: CANIVEZ, A., *Jules Lagneau: Essai sur la condition du professeur de philosophie jusq'à la fin du XIX siècle*, Estrasburgo, v. I, p. 382, 1965. Mesmo que isso não apague o juízo expresso em: *Jules Lagneau* (cito da edição Gallimard, Paris, 1960, dos *Propos* de Alain, p. 759), segundo o qual "a Ética era seu outro livro, e nosso outro livro. Não porque confiasse em Spinoza como em Platão. Ao contrário, lia esse Livro de Sabedoria com precaução, com desconfiança. Assim como acreditava, sem dúvida, apesar de nunca tê-lo dito – que eu saiba – que Platão tem razão em detrimento de Aristóteles, do mesmo modo, explícita e implicitamente, mostrava que Descartes, no fundo, tem razão contra Spinoza". Na realidade, e apesar de tudo, resta que o spinozismo de Lagneau é

estudiosos – prescindindo da controvérsia raiz cátaro-cabalística (mas não pode ser esquecido o correspondente "entwerden" de Mastro Echkart, depois retomado e transcrito por Sebastian Franck e A. Silesius[65]) – a gênese moderna do termo "descriação", já adotado por Charles Péguy[66] (mas também, de outro modo, por Maurice Blanchot,[67] Stanislas Breton[68] e Paul Ricouer,[69] para não falar de Lévinas[70]). E é também conhecida a maneira específica e original em que é tomado por Weil: isto é, como aniquilação do próprio eu – ou, mais precisamente, como uma duplicação entre o *je* transcendental puro e o *moi-egoité* sensorial-apetitivo – paralelo e reparador diante do *retrait* de Deus no qual está representada a criação.

---

mais "autêntico" do que aquele, espúrio, de Alain, como reconhece também o último e mais informado biógrafo de Alain: SERNIN, A., *Alain: Un sage dans la cite – 1868-1951* (Paris, 1985, p. 43): "Tanto mais que Alain era e permaneceria menos spinozista que Lagneau. O spinozismo sempre aterrorizou aqueles que permaneciam apegados ao sujeito individual, mesmo quando recusam a ideia da imortalidade da alma, como Alain. A fortaleza de Alain não era o Deus impessoal e imanente de Spinoza, como tampouco o Deus transcendente dos cristãos, era o eu individual, ainda que 'a eternidade' desse fosse provisória, e cessasse com a morte física do corpo que o suportava. Digamos, portanto, antecipando de maneira deliberada, que aí está a fonte essencial do desacordo amigável entre Alain e seu aluno e discípulo Bénézé, muito mais próximo de Spinoza que de Lagneau".

[65] Ver o artigo, antes mencionado, de R. Kühn, "La décréation", p. 50, que cita justamente: ECKHART, M., *Nolite timere eos qui corpus occidunt: Sermones*, ed. Benz, Stuttgart, 1936, p. 69; BLOCH, E., *Tübinger Einleitung in die Philosophie*, Frankfurt a. Main, 1970, p. 286 em diante; RAHNER, K., *Schriften III*, Einsiedeln, 1959, p. 329. Sobre a relação com a Kabbala, ver, por outro lado: RABI, W., La conception weilienne de la Création: Rencontre avec la Kabbale juive, in: *Simone Weil: Philosophe, historienne et mystique*, organizado por G. Kahn, Paris, 1978, p. 141-160. Sobre as diferenças, ver artigo citado de: GINIEWSKI, p. 121 em diante.

[66] Ver: PÉGUY, Ch., Note conjointe sur M. Descartes et la Philosophie Cartésienne, in: *Œuvres en prose*. Paris, 1961, p. 1385, 1405. No entanto, o uso de Péguy está em direção oposta em relação àquele de Weil.

[67] BLANCHOT, Maurice. *Le livre à venir*. Paris, 1959, p. 275 em diante. (trad. it. Turim, 1969.)

[68] BRETON, Stanislas. *Foi et raison logique*. Paris, 1971, p. 257 em diante. Di Breton, ver também o ensaio sobre Weil: Les intuitions préchrétiennes de Simone Weil. La méditation platonicienne de la Croix, in: *La Passion du Christ et les Philosophies*, Teramo, 1954, p. 61-80.

[69] RICOEUR, Paul. *Les incidences théologiques des recherches actuelles concernant le langage*. Paris, [s.d.], p. 47.

[70] Ver: ROLLAND, J., Décréation et désintéressement chez S. Weil et E. Lévinas, Les Nouveaux Cahiers, n. 89, 1987.

Sem poder aprofundar a metafísica de Weil, não pode escapar do caráter anfibológico, ou, mais especificamente, oximórico da semântica, e do próprio termo, de "descriação": uma criação autodestrutiva, um autoaniquilamento criativo. Ou também, mais em geral, um ato que não manifesta atividade; melhor: uma atividade que não se resolve em "ato", que resta – segundo o paradigma já encontrado da "potência passiva" – "em potência". Uma *atividade passiva*. E precisamente essa a definição a que Weil chega. O ponto de partida negativo permanece mais uma vez no âmbito da vontade. Este convoca por analogia um esforço muscular. É por isso que está fora de lugar quando não se encontra diante de uma obrigação imperiosa, mas que se deva seguir a inclinação natural ou a vocação: "Os atos que procedem da inclinação não são evidentemente esforços de vontade. E nos atos de obediência a Deus se está passivo; apesar das penas que os acompanham e o alarde aparente de atividade, não ocorre na alma nada de análogo ao esforço muscular [...]. Essa espécie de atividade passiva, superior a todas as outras, é descrita de modo perfeito na *Bhagavad Gita* e em Lao-Tsé".[71]

É o ponto no qual a separação do voluntarismo de Alain chega a uma verdadeira e efetiva inversão exclusiva da própria possibilidade (tipicamente alainiana) de uma moral laica baseada no primado da vontade: "O conceito de moral laica é um absurdo, precisamente porque a vontade é impotente para produzir salvação. O que se chama moral, de fato, apela apenas à vontade, exatamente àquilo que ela tem, por assim dizer, de mais muscular. A religião, ao contrário, corresponde ao desejo, e é o desejo que salva"[72]. À vontade Simone Weil contrapõe a espera (*attente*),[73] a *hypomonè* (uma das vias cristãs ao silêncio, ao lado da *tapeinôsis*, ou seja, a humildade), que só impropriamente pode ser levada à *patientia*[74]: mas o que conta – Weil volta muitas vezes a esse ponto – é que se trata de comportamento que "não tem nada relacionado com a

---

[71] WEIL, Simone. *Attente de Dieu*. Paris, 1950. (trad. it. Milão, 1971, p. 150.)

[72] WEIL, *Attente de Dieu*, p. 51.

[73] Ver: LANDRY, B. C. Farron, L'attente, ou la porte conduisant à la croix-balance, *Cahiers Simone Weil*, v. VII, n. 4, p. 392-402, 1984.

[74] Ver a carta de Weil a Joë Bousquet, publicada em: *Pensées sans ordre concernant l'amour de Dieu* (Paris, 1962, p. 76): "Traduz-se em *patientia*, mas *hupomonein* é algo completamente diferente. É permanecer no lugar, imóvel, à espera, sem ser sacudido, nem deslocado por nenhum choque de fora". Toda a correspondência entre Weil e Bousquet agora está em *Correspondance* (Lausanne, 1982). Sobre a relação

atividade",[75] a não ser, como se disse, com uma atividade passiva. Esta exprime de modo mais contraditório, e, portanto, verídico para Weil, a estrutura do processo kenótico de descriação. Não por acaso a tal conceito – ao seu estatuto antinômico – se liga a tríade categorial que sustenta toda a metafísica de Weil: "atenção", "desejo sem objeto" e "ação não agente". No que diz respeito à atenção, essa é, poderíamos dizer – mas toda tentativa de determinação filosófica corre o risco de trair (e, aliás, trai necessariamente) a intenção weiliana –, o lado ativo da espera. Esta, como dissemos, não é de forma alguma confundida (como faz Del Noce[76]) com um comportamento quietístico ou com uma forma qualquer de inércia. Pelo contrário, é uma espécie de passividade ativa; e a sua vertente ativa é a atenção, ou seja, uma suspensão do pensamento que o esvazie tornando-o permeável ao objeto: efetivamente "à espera; não deve buscar nada, mas estar pronto a receber na sua verdade nua o objeto que está prestes a penetrá-la".[77]

É claro que se trata de um esforço totalmente negativo, mas também sempre de um esforço que requer energia. Essa energia – e estamos na segunda escansão categorial – é o desejo: mas um desejo – que de outra forma seria o mais seguro veículo à expansão do *moi* – rigorosamente desprovido do próprio objeto. Para alcançá-lo, não é suficiente desfazer-se dos objetos individuais aos quais ele se intenciona, porque é a própria estrutura da intenção finalizada que é suspensa. O que não significa bloquear-se num estágio de pura indiferença – a propósito da qual um paralelo preciso poderia desenvolver-se com a *indifférence* do "spinozista"[78]

---

entre ambos, finas observações in: CARAMORE, G., Racconti dell'incarnazione, *Finisterre,* n. 2, especialmente p. 69-72, 1986.

[75] WEIL, *Attente de Dieu,* p. 152.

[76] Ver: DEL NOCE, Simone Weil interprete del mondo di oggi.

[77] WEIL, *Attente de Dieu,* p. 81.

[78] Mesmo se Fénelon escreveu uma *Réfutation des erreurs de Benoit de Spinoza par M. De Fénelon, archevêque de Cambrai, par le P. Lamy bénédictin et par M. Le comte de Boulainvillers* (1696), sua aproximação a Spinoza é um dado agora acertado pela crítica, como se lê, sobretudo, em: GORE, J.-L., *L'itinéraire de Fénelon: Humanisme et Spiritualité,* Grenoble, 1957, p. 191 em diante. Perfeitamente fenelonianos – e, portanto, weilianos – são, além disso, várias passagens da Ética de Spinoza. Ver, por exemplo, o Corolário à XXXII Proposição da quinta parte: "Do terceiro tipo de consciência nasce necessariamente o Amor intelectual de Deus. De fato, desse tipo de consciência nasce (*para a proposição precedente*) a Letícia acompanhada pela ideia de Deus como causa, isto é (*para a*

Fénelon[79] –, do momento em que uma parte pelos menos da vontade deve restar alerta, e, aliás, totalmente tensa: a vontade coincidente com a vontade divina; e, portanto, com a necessidade que a realiza (que ela é). É o ponto de convergência conclusivo sobre o qual também traz a última categoria em análise: a categoria de *action non-agissante* [ação não atuante]. Sobre ela precisamos nos deter com particular analiticidade porque se coloca diretamente no quadro problemático que nos diz respeito mais de perto, ou seja, a reflexão de Simone Weil sobre o político ou, melhor dizendo, sobre o impolítico. No entanto, uma consideração geral: para Weil o problema da ação – pense-se no ininterrupto interesse ao tema do trabalho[80] – constitui desde o início um argumento de grande relevo. E desde o início está ligado numa posição de relação mútua com aquela do pensamento. O pensamento, o conhecimento, a filosofia – mas, como veremos, também a linguagem – que quer penetrar a realidade, deve, *no tempo*, tornar-se ação[81]: "Filosofia (incluídos os problemas do

---

sexta defesa dos afetos) o Amor de Deus, não como o imaginamos como presente (*para a Proposição 29*), mas como compreendemos que Deus é eterno: e isto é o que chamo Amor intelectual de Deus", ou também a proposição XXXVI: "O amor intelectual da Mente em direção a Deus é o próprio amor de Deus, com o qual Deus se ama, não como infinito, mas como pode explicar-se através da essência da Mente humana, considerada sob a espécie de eternidade; isto é, o Amor intelectual da Mente por Deus é uma parte do infinito Amor com o qual Deus ama a si próprio".

[79] Muitos seriam as passagens "weilianas" de Fénelon a serem citadas. Um único exemplo tirado do *Manuel de Piété: Entretien affectif pour le jour de la Saint-Thomas*, no v. VI das *Œuvres de Fénelon* (Paris, 1851-1852, p. 54): "Assim, afundas em mim, ó meu Deus, até a aniquilação total de mim mesmo, Espírito destruidor, o qual desordena tudo... Então, depois de ter desfigurado tudo, reduzido tudo a um puro nada, voltar-me-ei em ti em todas as coisas, porque já não terá nada fixo em mim. Não terei nenhuma consistência, porém em tua mão tomarei todas as formas que convirjam aos teus desígnios. Para a aniquilação de meu próprio ser, limitado, entrarei em tua imensidade divina. Quem o compreenderá? Quem me dará almas que tenham o gosto e a atração pela destruição? Deus fala em sua miserável criatura, e esta palavra que criou o mundo, que o renova... Tu a escondeste dos grandes e dos sábios, eles jamais a ouvirão; porém a revelas aos simples e aos pequenos. Tudo consiste em tornar-se pequeno e em aniquilar-se".

[80] Sobre ele, ver: ACCORNERO, A.; BIANCHI, G.; MARCHETTI, A., *Simone Weil e la condizione operaia, con uma antologia degli scritti*, Roma, 1985.

[81] Sobre isso: LITTLE, G. P., Action et travail chez Simone Weil, *Cahiers Simone Weil*, v. II, n. 1, p. 4-13, 1979.

conhecimento, etc.), coisa exclusivamente em ato e prática"[82] – diz uma das páginas de *La connaissance surnaturelle*.

Trata-se de uma ideia muito próxima à concepção marxiana, justamente identificada por Weil com a "filosofia da praxe": o verdadeiro pensamento deve encontrar a própria tarefa na ação. E até aqui nada de muito novo. Mas – é o habitual vórtice interior que apreende os conceitos weilianos – a relação é também inversa, no sentido de que a ação, depois, faz ela própria parte do modo de conhecer o mundo: e, aliás, na sua forma mais geral (e mais pura), identifica-se com o pensamento. É um motivo que se volta ao terceiro "topo" de escola, de abril de 1926, intitulado *Que a única ação é o pensamento*: "A ação não pode diferenciar-se do pensamento. Efetivamente, logo que se ganha a liberdade, há conhecimento perfeito, sem lacuna, nem incerteza possível [...]. O espírito não começa a ignorar a não ser quando sofre algo [...]. A liberdade, logo que existe, ilumina, ao mesmo tempo, ação e conhecimento, torna-os universais e irrecusáveis; no conhecimento, como na ação, começa a haver subjetividade no momento em que há escravidão".[83] A citação, mesmo cronologicamente muito precoce, dá um preciso sinal da direção que a reflexão de Weil assumirá nos anos de mais maturidade: embora a transferência – e, por assim dizer, a absorção – da ação no pensamento marcará a passagem de um plano pessoal-subjetivo a um impessoal-objetivo. É o caminho, agora conhecido, que leva à elisão (ou melhor: à transformação) da vontade a favor da necessidade. Não se deve agir todas as vezes que é possível, mas só quando é necessário: "Por analogia, discernir os casos em que *a possibilidade implica uma necessidade*, mesmo se isso não aparecesse à primeira vista. *Agir nesses casos e não nos outros*".[84] Conformando-se à necessidade, o homem perde, evidentemente, tudo o que lhe resta de pessoal. O espírito que age com base na necessidade não apenas não tem mais necessidade da sustentação ontológica do *moi*, mas deve se desfazer dele como de uma bagagem indesejada. Agora, o que significa agir desfazendo-se da própria subjetividade se não agir em estado de *passividade*? E, de fato, a ação não agente é uma ação eminentemente

---

[82] WEIL, Simone. *La connaissance surnaturelle*. Paris, 1950, p. 335.

[83] Texto inédito. Cito de: PÉTREMENT, *La vie de Simone Weil*, v. I, p. 86.

[84] WEIL, *Cahiers II*, p. 147.

passiva[85]: "A ação não *por* um objeto, mas *por causa* de uma necessidade. Não posso fazer de outro modo. Não é ação, mas uma espécie de passividade. Ação não agente".[86]

Nesse caso, torna-se finalmente claro nos seus pressupostos categoriais o conceito de *potência passiva* que constituiu como a barreira semântica na qual fluiu todo o discurso. Ação necessária é sempre passiva. Isso tampouco é ação. Isto é, é "potência": alguma coisa de *não* indiferente[87] nos confrontos com a realidade. Aliás, o que *unicamente* é real em relação ao eu imaginário (já que imagem e se imagina real). É uma ideia – a do nexo entre passividade e potência *na* ação, da ação *como* potência passiva – que acompanha a autora precisamente desde o primeiro escrito de novembro de 1925, "o conto dos seis cisnes nos Grimm": é a história de seus irmãos transformados em cisnes por sua madrasta e restituídos à forma humana pela irmã que, com esse objetivo, deve costurar para eles seis camisas com anêmonas brancas, conservando o silêncio por todo o tempo necessário à operação. E Simone: "Agir jamais é difícil: sempre agimos muito e nos desgastamos sem descanso em atos desordenados. Fazer seis camisas com anêmonas e nada mais: é esse o nosso único modo de adquirir potência".[88] Agir em silêncio, agir passivamente, agir *não agindo* ("a única força e a única virtude é a de abster-se do agir"[89]) é a única forma de *adquirir potência*. Torna-se agora claro um texto do IV Caderno, ainda pouco compreensível: "O Verbo – *puramente* potente, *puramente* passivo. Fez tudo desde a origem: cordeiro sacrificado desde a origem. O homem: mescla de potência

---

[85] Sobre o estado "passivo", a referência obrigatória é à *Mémoire sur l'état passif*, de Fénelon, agora publicado como apêndice de *La notion d'indifférence chez Fénelon*, de J.-L. Goré (Grenoble, 1956).

[86] WEIL, *Cahiers I*, p. 370.

[87] Ou, diria, Fénelon, de indiferente, mas não "resignado", de indiferença ativa. Ver, para a distinção entre indiferença e resignação: FÉNELON, *Œuvres*, v. II, p. 555: "A resignação, em minha opinião, se diferencia da indiferença em que possui desejos próprios, porém submetidos. A indiferença é uma vontade positiva e formal, que nos faz querer ou desejar realmente toda vontade de Deus que nos é conhecida. É o princípio real e positivo de todos os desejos desinteressados que a lei escrita nos ordena, e de todos aqueles que a graça nos inspira. O estado de indiferença contém, assim, todos os desejos sobrenaturais. O da resignação só pode diferenciar-se do outro por desejos naturais".

[88] Texto inédito. Citado de: PÉTREMENT, *La vie de Simone Weil*, p. 80.

[89] PÉTREMENT, *La vie de Simone Weil*, p. 81.

e passividade. Sendo uma criatura, um ser parcial, não pode encontrar a pureza senão na pura passividade".[90] Potência *na* passividade; passividade *pela* potência. Estamos a mil quilômetros de distância da potência-poder da tradição moderna, mas também de toda fuga "fraca".[91] A fraqueza é a *força* do homem, como a necessidade, a sua *decisão*: decisão necessária, de fato. Mas se a decisão é necessária, se a ação é inevitável, como retirá-la da "máquina desejante" que naturalmente a funcionaliza com o crescimento do eu? Em outras palavras: como distinguir o ponto a partir do qual a ação–decisão se torna necessária, a atividade, passividade, o ato, potência?

A resposta mais clara a essa pergunta – *a* pergunta da filosofia política de Weil – está contida na parábola de Arjuna, retirada da *Bhagavad Gita*.[92] "Sabes – diz Karsna a Arjuna – que, mesmo ele sendo o autor (*kartāram*), sou não agente (*akartāram*), imutável [...]. Os atos não me pertencem; porque não ambiciono os seus frutos (*phala*).[93] Essa é a resposta da Weil: baseada na distinção entre "renúncia" e "abandono". Trata-se de uma diferença bem presente na *Gita*: "Abster-se dos atos motivados pelo desejo, eis o que os sábios inspirados entendem por renúncia (*samnyāsa*); abandonar o fruto de todos os atos é o que os clarividentes chamam de abandono (*tyāga*)".[94] Agora, como na *Gita*, a intenção de Simone de substituir *samnyāsa* por *tyāga*, o abandono à renúncia. É o ponto decisivo também para compreender o sentido do impolítico weiliano. Abandonar os frutos dos próprios atos não significa de forma alguma renunciar à ação. Essa é a cruz, mas, também, a salvação, inscrita no destino de Arjuna: "Tu deves agir, mas não regozijar pelos frutos de tuas ações. Jamais assumir por motivo os frutos das tuas ações; não ter tampouco apego pelo não agir"[95]. Que Arjuna não deva gozar dos frutos da sua

---

[90] WEIL, *Cahiers II*, p. 177-178.

[91] Nesse sentido, desviante se torna o contexto do também útil ensaio de: DALLAGO, A., L'etica della debolezza: Simone Weil e il nichilismo, in: VV. AA., *Il pensiero debole*, organizado por Gianni Vattimo e P. A. Rovatti, Milão, 1983, p. 91-119.

[92] Sobre a qual, muito importante é o artigo de L. Kapani, do qual retiro as referências a: Bhagavad Gita, Simone Weil, lectrice des Upanisad Védiques et de la Bhagavad Gita: l'action snas désir et le désir sans objet, *Cahiers Simone Weil*, v. V, n. 2, p. 95-119, 1982.

[93] Bhagavad Gita..., v. IV, p. 13-14.

[94] v. XVIII, p. 2.

[95] v. II, p. 47.

ação não exclui que deva, de todo modo, agir. E agir no modo mais *eficaz* possível. Não há, em Simone Weil, nenhuma tendência a um esteticismo da ação – agir por agir, quase segundo a lógica, por ele sempre recusada fortemente, do ato gratuito – ou também a um dever formal, vazio de conteúdos, ao modo kantiano. Agir se deve e agir *eficazmente*. É essa a convicção que Weil aponta:

> A não violência é boa apenas se é eficaz. Nesses termos, coloca-se a questão direcionada a Gandhi pelo jovem a propósito de sua irmã. A resposta deveria ser: usa a força, a menos que tu sejas capaz de defendê-la, com igual possibilidade de sucesso, sem violência. A menos que tu possuas uma irradiação cuja energia (isto é, a eficácia possível, no sentido mais material) seja igual àquela contida nos teus músculos.[96]

Por isso Arjuna deve combater. Passivamente (sem frutos pessoais), mas *deve* combater. A batalha está presente em seu destino. Faz parte de uma necessidade que a sua decisão deve apreender. Com uma paixão que não ceda a nenhuma piedade:

> Eis onde está o erro de Arjuna. A ação de combater estava conforme a luz que tinha em si, porque havia decidido por ela resolutamente. Precisava respeitá-la para que não recebesse maior luz, de outra forma só podia cair mais para baixo, não ascender mais ao alto. Agora, essa piedade que entra nele mediante a vista e lhe tira as forças – não é assim que chega a luz.[97]

"[...] não há outra força senão a força"

1. Que as passagens citadas anteriormente pertençam, cronológica e semanticamente, à última produção de Simone Weil não é uma circunstância insignificante para a interpretação geral de sua obra. Muito menos essa põe um ponto interrogativo muito marcado num lugar comum da tradição interpretativa: aquele segundo o qual o originário interesse de Weil pela política estaria, ao longo do tempo, perdendo a força até desaparecer a favor de um campo explorativo (ou uma verdadeira e efetiva vocação)

---

[96] WEIL, *Cahiers I*, p. 334.
[97] WEIL, *Cahiers II*, p. 282-283.

que se costuma definir "místico"[98]. Agora, prescindindo da diferente e oposta avaliação – negativa no primeiro caso, positiva no segundo – que a crítica marxista, de um lado, e católica, de outro, forneceu de tal evento, resta de pé o mesmo modelo hermenêutico: isto é, como se dizia, a caracterização de uma passagem, se não de um salto, por parte de Weil, de um comportamento de aceitação "realista" do político a um registro sempre mais acentuadamente "irrealista" e, de fato, "místico".

Parece-me que esse esquema – que se apoia, além do mais, numa definição totalmente inadequada de "místico – precisa ser rediscutido profundamente: não porque evolução, e também ruptura, não haja no percurso intelectual de Weil. E tampouco porque tal ruptura não provoque consequências importantes no plano do léxico conceitual. Mas porque essas consequências se apresentam com características especularmente opostas daquelas antes prefiguradas. Com o passar do tempo, não só no interior da primeira fase, mas também com a passagem à segunda (a "mística"), a linguagem política weiliana não se torna *menos*, mas sempre *mais* realista, para usar uma categoria da tradição filosófico-política europeia talvez não completamente apropriada à ocasião. Naturalmente alguma coisa muda; e de maneira realmente evidente. Mas não relativamente ao interesse pela política, é claro – vivíssimo até os últimos meses antes da sua morte. E tampouco ao corte analítico, que, agora, como se dizia, se torna mais enxuto, áspero, desejosamente "maquiavélico"[99], como demonstram vários textos dos anos 1940 (e, antes

---

[98] Nessa linha substancialmente menosprezada situa-se o também importante (no plano documentário): DUJARDIN, Ph., *Simone Weil: idéologie et politique*, Paris, 1975. Mais equilibrados, ao contrário: CHENAVIER, R., Relire Simone Weil, *Les Temps Modernes*, v. XXXIX, n. 440, p. 1677-1714, 1983, e KAHN, G., L'évolution politique de Simone Weil, *Cahiers Simone Weil*, v. VII, n. 1, p. 6-21, 1984. Muito úteis, além disso, para a reconstrução do contexto político-cultural, os trabalhos de: CANCIANI, D., Simone Weil nel dibattito politico e culturale degli anni trenta; in: AA. VV., *Simone Weil: La passione della verità*, Bréscia, 1984, p. 74-111, e *Simone Weil prima di Simone Weil*, Pádua, 1983.

[99] Cito, por exemplo, de *Méditation sur un cadavre* (variante) de 1937, depois em Simone Weil, Écrits historiques et politiques (Paris, 1960, p. 405): "Podemos compreender, assim, que esse governo de junho de 1936, governado pelo homem mais inteligente de nossa política, cometeu não só muitas faltas – o que era inevitável – mas também certas faltas muito grosseiras. Uma inteligência não pode ser completamente vigorosa sem um pouco de cinismo, e o cinismo dificilmente faz alianças com o espírito cívico. Mussolini leu e meditou sobre Maquiavel, e o entendeu; não fez senão aplicá-lo. Certamente, Léon Blum não se formou com a

de todos, o texto justamente famoso sobre a *Ilíada*[100]). O que muda é, ao contrário, o ponto de refração do qual a sua reflexão toma força: situado não mais no interior, a partir de dentro, do político, mas no seu exterior. Agora o que é destacado é que não só esse deslocamento não determina êxitos, como dizer, "recessivos", de enfraquecimento, sobre o plano conceitual e semântico; mas, pelo contrário, implica, precisamente pela duplificação produzida, um reforço, uma intensificação, do olhar sobre um objeto agora exterior, e, por isso mesmo, melhor focalizado.

Se assim não fosse, por outro lado, se a escolha "impolítica" de Weil provocasse um desfoque, e não uma nitidez, do objeto político, seríamos forçados a confinar todo o valor da sua "filosofia política" no interior da produção dos primeiríssimos anos 1930: isto é, daquela área temática que, mesmo interpretada por Weil com traços muito pessoais, não se afasta em substância, e, aliás, faz parte dela organicamente, de um *milieu* intelectual totalmente difundido na cultura política de oposição (da oposição ao mesmo partido e sindicado oficiais do movimento operário) da França à época.[101] Quando, por outro lado, é precisamente a lenta fuga, datada por volta da metade da década, e depois a sempre mais nítida distância daquele ambiente que produz a parte categoricamente mais original da reflexão de Weil sobre a política. Essa parábola centrífuga, que se tornará plenamente visível no longo ensaio de 1934 sobre as causas da liberdade e da opressão social, já está anunciada nos três artigos sobre a situação na Alemanha, sobre a (sempre mais improvável) revolução proletária e sobre a guerra, que o precedem. Neles, de fato, além dos motivos canônicos da esquerda revolucionária (valem para todos os nomes de Souvarine, Louzon, Monatte, Laurat, Lazarévitch) – a degeneração autoritária da

---

leitura de Maquiavel, esse físico do poder político. Tal formação lhe havia impedido passar por alto algumas máximas luminosas que estão no exercício do poder, como o solfejo está para o canto". Sobre o Maquiavel de Weil, ver: MANSAU, A., Simone Weil devant Machiavel, in: *Machiavelli attuale – Machiavel actuel*, organizado por G. Barthouil, Ravenna, 1982, p. 131-137.

[100] WEIL, Simone. L'Iliade, ou le poème de la force, [incialmente em] *Cahiers du Sud*, n. 230, 231, 1940-1941. (trad. it. *La Grecia e le intuizioni precristiane*, p. 11-44.)

[101] Sobre isso, ver: DEL BAYLE, J. -L., *Les non-conformistes des années 30*, Paris, 1969, e RABAUT, J., *Tout est possible! Les "gauchistes" français 1929-1944*, Paris, 1974; mas também: CAUTE, D., *Le communisme et les intellectuels français 1914-1946*, Paris, 1966 e Idem, *Les compagnons de route (1917-1968)*, Paris, 1979.

revolução soviética,[102] os riscos presentes na pletora burocrática, a crítica da noção de progresso[103] e, em geral, do marxismo –, o que atinge é o modo *não* dialético com o qual são reconstruídos os problemas; ou, dito de outra forma, o caráter de substancial irresolubilidade com que são apresentadas as contradições por vezes caracterizadas: a partir daquela, introduzida pela primeira das intervenções nomeadas, *L'Allemagne en atente*, entre onipresença do político ("na Alemanha, nesse momento, o problema político é para cada indivíduo o problema que o toca mais de perto"[104]) e situação de impasse que descende dele:

> Essa energia resta latente. Numa situação semelhante, que parece responder perfeitamente à definição de uma situação revolucionária, tudo permanece passivo. O observador, atingido pela convergência de todos os pensamentos sobre o problema político, é, ao mesmo tempo, e ainda mais vivamente, atingido pela ausência de agitação, de discussões apaixonadas pelas ruas ou pelos metrôs, de leitores que se lançam ansiosamente nos seus jornais, de ações esboçadas ou unicamente concertadas. Essa contradição aparente constitui o caráter essencial da situação. O povo alemão não está nem desencorajado, nem adormecido; não se afasta da ação; e, no entanto, não age; ele espera.[105]

O que ele espera; ou melhor: o que o espera, sabemo-lo muito bem hoje. Mas parece ser mais que vislumbrado pela própria Weil sempre que passa a examinar as causas profundas de tal estado de paralisia. A paralisia, a inércia, a fraqueza do povo alemão – trata-se de uma chave interpretativa destinada a tornar-se sempre mais rigorosa nos textos sucessivos – não é senão o efeito de contrapeso, a interface especular, produzido pelo cruzamento neutralizante de um determinado jogo de

---

[102] Sobre isso, precisas analogias aparecem em alguns trabalhos de L. Laurat, sobretudo em *L'économie Soviétique* (Paris, 1931).

[103] Clássicos sobre o argumento serão nesses anos os dois ensaios de: FRIEDMANN, G., *La crise du progrès: Esquisse d'histoire des idées (1895-1935)*, Paris, 1936, e de: FEBVRE, L., *Le progrès: puissance et déclin d'une croyance*, publicado em *Pour une histoire à part entière*, Paris, 1962.

[104] WEIL, Simone. L'Allemagne en attente. *La Révolution prolétarienne*, n. 138, 25 out. 1932. E também em: *Libres propos*, n. 10-11, 25 out./25 nov. 1932, depois incluído em Écrits historiques et politiques, p. 126.

[105] WEIL, L'Allemagne en attente, Écrits historiques et politiques, p. 128.

forças. Em primeiro lugar, a força do movimento nacional-socialista, constituído pelo amálgama de intelectuais, pequeno-burgueses, funcionários e cidadãos mantidos juntos por um sentimento de patriotismo anticapitalista nos confrontos com os países vencedores: "Na realidade, o que os [os operários alemães] atrai ao movimento nacional-socialista é, como para os intelectuais e os pequeno-burgueses, que eles sentem nele uma força. Eles não percebem que essa força surge tão poderosa porque não é a força deles, porque é a força da classe dominante, seu inimigo capital. E eles contam com essa força para suprir sua fraqueza, e realizar, sem saber como, os seus sonhos confusos".[106] Depois, o partido social-democrata com os seus sindicatos reformistas crescidos dentro do mesmo mecanismo de desenvolvimento da sociedade capitalista, e por isso tomados, e como hipnotizados, pela sua própria *força*: "Organizações tão modeladas sobre o desenvolvimento da economia capitalista nos seus períodos de estabilidade aparente foram naturalmente atacadas à força, que é a estabilidade do regime, do poder de Estado".[107] E, por fim, o Partido Comunista, tornado impotente pela dependência de uma terceira *força*, aquela da ditadura burocrática russa, que o "joga" em função dos seus próprios interesses. Constrangido por essas três forças opostas e concordantes, constituído ao próprio ponto por sua convergência, o movimento operário alemão está necessariamente levado ao estado de inércia mais completa.

É uma primeira, potente, panorâmica, por agora limitada à situação alemã, mas bem cedo destinada a se estender por todo o mapa da política europeia (e, depois, do político moderno), que coloca no seu centro a questão da força. E precisamente da força *exterior* (a força é sempre, em última análise, exterior). O Partido Comunista está enfraquecido — melhor seria dizer: aniquilado — pela própria submissão a uma força exterior: a do novo Estado soviético. Não é um acaso que de acordo com os ensaios citados, *Prospettive: andiamo verso la rivoluzione proletaria?*, assuma este último como objeto de análise. Também nesse caso, o que conta como finalidade de nosso discurso não é tanto a reconstrução detalhada da espiral degenerativa sobre a qual se entrelaçou o Estado soviético — sufocamento da crítica interna, partido único, predomínio da máquina burocrático-administrativa, polícia onipotente — em termos

---

[106] p. 131.

[107] p. 132.

não mais de deformações corrigíveis (segundo o juízo, ainda prudente, de Trotsky), mas de absoluta alteridade ao modelo de Estado operário – quanto a identificação de um sistema de opressão completamente novo em relação àqueles, precedentes, da força armada ou da riqueza transformada em capital, e exercitado, ao contrário, em nome da *função*: ou seja, da própria força de produção.

É esta, de fato, que, suprimindo com base na racionalização e na especialização, a categoria de operários que ainda administrava autonomamente o próprio trabalho divide a fábrica entre os que executam sem nada dirigir e os que dirigem sem nada executar; com ainda mais, em função do terceiro ator, a crescente casta burocrático-administrativa, a qual tem todo o interesse de manter o consumo subordinado à produção; não só, mas de funcionalizar a produção com o objetivo da guerra. De fato – é o ponto do ensaio em que a linguagem de Weil se reforça num de seus típicos picos –, a partir do momento em que "todo grupo humano que exerce uma potência a exerce, não de modo a fazer felizes os que a ela estão submissos, mas de modo a aumentar tal potência [...]. Se a produção, nas mãos dos capitalistas, tem por escopo o jogo da concorrência, nas mãos dos técnicos organizados numa burocracia de Estado, terá necessariamente por objetivo a preparação à guerra".[108] A partir dessa cadeia de deduções, de agora em diante a guerra constituirá uma das figuras estáveis da analítica weiliana: mas, sobretudo, será fixada num nexo indissolúvel com todos os outros elementos do sistema que fazem dela um fenômeno de política interna muito mais, e antes, que um episódio de política externa.

Esse desvio interpretativo, em polêmica com toda a tradição pósrevolucionária francesa e com toda a tradição marxista, é reivindicado com a máxima nitidez nas *Réflexions sur la guerre* (de 1933) que parecem levar não apenas a análise do evento bélico, mas toda a filosofia política weiliana para um percurso sem "rede" e sem retorno. O dado que emerge disso com maior evidência é o caráter diferencial que retira a guerra contemporânea de qualquer outra forma de conflito precedente, ligando-a como duplo fio às características estruturais da produção. De um lado, a guerra não é senão uma prolongação (não da política em geral, como

---

[108] WEIL, Simone. Perspectives. Allons-nous vers la révolution prolétarienne? *La Révolution prolétarienne*, n. 158, 25 ago. 1933. Depois em: *Oppression et liberté*, Paris, 1955. (trad. it. Milão, 1956, p. 131.)

dizia Clausewitz) da política econômica, e mais precisamente da política de concorrência; por outro lado, toda a política econômica é *produtivamente* orientada à guerra: "Nessa mescla inextricável de militar e econômico, em que as armas são colocadas a serviço da concorrência e a produção a serviço da guerra, a guerra não faz senão reproduzir as relações sociais que constituem a própria estrutura do regime, mas num nível muito mais agudo".[109] Não só: mas há alguma coisa de suplementar que define a guerra moderna, isto é, a absoluta subordinação dos combatentes aos instrumentos da batalha. Volta a ameaça técnica da "máquina"; e volta num contexto que radicaliza o seu caráter aniquilador: assim "a guerra de um Estado contra outro Estado se transforma imediatamente em guerra do aparato estatal e militar contra a própria armada".[110]

Estamos nas bordas de uma contradição mais uma vez insolúvel no interior do "sistema-guerra", mas, o que mais conta, aparentemente irresolúvel também no seu exterior. Também através da convocação à guerra de massa – guerra sem estado maior, pelo menos teoricamente –, que é a guerra revolucionária. Essa, ainda, e contra toda a cultura da esquerda histórica, é declarada literalmente como "tumba da revolução". É por isso que toda revolução nascida de uma guerra ou em seu curso – como a guerra soviética – não pode senão perverter-se. Ou entrar em colisão consigo mesma: "Parece que uma revolução nascida numa guerra não tenha outra escolha a não ser sucumbir sob os golpes mortais da contrarrevolução, ou transformar-se ela própria em contrarrevolução através do mecanismo da luta militar. As perspectivas da revolução aparecem assim muito restritas; pode, de fato, uma revolução evitar a guerra?".[111]

2. A interrogação (retórica: afirmação de uma impossibilidade) precipita verticalmente no grande ensaio do ano seguinte. Ensaio limite, realmente, no sentido de construído no limite, *pelo* limite, do político. Ainda mantido em suas categorias, e, no entanto, já voltado a uma direção de incipiente superação. Ou melhor, de aprofundamento, isto é, de uma descida radical até as raízes da antropologia política que não pode não convocar as páginas de Broch e de Canetti. Sobretudo de

---

[109] WEIL, Simone. Réflexions sur la guerre. *La Critique sociale*, n. 10, nov. 1933. Depois em: Écrits *historiques et politiques*, p. 233.

[110] WEIL, Écrits historiques et politiques, p. 234.

[111] p. 237.

Canetti, das quais, no núcleo central que salvaguarda "a alma negativa" do ensaio, volta de maneira quase literal à dialética de aniquilação e de autoaniquilação do poder sobrevivente. Trata-se da análise do mecanismo opressor, já anunciado nos ensaios precedentes, mas, nesse caso, levada aos seus êxitos extremos, que não se limita a investir a natureza e a própria essência do privilégio – social, econômico, científico, técnico –, mas penetra em algo mais profundo e como pressuposto à própria desigualdade das condições: a potência e a luta que essa desencadeia: "No entanto, os privilégios, por si mesmos, não bastam para determinar a opressão. A desigualdade poderia facilmente ser atenuada pela resistência dos fracos e pelo espírito de justiça dos fortes; essa não faria surgir uma necessidade ainda mais brutal do que a necessidade determinada pelas próprias necessidades naturais, se não interviesse um outro fator, isto é, a luta pela potência".[112]

Agora o caráter "canettiano" dessa luta consiste no fato que "a potência encerra em si uma espécie de fatalidade que pesa com igual crueldade sobre aqueles que comandam e sobre aqueles que obedecem";[113] não só: mas que "submete os primeiros na mesma medida em que, através deles, aniquila os segundos".[114] Essa fatalidade é determinada pela circunstância

---

[112] WEIL, Simone. *Réflexions sur les causes de la liberté et de l'oppression sociale.* Gallimard, 1934. Depois em: *Oppression et liberté* (uso a edição italiana, Milão, 1983, organizada por G. Gaeta, p. 49).

[113] WEIL, *Réflexions sur les causes de la liberté et de l'oppression sociale.*

[114] WEIL, *Réflexions sur les causes de la liberté et de l'oppression sociale.* Vêm em mente, a esse propósito, algumas considerações de Alain sobre o poder: *Politique,* Paris, 1952, p. 109: "Todo poder é absoluto. A guerra faz compreender esse tipo de coisa. Uma ação não pode ter êxito senão pelo acordo dos executores; e, mesmo se tivessem a maior vontade do mundo, não estariam de acordo, acredito, a não ser pela rápida execução das ordens, sem que nenhum subordinado se ponha a julgar ou a discutir. Isso significa que diante do rechaço ou apenas da dúvida, o chefe deve forçar à obediência, o que leva de imediato à última ameaça, e o instante seguinte à execução, sem a qual a ameaça seria ridícula. Parece-me estranho que essa gente que admite com facilidade a guerra entre as coisas possíveis invoque, aqui, com tudo, a humanidade e a justiça, como se se tivesse tempo de ser humano e justo quando o inimigo pressiona. É necessário saber o que se quer". Porém, sobre o tema, ver todos os *Propos sur les pouvoirs de Alain,* reeditados em 1985 pela Gallimard, organizado por F. Kaplan. Mais em geral, sobre o Alain político, ver: SIBLEY, R., Emile Chartier militant politique précurseur d'Alain penseur politique, in: *Alain philosophe de la culture et théoricien de la démocratie,* extraídos os atos do Colóquio Vigueur d'Alain, Rigueur de Simone Weil (Cerisy-La-Salle, 21 jul./1 ago., Paris, Associação Les Amis d'Alain, 1976, p. 121-139).

que aumenta a potência, e para os que a detêm, é condição necessária para conservá-la; e conservá-la não é possível senão eliminando os que resistem ao aumento: assim se instaura um círculo vicioso segundo o qual "o patrão é temível pelo escravo pelo próprio fato de temê-lo, e vice-versa".[115] O único modo de romper seria aquele, impossível porque não natural, de suprimir a desigualdade; ou instaurar um poder tal que possa determinar um equilíbrio estável entre os que comandam e os que são comandados. Mas – e aí a contradição se enrola em si mesma – isso seria possível apenas sem considerar o caráter "ativo" da potência à qual toda a tradição da *potentia passiva* criticamente se direciona:

> Mas os homens são seres essencialmente ativos, e possuem uma faculdade de autodeterminar-se da qual jamais podem abdicar-se, mesmo se o desejam, senão no dia em que morrendo voltam a cair no estado de matéria inerte; assim, toda vitória sobre os homens guarda em si o germe de uma possível derrota, pelo menos de conduzir até o extermínio. Porém, o extermínio suprime a potência suprindo o seu objeto. Desse modo, há, na própria essência da potência, uma contradição fundamental que, para ser bem preciso, lhe impede, em todo caso, de existir.[116]

O que agora emerge, trazido à superfície pela escavação analítica da autora, é a característica mais surpreendente da potência: a sua impossibilidade de existir; ou, em termos ainda mais claros, a sua *inexistência* "real", o seu pertencimento ao mundo da *imaginatio* que, para a spinoziana[117] Weil, corresponde à esfera do não ser. A potência não existe em relação à categoria da posse. É impossível possuir a potência, representá-la em "poder":

> Precisamente porque jamais há poder, mas unicamente corrida ao poder, e essa corrida é sem término, sem limite, sem medida; não há tampouco limite, nem medida aos esforços que ela exige; aqueles que se entregam a ela, forçados a se tornar sempre mais rivais entre si, os quais, por sua vez, se esforçam para se superar, devem sacrificar

---

[115] WEIL, *Réflexions sur les causes de la liberté et de l'oppression sociale*, p. 50.

[116] p. 51.

[117] Mesmo se, naturalmente, a questão da avaliação da *imaginatio* em Spinoza é muito mais complexa, como está claramente visível, por exemplo, no primeiro capítulo (sobre a profecia) do *Tratado teológico-político*.

não apenas a existência dos escravos, mas a própria e a existência dos seres mais caros; assim, Agamenon, que imola a sua filha, revive nos capitalistas que, para conservar seus privilégios, aceitam de coração aberto as guerras que podem sequestrar seus próprios filhos.[118]

O aceno ao destino de Agamenon, generalizado logo depois daquele de todos os gregos, empenhados numa espécie de guerra "sem sujeito", coloca agora numa órbita de discurso tão extrema que nenhuma das páginas sucessivas de *Réflexions*, nem mesmo daquelas, aparentemente construtivas, do *Quadro teórico de uma sociedade livre*,[119] consegue equilibrar: como, por outro lado, resulta pela circunstância, certamente não casual, mas atribuível a uma impossibilidade discursivo-afirmativa, da não publicação do ensaio. E, de fato, *Ne recommençons pas la guerre de Troie* se intitula o último escrito de Simone Weil ainda, de algum modo, atribuível à linguagem propriamente política, isto é, antecedente à deriva "mística" que levará a autora à impolítica "política da ascese" dos últimos anos até sua morte.[120] Nesse texto, o caráter ilusório, mítico, fantasmático, já visto no próprio fundo da potência, é estendido a todo o universo político. No *Exame crítico das ideias de revolução e de progresso* é discutido profundamente,

---

[118] WEIL, *Réflexions sur les causes de la liberté et de l'oppression sociale*, p. 52-53.

[119] p. 74 em diante.

[120] Cito duas cartas de Weil que dão a medida dessa passagem. A primeira, contemporânea às *Reflexões*, escrita provavelmente no fim do verão de 1934 a uma aluna de Puy, está conservada na Biblioteca Nacional de Paris, junto ao Fundo Simone Weil, classificação provisória: I, 297-I, 298: "Considerando a situação, estou muito decidida a deixar de participar de qualquer coisa do âmbito político e social, exceto em dois casos: a luta anticolonialista e a luta contra os 'exercícios de defesa passiva'". A segunda passagem é, por outro lado, do final de março de 1937, tirada de uma carta a René Belin, também depositada na Biblioteca Nacional, I, 57 e 57: "A 'esquerda', tanto reformista como revolucionária, acredito poder escolher o primeiro caminho. Em minha opinião, o que alguém imagina (vagamente) com o nome de revolução, são modificações que, por uma parte, se referem a fatores que no fundo, hoje, são secundários (a propriedade...). E em sua maior parte, em simples palavras, penso que por esse lado seguimos em direção a um beco sem saída. Não creio que nessa situação possamos encontrar uma solução para o problema social que seja muito melhor daquelas que defendem a burguesia e a direita, se não modificarmos os fatores essenciais do problema. Há anos penso desse modo, e por isso me mantive afastada de toda atividade política. A transformação da atmosfera moral que trouxe o maravilhoso ímpeto de junho me deu alguma esperança em possibilidades muito novas. Porém, vejo com dor que se esse ímpeto pôde aliviar a pressão social, não parece poder cristalizar-se em transformações estáveis".

e convocado em causa, o êxito potencialmente transformativo da revolução,[121] levado à natureza cíclico-restauradora, conservadora em última instância, implícita no seu antigo étimo ("Quando parece uma luta sangrenta substitui um regime por outro, essa luta, na realidade, é a consciência de uma transformação já completada por mais da metade e leva ao poder uma categoria de homens que já a possuíam nas próprias proporções";[122] e no texto sucessivo *Meditação sobre a obediência e sobre a liberdade* à grande, e ainda não colocada, pergunta de Etienne de la Boétie acerca do caráter "voluntário" da servidão, responde-se que a pretensa força do número – retoma nessas páginas uma analítica da massa não distante daquela mais tarde elaborada por Canetti – é algo puramente imaginário: "O número, por mais que a imaginação possa nos levar a acreditar no contrário, é uma fraqueza [...]. O povo não é submisso apesar de ele ser o número, mas porque é o número".[123]

No entanto, em *Ne recommeçons pas* a dessubstancialização, a destituição de todo peso significativo das tradicionais categorias políticas experimenta um verdadeiro e próprio salto de qualidade. A guerra de Troia, mais qualquer outra, não tem objetivos: e, por isso mesmo, medida, proporção, comparação possível. E sendo ilimitada é destituída de existência racional (a única justificável para Weil, também nisso, spinoziana). O real motivo da guerra não é insondável porque coberto pelos véus das ideologias oficiais, escondido por qualquer outro, segundo a tradicional leitura marxista, mas porque, essencialmente falando, não existe. É uma caixa vazia; assim como todas as palavras de ordem, verdadeiros "monstros" imaginários

---

[121] Ver a propósito do tema da revolução as observações de: MOULAKIS, A., *Simone Weil: Die Politik der Askese* (de cujo título tirei o nome deste capítulo), Alpen aan den Rÿi-Stuttgart-Bruxelas-Florença, 1981, p. 49-67. Em abril de 1935, Simone escrevia a Claude Janet: "A revolução não é possível porque os chefes revolucionários são incapazes. E não é desejável porque são traidores. Muito estúpidos para conseguir a vitória; e se a obtivessem também oprimiriam, como na Rússia" (PÉTREMENT, *La vie de Simone Weil*, v. II, p. 53). Porém, nessa direção, ver também a carta ao engenheiro Bernard, de 16 de março de 1936, incluída em: *La condition ouvrière*, Paris, 1951. (trad. it. Milão, 1980, p. 155.)

[122] WEIL, Simone. Examen critique des idées de révolution et de progrès [fim de 1937, início de 1938]. In: *Oppression et liberté*, p. 195.

[123] Veja-se o texto do *Discours* na bela edição feita em Paris, em 1978, organizada por Pierre Clastres e C. Lefort, que contém, além do escrito de Weil (Méditations sur l'obéissance et la liberté: verão de 1937, incluído em: *Oppression et liberté*, do qual cito a p. 202), também aqueles (sobre La Boétie) de La Mennais (1835), Leroux (1847), Vermorel (1863) e Landauer (1907).

que povoam o nosso universo político: guerra, revolução, progresso, democracia: "Podemos tomar quase todos os termos, todas as expressões do nosso vocabulário político e abri-las; no centro se encontrará o vazio".[124]

Falávamos de um salto de qualidade: está claro que aquela que até então havia sido uma crítica específica a determinados conteúdos (ou invólucros) da política adquira, agora, o sentido de uma tomada de distância linguístico-categorial. O impulso corrosivo, o ácido analítico, investe, agora, toda a linguagem do político. Ou, talvez, melhor: o político *como* linguagem. Não há política senão na linguagem: mas tal linguagem é desprovida de toda legitimidade racional. Vazio de um vazio capaz de contaminar, e, portanto, de destruir, todo o espaço circunstante em que se exercita: "A luta entre adversários e defensores do capitalismo, essa luta entre inovadores que não sabem o que inovar e conservadores que não sabem o que conservar é uma luta cega de cegos, uma luta no vazio, e que por essa mesma razão se corre o risco de transformar-se em extermínio".[125] É essa situação que gera na produção e, bem cedo, na própria atividade de Weil, o *impasse* que constituirá a sua verdadeira, inóspita, morada no "quinquénio da morte" 1938-1943. E, em concomitância com essa, para essa, o deslocamento lateral diante do político que, mesmo sem jamais perdê-lo de vista – e, aliás, plantando-o no centro do pensamento –, deixa-o agora em suas margens externas. *Nem* participação, *nem* indiferença, como escreveu no fim da *Meditação*: "De uma tal situação deriva, para cada homem solícito do bem público, uma tortura cruel e sem remédio. Participar, mesmo de longe, do jogo das forças que movimentam a história não é absolutamente possível sem manchar-se ou sem condenar-se em antecipação à derrota. Refugiar-se na indiferença ou numa torre de marfim é ainda menos possível sem muita inconsciência".[126] Estamos naquele limite, naquela soleira – "costear" (*côtoyer*)[127] a política, dirá Simone em 1942, referindo-se à sua experiência passada – que separa o político do seu irrepresentável fundo e que desse fundo projeta nova luz à realidade *daquilo que só existe.*

---

[124] WEIL, Simone. Ne recommençons pas la guerre de Troie. *Nouveaux Cahiers*, n. 2-3, 1 e 15 abr. 1937. Depois em: Écrits historiques et politiques, p. 265.

[125] WEIL, Ne recommençons pas la guerre de Troie, p. 268.

[126] WEIL, Méditations sur l'obéissance et la liberté, p. 206.

[127] WEIL, *Cahiers II*, p. 219.

A soberania da soberania

1. É precisamente o caráter de irrepresentabilidade – o seu não poder ser senão irrepresentável e, ao mesmo tempo, o seu *dever* ser irrepresentável – de tal ulterioridade que introduz, por fim, o vetor de sentido que, talvez, mais que qualquer outro, restitui o quadro paradigmático e o significado do conjunto do discurso de Weil. Pretendo referir-me ao motivo anti-idolátrico em que toda a sua concepção da história e da política vem para realizar-se num único movimento impolítico: tanto que se pode chegar a dizer que a crítica (impolítica) do político coincide, em Simone Weil, com a crítica da idolatria.[128] Essa, como se disse, atravessa todo o leque das posições – por vezes duramente unilaterais – expressas pela autora em relação aos grandes temas da história e da filosofia antiga e moderna. A partir da ininterrupta polêmica com Marx, que acompanha como um implícito (mas com frequência também explícito) contexto contrastivo a maior parte da sua produção; e que encontra o ponto de máxima condensação no longo ensaio de 1934, em que os seus elementos tópicos são resumidos e condensados.

Trata-se, antes de tudo, da substituição ao antagonismo marxiano entre capital e trabalho por aquele entre aparato técnico-burocrático e mão de obra operária. A ela se acrescenta a recusa de todo esquema predisposto de filosofia da história e, mais em geral, da redução do conflito de poder como luta de classes (em detrimento, por exemplo, de um fator dinâmico igualmente importante, como a guerra). Nenhuma dessas críticas, no entanto – comuns, além disso, a grande parte do fronte antimarxista do tempo –, manifesta o sentido peculiar, filosófico e metafísico, quero dizer, da oposição weiliana ao pensamento de Marx.[129] Para capturá-lo, é necessário refazer-se ao lugar, essencialmente platônico – isto é (pelo menos segundo o Platão de Weil), rigidamente dualístico –, do qual tal oposição emerge. Paradoxalmente, esse lugar – dizíamos a propósito do realismo político de Weil – é o mesmo que explica a atração exercida sobre ela pela concepção marxiana (e maquiavélica, por outros aspectos): o que une Marx a Platão é a caracterização do caráter de necessidade que

---

[128] Ver: LITTLE, J.-P., Le refus de l'idolâtrie dans l'ouevre de Simone Weil, *Cahiers Simone Weil*, v. II, n. 4, p. 197-213, 1979.

[129] Sobre ele, ver: BIROU, A., L'analyse critique de la pensée de Karl Marx chez Simone Weil, *Cahiers Simone Weil*, v. VII, n. 1, p. 22-38, 1984.

pesa sobre a realidade social. Mas essa é também o que mais que tudo os separa, no sentido que enquanto para Platão a realidade não exclui, e, aliás, requer a existência de outra realidade sobrenatural, sem dúvida politicamente inatingível na sua perfeição, mas não por isso menos real, em Marx resta a única pensável. É por isso – prossegue Weil – que Marx é forçado a assumir no interior dela o bem expresso pela realização libe-ratória do processo histórico. Mas precisamente aí está o ponto crítico. Para poder operar essa subsunção, Marx deve necessariamente cair na idolatria: isto é, dar como certa a ideia da perfectibilidade da matéria – o bem a partir do mal – ou, em outras palavras, confundir o nível do sobrenatural com o nível do necessário. Para Weil isso é precisamente a idolatria: o maior pecado que "consiste em situar o ilimitado num âmbito essencialmente limitado".[130]

Com esse ponto de vista, Simone Weil se afasta da acepção comum do conceito de idolatria: isto é, da sua identificação com aquele de po-liteísmo. Não apenas essa definição não a satisfaz – há certas religiões politeístas (como a grega) não idolátricas e religiões monoteístas (como a hebraica) idolátricas – mas a considera ela própria fruto de idolatria na medida em que interpreta a relação um/muitos em termos de po-tência e não de bem: "As religiões que compreenderam essa renúncia, essa distância voluntária, esse retirar-se voluntariamente, a aparente ausência de Deus e a sua presença secreta aqui embaixo, são a religião verdadeira, a tradução em línguas diversas da Grande Revelação. As religiões que representam uma divindade que exerce o seu domínio onde quer que lhe seja possível são falsas. Mesmo se monoteístas, são idólatras".[131] Quando o poder é confundido com o bem, ou quando, pior, o bem é entendido em termos de poder, cai-se necessariamente na idolatria. Isso acontece pelo ponto de vista da religião – de algumas religiões em particular, como veremos melhor; mas também, de uma maneira de forma alguma especular, pelo ponto de vista do social. Weil bate nessa tecla com tanta força que chega a definir o próprio social como essencialmente idolátrico: e isso em termos de absoluta necessidade: "Na falta de ídolos, devemos por vezes (todos ou quase todos os dias) penar no vazio. Sem pão sobrenatural, impossível suportar tal pena. A idolatria é, portanto, na caverna, uma necessidade vital.

---

[130] WEIL, *Attente de Dieu*, p. 22.

[131] p. 109.

Também entre os melhores, é inevitável que ela limite estritamente inteligência e bondade".[132]

Essa caracterização idolátrica do social – sempre conduzida em relação à imagem platônica do "enorme animal" (mas, por certos aspectos, em paralelo, paradoxalmente, também à concepção marxiana, e depois ao modo de Thomas Mann, da ideologia) – é para nós um elemento de grande importância porque ligada em termos de motivação direta ao deslizamento impolítico das últimas obras. Se o indivíduo ainda pode (pelo menos teoricamente), em virtude do sobrenatural, escapar da tentação idolátrica, a sociedade, o *nós*, está ali por princípio condenada: "O social é irredutivelmente o âmbito do príncipe desse mundo"; e isso mais "para o sucedâneo de bem que ele o contém do que pelo mal que o mancha".[133] É o ponto sobre o qual Weil bate com mais determinação: o mal não é tanto o mal que se manifesta como tal, mas o mal que se apresenta nas vestes do bem, a *confusio*, a *coniunctio*, de bem e mal. E o social, no próprio momento em que é levado a se tornar absoluto, a transformar-se no lugar específico, na *coisa*, do homem, é forçado a se autointerpretar em termos de bem (presente ou futuro), mediante a máquina de idolatria que é a ideia de Progresso e, mais em geral, de História. O bem está incorporado pelo social sempre que é entendido como o único nível, ou seja, o nível fora do qual não é possível estabelecer *relações*. Se há um conceito construído por Weil, em forma de polarização, em relação ao fenômeno da idolatria, é o conceito de "relação": "A sociabilidade lança sobre o relativo a coloração do absoluto. O remédio está na ideia de relação. A relação evade violentamente através da sociabilidade. Ela é monopólio do indivíduo. A sociedade é a caverna, a saída é a solidão".[134] Típica do comportamento idolátrico é a tendência de entender as coisas fora de toda relação ao que lhes é exterior: é por isso que só uma relação de fenômenos aparentemente separados pode, senão eliminar, muito menos reduzir a taxa de idolatria presente na vida cotidiana.

Trata-se de uma ideia que pode parecer estar em contradição, e, pelo contrário, é diretamente consequência dela, com a declarada necessidade de não confundir os níveis do necessário e do bem. Nesse caso, precisamos ter uma atenção redobrada. O ponto de vista de

---

[132] WEIL, Simone. *La pesanteur el la grâce*. Paris, 1947. (trad. it. Milão, 1985, p. 71.)

[133] WEIL, *Cahiers II*, p. 247.

[134] WEIL, *La pesanteur el la grâce*, p. 164.

Simone Weil – instituir relações *sem* confundir os níveis – situa-se nas antípodas daquele que ela considera ser o comportamento típico do moderno como típico da secularização: isto é, a tendência, levada a cabo pelo totalitarismo, que separa o profano do sagrado e, ao mesmo tempo, confunde o religioso com o político.[135] Os dois processos não são apenas contemporâneos, mas dependentes um do outro: no sentido que é exatamente a separação – a ausência de relação – sobre um plano que produz confusão no outro. A crise da relação determina, consequentemente, crise de alteridade. Vejamos melhor. Simone Weil não critica a laicidade pelo ponto de vista da necessária (como se disse) distinção entre religioso e político, mas a partir do ponto de vista da relação – interrompido pelo moderno – entre público e privado: o êxito do qual é a noção de indivíduo como esfera da integral privatização (e apropriação) do bem coletivo. É precisamente de acordo com esse fenômeno – ou seja, com a ausência de coesão entre bem privado e bem público, ou, como entende Weil, entre necessidades naturais e necessidades sobrenaturais – que se insere a experiência totalitária como forma de péssimo remendo, isto é, de conjugação idolátrica, entre político e religioso. A sua potência – é o cerne da análise do fascismo desenvolvida em *L'enracinement* – é relativa à sua capacidade perversa de preencher idolatricamente o vazio de relações determinado pela modalidade específica que assumiu a laicização moderna (a do desenraizamento totalitário).

2. Mas não só a partir dela. Ou melhor: não originariamente dela. O moderno, de fato, como está por outra parte implícito no conceito de secularização (que Weil não recusa sobre o terreno metodológico e hermenêutico), não faz senão transavaliar – realizar transformando – elementos implícitos às origens do cristianismo e essencialmente pertencentes à história do judaísmo e depois confluídos na história de Roma (o percurso da "pedagogia divina" à "teologia política"). É conhecido o juízo radicalmente, obstinadamente, e, claro, partidariamente – como foi por muitas vertentes observado[136] –, negativo expresso por Weil nos

---

[135] Ver: ROLLAND, P., Religion et politique: expérience et pensée de Simone Weil. *Cahiers Simone Weil*, v. VII, n. 4, p. 368-391, 1984.

[136] Igualmente facciosa, no entanto, me parece a avaliação que do anti-hebraísmo weiliano deram alguns críticos, como P. Giniewski na obra citada. Mais cauteloso

confrontos com o judaísmo (mesmo com todos os elementos judaicos presentes na sua própria formação[137]). Ele nasce em sintonia – se não consequentemente – com a sua inclinação gnóstico-cátara: tanto que parece que a sua simpatia pela doutrina marcionista tenha nascido justamente pela tomada de distância de Marcião no que diz respeito ao Antigo Testamento.[138] O que, de fato, assimila, na positiva avaliação weiliana, gnósticos e cátaros é uma concepção da diferença entre Deus e mundo que leva a entender a presença de Deus como sua ausência pelo mundo, dominado, como se sabe, por forças e potências diabólicas. Diabólicas *enquanto* potências. Contra elas, contra a potência no mundo e o mundo como potência, Deus é essencial e puramente Bem.

É precisamente a diferença embaçada pela religião judaica. O atributo fundamental do seu Deus é a onipotência. É essa que torna Deus pesado, natural, coletivo. Nem mesmo a sua definição monoteísta se salva dela. Aliás, o princípio do monoteísmo judaico deriva realmente da unificação, no interior da ideia de Deus, do bem e do mal, do bem e do necessário, do bem e do poder. Isso leva direto à idolatria – Deus identificado com a besta, e por isso fundador e conquistador de Estados. Não só: mas com a pior das idolatrias – porque manifesta em forma aparentemente anti-idolátrica – que substitui pela imagem ou pela madeira do ídolo da Nação, do Estado, da Raça: "A verdadeira idolatria é a ganância (πλεονεξίαν ἥτις ἐστὶν εἰδωλολατρία *Col.*, III, 5) e a nação hebraica, na sua sede de bem carnal, era culpada por ele nos próprios momentos e que adorava seu Deus. Os judeus tiveram como ídolo não o metal ou a madeira, mas uma raça, uma nação, uma coisa totalmente terrestre. A sua religião é inseparável, na sua essência, por essa idolatria, por causa da

---

e equilibrado, ao contrário, é: LEVINÁS, E., Simone Weil contre la Bible, in: *Difficile liberté*, Paris, 1963, p. 178-188.

[137] Sobre eles se detiveram, além de W. Rabi, o já citado ensaio sobre a Kabbala: ALLEMAND, S., Simone Weil ou l'identité récusée, in: *Simone Weil Philosophe, historienne et mystique*, p. 137-140; GOLDSCHLAGER, A., Le judaïsme de Simone Weil, *Tribune juive*, p. 20, fev. 1984; WICKI-VOGT, M., in: *Simone Weil: Philosophie, Religion, Politik*, organizado por H. R. Schlette e A. A. Devaux, Frankfurt a. Main, 1985; QUINZIO, S., *La croce e il nulla*, Milão, 1984, p. 46-53.

[138] Ver: PÉTREMENT, *La vie de Simone Weil*, v. II, p. 302-303. Mas ver também o prefácio de D. von Hildebrand, com a edição alemã do texto de: CABAUD, J., *L'expérience vécue de Simone Weil*, Paris, 1957; CABAUD, J., *Simone Weil: Die Logik der Liebe*, Freiburg-München, 1968, p. 5-6.

noção de 'povo eleito'".[139] É inútil, aqui, comentar tais expressões que, nos anos em que foram escritas, soam realmente inconcebíveis (por parte de um judeu, sobretudo!). O que nos interessa mais de perto é capturar o significado radicalmente antiteológico-político que nelas se coagula. Idolatria, em Israel, coincide com teologia política. E, de fato, teológico--política – sempre no sentido da má *coniunctio* – é a consequência lógica que descende dela: ou seja, a ligação que os judeus instituem entre desgraça e pecado (e, correspondentemente, entre destino e virtude): "Entre todos os livros do *Antigo Testamento*, apenas um pequeno número (*Isaías, Jó, o Cântico dos Cânticos, Daniel, Tobias*, uma parte de *Ezequiel*, uma parte dos *Salmos*, uma parte dos livros sapienciais, o início da *Gênesis...*) é assimilável por uma alma cristã; dos outros, só algumas fórmulas esparsas. O resto é inadmissível, pois lhe falta uma verdade essencial, que está no centro do cristianismo e que os gregos conheciam perfeitamente bem, isto é, a possibilidade da desventura dos inocentes".[140]

A referência aos gregos[141]assinala, agora, um outro ponto de oposição paradigmática com o Judaísmo. Enquanto os gregos – o comportamento de Zeus na *Ilíada* constitui sua prova mais evidente – admitem a estranheza e, por certos aspectos, exatamente a submissão, de Deus à necessidade, o Judaísmo, com a ideia de povo eleito, liga o próprio destino terreno à precisa vontade divina. Esse comportamento ultrateológico-político dos judeus – a ligação direta e conatural entre Deus e povo: Deus *do* povo, mais ainda que povo de Deus – é, por outro lado, diretamente

---

[139] WEIL, Simone. *Lettre à un religieux*. Paris, 1951. (trad. it. Torino, 1970, p. 13.)

[140] WEIL, *Lettre à un religieux*, p. 42.

[141] Sobre o motivo da Grécia em Weil, ver: GAUTHIER, Ph., Simone Weil et la Grèce antique, *Commentaire*, n. 10, p. 243-250, 1980; GOLDSCHMIDT, V., La connaissance surnaturelle de Simone Weil, in: *Questions platoniciennes*, Paris, 1970, p. 251-258; HEIDSIECK F., Dialectique ascendante et dialectique descendante, in: *Simone Weil: Philosophe, historienne et mystique*, p. 259-269; PRZYWARA, E., Edith Stein et S. Weil: Essentialisme, existentialisme, analogie, *Les Etudes Philosophiques*, n. 11, p. 458-472, 1956; TOMIHARA, M., L'idée de Médiation chez Platon selon l'interprétation de S. Weil, *Bulletin des Etudes sur la Linguistique et la Littérature Francaise*, n. 10, p. 45-59, 1979; SPRINGSTED, E. O., Théorie weilienne et théorie platonicienne de la nécessité, *Cahiers Simone Weil*, v. IV, n. 3, p. 149-167, 1981; KÜHN, R., L'inspiration religieuse et philosophique en Grèce vue à partir des mystères d'Eleusis, *Revue d'Histoire et de Philosophie religieuses*, p. 267-287, set. 1983. Indispensável, como fundo, o grande livro de: PÉTRE-MENT, *Le dualisme chez Platon, les Gnostiques et les Manichéens* (Paris, 1947).

consequente à outra grande diferença que separa Israel da Grécia (e de grande parte da Antiguidade pagã): ou seja, a recusa da Mediação (da Encarnação e da Paixão) na figura do Cristo. A recusa do Cristo – da mensagem evangélica – une-se com a concepção do Deus judaico. E, de fato, "Israel, simultaneamente, escolhe o Deus nacional e recusou o Mediador, talvez, às vezes, tenda a um verdadeiro monoteísmo; mas recaía sempre, e não podia não recair, no Deus da tribo".[142] É realmente a escolha que de Israel alcança, forçadamente condicionando-os, o ensinamento e, sobretudo, a ação quase sempre fanaticamente intolerante da Igreja católica – o *anathema sit*.

Mas entre as duas categorias políticas – a judaica e a católica –, institui-se como o mais potente apoio secular o nacional e imperial de Roma.[143] Roma é o lugar em que o sêmen teológico-político surgido em Israel encontrou o terreno confortável para crescer e reproduzir-se no curso de uma trajetória que, através do Estado francês dos séculos XVIII e XIX, chega ao totalitarismo hitleriano[144]: e por isso é o ídolo polêmico em que parece convergir toda a reflexão impolítica de Weil. É conhecido, como também para Israel, o caráter parcial – seja no sentido de "limitado", seja no sentido de "faccioso" – das fontes antigas (Políbio, Diodoro, César, Apiano) e modernas (Chateaubriand, Michelet, Duruy) sobre as quais ela constrói seu julgamento. Mas também, nesse caso, o que nos importa mais diretamente é o epicentro categorial do seu discurso. Epicentro que, por trás e dentro dos três vetores pelos quais move a "requisitória" da autora – a força, o prestígio, a propaganda –, emerge em plena luz como a ligação entre direito e violência realizada pela figura do *proprium*. É esta que Roma herda de Israel e transmite, reforçada pelo próprio suporte jurídico (teológico-jurídico e jurídico-político), ao Ocidente cristão: "Jeová, nos textos anteriores ao exílio, tem nos confrontos com os judeus a relação jurídica de um patrão diante de seus escravos. Os judeus eram escravos do Faraó; Jeová os tirou das

---

[142] WEIL, *La pesanteur el la grâce*, p. 170.

[143] Sobre Roma, ver: FRAISSE, S., Simone Weil contre les Romains, *Cahiers Simone Weil*, v. III, n. 1, p. 5-18, 1980; e: BROC-LAPEYRE, M., Simone Weil et l'histoire (Principes et méthodes appliqués à l'histoire de Rome), in: *Simone Weil: Philosophe, historienne et mystique*, p. 167-191.

[144] Ver: WEIL, Simone, Quelques réflexions sur les origines de l'hitlérisme, *Nouveaux Cahiers*, n. 53, 1 jan. 1940 (publicado apenas a segunda parte); depois, publicado integralmente em: Écrits historiques et politiques, p. 11-60.

mãos do Faraó, e, portanto, herdou os direitos. Eles são sua propriedade e ele os domina como um homem qualquer domina os seus escravos, com a única diferença de que ele dispõe de uma gama mais ampla de recompensas e de punições".[145]

Roma arranca de Jeová os seus escravos – daí a hostilidade dos Romanos contra o Deus judaico – mas os conserva na própria condição de *coisa apropriada*: "De Augusto em diante, o imperador foi considerado como um proprietário de escravos, o patrão de todos os habitantes do império".[146] Não por nada "os romanos, considerando a escravidão como a instituição fundamental da sociedade [como, de resto, também Aristóteles, detestado por Weil tanto quanto o seu discípulo Tomás,[147] a ulterior afinidade com Canetti,[148]], nada encontravam em seus corações que pudesse dizer não a quem afirmasse ter sobre eles os direitos de um proprietário e que tivesse vitoriosamente sustentado tal afirmação com o uso de armas".[149] A estrutura do *proprium* está radicada na força das armas. Mas – o que é ainda mais importante para caracterizar a figura teológico-política que promana dela – a força das armas está radicada no direito. É força *do* direito. Isso explica o caráter idolátrico do culto público – "Milhões de escravos faziam um

---

[145] WEIL, Simone. *L'enracinement. Prélude à une déclaration des devoirs envers l'être humain.* Paris, 1949. (trad. it. Milão, 1980, p. 233.)

[146] WEIL, *L'enracinement. Prélude à une déclaration...*, p. 235.

[147] p. 209-210.

[148] Note-se, a esse propósito, que Canetti compartilha com Weil não só a antipatia pelos romanos, mas também a sua leitura teológico-política da relação entre Roma e a cristandade. Ver: CANETTI, *Die Provinz des Menschen*, p. 48-49: "A história dos romanos é a mais importante entre as razões para a perpetuação das guerras. Suas guerras se tornaram o precedente exemplar do que seguiu. Para as civilizações, são o exemplo dos impérios; para os bárbaros, o exemplo do saque. Mas como em cada um de nós há civilização e barbárie, é possível que a Terra se torne uma ruína graças à herança dos romanos. Que desgraça que a cidade de Roma tenha continuado a viver enquanto seu império foi destruído! Que o papa a tenha feito prosseguir! Que imperadores vãos tenham podido se apropriar de suas ruínas vazias e com elas o nome de Roma! Roma venceu o cristianismo, enquanto ele se tornou a cristandade [...]. Assim, foram necessários 20 séculos de cristianismo para dar à velha e nua ideia de Roma uma veste para cobrir sua vergonha e uma consciência para seus momentos de fraqueza. Agora está ali perfeita e equipada com todas as forças da alma. Quem a destruirá? É indestrutível? A humanidade conseguiu realmente conquistar com mil dificuldades, justamente o seu naufrágio?".

[149] WEIL, *L'enracinement*, p. 235-236.

culto idólatra ao seu proprietário".[150] E explica a potência *histórica* do direito romano. Direito como potência *e, ao mesmo tempo,* como mito: "Um direito soberano é justamente o direito de propriedade como o conceberam os romanos, ou qualquer outro direito idêntico. Atribuir a Deus um direito soberano sem obrigação significa fazer dele o equivalente infinito de um romano dono de escravos".[151]

3. A contraposição de direito e obrigação se dá, nesse momento, numa órbita de discurso mais amplo que percorre todo o eixo temático dos últimos escritos de *L'enracinement* aos ensaios londrinos. Se *L'enracinement* se abre com a afirmação que "a noção de obrigação encobre a de direito, que lhe é relativa e subordinada",[152] o ensaio sobre *A pessoa e o sagrado* submete o conceito de direito a um tal 'bombardeamento' crítico que dissolve toda "aura", que lhe foi atribuída pela tradição jurídica ocidental. Ele está situado por Simone Weil no centro da linha que liga o mercado à força: "A noção de direito está ligada àquela de partilha, de troca, de quantidade. Ela tem algo de comercial. Evoca em si mesma o processo, o conflito. O direito não se sustenta senão sobre um tom de reivindicação; e quando esse tom é adotado, significa que a força não está distante, por trás dele, para confirmá-lo [...]".[153] O direito – é isso que deseja dizer Weil – é sempre de *parte*; de partido, quase: o que explica, depois, a aversão aos partidos políticos enquanto tais que conota essa tardia fase (mas não só essa) da reflexão de Simone Weil.[154] Jamais do *todo.* O todo não tem necessidade de direito (eventualmente, de Justiça,[155] como o indivíduo) porque direito é equânime *divisão.* No entanto – e aí a noção de *jus* entra em contradição consigo mesma –, tal divisão pode ser equânime apenas se as partes que tenham direito também tenham igual força. De outro

---

[150] p. 236.

[151] p. 238-239.

[152] p. 239.

[153] WEIL, Simone. La personne et le sacré. In: Écrits de Londres et dernières lettres. Paris, 1957, p. 23.

[154] Ver: WEIL, Simone, Note sur le suppression générale des partis politiques, *La Table Ronde*, n. 26, fev. 1950, depois em: Écrits de Londres et dernières lettres, p. 126-150.

[155] Ver: RABI, W., La justice selon Simone Weil, *Esprit*, v. I, n. 12, p. 118-127, 1977.

modo, o resultado será necessariamente desigual, porque o mais forte terá naturalmente um direito maior.[156]

É no término dessa reflexão – tipicamente nietzschiana, além do mais – que o direito encontra a força. "Sem ela o direito é ridículo"[157]: "O direito é por sua natureza dependente da força"[158]: mesmo se a força tem depois, por sua vez, necessidade da legitimação jurídica, segundo o curto circuito mítico antes revelado. Que, por outro lado, força e mercado, violência e propriedade sejam os polos, amplamente complementares, nos quais se desfaz a cadeia do *nomos*, é demonstrado pela Simone Weil pelas duas entidades subjetivas às quais o direito inevitavelmente se refere: isto é, por um lado, a coletividade (não no sentido do toda, no entanto, mas sempre da parte: parte coletiva, sociedade parcial); por outro, a pessoa. O direito é sempre, em última instância, *pessoal*. Assim como a pessoa é, por sua vez, tal *de direito*: e, assim, é assumida por toda a tradição do personalismo católico, não por acaso profundamente inervado de cultura jurídica: de Mounier[159] (a sua *Déclaration des Droits des personnes et des Communautés* é de 1942) a Maritain (cuja *Déclaration des*

---

[156] Mesmo que não tenha sido sempre essa a avaliação weiliana do direito. Releia-se o que escreveu em 1929 (manuscrito conservado na Biblioteca Nacional de Paris com a classificação provisória IV, 135), em: *Pour la Ligue des droits de l'homme*: "A Liga foi fundada, segundo seu título, para defender os direitos humanos; de acordo com sua origem, defender o direito de um homem contra a razão de Estado. Qual é, então, a sua atitude entre as pessoas e os poderes? As reivindicações do povo, apoiadas apenas pela opinião, são todas equivalentes a essa formulação. Tal coisa é apenas afirmação que toda consciência pode controlar. A resposta do poder, apoiada pelo exército e pela polícia, é sempre não. Isso não é justo, mas: essa coisa, embora seja justa, é impossível".

[157] WEIL, *La personne et le sacré*, p. 23.

[158] p. 24.

[159] Nota-se, a esse propósito, que as relações de Weil com Mounier, e, em geral, com o grupo de *Esprit*, foram boas: ver, a propósito, as três cartas conservadas entre os manuscritos de Weil, uma das quais publicada em *Cahiers Simone Weil*, v. VII, n. 4, p. 315-319, 1984, organizado por G. Leroy. Por outro lado, ver o artigo de Mounier sobre *Enracinement*, em: *Esprit*, n. 163, 1950. Como depois documenta S. Fraisse, em Simone Weil: La personne et les droits de l'homme, *Cahiers Simone Weil*, v. VII, n. 2, p. 120-132, 1984, os redatores de *Esprit* tinham muitas vezes (Daniel Villey em fev. 1938 e de François Goguel em set. 1939) apreciado o trabalho de Weil (em particular modo, "Ne recommençons pas la guerre de Troie", já citado, e "L'Europe en guerre pour la Tchécoslovaquie?", publicados em: *Feuilles libres de la Quinzaine*, n. 58, 25 maio 1938, depois em: Écrits historiques et politiques, p. 237-238).

Droits é do mesmo ano), do qual Simone Weil cita a fórmula "romana" e teológico-política em sentido forte: "A noção de direito é também mais profunda do que a noção de obrigação moral, porque Deus tem um direito soberano sobre as criaturas e não tem obrigação moral em relação a elas (embora ele esteja em obrigação consigo para oferecer às criaturas o que é solicitado por sua natureza)".[160]

Agora, que o nexo entre direito e pessoa seja constitutivo está comprovado pelo fato que, como o direito, também a noção de "pessoa", apesar da sua acepção espiritualista (Weil, como dissemos, teve contatos não infrequentes com a redação de "Esprit"; mas seriam estudados a fundo suas relações com Renouvier, Laberthonnière, além de Denis de Rougemont,[161] já militante de "Ordre nouveau"), está entrelaçada

---

[160] WEIL, *L'enracinement*, p. 238. Toda a passagem de Maritain diz: "A pessoa humana tem direitos pelo próprio fato que é pessoa: um todo senhor de si mesmo e de seus atos; e que, por consequência, não é só um meio, mas um fim, um fim que deve ser tratado como tal. A dignidade da pessoa humana: essa expressão não significa nada se não quer dizer que, por lei natural, a pessoa humana tem o direito de ser respeitada, é sujeito de direito e possui direitos". E prossegue, segundo um princípio de "analogia" tipicamente teológico-político: "Em última análise, como toda criatura não age por virtude do seu princípio, que é o ato puro; como toda autoridade digna desse nome, isto é, justa, não obriga conscientemente que em virtude do princípio dos seres, que é a sabedoria pura, igualmente todo direito em posse do homem não é por ele possuído senão em virtude do direito possuído por Deus, que é a justiça pura, isto é, a ordem da sua sabedoria nos seres, respeitado, obedecido e amado com toda a inteligência" (MARITAIN, J., *Les droits de l'homme et la loi naturelle*, Nova York, 1942, trad. it. Milão, 1979 [1977], p. 60-61). Veja-se, de todo modo, a troca de cartas, ocorrida entre julho de 1942 e agosto do mesmo ano, entre Weil e Maritain, publicada em: *Cahiers Simone Weil*, v. III, n. 2, p. 68-74, 1980, onde, além disso, mesmo dentro de um quadro de respeito recíproco, não falta uma nota, talvez, polêmica de Weil. Ver a primeira carta, p. 69: "O dogma cristão sempre me atraiu por sua beleza; essa atração se tornou cada vez mais viva, um ano após o outro, um dia após o outro, até se transformar em adesão, ainda quando se trata de uma adesão que pertence à ordem do amor e não à ordem da afirmação".

[161] Não passa inobservado que Denis De Rougemont liga o âmbito dos direitos ao indivíduo, oposto, segundo a tradição personalista, à pessoa; ver: *Politique de la personne*, Paris, v. 2, p. 54, 1946: "A consequência lógica do indivíduo é o estatismo, o fascismo ou a ditadura stalinista. Este é o paradoxo infeliz da democracia secular. O indivíduo em cujo nome legislava a Convenção, em suma, era definido apenas por seus direitos – e por direitos muito relativos ao todo do qual ele derivava – ou era fatal, então, que o conflito indivíduo-Estado fosse resolvido em favor do maior dos dois e levou a uma espécie de abdicação lógica das doutrinas liberais". Mas talvez o nexo mais intrínseco com Weil esteja na concepção anti-idolátrica de Rougemont: "As igrejas que se acreditavam autorizadas a regular uma 'ordem

num duplo fio com a noção de propriedade.[162] Não é precisamente a personalidade – diferentemente do nosso corpo, inseparável do nosso eu – alguma coisa que, em última análise, *possuímos*, assim como o aspecto, o caráter, o talento? Todas as coisas acidentais que podemos conservar, mas também perder. Não por acaso "se uma criança faz uma soma, e se erra, o erro traz a marca de sua pessoa. Se procede de modo perfeitamente correto, a sua pessoa está ausente de toda a operação".[163] A pessoa é o princípio da imperfeição. Por isso – é o ponto de chegada da complexa reflexão de Simone Weil – ela não poder ser sagrada. Se há algo sagrado em nós, é da parte do impessoal: "O que é sagrado, bem longe de ser a pessoa, é aquilo que, num ser humano, é impessoal".[164]

O conceito de impessoal é o verdadeiro eixo de rotação de toda essa parte da obra weiliana. Ele é o positivo que Weil opõe à semântica teológico-política da pessoa. Que esse positivo seja designado em termos necessariamente negativos – im-pessoal – deriva da dobra rigorosamente impolítica da crítica do político (dos partidos à representança, à democracia majoritária) que conota todos as suas intervenções desses anos (também daqueles em vão "construtivos". Dela está excluída qualquer declinação afirmativa exterior à crítica da tríade pessoa-direito-violência e da sua precipitação recapitulativa em chave de "desenvolvimento histórico": ou seja, do mito, maximamente idolátrico, da Providência como vontade *pessoal* de Deus. A Providência, como forma histórica da "pedagogia divina", não é senão a coletivização da metafísica da pessoa: a sua distensão em "devir". O devir é o verbo do direito. Não só no sentido que o direito historicamente devém, mas naquele que toda fase do devir é juridicamente normalizável, suscetível de norma.

---

cristã' eram todas fundadas e ainda se baseavam em uma concepção anticristã da fé. Para elas, a fé é uma 'força' que o homem pode adquirir, domesticar, regular, administrar com o tempo. É uma força que a Igreja teria, de uma vez por todas. E essa possessão seria de alguma forma garantida por instituições cada vez mais humanas, cada vez mais semelhantes – muito externamente! – àquelas inventadas por homens sem fé. É a melhor maneira que o mundo poderia encontrar para negar a Cristo: fingir aceitar a doutrina de seus discípulos, construir uma existência com pobreza evangélica e depois viver de acordo com os interesses desse crédito".

[162] Ver: SPRINGSTED, E. O., Droits et obligations, *Cahiers Simone Weil*, v. IX, n. 4, p. 394-404, 1986.

[163] WEIL, *La personne et le sacré*, p. 17.

[164] p. 16.

É exatamente essa confusão profunda de direito, história e teologia que está no coração do conceito católico de Providência. A governabilidade jurídica do devir – na sua norma e nas suas exceções – é propriamente o objeto da Providência. Do seu *mito* teológico-político: o que é mítico é a redução da força pela qual está trançado o desenvolvimento histórico como lei, ordem, forma. Forma política e forma teológica se encontram e reciprocamente legitimam nessa adoração da contingência. O direito vive de contingência ("a noção de direito, sendo de ordem objetiva, não é separável daquelas de existência e de realidade. Essa surge quando a obrigação entra no campo dos fatos; por consequência, sempre compreende, em certa medida, a consideração dos estados de fato e das situações particulares").[165] No entanto, a sua contingência é sempre entendida como norma, logos, estado. O seu devir é portador de uma idolátrica vontade de Estado.

Na outra ponta dessa dialética das "condições", repousa a incondicionalidade da obrigação: "Essa obrigação é incondicionada. Se é fundada em algo, este algo não pertence ao nosso mundo. No nosso mundo, não está fundada em nada. É essa a única obrigação relativa às coisas humanas que não esteja submisso a alguma condição".[166] Como o direito àquele da pessoa, a obrigação pertence à ordem do impessoal. Este – é o ponto mais difícil de ser capturado – não é diferente em nada (mas um nada que é, ao mesmo tempo, tudo) da ordem da Providência. É a mesma ordem vista invertida: com o olhar suspenso no vazio e o ouvido voltado ao silêncio; ou ao grito de quem foi atingido inconscientemente pela força. Desse lado, dessa perspectiva, a mesma força surge contemporaneamente "indeterminada" e "limitada": "Nesse mundo, a força bruta não é onipotente. Por natureza, ela é cega e indeterminada. Nesse mundo são onipotentes a determinação e o limite. A eterna sabedoria aprisiona esse universo numa rede, numa malha de determinações. O universo não se debate nela. A força bruta da matéria, que nos parece onipotente, não é, na realidade, senão perfeita obediência".[167] Nessas páginas finais de *L'enracinement* aquela mescla de agudo "realismo" e de extremo "misticismo" – mas o misticismo o que é se não máximo realismo: a existência daquilo que é – que vimos caracterizar todas as últimas obras

---

[165] WEIL, *L'enracinement*, p. 9.

[166] p. 11.

[167] p. 244.

de Simone Weil toca um vértice insuperável: "Nessa terra não há outra força senão a força. Esse poderia ser um axioma. Em relação à força que não é dessa terra, o contato com ela se paga apenas com o preço de um trânsito através de alguma coisa que se assemelha à morte".[168]

Essa alguma coisa que "se assemelha à morte" é a Justiça.[169] Ela se assemelha à morte porque não é desse mundo. *Nesse mundo* é irreal. Mas é, *ao mesmo tempo*, real: "Se a força é absolutamente soberana, a justiça é absolutamente irreal. Mas não o é".[170] E não o é porque a força não é *absolutamente* soberana. Enquanto irreal, a Justiça não pode combater a força, nem a encontra. Enquanto real, estende-se na linha infinita que a força não pode superar. Enquanto irreal, não é senão pela força. Enquanto real, é o seu próprio limite: "Toda força visível e palpável é submetida a um limite invisível que jamais irá superar. No mar, uma onda sobe, sobe e sobe mais ainda; mas um ponto, onde, no entanto, há apenas o vazio, a detém e a faz descer. Assim, a onda alemã se deteve, sem que ninguém tenha sabido o porquê, às margens de Manica".[171] Um ponto que não é outra força pela força. Que é a própria força chegada ao limite intrínseco, e por isso invencível, que a determina como as barreiras insuperáveis que impedem que a água inunde a terra. Como aqueles limites, "imateriais, porém mais duros que qualquer diamante",[172] que são o rosto invisível da Necessidade.

Eis porque a força *não* é absolutamente soberana. Porque ela também está submetida a uma necessidade cuja força é mais potente que todas as forças. Capaz de dominar soberanamente qualquer força. Ela é o outro nome da Justiça. O seu rosto anônimo e impessoal: e ainda assim mais soberana que qualquer outra soberania. Soberana da força soberana: "A justiça é a soberania da soberania – assim ecoa um antigo mito indiano. É por ela que o fraco espera o que é muito potente, como por uma ordem real".[173] É esse o mistério da Justiça. Ela é mais forte que a força: mas a sua força consiste senão na espera do que é necessário.

---

[168] p. 191.

[169] Ver: CABAUD, *L'expérience vécue de Simone Weil*, p. 348 em diante.

[170] WEIL, *L'enracinement*, p. 209.

[171] p. 246.

[172] p. 247.

[173] WEIL, Simone. Remarques sur le nouveau projet de Constitution. Écrits de Londres et dernières lettres, p. 86.

Justiça é espera. Espera *e* pensamento.[174] Pensamento também mais forte que a força *se* mais forte que o eu. Pensamento que se perde na Necessidade do que não é eu. Uma necessidade que aparece num clarão capturável apenas no vazio que o pensamento escava na própria carne: "Esse universo no qual estamos mergulhados não tem uma realidade distinta da necessidade; e a necessidade é uma combinação de relações que se esvanecem quando não estamos tomados por uma atenção elevada e pura. Esse universo que nos circunda é pensamento materialmente presente em nossa carne". Então, a força desaparecerá na extensão da Necessidade. Cederá à potência "passiva" do limite: oculta embora viva, muda embora intensa, imóvel embora capaz de mover, como "a luz impalpável e sem peso [...] que, apesar da gravidade, faz brotar as árvores e os caules do grão".[175]

---

[174] Sobre a relação contraditória, necessária embora impossível, entre Justiça (e Injustiça) e pensamento, precisas observações encontramos na obra do outro grande expoente da École française *de la Perception*, Michel Alexandre (nascido em Dieppe, em 1888, e falecido em Paris, em 1952). Sobre ele, além da comemoração aos 20 anos de sua morte, publicada em novembro de 1972 no boletim da Association des Amis d'Alain, há um ensaio de Gérard Granel, publicado em 1962 na *Critique* com o título "Michel Alexandre et l'École française de la Perception"; incluído depois com o título *Lagneau/Alain/Alexandre*, no volume de Granel *Traditionis traditio* (Paris, [s.d.].). O texto a que me refiro é datado de 13 de fevereiro de 1926 e faz parte da antologia de Alexandre *Par la Pensée*, seguido de dois artigos citados (Lyon, 1973, p. 59-60): "A injustiça jamais é pensada: insuportável. Uma vez que o espírito não pode sustentá-la, se às vezes a levanta, deixa-a cair de novo imediatamente [...]. Denunciar sem cessar a injustiça, gritando para os ouvidos surdos e para si mesmo em primeiro lugar, mas sem pensar nisso e como se fossem cantilenas desagradáveis, a única maneira de superar a vergonha, a única astúcia para construir a liberdade de pensar humanamente sem agir humanamente, isto é, sem sacrificar tudo às vítimas. 'O homem é o único responsável por seus pensamentos' (Descartes). Mas pensar a injustiça é rejeitá-la, senão de fato, pelo menos no discurso, isto é, encobri-la com censuras de todos os lados, poder esquecê-la nesse ato e conservar-se pensante". Não esquecer, a esse propósito, mas "do ponto de vista da justiça", como escrevia Alexandre comentando *Górgias*, de Platão, em seu *Lecture de Platon* (Paris, 1966, p. 95): "Aquele que conhece a justiça só pode agir com justiça, é o tema mais profundo de Sócrates, porque a moralidade abstrata não é nada. O conhecimento da justiça é uma determinação por juízo do justo atual, ao qual aderimos apenas como àquele que é imposto ao espírito. Análise do concreto. Aquele que assumiu o trabalho de considerar e determinar o que é justo na situação em que se encontra, pode não atuar justamente? Este é o problema de acordo com Sócrates".

[175] WEIL, *L'enracinement*, p. 251.

Capítulo V
A comunidade da morte

Crítica do pressuposto

1. A interpretação que Georges Bataille dá de *L'enracinement* – para partirmos novamente do ponto ao qual a leitura de Simone Weil nos levou – num artigo publicado em 1949, na revista *Critique*,[1] articula-se num duplo movimento cruzado de negação e de apropriação. Cruzado – quero dizer – no sentido que não se trata de dois procedimentos divergentes: negação de alguma coisa e apropriação de outra. Mas de uma mesma operação: a Weil de que Bataille se apropria, que assimila e identifica com seu ponto de vista, é a mesma que ele nega. É parte dessa negação e vice-versa: a negação, a demolição crítica é o modo linguístico através do qual se atua a identificação. Uma ambivalência de comportamento, por outro lado, que atravesse e, poderíamos dizer, constitui toda, breve, mas intensíssima, história da relação deles[2]: desde quando, ambos colaboradores, nos primeiros anos da década de 1930, da *Critique Sociale* (tratou recentemente dessa questão com compreensível mas inaceitável facciosidade,

---

[1] BATAILLE, Georges. La victoire et la banqueroute de la morale qui maudit. *Critique*, n. 40, p. 789-803, 1949.

[2] Sobre ela, ver: PÉTREMENT, *La vie de Simone Weil*, v. I, p. 422-427, e também: CASTELLANA, M., *Mistica e rivoluzione in Simone Weil*, Manduria, 1979, p. 107-122, e FRAISSE, S., La représentation de Simone Weil dans "Le bleu du ciel" de Georges Bataille, *Cahiers Simone Weil*, v. V, n. 2, p. 81-91, 1982.

Boris Souvarine),[3] unidos por uma mesma posição crítica referente à ortodoxia comunista e por uma singular afinidade interpretativa com relação a questões políticas de grande importância como a ascensão do fascismo na Europa e a "semântica" do Estado,[4] Simone, numa carta enviada ao "Cercle communiste démocratique", no interior do qual Bataille a convidava, podia falar de "pontos de partida totalmente opostos" e de "métodos totalmente divergentes".[5] Ou desde quando, Weil, ainda, a Bataille que, resenhando Malraux, escrevia que "o valor revolucionário reveste na *Condição humana* um aspecto negativo inabitual e se produz numa atmosfera de morte",[6] respondia secamente que "não se pode ser revolucionário se não se ama a vida [...]. A revolução é uma luta contra tudo o que representa um obstáculo à vida. Ela não tem sentido senão como meio; se o fim perseguido é vão, o meio perde o seu valor. Em linhas gerais, nada tem valor se a vida humana não tem valor".[7]

A réplica de Bataille não retarda. E é constituída – como se sabe – pelo personagem de Lázaro em *Le bleu du ciel* e pelo retrato imaginário, mas não inverossímil, que tem de Simone Weil. Nele, prescindido de outras questões relativas à composição do romance sobre as quais se exercitou a filologia bataillana,[8] continua o jogo de inversões especulares entre os dois. Se Simone recusa a morte como categoria pela qual olha

---

[3] Na introdução da reedição anastática da *Critique Sociale*, Paris, 1983, p. 7-26. Ver também sobre esse tema os dois artigos de: BESNIER, J.-M., Les intermittences de la mémoire, *Critique Sociale*, e de: VERDÈS-LEROUX, J., Souvarine le premier, ambos publicados em *Esprit* (n. 89, 1984, respectivamente, p. 14-20 e 21-39).

[4] O ensaio de Bataille sobre *Le problème de l'État*, publicado no n. 9, 1933, de *La Critique sociale*, está incluído no volume das *Œuvres complètes* do próprio Bataille, editadas pela Gallimard (Paris, em curso de publicação), p. 332-336. Mas o texto talvez mais semanticamente próximo de Weil "política" seja "En attendant la greve générale", depois em: *Œuvres complètes*, v. II, p. 253-263.

[5] Ver em: PÉTREMENT, *La vie de Simone Weil*, v. I, p. 422.

[6] "Particularmente, não é indiferente que o valor revolucionário em *A Condição humana* tenha um aspecto negativo inabitual, e que se produza numa atmosfera de morte. A grandeza, em consequência do valor da Revolução – continuava Bataille – se relacionou, até no vocabulário, por vezes, poética de Marx, com seu caráter catastrófico" (*La Critique Sociale*, v. II, n. 10, p. 191, 1933).

[7] Ver em: PÉTREMENT, *La vie de Simone Weil*, v. I, p. 425.

[8] Penso especialmente no livro de Francis Marmande, *Indifférence des ruines* (Paris, 1985.) Veja-se o quanto observa o autor na p. 107 a propósito da identificação (agora fora de discussão) do personagem de Lázaro com Simone Weil.

uma revolução que identifica com a vida, Bataille, com o personagem de Lázaro, a afasta da vida para dá-la novamente à morte: "[...] tudo nela, o caminhar aos solavancos e sonâmbula, o tom de voz, a faculdade que tinha de projetar em redor de si uma espécie de silêncio e a sua avidez por sacrifício contribuíam para dar a impressão que havia feito um pacto com a morte".[9] Ela, além do nome, tem o aspecto de um cadáver. E "macabra", "fúnebre", "cadavérica" são os adjetivos que no curso de todo o romance conotarão Lázaro. Mas atenção: não estamos diante de um comportamento unívoco, linear. Também, nesse caso – como dizíamos – essa negação através da morte, ou da imundice ("sal" é, sobretudo, Lázaro), não exclui uma representação positiva; ao contrário, representa realmente a sua motivação subterrânea. No sentido que, de Lázaro, Bataille é fascinado exatamente pelo lado "monstruoso", que na tópica bataillana, como se sabe, pertence à esfera do sagrado. Não por acaso Henri é tomado – "obsédé" – pelo "odor de tumba" que Lázaro, aquele preto "pássaro de mau agouro",[10] carrega consigo: "Me questionei por um instante se não era o ser mais humano que já havia visto; mas era também um rato imundo que se aproximava".[11] "Mas [...] também": contradição insolúvel que mais uma vez identifica Henri-Bataille exatamente com o negativo que ele projeta em Simone-Lázaro.[12]

E é a contradição que nos leva ao artigo de 1949. Nele, Bataille abandona toda ficção romancesca e se mostra finalmente ao aberto. Mas a passagem ao confronto conceitual não atenua a ambivalência, a duplicidade do registro, da relação. Não me refiro só à semântica, dessa vez afirmativa, que conota, invertendo-a a partir do interior, a crítica de Bataille: "caráter ardente", "tensão extraordinária", "paixão amorosa"; e ainda: "lucidez", "pessimismo", "ousadia", "coragem extrema" são as

---

[9] BATAILLE, Georges. *Le bleu du ciel. Paris*, 1957 (cito da trad. it. O. Del Buono, Turim, 1978, p. 65-66).

[10] BATAILLE, *Le bleu du ciel*, p. 49.

[11] p. 133.

[12] Na mesma direção segue: HOLLIER, D., Le rose et le noir (la tombe de Bataille), *Revue des Sciences Humaines*, n. 206, p. 110, 1987: "A incompatibilidade recíproca de Troppmann e de Lázaro ilustra, sem dúvida, o fato de que o sexual e o político são muito alérgicos entre si para se comunicar, para se mesclar. Porém o faz no fundo da mais estreita coexistência, no fundo de uma contiguidade quase inelutável: estranhamente contemporâneos, estrangeiros e contemporâneos. A sua divisão é, por sua vez, necessária e indecidível".

atribuições que parecem contestar, mas que, na realidade, derivam do "côté nefasto", da "maravilhosa vontade de inanição", como Bataille traduz a invencível vocação mortífera do *seu* Lázaro: assim como é a sua "incontestável feiura" que ele parece derivar sua "verdadeira beleza"[13]. Mas não se trata só de sensações. Há alguma coisa a mais que faz parte da esfera filosófica no fascismo obsessivo que Simone pratica em confronto com Bataille. A "vontade de inanição" e o "excesso", o absoluto extremismo, por Weil protegido desde dentro da própria morte, como Bataille não deixa de observar,[14] fazem parte do mundo conceitual deste último. E, de fato – logo que pronunciáveis –, a relação ambivalente, feita de repulsão e de atração (de repulsão que atrai), torna-se explícita e se amplifica numa outra figura retórica: a figura da *realização*: "É um bom método – escreve Bataille – retirar de um autor uma verdade que lhe escapava [...]. Se uma procura pelo bem foi íntegra e ardente, ela poderá encontrar-se num percurso que seguia perdida, não em plena consciência dos lugares aonde vai. Procurando, por minha parte, o meu caminho, posso interessar-me pela sedução sofrida por quem acreditava seguir o caminho contrário. A coincidência de espíritos totalmente opostos pode ter um valor probatório".[15] Nesse caso, não se trata de simples coincidência natural dos opostos, mas de uma apropriação capaz de realizar o próprio pensamento através da ferida causada no pensamento do outro; ao mesmo tempo em que atinge o outro através da ferida que ele faz cintilar no interior do próprio. Abrir o discurso do outro para lhe arrancar o seu coração inconsciente. Separar as suas conclusões da sua origem e usar essa origem contra as suas conclusões.

2. Porém – coloquemos momentaneamente à parte o artigo do qual partimos –, qual é precisamente a origem do discurso weiliano de que Bataille se apropria, ou melhor, sente ser desde sempre a *própria* origem? Pelo que, no pensamento, e não só na figura, de Simone Weil, Bataille se sente atraído? Reconhecemos no capítulo anterior a absoluta centralidade mantida no aparato analítico weiliano pelo elemento anti-idolátrico manifesto na polêmica continuada com o conceito católico-romano de "pessoa", e, ainda mais, de Providência como ação pessoal de Deus. Mas isso não é senão um primeiro passo em relação a uma negação ainda mais arriscada –

---

[13] BATAILLE, *La victoire militaire et...*, p. 793.

[14] p. 793-794.

[15] p. 795.

e, aliás, decididamente inaceitável do ponto de vista teológico –, ou seja, aquela de Deus como *presença*. Toda uma parte de *La pesanteur et la grâce* é envolvida pelo título *Aquele que devemos amar está ausente*.[16] A proposição precisa ser tomada no seu sentido mais literal, como é por muitas vezes explicitado nos *Cahiers*, nos quais retorna constantemente o pensamento "crer em um Deus que se assemelha em tudo ao verdadeiro, salvo que não existe, porque não se encontra no ponto em que Deus existe".[17] Aí – na ideia do Deus inexistente – o comportamento antiteológico de Weil toca o ponto mais extremo: no sentido de que aquilo que é recusado é justamente o teo-lógico como possibilidade de tornar lógico o pressuposto divino. Não por acaso essa via ateológica leva Weil a uma forma de misticismo ateístico[18] ou irreligioso, de que ela própria estava bem consciente quando escrevia que "a religião enquanto fonte de consolação é um obstáculo à verdadeira fé, e, nesse sentido, o ateísmo é uma purificação. Eu devo ser ateu com a parte de mim que não é feita para Deus. Entre os homens cuja parte sobrenatural não se despertou, têm razão os ateus e estão enganados os crentes".[19]

Agora, que esse não seja o único vetor do pensamento de Weil; que haja outros que seguem, ao contrário, a direção oposta, como trouxeram à luz os intérpretes católicos, não exclui que ele exista e que não podia soar familiar ao autor da *Suma ateológica*. Mas não estamos senão na primeira passagem, na primeira convergência conceitual, à qual é acrescentada outra ainda mais surpreendente, por mais que seja problemática. Voltemos à questão da crítica da idolatria, isto é, da confusão entre bem e poder. O que – assumido na sua pura lexicalidade – outra coisa não significa a não ser que não é *possível* fazer o bem. O bem, enquanto puramente sobrenatural, não está em nosso poder: e quem nele acreditasse cairia na mais clássica das formas de idolatria. A idolatria é, de fato, um mal travestido de bem. Mas então – e Bataille se mostra, mesmo dentro de um

---

[16] p. 117-121.

[17] WEIL, *Cahiers II*, p. 40-41.

[18] Observa Jean Paul Sartre no seu ensaio inconcluso sobre Mallarmé, *Mallarmé: la lucidité et sa face d'ombre* (Paris, 1986, p. 27): "Se começa por sustentar que o Absoluto deveria ser e logo se acaba por declarar que o Absoluto é valor. Ou como Simone Weil, que a onipresença de Deus é sua ausência universal. Não veem nele mais que argumentos defensivos que atestam a virulência da falta de crença, que não deixa de crer; trata-se de um cristianismo segundo o ateísmo, que a derrota volta a se tornar vitória".

[19] WEIL, *Cahiers II*, p. 165.

quadro geral bem diferente, muito próximo – isso significa duas coisas. Em primeiro lugar, que o bem enquanto tal é impossível; mesmo se o homem *deve* praticar essa impossibilidade: "Todo verdadeiro bem – escreve Simone – comporta condições contraditórias; e, portanto, é impossível. Quem volta a sua atenção realmente fixada a essa impossibilidade, e, no entanto, age, fará o bem".[20] Desse ponto de vista, embora muito diferente de Bataille, o de Simone Weil é um pensamento do impossível: "É boa a ação que se pode realizar mantendo a atenção e a intenção totalmente orientadas ao bem puro e impossível, sem velar com nenhuma mentira, nem a beleza, nem a impossibilidade do puro bem".[21]

Mas há outra consequência, ainda mais sutilmente bataillana, que deriva de tal pressuposto: isto é – enuncio-a com a cautela que ela requer –, sendo o bem impossível, e nós tendo a obrigação de conceitualizar tal impossibilidade, é necessário nos eximir do agir: e certamente essa indicação está presente no conceito, já encontrado, de "ação não atuante", de ação passiva, de ação sem finalidade – não basta não querer nenhum fim, não necessita querer tampouco essa não vontade. Não só. Mas também – olhando o princípio da impossibilidade do bem, como dizer, através de seu reverso – que, para evitar confundir bem e mal, trocar o mal pelo bem, é realmente necessário *desejar o mal*. Simone Weil parte do pressuposto anti-idolátrico que o bem se assemelha mais com o mal que com o verdadeiro bem: "O bem tomado no nível do mal e que a ele se oponha como um contrário a um contrário é um bem de código penal. Acima se encontra um bem que, num certo sentido, se assemelha mais ao mal que àquela baixa forma do bem".[22] E segue ao longo de uma direção de discurso sempre mais arriscada: "É necessário que o mal seja torne-se puro – de outro modo a vida é impossível. Só Deus pode fazê-lo".[23] De fato, Deus é amado precisamente pelo mal que a sua presença garante: "Quando se ama Deus através do mal enquanto tal, o objeto do amor é realmente Deus. Amar Deus através do mal enquanto tal. Amar através do mal que se odeia, odiando esse mal. Amar Deus como autor do mal que se está odiando".[24] E, por fim, no terceiro *Cahier*,

---

[20] WEIL, *La pensanteur et la grâce*, p. 108.

[21] p. 106.

[22] p. 81.

[23] p. 88.

[24] p. 86.

os dois fios "bataillanos" de pensamento, aquele ligado ao conceito de impossível e aquele centrado na produtividade do mal, cruzam-se com resultados de incrível intensidade: "*A impossibilidade* é a única porta em direção a Deus. (Colocar a contradição. Querer o impossível. Amar o mal). Nós devemos amar o mal enquanto mal".[25] Se estamos ainda na órbita da formulação weiliana do *Pater*, estamos realmente a um passo da sua inversão ateística "inventada" por Bataille: "Ó meu Pai, tu, sobre a terra, o mal que está em ti me liberta. Eu sou a tentação da qual és a queda. Insulta-me como insulto os que me amam. Dá-me todos os dias o pão da amargura. A minha vontade está ausente nos céus como na terra. A impotência me tolhe. O meu nome é vão".[26]

3. A esse ponto, não deveria ser difícil penetrar naquela estranha, aparentemente inexplicável, atração que, apesar de tudo, levava forçadamente Bataille em direção a Simone Weil. Trata-se da *intentio* negativa, da recusa de toda representação afirmativa do bem que acaba por visualizá-lo necessariamente pelo lado do mal.[27] No entanto, como já dizíamos, essa convergência linguística e conceitual não emerge, nem pode emergir, senão com as cores de uma absoluta divergência. Mas por quê? Qual é o ponto em que pela convergência se liberta a contraposição? Esse ponto é caracterizado por Bataille na noção de "obrigação": uma

---

[25] WEIL, *Cahiers III*, p. 40.

[26] BATAILLE, Georges. *L'expérience intérieure*. Paris, 1943. (trad. it. Bari, 1978, p. 204.)

[27] Quem, mesmo sem jamais nomeá-la, leva ao extremo paradoxo a "realização" bataillana de Weil é Pierre Klossowski: Bataille, realizando o seu (dela) ateísmo, realizaria o verdadeiro cristianismo. Ver a propósito, sobretudo: La messe de Georges Bataille. A propos de "L'abbé C...", in: KIOSSOWSKI, P., *Un si funeste désir*, Paris, 1963, p. 121-132, que conclui, de fato, nesses termos: "Pois bem, para o sacerdote o pão e o vinho não são mais que palavras inapropriadas, a partir do momento em que o pão e o vinho são a carne e o sangue do Senhor. Da mesma maneira, para Bataille, o nome de Deus, de alguma forma, é a matéria de um contrassacramento, no qual o espírito apenas atuará sobre si mesmo para se destruir; destruição cuja ilusão lhe será dada pela comoção intensa que experimentará na insurreição verbal contra ele próprio que não deixa de ser, sem dúvida, o sinal de sua suprema identidade: o nome de Deus". Trata-se de uma leitura, em certos aspectos, insustentável: não mais do que é, no entanto, a outra, especularmente oposta, da parte cristã, que acusa Bataille de absoluto niilismo, como aquela clássica de: MARCEL, G., Le refus du salut et l'exaltation de l'homme absurde, in: *Homo viator*, Paris, 1945, p. 259-279 ("Duvido, na verdade, que alguma vez se tenha chegado mais distante na formulação de um niilismo radical", p. 259).

noção que, segundo Bataille, arrastaria Simone Weil para trás, na pista agora impraticável da velha moral.[28] Agora – como vimos – o conceito de "obrigação" é aquilo que Weil contrapõe à ideia de direito; e, portanto, a plataforma positiva para a refundação da esfera sociopolítica à qual *L'enracinement* está explicitamente dedicado.

É precisamente nessa vertente refundadora, propositiva, deontológica que se concentra a polêmica de Bataille: o texto de Weil, partido da crítica negativa da linguagem ético-política, reconhecida justamente na sua dimensão idolátrica, impositiva, chega a impor outros valores, torna-se ela própria uma afirmação direta. "Outras vezes, por exemplo, no *L'enracinement*, ou quando enfrenta argumentos obsessivos – Blanchot escreve sobre Weil –, a afirmação se enrijece até se tornar um poder vazio: nesses casos, a certeza, em vez de restar no seu céu inacessível, desce para nos constranger sem nos convencer; nasce, assim, a intolerância do espírito".[29] Blanchot, portanto – também nesse julgamento singularmente próximo de Bataille[30] –, alude aos traços iliberais, realmente autoritários, presentes em *L'enracinement*, mas também nos escritos londrinos, que geralmente recorrem ao conceito de "enraizamento",[31] oposto e contraditório, além do mais, com a intenção intrinsecamente desenraizante (não menos que aquela de Rosenzweig) da obra weiliana[32]: enraizamento na terra, na tradição, mas, sobretudo, no passado, mesmo declinado em sentido não restaurador, mas de "emanação espiritual".[33]

Esse comportamento, digamos assim conservador, de Simone Weil foi interpretado pela crítica (sobretudo marxista) como uma espécie de

---

[28] BATAILLE, *La victoire militaire...*, p. 795 em diante.

[29] BLANCHOT, Maurice. L'affirmation (le désir, le malheur). In: *L'entretien infini*. Paris, 1969. (trad. it. Turim, 1977, p. 145.)

[30] Sobre a relação, muito próxima, entre Bataille e Blanchot, ver os testemunhos que nos dá M. Surya em sua excelente biografia intelectual bataillana: *Georges Bataille: La mort à l' œuvre*, Paris, 1987, especialmente p. 314-320, 385-387.

[31] Ver: MALAN, I., *L'enracinement de Simone Weil (Essai d'interprétation)*, Paris, 1961, que, especialmente, aproxima Weil de Taine e de Renan.

[32] Ver: SOURISSE, M., La dialectique de l'enracinement et du déracinement dans la pensée de Simone Weil, *Cahiers Simone Weil*, v. IX, n. 4, p. 374-393, 1986.

[33] WEIL, *Intuitions pré-chrétiennes*, p. 95: "O passado, por exemplo, é uma parte do real que se encontra ao nosso nível, mas, desse modo, ao nosso alcance: em direção a ele não podemos dar tampouco um passo, mas apenas nos orientar para que uma sua emanação chegue até nós".

desdobramento inconsciente diante de posições políticas moderadas ou realmente ao modo de Philippe Pétain.[34] Na realidade, dessa forma, dá-se uma coloração político-biográfica a uma contradição de caráter conceitual referente à ideia de "relação", que vimos constituir o ponto positivo da crítica da idolatria: a relação, a ponte, o *metaxù* é o contrário dos absolutos. Ele liga, relaciona níveis diferentes de realidade: e, assim, também o natural com o sobrenatural, o necessário com o espiritual, o político com o sagrado. O problema é que é precisamente essa aproximação entre verdade e política que torna, por certos aspectos, contraditório com o comportamento anti-idolátrico do qual também a ideia de relação emerge. É verdade que para Weil os casos históricos em que nessa aproximação milagrosamente se verifica são raríssimos (um deles é representado pela Veneza da conspiração espanhola[35] e um outro, pelo catarismo à época da sua destruição).[36] Mas é justamente a ideia de "exceção" enquanto tal que é sutilmente contraditória com o ponto de vista rigorosamente dualista do qual emerge. É como se, nesse caso, funcionasse um procedimento analógico-representativo (e, portanto, categoricamente católico) capaz de pressupor um reflexo, uma *imagem*, do equilíbrio sobrenatural sobre o equilíbrio político. Haveria, em suma, um ponto em que tempo e eterno, político e sagrado voltam a se tocar. É esse último resto de teologia política que reintroduz a possibilidade de uma refundação ética para uma cidade entendida não de acordo com as medidas necessariamente conflituosas (porque baseadas numa relação de interesse) da *civitas*, mas segundo as medidas organizacionais (porque fundadas na Justiça e na Fé) da *pólis*.

Agora o que conta – e que Bataille claramente apreende – é que esse desdobramento organizacional-refundacional não constitui um simples resíduo, ou também um imprevisto contragolpe propositivo, em relação à radicalidade negativa da obra de Weil, mas, por certos aspectos, precisamente a sua consequência: no sentido que é consequente a um ponto de vista dualista, no qual acaba por cair boa parte do pensamento dela,

---

[34] Penso, sobretudo, na obra, já citada, de Ph. Dujardin.

[35] Sobre a *Venise sauvée* (ver a recente edição italiana organizada por C. Campo, Milão, 1987), ver: LITTLE, P., Society as mediator in Simone Weil's "Venise sauvée", *Modern Language Review*, v. LXV, n. 2, p. 298-305, 1970.

[36] Ver: MANSAU, A., *Simone Weil et la civilisation d'Oc'*, e também: RIAUD, J., Simone Weil et les Cathares, ambos em: *Cahiers Simone Weil*, v. VI, n. 2, p. 96-104, 105-112, 1983.

a contraposição de um positivo ao negativo recusado. Que esse positivo seja explicitado como em *L'enracinement*, ou simplesmente pressuposto como algures; que o Deus, e a obrigação que a ele diz respeito, seja diretamente evocado ou, ao contrário, silenciado, não produz, a partir desse ponto de vista, diferença. O discurso em cada um desses casos deve, de toda forma, deslizar numa afirmação autofundada, a crítica impolítica do político numa nova projetualidade política (representada, no caso específico, pela comunidade orgânica do enraizamento).

Toda *A experiência interior*, podemos dizer, bate nessa tecla, tanto que resulta objetivamente, para além das intenções do autor, uma verdadeira e efetiva resposta como distância das teses "místicas" de Weil. Sabe-se que a questão do "místico" em Bataille é muito complexa. Não simplesmente porque ele também foi definido como um "nouveau mystique"[37] – uma atribuição que a ele certamente não desagradaria desde que Sartre a tivesse usado na acepção ateia em que o próprio Bataille se reconhecia.[38] Mas por que é precisamente Bataille que declara, na abertura de *A experiência interior*, a sua atitude mística – "Por *experiência interior*, entendo aquilo que é habitualmente chamam de *experiência mística*"[39] –, comprovada, além do mais, pelas contínuas referências a Meister Eckhart, Inácio, Teresa d'Ávila e, sobretudo, a Ângela de Foligno. Não por acaso, de resto, é justamente

---

[37] SARTRE, Jean-Paul, Un nouveau mystique, *Cahiers du Sud*, n. 260-262, p. 783-790, 866-886, 988-994, out./nov./dez. 1943. Depois em: *Situations I*, Paris, 1947, p. 143-188.

[38] Sobre o "místico" em Bataille, ver: SURYA, p. 305-313; SASSO, G., *Georges Bataille: le systeme du non-savoir: Une ontologie du jeu*, Paris, 1978, p. 96-101, e, mesmo em algo que não me concence: RENARD, J. C., L' *"Expérience intérieure" de Georges Bataille ou la négation du Mystére*, Paris, 1987. Para um ulterior testemunho de como a *Experiência* foi recebida de imediato como livro "místico", ler a carta enviada por Alexandre Kojève a Bataille, em 28 jul. 1942 (publicada em: *Textures*, n. 6, p. 61-62, 1970): "Pois bem, seu livro não é ruim, certamente. Nem sequer diferente (um pouco mais longo, é tudo). E isso não me assombrou, pois já sabia há muito tempo que todas as 'místicas' se parecem (Você não gosta dessa palavra, porém sabe muito bem que escreveu um livro místico). Um tema único: expressar verbalmente (!) o silêncio, falar (!) de inefável, revelar pelo discurso (!) o abstruso. Então, lograr expressar o silêncio (verbalmente!) é falar sem dizer nada. Há uma infinidade de maneiras de fazê-lo. No entanto, o resultado é sempre o mesmo (caso se tenha êxito): o nada. Por essa razão, todas as místicas autênticas (!) são equivalentes: na medida em que são autenticamente místicas, falam do nada de uma maneira adequada, ou seja, sem dizer nada, e a sua mística me parece autêntica".

[39] BATAILLE, *L'expérience intérieure*, p. 29.

o lado místico de Weil que é por ele salvo e levado, por assim dizer, a cabo.[40] E, no entanto, apesar dessa assunção em positivo, há alguma coisa da esfera do místico que Bataille radicalmente recusa. Alguma coisa que condensaria da seguinte forma: o místico, pelo menos no sentido em que mística foi Simone Weil, embora constituído nos antípodas da teologia, é destinado a se tornar presa dela na medida em que ainda está ligado a um pressuposto dualista. Se há um centro polêmico nesse emaranhado inextricável de pensamentos extremos que forma *A experiência interior*, é representado, de fato, pela demolição desse pressuposto – e, aliás, poderíamos dizer, do Pressuposto enquanto tal – como algo que vincula o existir a um elemento a ele exterior, por mais inimaginável e indizível: "Se dissesse com decisão: 'vi Deus', o que vejo mudaria. No lugar do desconhecido inconcebível – diante de mim, selvagem e livre, deixando-me diante dele, selvagem e livre – haveria um objeto morto e a coisa do teólogo – à qual o desconhecido estaria submetido, pois, no caso de Deus, o desconhecido obscuro revelado pelo êxtase é escravizado a me escravizar (o fato que um teólogo, depois, rompa com a ordem estabelecida significa simplesmente a inutilidade do próprio quadro; para a experiência é só uma pressuposição a ser rechaçada)".[41]

A coisa é reconstruível por um outro lado. O místico está *limitado* por conhecer o fim ao qual tende a própria experiência: além que pelo próprio "tender", que restaura, mesmo em forma negativa, a categoria do projeto. Nesse sentido, o místico é sempre um método de salvação, e não de perdição. Perde-se para se salvar, segundo a intenção inevitavelmente projetual da ascese: "Se a ascese é um sacrifício, ela o é apenas *de uma parte* de si que se perde em vista da salvação da outra parte".[42] Por isso, "não imagina de forma alguma viver fora da forma de um projeto".[43] Isso significa que para Bataille é necessário superar a ascese enquanto *trabalho* de redenção. E com essa, também, aquela "atenção" que para Weil representa o seu veículo essencial: "É verdade – admite Bataille –

---

[40] BATAILLE, *La victoire militaire...*, p. 801: "Simone Weil sabia que a verdade do cristianismo não era o bem público, mas aquela que os místicos revelavam. Ela se deixou levar pela sedução das obras úteis, porém também deu um testemunho do mal semelhante ao dos místicos. Certamente se deu nela, para além das obras úteis, uma atração dominante até o mal e até a desordem das coisas que é a infelicidade".

[41] BATAILLE, *L'expérience intérieure,* p. 30.

[42] p. 56.

[43] p. 56.

que nela me perco, acedo ao 'desconhecido' do ser, mas, sendo a *minha* atenção necessária à plenitude, o eu atento à presença do desconhecido se perde nele em parte e se distingue também dele".[44] Porém, o ponto de linha divisória decisiva permanece aquele ligado ao caráter "limitante" da pressuposição. É esta que pede ao místico de realizar-se no *próprio* fim. Este não está declarado, mas sim pressuposto ao movimento efetuado. Mas se o místico desde sempre já sabe o que o constitui enquanto tal, ele, evidentemente, não pode tornar-se o não saber ao qual se dirige Bataille como única forma de efetiva superação da subjetividade: "Os pressupostos dogmáticos colocaram limites indébitos à experiência: quem já sabe não pode ir além de um horizonte conhecido".[45]

Sabemos – e certamente Bataille também o sabia – como Simone Weil critica radicalmente a noção de sujeito-pessoa; e como, aliás, através desse tipo de "experiência interior" que para ela era a atenção, proponha uma espécie de objetivação da subjetividade, uma adesão do sujeito à pura necessidade das coisas, uma autoconsumação enquanto sujeito de vontade. Mas efetivamente enquanto sujeito de *vontade*, não de conhecimento, de saber. Assim, mesmo desse lado, Bataille "cumpre", transformando-a, a mensagem de Weil: podem ser rompidos os limites da subjetividade (o estatuto metafísico do *subjectum*) apenas perdendo-se também como sujeitos de conhecimento, invertendo o saber em absoluto não saber: "A experiência alcança, por fim, a fusão do objeto e do sujeito, sendo, como sujeito, não-saber, como objeto, o desconhecido".[46] Nesse sentido, que dá, além disso, razão também de uma crítica do gnosticismo weiliano (mesmo a partir de uma posição não totalmente imune de influências gnósticas;[47] seria interessante, por esse ponto de vista, confrontar os gnosticismos heterodoxos de Weil e de Bataille: em alguma medida reconduzíveis às duas grandes ramificações gnósticas da tendência ascética e da tendência libertina), Bataille contesta a noção weiliana de "limite", em primeiro lugar, diante da relação sujeito-objeto. A supressão do sujeito, não na forma weiliana, ascética, do seu emagrecimento, mas naquela estática, da

---

[44] p. 180.

[45] p. 29.

[46] p. 37.

[47] Ver a propósito: DIONIGI, R., La seduzione gnostica di Bataille, *Il Centauro*, n. 2, p. 166-173, 1981; CIAMPA, M., La gnosi paradossale di Georges Bataille, in: *Georges Bataille: il politico e il sacro*, organizado por J. Risset, Nápoles, 1987, p. 22-28.

ruptura do seu limite constitutivo, é o "único modo para não desaguar na posse do objeto por parte do sujeito, ou seja, para evitar a absurda corrida ofegante do *ipse* que quer se tornar o todo".[48]

Nessa citação, emerge literalmente o caráter niilista da subjetividade – e, portanto, por contraste, a direção rigorosamente antiniilista do discurso de Bataille. O modo de desdobramento do sujeito é o da vontade de potência. Esta se explica – heideggerianamente (Bataille, importante nos lembrarmos, não capturou, ou apenas o fez parcialmente, o quanto que o heideggerismo lhe estava próximo)[49] – na função representativa. O sujeito domina o objeto representando-o para si como ente; como "coisa" ou como "existente", diz Bataille: "sujeito, objeto são perspectivas do ser no momento da inércia, o objeto considerado é a projeção do sujeito *ipse* que quer se tornar o todo, toda representação do objeto é fantasmagoria resultante da vontade ingênua e necessária (pouco importa se se coloca o objeto como coisa ou como existente), é necessário chegar a falar de comunicação compreendendo que a comunicação serve o objeto como o sujeito (e isso se torna claro no ápice da comunicação, quando há comunicações entre sujeito e objeto da mesma natureza, entre duas células, entre dois indivíduos)".[50]

4. Estamos, assim, sem solução de continuidade, deslizando da relação sujeito-objeto àquela entre dois (mas não seria necessário, a rigor, recorrer mais a essa expressão) sujeitos. É também, e sobretudo, no que diz respeito a tal relação que Bataille contesta a noção, ainda representativa, de "limite": ou melhor, inverte-a na sua acepção não mais separadora, excludente, mas *ligante*. Na realidade, mesmo este último termo é impreciso, do momento em que aquelas que estão ligadas não se tornam uma identidade, mas restam duas diferenças – diferenças a si mesmas, antes de tudo: mas dá, de alguma forma, razão daquela relação eu-outros expressa por Bataille com o nome de "comunicação" (ou, mais intensamente, de "comunidade"): "Na experiência – explica Bataille – não há mais existência

---

[48] BATAILLE, *L'expérience intérieure*, p. 96.

[49] Vejam-se acenos "defensivos", nesse sentido, em: BATAILLE, *Œuvres Complètes*, v. IV, p. 365 e v. V, p. 474-475. Uma referência, rápida, mais muito penetrante, à possível relação entre Bataille e Heidegger no já citado *Potere e secolarizzazione*, de Giacomo Marramao, p. 84.

[50] BATAILLE, *L'expérience intérieure*, p. 98.

limitada. Um homem nela não se distingue em nada dos outros: nele se perde aquilo que nos outros é torrencial. O comando muito simples: "Seja este oceano" ligado ao *extremo* faz de um homem, ao mesmo tempo, uma multidão, um deserto".[51] Mas uma vez se coloca em jogo a questão do limite, que se demonstra, assim, a verdadeira encruzilhada conceitual de toda a analítica bataillana, e da sua transmutação: ele, por um lado, é introjetado, assumido no interior do sujeito (daquele que era o sujeito) para romper com a sua identidade; por outro, e ao mesmo tempo, invertido na *partilha* (assim traduziria o termo *partage*) de um *continuum* excluído da diferença dialética das identidades subjetivas e restituído à diferença absoluta (não mais a serviço da presença). O que entende Bataille por *continuum* não é fácil dizer. Ele é inversão do salto para fora do Aberto, da indistinção da vida, do esplendor do sol dentro do limite identificador que nos separa dos objetos (mesmo daqueles objetos que são os outros sujeitos) típico do *homo faber*, do homem produtivo.[52] Mas também é ruptura do princípio bipolar de contradição.

Desse ponto de vista, não tematizável discursivamente, poder-se-ia dizer que a mesma referência categorial geral do nosso discurso – o impolítico, na sua distinção-delimitação diante do político – é superado (não no sentido de "transcendido" e tampouco no sentido de "concretizado": mas capturado e cavado internamente da sua própria negatividade). É outra perspectiva da qual olhar a contraposição a Simone Weil, à sua crítica impolítica da teologia política. Essa crítica – feita integralmente por Bataille – não é suficiente. Arrisca-se, como demonstra em *L'enracinement*, cair ela própria como presa de uma forma igualmente autoritária de projetualidade. Agora o que conta é que Bataille jamais oponha a tal projetualidade uma dissolvência niilista, uma deriva de impotência, mas – estranho dizê-lo, sobretudo para quem da palavra está habituado a reconhecer um eco falsamente familiar – o que ele mesmo define como "espírito de decisão": "De todo modo, quero dizê-lo, não oponho de forma alguma ao projeto o humor negativo (uma ternura doentia), mas o espírito de decisão".[53] "Só se enuncio o princípio que 'a própria experiência interior é a autoridade' saiu da impotência. A inteligência

---

[51] p. 62-63.

[52] Ótimas as páginas dedicadas a esse tema por: RONCHI, R., *Bataille, Lévinas, Blanchot*, Milão, 1985, p. 196 em diante.

[53] BATAILLE, *L'expérience intérieure*, p. 33.

havia destruído a autoridade necessária à experiência: decidindo-se, de tal modo, o homem volta a dispor do seu possível [...]"[54], isto é, como Bataille entende, do *impossível*. Agora seria totalmente desviante entender esse apelo à decisão no sentido clássico (digamos schmittiano). Talvez àquela heideggeriana, a decisão bataillana poderia ser cautelosamente voltada: mas mais propriamente à fenda, *partage*, que dilacera, "decide", o próprio sujeito de decisão. Não, portanto, de uma remessa em circuito do velho léxico político, já criticado por Weil, se trata. Mas tampouco de uma simples prisão nos limites do impolítico. Provavelmente é a mesma oposição político-impolítico que não se sustenta mais, que é aniquilada em direção de uma fusão, de um curto-circuito entre os dois termos que, mesmo conservando a sua heterogeneidade, a incorpora reciprocamente; que, ao contrário de "limitar-se" a contrapô-los, reconheça a sua originária coessencialidade.

A essa profunda inversão linguística, a essa ruptura de simetria que desloca o pensamento para além da oposição entre simples alternativas conceituais, alude Derrida quando escreve que "a operação soberana, o *ponto de não reserva* não está nem no positivo, nem no negativo. Não é possível inscrevê-lo no discurso senão depenando os predicados ou praticando uma sobreposição contraditória que excede, portanto, a lógica da filosofia".[55] Agora – é sempre Derrida quem fala – "uma semelhante ruptura de simetria deve transmitir os seus efeitos em toda a cadeia do discurso. Os conceitos da escritura geral podem ser *lidos* apenas na condição de serem deportados, deslocados para fora das alternativas de simetria, nas quais também parecem capturados e nas quais, de certo modo, também devem ser mantidos".[56] Assim, diria que a alternativa político-impolítico sofre em Bataille semelhante embaralhamento de cartas, e igualmente uma intensa ruptura de simetria. De tal ruptura, que não leva ao político clássico (também ele baseado em simetrias opositivas: amigo-inimigo, ordem-conflito, etc.), mas que evita também a negatividade simétrica do impolítico, é capturado o motivo da decisão. O impolítico retorno em *A experiência interior* como aquilo "no qual está em jogo o destino do

---

[54] p. 36.

[55] DERRIDA, Jacques, De l'économie restreinte a l'économie générale: un hégélianism e sans réserve, *L'Arc*, n. 32, p. 24-45, 1967, depois em: *L'écriture et la différence*, Paris, 1967. (trad. it. Turim, 1971, p. 335.)

[56] DERRIDA, p. 351-352.

homem futuro [...] todas as vezes que uma trágica desordem exige uma decisão sem demora".[57] Mas volta com um deslocamento de sentido que, ao contrário de cortá-la na luz ofuscante de uma escolha sobre o destino (ela é eventualmente escolha *do* destino), envolve-a nas cores opacas da noite: "Sem a noite, ninguém poderia decidir, mas numa falsa luz sofrer [...]. Há um segredo na decisão, o mais íntimo, que se encontra por último, na noite, na angústia (na qual a decisão coloca um fim)".[58] A evocação a essa noite – que, entenda-se, não se opõe simetricamente ao dia, mas, como ensina Zaratustra, "também é um sol"[59] – poderá nos introduzir no tema da comunidade ao qual a análise deve, por fim, direcionar-se.

O livro do Sábio e a espada de Alexandre

1. Antes de fazê-lo, no entanto, é necessário abrir um parêntese de reflexão sobre um espaço semântico – um vazio, mais que algo pleno – que constitui, como dizer, o seu horizonte epocal e, ao mesmo tempo, a precondição lógica. Refiro-me ao argumento do "fim da história" que, modulado em formas diversas e, como veremos, também opostas nos seus efeitos de sentido, encontra precisamente na França dos anos 1920 e 1930 um lugar de singular condensação. O centro do qual o núcleo filosófico profundo (depois cultivado, trazido à superfície, também no sentido de tornado mais superficial, nos anos 1960 e 1970, até a sua eva-poração nos estilemas do *Pós-moderno*)[60] é traçado na legendária leitura da *Fenomenologia* hegeliana de Alexandre Kojève constitui, como se sabe, o ponto de ligação e de irradiação, além de dar nova interpretação de Hegel, também algumas das mais significativas experiências hegelianas daqueles anos.[61]

Precisamente a partir do interior de uma delas – aquela certamen-te mais envolvida e envolvente –, nós nos aproximaremos do texto de

---

[57] DERRIDA, *L'expérience intérieure*, p. 61.

[58] p. 60.

[59] É a epígrafe que aparece na abertura do livro.

[60] Para uma análise equilibrada e exaustiva do debate sobre o "Pós-moderno", ver: VILLANI, A., Le "chiavi" del postmoderno, *Il Mulino*, v. XXXV, n. 303, p. 15-31, 1986.

[61] KOJÈVE, Alexandre. *Introduction à la lectura de Hegel*. Paris, 1947. Ver, além disso, a antologia organizada por: SALVADORI, R., *Interpretazioni hegeliane*, Florença, 1980.

Kojève com a circunspecção que requer um discurso de tal amplitude e potência capaz de colocar "por fim, aquele que o escuta no vazio de uma noite, na qual a plenitude do vento impede de ouvir as palavras"[62]: comentário de um comentário em que a voz de Bataille, aderente à voz de Kojève, assim como esta adere ao texto de Hegel, destaca-se dela, no fim, na mesma medida em que toma (hegelianamente, segundo o destino de todo o pensamento pós-hegeliano) distância de Hegel. Mas o que é, propriamente, do arquitexto hegeliano, que impede de "ouvir as [suas] palavras"? Qual é a sua verdade inaudita e violenta? A resposta é logo colocada em campo por Bataille: trata-se do "caráter preto da humanidade" que representa "a ideia central e suprema na filosofia hegeliana", isto é, "a ideia que o fundamento e a fonte da realidade objetiva e da existência empírica humanas são o Nada que se manifesta como Ação negadora ou criadora, livre e consciente de si".[63] Daí – do princípio que "a Ação é negativa, e a Negatividade é Ação"[64] – o duplo caráter, de filosofia da morte no sentido que, negando a natura da qual faz parte, o homem está presente nesta "como uma noite na luz, como uma intimidade na exterioridade daquelas coisas que são *em si* – como uma fantasmagoria na qual não há nada que se componha a não ser para desfazer-se, que aparece a não ser para desaparecer, nada que não esteja, incessantemente, mergulhado na *nadificação* do tempo e que não traga dele a beleza do sonho".[65]

Mas aquela de Hegel, como dizíamos, é também uma filosofia do ateísmo, na qual o homem tomou o lugar de Deus e a antropologia, o lugar da teologia: mesmo declinada na língua da tradição judaico-cristã (ou seja, em termos de liberdade, historicidade e individualidade).[66]

---

[62] BATAILLE, Georges. *Stuttgart. Monde nouveau paru*, n. 96, 1956. (trad. it. *Sulla fine della storia*, Nápoles, 1985, organizado por dois breves ensaios introdutórios de M. Ciampa e de F. Di Stefano, p. 22.)

[63] BATAILLE, Georges. Hegel, la mort et le sacrifice. *Deucalion (Études hégéliennes)*, n. 5, 1955. (trad. it. *Sulla fine della storia*, p. 71-72.)

[64] BATAILLE, *Hegel, la mort et le sacrifice*, p. 72.

[65] p. 73.

[66] Uma crítica a essa concepção do hegelianismo foi feita, como se sabe, por: WAHL, J., A propos de l'introduction à la phénoménologie de Hegel par M. Kojève, no mesmo número de *Deucalion* (trad. it. *Sulla fine della storia*, p. 47-69). Crítico com a leitura de Kojève foi também: NIEL, H., L'interprétation de Hegel, *Critique*, v. II, n. 18, p. 426-437, 1947. Mais sobre esse debate, ver as observações de:

Naturalmente, enquanto para esta última a espiritualidade se realiza exclusivamente em sentido transcendente, para Hegel, o ser espiritual é necessariamente temporal e finito. O que nos leva circularmente ao trabalho da morte. Fora da morte e da angústia da morte, o homem recairia na dimensão animal. É só a negatividade – como angústia *e* desejo da morte – que o lança no movimento da história e, através da sua modificação, que também a modifica. "A história sozinha – conclui Bataille – tem o poder de realizar aquilo que é, e de realizá-lo no desenvolvimento do tempo. Assim a ideia de Deus eterno e imutável, desse ponto de vista, apenas representa um cumprimento provisório, que sobrevive à espera de algo melhor. Só a história realizada e o espírito do Sábio (de Hegel), no qual a história revelou, e depois acabou de revelar, o pleno desenvolvimento do ser e a totalidade do seu devir ocupa uma posição soberana, que Deus só ocupa provisoriamente, como regente".[67]

Nessa passagem, o tema do Negativo se conjuga e se completa no tema do fim da história. O que deve ser destacado – Bataille o faz definindo-o como "postulado"[68] – é o caráter de pressuposto que tal fim assume diante de tudo o que foi dito até então: no sentido que todas as vezes que esse não se efetivasse, isto é, sempre que a história continuasse, seria necessariamente colocada em causa a coerência de um discurso que apenas tem sentido enquanto realizado. O Absoluto, para Hegel, jamais é encontrável no início, mas só quando todo o processo está acabado. É verdade que aquilo que é revelado é o Começo, mas essa revelação não pode senão ocorrer no fim: "O *fim* do 'movimento' é, portanto, *Identidade*, assim como o é o seu *começo*. Só que, *no fim*, a identidade é *revelada* pelo Conceito. O 'movimento', ou seja, a História, que, definitivamente, é o processo de revelação do Ser através do Discurso, *alcança* o seu começo só no fim: apenas no fim da História a *Identidade* do Homem e do Mundo existe *para* o Homem, ou enquanto revelada pelo Discurso humano. A História, tendo tido *início*, tem, portanto, necessariamente um *fim*: e este *fim*

FRANCO, L., Kojève: il libro, la tradizione e la rottura della continuità storica, *Il Centauro*, n. 13-14, 1985, que justamente releva a importância do ensaio de Kojève La métaphysique religeuse de Vladimir Soloiev, *Revue d'Histoire et de Philosophie Religieuse*, v. XIV, n. 6, p. 534-554, 1934, e v. XV, n. 2, p. 110-154, 1935.

[67] BATAILLE, Hegel, la mort et le sacrifice, p. 75.

[68] BATAILLE, Hegel, l'homme el l'histoire, p. 23.

é a revelação discursiva do seu *começo*".[69] Aquilo sobre o qual a atenção está voltada – porque é exatamente o ponto do qual se originará a divergência da perspectiva bataillana – é o caráter de absoluta definitividade de tal Fim, o seu *não* poder ser um novo início: "De fato, a identidade revelada do Homem e do Mundo *suprime* o Desejo que é realmente o *começo* da História, do Homem e do Tempo. O círculo do Tempo pode ser percorrido uma única vez; a História termina, mas não recomeça mais; o Homem morre e não ressuscita (pelo menos enquanto homem)".[70]

2. Nesse ponto, o objetivo de Kojève, uma vez encerrada toda possibilidade de retorno ao passado mas também de avanço futuro, desloca-se no período do tempo póstumo, do tempo sem tempo gerado pelo fim do tempo. Ele é, antes de tudo, o tempo da verdade: como a história é o tempo do erro. Só o Homem pode conservar o erro, assim como só o Erro pode conservar o homem. Quando o erro cessa, no sentido que se transforma em verdade, quando "se realiza perfeitamente a conformidade da Realidade e do Discurso, isto é, quando o Homem não pode mais *errar* porque não transcende mais o dado real, não tendo mais algum Desejo, então a História se detém".[71] Ao tempo histórico do erro sucede o tempo sem tempo da Sabedoria. Esta é a consequência do fim do Desejo e da Ação destinada a realizá-lo. O sábio não se esquece do Desejo e da Ação; aliás, apenas essa lembrança faz dele um verdadeiro sábio capaz de "superar a última etapa que ainda separava a contemplação *filosófica* do tempo do Ser-em-si ou da Temporalidade como tal, na qual não acontece nada, da *Sabedoria* que permite o abraço de uma única perspectiva a totalidade concreta do Universo acabado".[72] Mas é exatamente a estrutura da lembrança que confina Ação e Desejo num passado que não pode ser reativado, mas somente relido pelas modalidades repetitivas da Palavra-Conceito. Enquanto o tempo da história é circular – no sentido que termina uma vez por todas –, o tempo da

---

[69] Cito da tradução parcial da "Introduction" de Kojève publicada com o título "Lezioni sull'eternità, il tempo e il concetto", publicada em: *Interpretazioni hegeliane*, p. 229.

[70] KOJÈVE, *Lezioni sull'eternità, il tempo e il concetto*, p. 230.

[71] p. 256.

[72] KOJÈVE, Alexandre, Les romans de la sagesse, *Critique*, n. 60, p. 396, 1952 (a propósito dos três romances de R. Queneau, *Pierrot mon ami, Loin de Rueil e Le dimanche de la vie*).

Ciência, fortemente representado pela *Lógica* hegeliana, é cíclico a partir do momento que se repete *eternamente*[73]: "Por isso, chegado ao fim, é necessário *reler* (ou repensar) o Livro; e esse ciclo se repete *eternamente*".[74]

Tempo da verdade, tempo da repetição, o tempo do fim do tempo é também, e sobretudo, tempo da homogeneidade. O assunto é reconstruível segundo a sequência analógica ausência de novidade-ausência de diferença. A diferença entre homem e homem, mas também entre o homem e si mesmo, é causa e resultado do Desejo e da infelicidade que ele produz. Daí, por contraste, a homogeneidade determinada pela felicidade resultante do fim-realização do Desejo, como é anunciado por um ardente aforisma de Raymond Queneau, que de Kojève foi, com Bataille, o outro grande "aluno": "Vá por si mesmo. Em outras palavras, a felicidade é homogênea, a desgraça é diversa. Uma sequência de coisas boas não deve figurar nos anais; uma ruim, sim. Uma demasiadamente boa, igualmente, provocando o excesso no bem uma compensação em sentido inverso".[75] A citação foi tirada da seleção de pensamentos "extravagantes" intitulada *Uma história modelo* [que, em relação ao tema da *pós-história*, seria lida, por um lado, muito perto de *Les fleurs bleues* (1965), e, por outro, da "trilogia da sabedoria", à qual o próprio Kojève havia dado, por assim dizer, o *imprimatur* filosófico,[76] constituída pelos três romances *Pierrot mon ami* (1942), *Loin de Rueil* (1944) e *Le dimanche*

---

[73] Ver o que escreve Kojève na introdução de *Essai d'une histoire raisonnée de la philosophie païenne* (Paris, 1968, v. I, p. 88-89): "Este fim é último, porque cumpre totalmente a intenção-de-falar que foi o começo ou a origem (arché) do processo de que se trata. Uma vez alcançado esse objetivo, já nada no mundo (nem mais além) poderia ter a intenção de falar para dizer o que não foi dito ainda em nenhum lugar, como aconteceu quando o homem se preparava para falar pela primeira vez. Porém, nada impede de ter a intenção (nova e essencialmente diferente da primeira) de re-dizer o que já havia sido dito, ou até de repeti-lo sem cessar ciclicamente. Esse re-dizer cíclico seria discurso autêntico, porque se referiria a um único e mesmo processo que lhe corresponde e que é o processo acabado e não recomeçável no curso ou no término do qual tudo foi dito (e também contradito), enquanto que os gritos animais continuarão trazendo indefinidamente a significação dos sinais que lhes são dados nos processos cíclicos correspondentes".

[74] KOJEVE, *Lezioni sull'eternità, il tempo e il concetto*, p. 231.

[75] QUENEAU, Raymond, *Une histoire modèle*, Paris, 1966 (trad. it. Milão, 1973, p. 90), com uma nota introdutória de R. Romano.

[76] Ver: KOJÈVE, *Les romans de la sagesse*; Sobre Queneau e Kojève, ver: MACHEREY, P., Queneau scribe et lecteur de Kojève, *Burope*, n. 650-651, p. 83-91, 1983. Para uma reconstrução biográfico-literária das aulas de Kojève, ler: QUENEAU,

de la vie[77] (1952)], que precisamente se abre pela combinação cruzada história-infelicidade/fim da história-felicidade: "Se não existissem guerras e revoluções, não haveria história; não haveria matéria de história; a história não teria objeto. No máximo, haveria os anais. A paremiologia ensina isso: os povos felizes não têm história. A história é a ciência da infelicidade dos homens".[78]

É a mesma argumentação, usada de maneira filosoficamente mais elaborada, de Bataille: seja no que diz respeito ao efeito de nivelação provocado pelo eventual fim das guerras, seja no que concerne o trânsito direto entre realização e homogeneidade que conota o homem pós-histórico: "se se trata de um homem novo, a única novidade que ele manifestará será aquela de dispor de toda a humanidade no plano de uma espécie de conclusão. É fácil precisar o ponto em que é proposto esse alinhamento. Trata-se de uma cultura indubitavelmente suscetível de diversificações, mas com variações apenas quantitativas, sem verdadeiras distinções qualitativas".[79] Nesse ponto, Bataille prossegue o seu comentário ao comentário kojeviano com uma frase que ultrapassa semanticamente as suas intenções; que, de todo modo, marca o ponto de inversão da sua reflexão: isto é, a tomada de distância, antes problemática, filtrada, depois sempre mais nítida, do quadro de referências hegel-kojèvianas[80] – sobretudo da sua tonalidade neutralmente enunciativa:

R., Premières confrontations avec Hegel, *Critique*, n. 195-196, p. 694-700, 1963. (trad. it. *Segni, cifre e lettere e altri saggi*, Turim, 1981, p. 365-372.)

[77] Releia-se, a propósito de pós-história, a seguinte passagem (cap. XV, p. 178) de *Le dimanche de la vie*: "O tempo que passa, por sua vez, não é bonito nem feio, é sempre igual. Talvez, às vezes, por uns segundos, ou o sol das quatro da tarde retém alguns minutos como se fossem cavalos selados. Talvez nem sempre o passado conserve a linda ordem que os relógios dão ao presente, e o futuro chega desordenado, pois cada momento começa a dar empurrões para ser o primeiro que será cortado em fatias. E talvez haja algo de encanto e de horror, graça ou abjeção nos movimentos convulsivos do que será e do que foi. Porém, Valentim jamais se compadeceu com essas suposições. No entanto, não sabia de muita coisa. Queria se contentar com uma identidade que estivesse cortada em pedaços, de diversos tamanhos, mas de tipo quase sempre similar, sem tingi-la com as cores do outono, lavá-la nos os aguaceiros de março ou tingir com a inconstância das nuvens".

[78] QUENEAU, *Une histoire modèle*, p. 3.

[79] BATAILLE, *Hegel, l'homme et l'histoire*, p. 28.

[80] Sobre a relação diferencial entre Bataille e Kojève, manifesta-se M. Richir em: *La fin de l'histoire: Notes préliminaires sur la pensée politique de Georges Bataille*, *Textures*, n. 6, p. 31-47, 1970, embora dentro de um quadro cultural já datado. Sobre a

A cultura capaz de gerir validamente a homogeneidade fundamental, e a compreensão recíproca daqueles que a encarnam nos diferentes níveis, é a cultura técnica. O operário não tem os conhecimentos do engenheiro, mas o valor de tais conhecimentos não lhe escapa como, ao contrário, lhe escapam os interesses de um escritor surrealista. Não se trata de uma escala de valores superior, nem de um desprezo sistemático dos valores desinteressados; trata-se, ao contrário, de apoiar aquilo que aproxima os homens e de suprimir aquilo que os separa. Para o homem, isso constitui uma inversão do movimento que o havia guiado até então. A partir disso, todo homem pode ver em si mesmo a humanidade, naquilo que o torna igual aos outros justamente enquanto fundavam a nossa a partir de valores que nos diferenciavam.[81]

Essa cultura não é aquela de Bataille, mesmo sendo a cultura do *seu* tempo (ou seja, do seu não tempo, não história). Mas, sem antecipar os êxitos (anti-hegelianos) do discurso de Bataille, voltemos àquelas duas referências à "técnica" e ao "operário" com o olho no horizonte categorial aberto por um outro autor da *finis historiae* cujo confronto a posição bataillana resultará futuramente perfilada. Antes de dizer seu nome, também ele já carregado de história e de lenda, detenhamo-nos por última combinação sobre a declinação kojèviana da homogeneidade pós-histórica.[82] Essa, se no plano filosófico remete ao ápice assinalado pela *Lógica* hegeliana, no plano epocal se refere ao Império napoleônico como primeiro anúncio do Estado realmente "homogêneo e universal" agora realizado pela convergência "planetária" de capitalismo americano e de socialismo soviético: "De um certo ponto de vista também podemos dizer que os Estados Unidos já alcançaram o estágio final do 'comunismo'

---

tomada de posição de Bataille em relação a Kojève, voltaremos mais adiante. Não podemos deixar escapar, agora, a distância que o próprio Kojève sente de Bataille, ainda dentro de uma notabilíssima afinidade de inspiração, em confronto com Bataille, como está testemunhado em numerosas cartas, duas das quais parcialmente publicadas por Giorgio Agamben em: *Il linguaggio e la morte*, Turim, 1982, p. 64-67. Sobre a relação entre Bataille e Blanchot a respeito do mesmo problema, ver o último estudo de: TOMMASI, W., *Maurice Blanchot: la parola errante*, Verona, 1987, p. 167 em diante.

[81] BATAILLE, *Hegel, l'homme et l'histoire*, p. 28.

[82] Ver, também: KOJEVE, R., Le dernier monde nouveau, *Critique*, v. XI, n. 111-112, p. 702-708, 1965, além de: Entretien avec Gilles Lapouge, *La Quinzaine littéraire*, v. III, p. 17-19, 1968.

marxista, dado que praticamente todos os membros de uma sociedade sem classes podem desde então apropriar-se de tudo o que lhes agrada, sem por isso trabalhar mais do quanto o desejem".[83]

3. O autor – a que me referia anteriormente – que conjuga num mesmo plexo conceitual o tema do Estado universal e o do fim da história é Ernst Jünger. Surpreende o fato que a evidente relação que o liga transversalmente à filosofia francesa de matriz kojèviana (e de vocação nietzschiana) tenha sido sistematicamente ignorado pela literatura crítica de ambos as vertentes. Mesmo assim, no que diz respeito à resolução do bipolarismo russo-americano numa nova formação superestatal unitária, as coincidências com as teses de Kojève e de Bataille são manifestas.[84] O que Jünger lhes acrescenta é uma mais aprofundada análise do salto qualitativo que tal unificação comporta, representado pelo trânsito do poder por simbólica estática – o palácio, o trono, mas também o bastão e a coroa – a uma simbólica dinâmica – a astronáutica, por exemplo: ele próprio expressivo de uma passagem de uma fase em que o estatuto simbólico está fundado pela potência efetiva a uma outra em que a potência efetiva passa a ser fundada pelo estatuto simbólico.[85]

Na realidade, no caso em questão, a expressão "passagem de fase" não dá a exata medida do evento. Tampouco de mudança catastrófica seria, a rigor, necessário falar, a partir do momento em que nenhuma catástrofe, por mais distante que se possa retroceder, jamais modificou a estrutura específica do homem: quando, pelo contrário, precisamente disso parece agora se tratar, capaz de tornar noções histórico-políticas como "paz", "guerra", "tradição" totalmente inadequadas a restituir o sentido de uma mudança que envolve o subsolo originário do qual história e política vieram à luz. Esse evento, mais fundamental que o próprio fundo dos fenômenos a que estávamos habituados, é constituído realmente pelo esgotamento da história. À sua fenomenologia, Jünger dedicou todo um livro, intitulado *An der Zeitmauer*, que se abre, de fato, com a constatação que "o edifício

---

[83] Cito da nota acrescentada na p. 434 da edição de 1947 da *Introduction à la lecture de Hegel*, inserida na segunda edição, de 1962. (trad. it. *Interpretazioni hegeliane*, p. 273.)

[84] A referência é, sobretudo, a: JÜNGER, Ernst. *Der Weltstaat*, 1960, depois em: *Sämtliche Werke*, Stuttgart, 1978, v. II, p. 481-526.

[85] JÜNGER, *Der Weltstaat*, p. 493-495.

da história começa a se rachar".[86] A situação do homem contemporâneo, metaforizada sobre o plano temporal pela referência a um ano que encerra uma década e, ao mesmo tempo, um século e um milênio, e sobre o plano espacial pela referência a "um habitante da fronteira que com um único passo pode sair tanto do seu quarto quanto da sua casa e até mesmo da sua pátria",[87] é, nesse sentido, assimilada por Jünger à posição de Heródoto mostrado pelo mundo do mito em detrimento do mundo da história. Como Heródoto desviou o olhar pela noite mítica para fixá-lo no brilho da aurora da história, assim nós fomos projetados pelos clarões até ontem ofuscantes da história numa nova noite densa de obscuros presságios.

Mas precisamente nesse ponto – adverte Jünger – é necessário nos protegermos de um possível equívoco: o fim do mudo histórico não abre a um retorno do mito em grandes proporções. Há analogia, e não simetria, na passagem de Heródoto. Não que se assista a uma retomada de elementos míticos. No entanto, essa não pode senão resultar parcial, limitada aos pontos de fratura, às feridas, que percorrem o corpo moribundo da história, incapaz de reconstituir a sua antiga força. Para que isso fosse possível, seria necessária uma noite profunda como aquela da qual o olhar afastou Heródoto. Mas é exatamente essa condição que havia se perdido: o ofuscamento do dia não significa por si reaparecimento da noite originária:

> Que as potências míticas, hoje, não possam voltar a dominar, a agir de modo convincente sobre o plano pessoal e material, isso depende de uma condição da luz. Depois do amanhecer aparecido com Heródoto, não há mais uma noite no sentido antigo. À luz da consciência histórica, as antigas imagens se tornam mais tímidas, mais sensíveis. Elas podem se mostrar apenas na medida em que a consciência se enfraquece, como no sonho, no sono e no êxtase criador, ou seja, diante de perturbações. Mas a saída do homem do domínio da história não se liga de forma alguma a um rebaixamento da sua consciência; ao contrário, é observável um contínuo incremento da faculdade crítica, o que fala já contra a possibilidade de um puro retorno do mítico.[88]

A observação contida na última parte da citação dá, agora, a medida da distância categorial que, em relação à própria figura dissolutiva, afasta

---

[86] Cito da tradução de: *An der Zeitmauer*, Roma, 1965, p. 11.

[87] JÜNGER, *An der Zeitmauer*, p. 31.

[88] p. 49.

Jünger de Kojève (e de Hegel). Enquanto neste último, como vimos, a circularidade que identifica início e fim exclui evidentemente a eventualidade de um novo começo, o fim jüngeriano, justamente porque não coincidente com o próprio início (mítico), e, portanto, não totalmente circular, é, ao contrário, vista em função de um novo início. Entendamo-nos: não que em Jünger falte a figura da circularidade. Porém, ela – na imagem da serpente de bronze que morde o próprio rabo – é sempre entendida como o risco supremo ao qual estamos expostos, mas do qual é necessário esquivar-se com uma decisão que rompa, num dado ponto, as suas espirais.[89] Essa decisão, no entanto, está submetida a um duplo vínculo: o de ter que repetir todas as vezes que o "nó" se refaz – isto é, sempre; e o de poder realizar-se apenas quando o presente está realmente consumado. A esta última necessidade se refere a dupla advertência que "no interior de nós mesmos as colunas de Hércules devam cair antes que as novas Hespérides possam surgir"[90] e que "o orvalho cai sobre a vegetação quando a noite é mais profunda".[91] A nossa é uma condição constitutivamente ambivalente. Isso explica por que na luz crepuscular refletida pelo muro do tempo essa possa ser julgada próxima da catástrofe, mas, ao mesmo tempo, *precisamente por isso*, portadora de uma nova esperança. O ponto zero, o *Nullpunkt*, em suma, como também para Hermann Broch, é, ao mesmo tempo, o nada e totalmente outro, o fim da noite e o início do amanhecer, o perigo e a salvação.

No entanto – uma vez fixado esse princípio de bivalência segundo o qual o niilismo traz dentro de si o sêmen da própria superação –, como este último se configura? Como alguma coisa que pertence ainda à sua fase final ou que já chega ao seu exterior? A esta pergunta – colocada na forma mais radical por Heidegger[92] –, não é fácil dar uma resposta clara.

---

[89] Não por acaso – em relação à decisão – essa necessidade (e esse risco) é evocada no *Diário* (Strahlungen, 1949, trad. it. Milão, 1983, p. 44) no interior de uma discussão com Carl Schmitt: "No Trocadero, costeando a margem direita do Sena. Analisamos a situação. Para C. S. a coisa grave é que certos estratos começam a se destacar do agregado humano para se depositar numa zona abaixo do livre arbítrio: como os animais são máscaras caídas da figura humana. O homem segue extraindo uma nova ordem zoológica; o verdadeiro e efetivo perigo é restar ali aprisionado. Eu acrescentei que esse processo de ossificação já está descrito, no Velho Testamento, no símbolo da serpente de bronze. O que hoje é a técnica, era, naquele tempo, a lei".

[90] JÜNGER, *An der Zeitmauer*, p. 54.

[91] p. 71.

[92] HEIDEGGER, Martin. ÜberDie Linie. In: *Freundschaftliche Begegnungen: Festschrift für ErnstJünger zum 60 – Geburtstag*. Organizado por A. Mohler. Frankfurt,

Digamos que em Jünger se perpetuam no tempo – mas, talvez mais exatamente, se alternam e se sobrepõem – dois vetores de sentido, dois "olhares": um mítico-ativista, certamente interior à "potência do nada"; e outro, pelo menos intencionalmente (se não necessariamente, como de fato), antiniilista: entre os dois, como um lençol subterrâneo que escande a sua passagem, o motivo do fim da história. Não que no primeiro – como se exterioriza no ensaio sobre o *Arbeiter* – esteja presente uma *ratio* historicista qualquer: não só porque no ritmo que vê suceder o "tipo" do operário àquele do burguês não é perceptível um progresso contínuo, como alguma coisa que assume sentido exatamente ao chamar em causa a categoria de progresso.[93] Mas também – mais profundamente – porque a própria história enquanto tal é considerada não existente, ou melhor, existente só como projeção epifenomênica de uma substância elementar eterna (daí o otimismo de base de toda a concepção de Jünger, também da sua vertente catastrófica)[94] "que, de modo milagroso, mantém em vida o mundo".[95]

1955. Como se sabe, o texto de Heidegger é concebido como resposta ao ensaio de Jünger, "Über die Linie" (*Betrachtungen zur Zeit*), originalmente em: *Anteile: Martin Heidegger zum 60 – Geburtstag*, Frankfurt del Main, 1951. Sobre Heidegger e Jünger, ver: GRAF VON KROCKOW, Ch., *Die Entscheidung*, Stuttgart, 1958; KAEMPFER, W., *Ernst Jünger*, Stuttgart, 1981; CACCIARI, M., Ernst Jünger e Martin Heidegger, in: AA. VV., *Ernst Jünger*, organizado por P. Chiarini, Nápoles, 1987, p. 71-82 (este último, sem dúvida, o mais convincente dos três). Ver também: MAZZARELLA, E., Assiologia e ontologia del nichilismo: Su Jünger e Heidegger, in: *Storia, metafisica, ontologia*, Nápoles, 1987, p. 197-215.

[93] Ver sobre isso a introdução à nova tradução da *Mobilitazione* de Carlo Galli, Al di là del progresso secondo Ernst Jünger: "magma vulcânico" e "mondo di ghiaccio", *Il Mulino*, v. XXXIV, n. 301, p. 771-786, 1985. Porém, a observação já estava presente no antigo ensaio de: CANTIMORI, D., Ernst Jünger e la mistica del lavoro, *Studi germanici*, p. 73-92, 1935 (depois em: *Tre saggi su Jünger, Moeller van den Bruck*, Schmitt, Roma, 1985, p. 40).

[94] O fundo otimista – querendo fazer uso de tais caracterizações psicológicas – da concepção jüngeriana está afirmado, contra ampla parte da literatura crítica (por exemplo: HOHOFF, C., *Ernst Jüngers Weg und sein literarisches Werk*, Universitas, p. 969-975, 1954, e também: BOHRER, K. H., *Die Asthetik des Schreckens: Die pessimistische Romantik und Ernst Jüngers Frühwerk*, Munique-Viena, 1978). Do mesmo autor, ver a carta enviada a Heidegger, que acompanha os *Federballe* em seu aniversário de 80 anos, em: Ad Hoc, *Stuttgart*, 1970, em que Jünger anuncia que no vigésimo aniversário que separa esse texto do ensaio "Über die Linie", o seu otimismo, que lhe foi quase sempre reprovado, se reforçou ainda mais.

[95] JÜNGER, Ernst. *Der gordische Knoten*. Frankfurt del Main, 1953. (trad. it. de Carlo Galli, Bolonha, 1987, p. 126.) Sobre a eternidade da "substância" (ou "potência"),

A essa substância se referem todas as figuras jüngerianas, a partir daquela fundamental do *Arbeiter*. O que muda, no curso da produção de Jünger, paralelamente ao seu próprio julgamento, sempre mais problemático, sobre a essência da técnica, é a relação que tal referência à substância determina entre o sujeito e a forma em que ele historicamente aparece. No caso do *Operário*, essa relação – entre *Arbeiter* e *Arbeit*, entre "técnico" e "Técnica" – é de necessária identificação, a partir do momento em que "em qualquer lugar o homem cai sob a jurisdição da técnica, ele se vê colocado diante de um inevitável *aut-aut*. Não lhe resta senão uma escolha: ou aceitar os instrumentos próprios da técnica e falar a sua linguagem, ou afundar".[96] O que salva, na técnica, não é nesse caso a sua superação, mas a sua "perfeição".[97] A destruição que ela comporta dos valores transcorridos constitui, *constrói* novas figuras, novos tipos, novas ordens. Por isso o sujeito por ela "mobilizado"[98] não só é constitutivamente niilista, mas niilista em sentido ativo, heroico, *político*. É verdade que é a técnica que domina, nessa fase, a política: porém, é

---

também: DECOMBIS, M., *Ernst Jünger: L'homme et l'œuvre jusqu'en*, Paris, 1943 [1936]. (trad. it. La Spezia, 1981, p. 126-127.)

[96] JÜNGER, Ernst. *Der Arbeiter. Herrschaft und Gestalt*. Hamburgo, 1932. (trad. it. Milão, 1984, p. 148.)

[97] Refiro-me ao título do afortunado livro do irmão de Jünger, Priedrich Georg, *Die Perfektion der Technik*, Frankfurt del Main, 1986 (no entanto, o livro foi escrito em 1939, com o título, mais perspícuo, *Illusion der Technik*), sobre o qual ver: HADECKE, W., *Die Welt als Maschine: Über Friedrich Georg Jüngers Buch, "Die Perfektion der Technik"*, *Scheidewege*, v. X, p. 285-317, 1980. Trata-se de uma referência importante, não só pela influência sobre Ernst (por eles destacada em muitas passagens do diário e, especialmente, nos dois textos escritos pelo 65° e 70° aniversário de Georg, no primeiro dos quais se lê que quando dois irmãos vivem por muito tempo juntos, física e espiritualmente, não é possível diferenciar detalhadamente qual dos dois deu e quem recebeu, e no segundo dos quais há uma precisa referência à ambivalência técnica; ambos os textos estão em *Ad Hoc*), mas também pelo êxito, por certos aspectos bataillanos (talvez ainda mais que "ecologista"), ao qual o discurso de Georg chega: como atesta, por exemplo, especialmente o último capítulo ("Dìe Welt des Spiels") do seu outro livro, *Die Spiele* (Munique, 1959), onde ao mundo "produtivo" da técnica se lhe contrapõe o improdutivo (subtraído das leis espaço-temporais da produção) e pertencentes ao jogo e à festa. Ver também sobre a obra de Georg o cuidadoso e informado trabalho de: DE BENOIST, A., *Ernst Jünger: la figure du travailleur entre les dieux et les titans*, *Nouvelle Ecole*, n. 40, sobretudo p. 45-51, 1984.

[98] O ensaio de Jünger sobre a "mobilização", "Die totale Mobilmachung", havia aparecido em 1930 no volume organizado por Jünger, *Krieg und Krieger* (Berlim).

exatamente essa função de "domínio" que qualifica a própria prevalência da técnica em termos, em última análise, políticos, isto é, de vontade de potência[99]: "À fase de destruição segue uma ordem real e visível, e isso ocorre quando chega ao domínio aquela raça que sabe falar a nova linguagem não como instrumento puramente intelectual, como através de progresso, utilidade, comodidade, mas como linguagem elementar".[100]

4. É precisamente esse curto-circuito entre operário e trabalho, técnica e política, sujeito e vontade, que desaparece nas obras posteriores à guerra.[101] À "mitologia do moderno"[102]contida nas primeiras obras, dá-se com o tempo uma tomada de distância reconhecível no trânsito conceitual da categoria de "realização" àquela de "superação". Resta a referência ao elementar – agora entendido como "espírito da terra" –, mas mais no sentido da transparência que no sentido da potência. E resta, evidentemente, o niilismo como horizonte do nosso tempo, mas submetido a um impulso de "rompimento" que força desde o seu interior as características destinais: como se o nada se dividisse em duas partes, uma empenhada na eliminação da outra.[103] Que a oposição ao nada nasça do interior do próprio nada significa a recusa de toda tentação nostálgica, de toda fuga ao passado, que recairia necessariamente na categoria heideggeriana de "niilismo reativo". Não por nada a "calma" também é, nesse caso, caracterizada no "olho do ciclone" e a possível salvação é constrangida a passar pela prova da dor.

Essa necessidade sacrifical – já antecipada no ensaio de 1934 Über den Schmerz – está no centro de Über di Linie, que se abre efetivamente

---

[99] Como destaca, por muitas vezes, e dentro do horizonte da reflexão heideggeriana: PALMIER, J.-M., *Les écrits politiques de Heidegger* (Paris, 1969, p. 208): "A figura do Trabalhador é para ele a grandeza que deve dar sentido ao niilismo ativo. Em um mundo desolado, o trabalhador é a única grandeza que faz reconhecer o destino original do homem. Consequentemente, para Ernst Jünger, o trabalhador é a própria figura do homem da Vontade de Poder".

[100] JÜNGER, *Der Arbeiter*, p. 151.

[101] Ver artigo citado de Massimo Cacciari, mas também dele: Salvezza che cade, *Il Centauro*, n. 6, p. 70-101, 1982.

[102] A expressão é de: MASINI, F., Ernst Jünger: dall' "Arbeiter" all' "anarca", *Il Mulino*, v. XXXIV, n. 301, p. 797, 1985. Ver também: FRESCHI, M., L'apolitia politica de Ernst Jünger, *Annali dell'Università di Parma*, 1973.

[103] Uso a imagem de BOATTO, A., *Al centro del ciclone*, Tabula, maio 1981 (número dedicado a Jünger), p. 46.

com a convocação ao sacrifício de Roskolnikow *dostoievskiano*. Estamos, talvez, no ponto de maior proximidade com a linha do impolítico. Caído todo otimismo ativista acerca da produtibilidade de novas ordens, a fuga está, agora, estritamente vinculada ao atravessamento do negativo. Não é o aberto do mar ou o topo dos montes que se opõe à extensão arenosa do deserto, mas os oásis que ele próprio gera e nutre, "jardins aos quais Leviatã não acendeu e em redor dos quais se movimentou furiosamente".[104] À construtiva, "política", vontade de potência que ainda animava produtivamente a *destructio* do *Arbeiter*, sucede, agora, o impolítico silêncio de oásis retirados do olhar do soberano. A liberdade − assim como emerge também no debate à distância mantido com Schmitt sobre o *Nó górdio*[105] − está agora situada fora da história: na imóvel separação de quem observa as suas ruínas e na unidade material-espiritual do indiferenciado. A este se refere Schmitt quando exclui que Jünger "exalta a solução do golpe de espada".[106] "A sua última palavra não é um *aut-aut*, mas um tanto-quanto, ou também um encontro recíproco, um colocar à prova, uma troca e um equilíbrio, um retorno do Eterno no tempo e uma referência a "respostas ocultas que o Oriente nos reserva".[107] O chamado ao Oriente − a *não* escolha do Ocidente − é o chamado ao espírito da terra que ele ainda protege. Mas é também o sinal da impossibilidade da decisão, de uma ligação que tampouco a espada flamejante de Alexandre pode, realmente, cortar se não quiser sufocar, ao mesmo tempo, a própria respiração da vida. A verdade da vida está no indiviso que habita o espírito da terra. Ela não é a negação, mas copresença, das diferenças: é, por isso, que a passagem da ordem apolínea, "decidida", do Pai à ordem ctônia, indiferenciada, da Mãe se configura como despedida do Monoteísmo político (do político) e, ao mesmo tempo, espera impolítica de "deuses infinitos".[108]

---

[104] *Sämtliche Werke*, v. VII, p. 273.

[105] Sobre a relação entre Schmitt e Jünger, verificado, além do mais, por numerosas citações no *Diário de Jünger*, ver: KAISER, J. H., Ernst Jünger e Carl Schmitt, e GHELARDI, M., Alcune considerazioni su Carl Schmitt ed Ernst Jünger, ambos em: Ernst Jünger, p. 83-91, 93-107.

[106] SCHMITT, Carl, Die geschichtliche Struktur des heutigen Welt-Gegensatzes von Ost und West, in: *Freundschaftliche Begegnungen*. (trad. it. em: *Il nodo di Gordio*, p. 136.)

[107] SCHMITT, Die geschichtliche Struktur..., p. 136-137.

[108] Ver a entrevista de Jünger com G. Lapouge, em: *La Quinzaine littéraire*, de 16 fev. 1980.

E, no entanto, essa ruptura da teologia política não coincide com a fuga do niilismo a que, também, estava ordenada. O impolítico jüngeriano resta preso nos limites do niilismo. Não só: mas resta ali precisamente na medida em que pretende superá-los. Segundo Heidegger, é precisamente o *projeto* de "superação" (Überwindung) – a superação é constitutivamente solidária à essência apropriadora do projeto – que aprisiona Jünger na metafísica nietzschiana da vontade de potência. O que salva não pode ser entendido em oposição, ou separadamente, àquilo do qual se salva. Isso quer dizer Heidegger – também unido a Jünger por uma solidíssima afinidade de inspiração – quando lhe imputa o uso de um paradigma médico-terapêutico. E isso não simplesmente porque o niilismo é "incurável", mas porque é a própria ideia de "cura" que é intrinsecamente niilista: "A essência do niilismo não é alguma coisa nem de curável, nem de incurável. Ela é aquilo que é sem salvação, mas justamente como tal traz consigo um singular chamado ao que é salvo".[109]

A distância que separa Jünger de Heidegger é a mesma que o distancia de Bataille. A diferença, também nesse caso, não verte sobre a modalidade, mas sobre a *intenção* da "salvação". A ela é em Jünger funcionalizado o negativo, a dor, o sacrifício, como está comprovado pela própria ideia de "crédito" que este último acumula para quem se encarrega dele: "o mal-estar depende muito mais das coisas que faltam do que das coisas existentes. A tal critério ele também é necessário, porque atesta uma exigência que vai além de todo crescimento do conforto e da potência e que deve ser satisfeita. Ele indica que as perdas superam os ganhos: assim, nós nos tornamos credores. Foi sacrificado algo, efetuou-se um compromisso, para os quais o contravalor não foi ainda pago".[110] É exatamente esse valor do qual somos credores, esse "investimento", que invalida niilistamente a renúncia ao "crescimento", ao "ganho", a que é confiada a fuga do niilismo.

A questão, evidentemente, é a do *subjectum*, que resta, em Jünger, sanado, mesmo se submetido ao cuidado da imobilidade, do retiro, da passividade: e, pelo contrário, reforçado pela sua própria abstinência, pelo seu próprio jejum. Como também acontece com a figura que mais que qualquer outra se aproxima do "soberano" bataillano – a figura da Anarca de *Eumeswil* –; mas que, do mesmo modo, precisamente por essa sua firmeza objetiva, se afasta dela de maneira muito mais radical. Ele também

---

[109] HEIDEGGER, *Über "die Linie"*, p. 338.
[110] JÜNGER, *An der Zeitmauer*, p. 129.

vem à luz na "hipersaciedade dos tempos tardios",[111] "quando a matéria histórica se consumou"[112] e "a lista das possibilidades parece esgotada";[113] e também para ele "além da história" significa "além da vontade": ele é o homem da substância, não da vontade. É essa posição última, confinadora, da qual observa com escrúpulo arquivista as ruínas da história, que o liberta da política e dos juízos de valor que ela comporta. No entanto, é justamente tal liberdade, que o diferencia tanto da "anarquista" quanto do "homem da floresta", que reforça a identidade, que o torna "dono de si": "A diferença consiste no fato de que o homem da floresta foi banido da sociedade por si mesmo. Ele é e permanece dono de si em qualquer circunstância".[114] Impolítica é a sua "ausência", mas impolítica em direção niilista, autopotenciadora. Assim como autopotenciadora e niilista é a soberania que ele exerce – "ele é soberano. Por isso, comporta-se diante do Estado e da sociedade como uma potência neutral".[115] Voltada não à perturbação, ao descentramento da própria natureza de sujeito, mas à reafirmação incremental da sua centralidade"[116]: "Cada um é centro do mundo, e a sua incondicionada liberdade cria a distância em que respeito do outro e respeito de si se equilibram".[117]

O seu é o "estilo" da distância: mas só porque a distância é função da centralidade: "o anarca se reconhece como centro".[118] Situado no centro – na solar fixidez do centro: "O homem não deve ser amigo do sol, ele deve ser o próprio sol"[119] –, ele pode renunciar ao outro porque é perfeitamente autossuficiente: "A sua medida lhe é suficiente; a liberdade não é a sua meta: é a sua propriedade".[120] E, de fato, embora definido nem individualista, nem solipsista, plenamente solidário com a tradição do individualismo "apropriativo" à sua figura. Também e, de fato, na "prisão" do

---

[111] JÜNGER, Ernst. *Eumeswil*. Stuttgart, 1977. (trad. it. Milão, 1981, p. 67.)

[112] JÜNGER, *Eumeswil*, p. 46.

[113] p. 67.

[114] p. 141.

[115] p. 240.

[116] Releia-se o que afirma o próprio Jünger na longa entrevista com J. Hervier (Paris, 1986), em *Eumeswil*, p. 249.

[117] JÜNGER, *Eumeswil*, p. 249.

[118] p. 268.

[119] p. 244.

[120] p. 269.

seu isolamento: "Assim a prisão também se transforma em ilha, em refúgio do livre querer, em propriedade".[121] A sua propriedade é precisamente o "livre querer" – querer a liberdade enquanto potência e a potência enquanto vontade. Não por acaso, ele está muito próximo, se não sobreposto, da infinita liberdade do Único de Stirner: como ele, não se ocupa da verdade; mas só porque pode livremente dispor dela: "A verdade? Não é problema meu"; ela permanece sua propriedade. Ele não a aceita, não quer servi-la, mas dispõe dela".[122] É verdade que ele não tende ao poder – como detesta o político – mas "não corre atrás dele, nem o precede, porque o possui e goza dele na própria autoconsciência".[123] É a própria subjetividade, enriquecida, aumentada, pelo esgotamento da história, que constitui o poder daquele que intencionalmente se refugia nele. Não o quer. Porque querendo-o ocuparia, deteria, preencheria uma vontade cuja potência está no vazio dentro do qual ela pode infinitamente recorrer a si mesma.

Poder ou existência

1. Bataille não habita *esse* vazio. Podemos, ao contrário, dizer que é justamente a crítica antiniilista à vontade de potência que constitui o eixo de rotação do paradigma conceitual da *finis historiae* em relação não só à declinação de Hegel-Kojève, mas também àquela implícita na "superação" de Jünger. Precisamente a este último está dedicada uma breve parte de *La limite de l'utile* que tem por objeto a guerra. Nela, Bataille – como também fará Roger Caillois nos seus trabalhos sobre a mística guerreira[124] – retoma o desenvolvimento, através das palavras de Jünger,[125] a própria concepção

---

[121] p. 268.

[122] p. 317.

[123] p. 329.

[124] Para Roger Caillois (*Bellone ou la pente de la guerre*, Paris, 1963, p. 179-180): "Jünger considera que é melhor participar da guerra com entusiasmo que deixar-se aniquilar por ela passivamente [...]. A guerra se descreve como uma revelação decisiva. Constitui a forma total da existência. Diante dela, tudo empalidece e fica borrado. Só por ela a vida reveste seu verdadeiro aspecto de 'jogo soberbo e sangrento que tanto alegra aos deuses': a guerra se ergue acima do tempo, testemunho superior e surgimento mais profundo que a ciência e a arte, pura e justa ao mesmo tempo, rica e intensa".

[125] Sobre a guerra em Jünger, ver: MASINI, F., La guerra come nomos della catastrofe, in: AA. VV., *Ideologia della guerra*, organizado por F. Masini, Nápoles, 1987, p. 61-76.

ilimitante[126] da guerra. Nesta, o desencadeamento das paixões toca um vértice jamais alcançado: tampouco pelas revoluções, ainda mantidas, "limitadas", pelo próprio fim utilitário; ali onde a guerra – ao contrário da paz, caracterizada pelo não consumo das energias e pela exclusão do inútil – é a única que libera a sociedade dos seus vínculos produtivos: e, pelo contrário, que é funcional a um consumo improdutivo das energias exorbitantes. Para sacrificá-las sem resto. Mesmo assim, para Bataille, Jünger foi o que mais que qualquer outro levou o olhar para essa realidade estática, sacrifical, da guerra. "Quero mostrar que existe uma equivalência da *guerra*, do *sacrifício ritual* e da *vida mística*: é o mesmo jogo de "êxtase" e de "terror" em que o homem se une aos jogos do céu. Mas a guerra é por muitas vezes traída: dissimulam-se as suas glórias e os seus desgostos. É por isso que citarei Jünger, que não evita nada".[127]

E, no entanto, é exatamente a afinidade de "sangue" entre guerra e sacrifício,[128] não excluída e, antes, nitidamente representada por Jünger, que coloca em destaque algumas sensíveis diferenças entre os dois fenômenos: e implicitamente também entre os dois autores. A primeira delas é constituída pela questão da "realidade". Só a guerra é submetida ao registro da ação real, enquanto o sacrifício religioso é unicamente simbólico. Ainda assim é justamente essa irrealidade que confere a esse último uma intensidade, uma interioridade, um "aprofundamento" que a guerra não consegue experimentar. É verdade que os holocaustos militares têm um valor de plenitude que falta aos holocaustos religiosos. É verdade que respondem às ficções religiosas com o dom da própria verdade efetiva. Mas é, de fato, tal efetualidade – em relação ao objetivo da vitória sobre o inimigo – que mantém a batalha militar aquém da exposição de si ao outro na qual consiste para Bataille o sentido do sacrifício. O que está em jogo é a relação com a morte: e com a vida que a morte transporta. Enquanto para o soldado – o "militar" jüngeriano –

---

[126] Bataille havia escrito no último número da *Acéphale* (1939, p. 22): "Represento-me um movimento e uma excitação humana cujas possibilidades são ilimitadas: esse movimento e essa excitação não podem se apaziguar senão pela guerra".

[127] BATAILLE, Georges. La limite de l'utile. Œuvres Complètes, v. VII, p. 251. O texto de Jünger ao qual se refere Bataille é *Der Kampf als inneres Erlebnis* (1922), traduzido como *La Guerre, notre Mère*.

[128] Ver também: BATAILLE, Georges, *Théorie de la religion*, Paris, 1948. (trad. it. Bolonha, 1978, p. 77-79, disponível em: https://www.youtube.com/watch?v=-KTWKUctFq4.)

essa relação ainda é ocasional, ele é a fatalidade do sacrificante desdobrado na própria vítima: "O soldado se contenta em dizer: 'há a morte. Tu a enfrentarás sem pensar nela. Tu rirás dela'. O homem do sacrifício dá à morte um destino maior. Para ele, 'há a morte' não é uma simples constatação, desagradável ou não, porque *deve* haver a morte".[129]

É esse *saber* e esse *querer* que faz do sacrificante o homem da tragédia: aquele que, revelando o caráter trágico da existência, pode fazer aquilo que o soldado não pode fazer: criar um ser humano através da única frase que o torna homem: "Tu és tragédia".[130] "Tu és tragédia" porque eu mesmo sou tragédia. Nessa absoluta reciprocidade, nessa reversibilidade 'comunitária', baseia-se a verdadeira superioridade daquele que se sacrifica sobre aquele que combate.[131] Enquanto a guerra é algo que se procura necessariamente vencer, o sacrifício "é o efeito de uma necessidade violenta de perder. E como tal ameaça, em primeiro lugar, o sacrificante".[132] Nada de real acompanha esse exercício senão pura ficção. Mas se o militar jüngeriano mata, ou também é morto, num jogo que resta, no fim, individual, a ficção sacrifical tem a capacidade de tornar sensível ao outro – aos outros *em comum* – a própria vertigem que no ato de morte o atravessa: "a vida de um indivíduo se perde numa realidade muito mais vasta, como a onda que quebra se perde entrando no fluxo que a circunda".[133] É o fundo sem fundo em que precipita todo o discurso: se a guerra, mesmo com todas as suas conturbações de existência, ainda é uma figura da vontade de potência – dar para ter, matar

---

[129] BATAILLE, Georges. Le sacrifice. In: *Œuvres Complètes*, v. II, p. 238.

[130] BATAILLE, Le sacrifice, p. 239.

[131] Como testemunho de sua mudança de juízo sobre a guerra, ler esta nota de Bataille de 1941 (*Œuvres Complètes*, v. V, p. 540): "Quando digo que não amei a guerra, quero dizer, em primeiro lugar, que jamais senti essa espécie de libertação que ela busca. As exaltações e os estalos de orgulho que dá aos regimentos vencedores, embora tivesse apresentado na ocasião, creio que me teriam sido negados. Tudo quanto lhes parece (ou que lhes é afim) se apaga em mim, se me solicita pessoalmente. Falei dela para compreendê-la de fora. É fácil perceber a falta de atração que tem a guerra para mim. Os combates vivos dos anos atuais me detêm menos do que aqueles aterradores das trincheiras. O que me detém na guerra é um meio de contemplação angustiada. Isso em mim se vincula com uma nostalgia de estados extáticos, embora hoje essa nostalgia me pareça confusa e lúgubre: além disso, não tive valor ativo. Não combati em nenhuma das guerras nas quais poderia ter estado implicado".

[132] BATAILLE, La limite de l'utile, p. 257.

[133] p. 259.

para vencer –, o sacrifício é o lugar, o único para Bataille, em que essa potência se estende até o ponto de perder-se: da vontade de potência à vontade de perda. Perda da vontade: "Uma vertigem e um riso leve, uma potência que se estende, mas que se perde dolorosamente e que chega a uma dureza de suplício, eis o que cresce no silêncio repentino, *como no ato do sacrifício*".[134]

Como se sabe, os textos nos quais mais explícita se faz a crítica bataillana à vontade de potência niilista são os textos nietzschianos. Nietzschianos no duplo sentido da fala de Nietzsche e do modo de falar através, *dentro*, de Nietzsche.[135] Essa ambivalência havia sido, para Bataille, o modo acrobático de superar uma dificuldade aparentemente irredutível: a de tratar um pensamento intratável segundo os registros habituais da interpretação e da "realização".[136] Se é impossível interpretar Nietzsche porque a sua característica primária é realmente a de desfundar, afundar, toda possível hermenêutica na própria subtração de todo significado; tanto mais é impensável tentar "realizar" o seu pensamento, a partir do momento que ele não contém nenhuma teoria da ação[137]: e, aliás, coloca-se provisoriamente como uma teoria (ou melhor, uma prática) da inação. Sem poder percorrer toda a história das relações de Bataille com Nietzsche, é precisamente esse o ponto sobre o qual está concentrado o olhar em relação ao nosso problema de fundo: Nietzsche filósofo da inação é *o filósofo* do impolítico. Mas as coisas são muito complexas (e contraditórias: o mais "verdadeiro" Nietzsche está na contradição consigo mesmo) e precisam ser analisadas por níveis. São até muito conhecidos (mas talvez não suficientemente avaliados se colocados em sua inacreditável precocidade em relação às mais tardias e menos comprometedoras reavaliações) os protestos de Bataille[138] contra as instrumentalizações de Nietzsche de direita e de

---

[134] p. 259.

[135] Para uma história das relações entre Bataille e Nietzsche, ver finalmente: REY, J.-M., Bataille e Nietszche, in: *Georges Bataille: il politico e il sacro*, p. 29-43.

[136] Ver sobre esse tema a introdução de R. Dionigi à tradução italiana do *Nietzsche* de Bataille (Bolonha, 1980), compartilhável até quando não se faça "crítica da ideologia" de Bataille.

[137] Disponívem em: <https://www.youtube.com/watch?v=-KTWKUctFq4>.

[138] Protestos, por outro lado, provocaram reações alarmadas também em ambientes próximos a Bataille. Leia-se a esse propósito a carta de P. Waldberg a I. Waldberg, de 19 de setembro de 1943 (editada em: V. V. V., n. 4, p. 41, 1944): "Equivocamo-nos ao penetrar sem mais reservas no nietzschianismo de Bataille. A forma como falamos

esquerda – como diziam Gilet e Ambrosino, "parece que tenham podido voltar a Nietzsche só os homens que o traem miseravelmente".[139] O problema é que o movimento do pensamento de Nietzsche é um "dédalo"[140] que rompe qualquer topologia planar do tipo direita/esquerda: e com ela os "diferentes parâmetros possíveis da política atual".[141] Por isso é errado, irreparavelmente errado, situá-lo, como também fizeram alguns grandes intérpretes (Lévinas, por exemplo),[142] numa pátria, enraizá-lo na comunidade orgânica da terra e do sangue: porque a condição do pensamento nietzschiano é, de fato, o desenraizamento de toda pátria, o ser sem pátria (o *Kinderland* oposto ao *Vaterland*). E "Nous autres sans-patrie..." se intitula o parágrafo em que, talvez, com mais força está declarada a "superação" nietzschiana do político: "O movimento apaixonado e tumultuoso que forma a vida, que responde ao que ela exige de estranho, de novo, de perdido, surge, por vezes, levado pela ação política: mas não se trata senão de uma ilusão breve. O movimento da vida não se confunde com os movimentos limitados das formações políticas a não ser em dadas condições; em outras condições, ele é levado para muito mais longe, lá onde precisamente se perdia o olhar de Nietzsche".[143]

---

em nossas reuniões de Nietzsche, como o usamos nos textos que circulam entre nós hoje, quando penso nisso, me dá náuseas. Também ali situávamos nossa tarefa antes mesmo de conhecer sua natureza, sob o signo do Sr. Frederic Nietzsche, assim como a tínhamos simbolizado arbitrariamente por outro lado. Foi um erro grave. Talvez tenha sido o maior erro, porque, sem ser capaz de expressar claramente meus pensamentos, não me assustaria que Nietzsche tenha sido precisamente o mais *estrangeiro* que pode existir em tal tarefa, o que também pode lhe ser fatal se o erro for prolongado, e ele se prolongou grosseiramente, a tal ponto que eu não juraria que se dissipou de alguma forma em X, por exemplo. E em você? Que Nietzsche tenha sido terrivelmente subestimado por nós, parece-me inegável, mas estou disposto a ir ainda mais longe e dizer que, muitas vezes, Nietzsche está sobrevalorizado, o que é um *valor falso*". Julgamentos do mesmo tom também na carta de G. Duthuit para A. Breton, de 18 de novembro de 1943, p. 45-49, na mesma obra.

[139] *Les Cahiers de "Contre-Attaque"* (1935), incluído em: BATAILLE, *Œuvres Complètes*, v. I, p. 391.

[140] BATAILLE, Georges. Nietzsche et les fascistes, p. 7.

[141] BATAILLE, Nietzsche et les fascistes, p. 5.

[142] O artigo de Lévinas a que se refere Bataille, sempre em: Nietzsche et les fascistes, p. 10-11, é: Quelques réflexions sur la philosophie de l'hitlérisme, *Esprit*, p. 199-208, nov. 1934.

[143] BATAILLE, Nietzsche et les fascistes, p. 11.

O único intérprete – a que Bataille se refere numa longa citação – que destacou o caráter radicalmente impolítico de Nietzsche foi Karl Jaspers, para o qual Nietzsche se distingue dos outros pensadores políticos pela ausência da definição limitante do político que os representa todos. Que representa, por exemplo, continua Jaspers, a "potência" maquiavélica e a "sistemática" hegeliana. Embora Nietzsche esteja fora tanto de uma quanto da outra, na medida em que se empenha numa perspectiva que abraça a própria condição do homem, mesmo sem usar um critério de onicompreensão:

> Ele entende a origem decisiva do acontecimento político sem mergulhar metodicamente nas realidades concretas particulares do agir político, como se manifesta cotidianamente na luta das potências e dos homens. Ele quer gerar um movimento que revele as causas últimas do ser e que constranja através do próprio pensamento os homens que o escutam e o convocam a entrar nesse movimento, sem que este último esteja já determinado e definido em sentido estatal, populista ou sociológico. O conteúdo que determina todos os julgamentos coincide, antes, nele, com um comportamento que abraça todo o ser; não é, portanto, mais unicamente política, mas filosofia em que o contrário e o contraditório podem ser tentados atingindo a riqueza do possível, sem recorrer ao princípio racional e confiando-se à única ideia guia da salvação e do potenciamento do ser humano.[144]

2. Não é fácil dissolver em poucas palavras o nó feito por Jaspers sobre o pensamento de Nietzsche. O que quero ressaltar, agora, é a relação que liga o início e o fim desse texto: a procura pela "origem decisiva do acontecimento político" e a "tentativa" (a "tentação") do "contrário" e

---

[144] JASPERS, K. *Nietzsche. Einführung in das Verständnis seines Philosophierens.* Berlim, 1950, p. 258. Cito a tradução francesa usada por Bataille (quase certamente de Klossowski): "Ele pensou a origem decisiva do acontecimento político, sem mergulhar metodicamente nas realidades particulares de atividades políticas, como se pode ver na luta dos poderes e os homens todos os dias. Ele quer produzir um movimento que desperte os fundamentos últimos do ser humano, forçando a entrar nesse movimento através de seu pensamento para os homens que o ouvem e compreendem, sem que o conteúdo desse movimento seja já algo determinado, estatal, nacional, sociologicamente limitado. O conteúdo, que determina todos os julgamentos, é nele muito mais ampla postura em relação à totalidade do ser, já não é apenas política, mas filosofia, a partir da qual, no reino do possível, pode ser tentada sem um princípio racional o contraposto e o contraditório, sob a única ideia diretriz da salvação e do aumento do ser do homem".

do "contraditório" determinado, consentido, pela "riqueza do possível" (já aqui exposto na potência do real). É precisamente esse o lugar em que a radicalidade, com a qual é pensada por Nietzsche a diferença impolítica do político, chega (ou se altera, girando ao redor de si mesma) ao ponto de colocar em discussão o *limite* – isto é, de entendê-lo mais como aquilo que *com*partilha: que une dividindo e divide unindo. A circunstância – que só impropriamente pode ser resumida pela fórmula da "politicidade do impolítico nietzschiano"[145]: fórmula que mantém inalterada a divisão – convoca a passagem de *Sur Nietzsche* que, uma vez conhecido o critério impolítico da inação, parece complicar as suas modalidades numa direção mais interna à perspectiva de Jaspers do "homem total":

> Se é verdade que, no sentido em que é geralmente entendido, o homem de ação não pode ser um homem total, o homem total conserva uma possibilidade de agir. Mas em favor de reduzir a ação para fins e princípios que pertencem a ele especialmente (em uma palavra, à razão). O homem total não pode ser transcendido (dominado) pela ação: ele perderia toda a sua totalidade. Pelo contrário, não pode transcender a ação (subordiná-la aos seus fins): assim, seria definido em um motivo, entraria, se anularia, na engrenagem das motivações. É necessário distinguir, por um lado, o mundo dos motivos, onde todas as coisas são sensatas (racionais) e, por outro, o mundo do não senso (livre de todo sentido). Cada um de nós pertence em um aspecto ao primeiro, por um outro, ao segundo. Podemos distinguir clara e conscientemente o que aparece ligado somente na ignorância. Do meu ponto de vista, a razão pode ser limitada apenas por si. Se agimos, erramos para fora dos motivos de equidade e de ordem racional dos atos. Entre os dois campos, existe apenas uma relação admissível: a ação deve ser limitada *racionalmente* por um princípio de liberdade. O resto é silêncio.[146]

A "transgressão" realizada por Nietzsche bataillano – em relação à "clássica" alternativa político/impolítico (da qual, não se perde de vista o paradoxo, Bataille é o mais radical, e *precisamente por isso* infiel intérprete) – é dúplice. Ela diz respeito, em primeiro lugar, à transposição da bipolaridade político/impolítico, em segundo, "mundo dos motivos"/ "mundo do não sentido". E já é um deslocamento relevante, porque o mundo do não

---

[145] Ver: CACCIARI, L'impolitico nietzschiano.

[146] BATAILLE, Georges. *Sur Nietzsche, volonté de chance*. Paris, 1945. (trad. it. Milão, 1970, p. 33-34.)

sentido não pode corresponder àquele do impolítico, a partir do momento que "impolítico" é, de todo modo, uma *determinação* de sentido, mesmo se negativa. Mas o deslocamento torna-se ainda mais nítido pela segunda "transgressão", que se refere à barra delimitadora entre os "dois campos" (admitido que sejam dois, e não um, "limitado" pelo seu "não ser todo": "a razão pode ser limitada apenas por si mesma", "o resto é silêncio"): trata-se do "princípio da liberdade", naturalmente pertencente ao "campo" impolítico do silêncio e aqui, ao contrário, parcialmente transferido para o campo da "razão política". A liberdade *limita* a ação: mas ela a limita com uma instância *racional* que é, em última análise, isto é, em *primeira* instância, na origem, *essencialmente*, política. Nascido do copertencimento originário de filosofia e política, a liberdade é precisamente o vetor de passagem, e por isso também de sobreposição – de "partilha", no sentido já esclarecido – de político e impolítico, como um texto final do ensaio sobre a *Souveraineté* não deixa de indicar: "Nietzsche, ao mesmo tempo, exigia a *liberdade* e tinha consciência da queda que a ela está ligada. A liberdade é, antes de tudo, uma realidade política: nesse caso, ela responde à opressão de uma classe sobre uma outra. (Ela pode, assim, bem ser a ocasião para uma fofoca filosófica, como se a questão metafísica a seu respeito não exigisse imediatamente o silêncio do não saber). Mas para além da política e do plano da ação eficaz, a liberdade significa, no plano dos valores sensíveis, uma atitude soberana (posso agir para ser livre, mas a ação me priva imediatamente da liberdade que tenho para responder à paixão).[147]

O contraste que aqui opõe "ação eficaz" e "atitude soberana" é o mesmo que em numerosos outros textos se opõem soberania e poder. Como é sabido, o que, sobretudo, Bataille atribui aos intérpretes nietzschianos – mas, em certos aspectos, ao próprio Nietzsche – é a confusão entre soberania e potência. A potência é o modo da ação dirigida a um objetivo e, portanto, o contrário de uma soberania tornada tal pela ausência de objetivo. No entanto, também, nesse caso, é necessário estar atento: as coisas não são tão simples como parecem. Vamos voltar ao tardo ensaio sobre a *Soberania*, e precisamente a uma passagem em que Bataille alude ao erro de colocar o acento sobre a potência, ali onde o acento de Nietzsche estava explicitamente colocado sobre a soberania: "Não é a mesma coisa – prossegue Bataille –, a soberania talvez exija da potência, mas a busca pela potência reduz o homem à ação, que é

---

[147] BATAILLE, Georges. La souveraineté. In: *Œuvres Complètes*, p. 437.

um *meio*, isto é, o contrário da soberania".[148] Nesse caso, a oposição soberania-potência está situada em um plano senão simétrico: potência não é soberania; é, aliás, o seu oposto. Isso não exclui que a soberania requeira potência. É uma objetiva complicação do discurso que se refere à questão, já analisada, da decisão. Como esta também "potência" é um termo "político" considerado aceitável por Bataille, e, aliás, necessário para a constituição da soberania, *se* sujeito a uma mudança de registro semântico que a subtrai da órbita niilista.

Já estamos sobre um terreno não só movido, mas totalmente alterado em relação às partições e às justaposições habituais para os próprios autores do impolítico. O deles era, de algum modo, um saber: enquanto agora é precisamente o saber como tal que está colocado em discussão. Também, e sobretudo, na dimensão da potência. E, de fato, contra a potência como vontade de saber, de previsão, de cálculo, o poder soberano é essencialmente vontade de *chance*. Potência *do* acaso: "Nietzsche expressa, através da ideia de criança, o princípio do jogo aberto, em que *o evento supera o dado*. 'Por que, dizia Zaratustra, é necessário que o leão se torne uma criança?'. A criança é inocência e esquecimento, um novo início e um jogo, uma roda que gira em si, um primeiro movimento, um 'Sim' sagrado. A *vontade de poder* é o leão, mas a criança não é, talvez, a *vontade de chance?*".[149] Os contrastes – não as oposições, mas a sua explosão – colocados em ação, sobre Nietzsche, pelo texto de Bataille agora estão tão entrelaçados que dispensam qualquer referência a uma lógica simplesmente binária. A criança simboliza o Sim, a afirmação absoluta no jogo do acaso. Mas esse Sim é, sobretudo, "sagrado". É uma primeira advertência, lançada por Bataille, para não cair em uma leitura ingenuamente antimetafísica do pensamento de Nietzsche. A crítica do fundamento metafísico implícito em toda a perspectiva nietzschiana – e, sobretudo, na fórmula bem conhecida da morte de Deus – não abre de forma alguma a uma dissolução "iluminista" do sagrado. Também porque essa dissolução não faria senão repetir o niilismo – e potencializar, exatamente no sentido expansivo da vontade de poder: querer ser tudo –, o niilismo já operante, por outro lado, no fundamento metafísico. Por isso, adverte Bataille, "Nietzsche é o ateu que se preocupa com Deus, porque uma vez reconheceu que, por não existir, o espaço que ele deixava

---

[148] BATAILLE, La souveraineté, p. 416.

[149] BATAILLE, *Sur Nietzsche*, p. 161.

vazio abria toda *coisa* à aniquilação".[150]Nada mais pretendia Jean Wahl, a propósito do *Nietzsche* de Jaspers, quando afirma que Nietzsche filosofou "na presença da ausência da divindade" e que "o pensamento de ausência de Deus não suprime nele o instinto criador de Deus".[151] Em Nietzsche, a crítica do divino não coincide com a rendição à laicização: "Jamais ele cessa de medir o imenso esforço – que Sócrates e a moral, o cristianismo e Deus representam – que tenta ordenar, num só golpe, todas as possibilidades discordantes do ser humano".

3. É o mesmo esforço de Bataille. Ter em numa única "mão" "todas as possibilidades discordantes do ser humano"[152] significa, para ele, como já fez Nietzsche, perceber a "impossibilidade paradoxal de ceder a um ou a outro sentido".[153] Qualquer que seja esse duplo risco[154] que é necessário evitar, podemos reconstrui-lo com os mesmos autores por último atravessados. O primeiro é o do Pressuposto de Simone Weil. Nele, o outro, o diferente é salvo na forma do silêncio. A ele pertence a própria essência do impolítico, a sua irredutibilidade ao existente. O segundo é o da Realização kojèviana-hegeliana. O que se realiza, na dialética servo-patrão, é, em vez disso, o princípio do político. Princípio como fim, de acordo com uma circularidade metafísica autofunda, de fato, na eliminação de qualquer alteridade pressuposta. Hegel confundiu "a existência e o trabalho (o pensamento discursivo, o projeto); ele reduz o mundo ao mundo profano: nega o mundo sagrado".[155] Toda a sua filosofia é conceitualização do divino, sua formalização em Teo-logia. O final da história assinala a última, definitiva, estação dessa viagem circular: saber absoluto como o que exclui do âmbito das possibilidades, torna impossível qualquer elemento fora dele; e por isso mesmo, máxima vontade de poder.

É precisamente sobre esse "impossível-impensável" que cava a "toupeira" bataillana. A sua – como mais que qualquer outra, Derrida destacou –

---

[150] BATAILLE, La souveraineté, p. 437.

[151] WAHL, J. Nietzsche et la mort de Dieu. Note à propos du "Nietzsche" de Jaspers. *Acéphale*, n. 2, p. 22-23, 1937.

[152] BATAILLE, La souveraineté, p. 437.

[153] p. 437.

[154] Ver para essa leitura de Nietzsche: CACCIARI, M., Concetto e simboli dell'eterno ritorno, in: AA. VV., *Crucialità del tempo*, organizado pelo próprio Cacciari, p. 55-91.

[155] BATAILLE, *L'expérience intérieure*, p. 136.

não é uma crítica frontal, mas uma desestruturação limiar que usa contra Hegel as suas mesmas "astúcias", as suas mesmas "cartas". Bataille percebe perfeitamente a irrefutabilidade lógica do pensamento hegeliano. Por isso, ao invés de atacá-lo, aguarda-o à procura do momento em que a exaustão do discurso coloca numa situação excluída do domínio da lógica.[156] Esse momento é, de fato, o do *finis historiae*: aceito por Bataille em sua fenomenologia, mas invertido nos seus êxitos: "Eu admito – na carta de resposta a Kojève (que o havia acusado de acabar acreditando, como um verdadeiro aprendiz de feiticeiro, em seus truques) – [como uma suposição verossímel] que a partir de agora a história será cumprida [...]".[157] Mas é justamente essa admissão a chave para produzir, para lançar para frente, para reabrir ao futuro (ou melhor, à própria transcendência) o discurso da realização. "No entanto, eu me represento diferentemente as coisas – prossegue – [...] por outro lado, não me parece nada impossível que, em um tempo muito distante, tudo recomece".[158] Que isso possa acontecer, que a realização possa anunciar um novo começo é motivado por Bataille com uma referência – à sua própria vida – que excede, de uma só vez, a dialética hegeliana: "Imagino que a minha vida – ou o seu aborto, melhor ainda, a ferida aberta que é a minha vida – por si só constitua a refutação do sistema fechado de Hegel".[159] Essa vida é interpretada nos termos de uma negatividade sem emprego (*sans emploi*), isto é, de uma negatividade pura, que não pode ser jogada em função de um novo positivo. É a partir dela que o fim pode gerar – ainda mais: ser ela própria – um novo começo: E ainda: o salto é a vida, o acerto de contas é a morte. E se a história se detém, eu morro. Ou: além de todo acerto de contas, um novo tipo de salto? Se a história acabou, um salto fora do tempo? Exclamando para sempre: *Time out of joint*.[160] É o momento – cito, agora, do parágrafo intitulado *La pensée de Nietzsche, celle de Hegel et la mienne* – no qual "o pensamento levado ao limite do pensamento exige o sacrifício, ou a morte, do pensamento. É na minha opinião o sentido da obra e da vida de Nietzsche".[161] "Nietzsche

---

[156] BESNIER, J.-M. Bataille: le système (de 1') impossible. *Esprit*, n. 38, p. 148-164, 1980.

[157] A carta de Bataille, de 6 de outubro de 1937, está publicada em: *Le Collège de Sociologie* (1937-1939), organizado por D. Hollier, Paris, 1979, p. 171.

[158] p. 171.

[159] p. 171.

[160] BATAILLE, *Sur Nietzsche*, p. 96.

[161] BATAILLE, La souveraineté, p. 404.

está para Hegel como o pássaro que quebra sua casca está para aquele que absorvia felizmente a sua substância interior"; "é a barra que o separa de si mesmo, a barra-entre-si: Nietzsche = Hegel / Hegel".[162] Aquela que da realização extrai a possibilidade vital do começo.

É esse começo o "dom" de Nietzsche: "o começo da vida no instante".[163] O instante é o tempo restante do fim do tempo; o único tempo soberano, subtraído da economia restrita de duração (que não seja a duração da perda), o tempo-*chance*: "A união entre um amor excedente e um desejo de perder – de fato, *a duração da perda*, isto é, o tempo, isto é, a chance – representa evidentemente a possibilidade mais rara".[164] Mas atenção: a inversão de tempo (do seu fim) no instante não deve deixar de pensar em uma espécie de abandono à insignificância, à fugacidade do instante. O instante, assim, vale enquanto é *sagrado*. Por isso, ele é resistência, não cedimento, ao devir. Aceitação do tempo, mas também sua redenção. É por isso que no Nietzsche de Bataille a crítica do pressuposto não se descarrega em um elogio do *saeculum*. Por certo, real é o aparente, o contingente, o evento – contra toda a fé no Deus transcendente. Mas aparente, contingente, evento são reais enquanto são, eles próprios, divinos. Imersos no tempo, mas transcendentes a partir dele.

Dessa ambivalência – típica, como vimos, de todos os conceitos de Bataille – está carregada a noção de "eterno retorno": essa também arrancada de seu léxico usual e levada à semântica o instante[165]:

> Nesse sentido, imagino que seja necessário inverter a ideia de eterno retorno. Não é a promessa de repetições infinitas a que dilacera, mas isto: os instantes aprisionados na imanência do retorno aparecem, de repente, como objetivos. Não se deve esquecer que os instantes, entre todos os sistemas, são considerados e designados como meios; toda moral diz: "cada instante de suas vidas seja *motivado*". O retorno *exclui o motivo* no instante, liberta a vida dos fins e com ele, em primeiro lugar, a ruína. O retorno é o modo dramático e a máscara

---

[162] Cito de: HOLLIER, D., De l'au-delà de Hegel à l'absence de Nietzsche, *Bataille à Cerisy*, Paris, 1973. (trad. it. Bari, 1974, p. 83.)

[163] BATAILLE, La souveraineté, p. 404.

[164] BATAILLE, *Sur Nietzsche*, p. 142.

[165] Ver: PEMIOLA, Mario, *L'instant éternel: Bataille et la pensée de la marginalité*, Paris, 1982, depois, também, em: ROVATTI, P. A., *Il declino della luce*, Gênova, 1988, p. 53-61.

do homem, total: é o deserto do homem para o qual cada instante se encontra, agora, imotivado.[166]

A imotivação do instante está, aqui, estritamente ligada à "imanência" do retorno. O retorno é, por sua vez, imanente porque quebra a linearidade do tempo cristão e a unicidade dos acontecimentos a ele conaturais. A unicidade se resolve em repetições infinitas. Mas, logo adverte Bataille, que a repetição não expressa o verdadeiro sentido do eterno retorno. Ele dá conta do "retorno", mas não do "eterno". E Eterno é, sobretudo, o retorno,[167] como já esclarecido por Chestov,[168] que filtra toda a leitura bataillana de Nietzsche. Eterno é o instante que ele detém. Eternidade é o que captura o instante do mundo dos meios. Que o redime do fluxo do devir, embora sem "abstraí-lo" dele. Que quebra as espirais da serpente em uma decisão não emergida da vontade de poder, mas precisamente da abertura à eternidade do instante. Por isso essa decisão pode conviver com a necessidade; assim como a *chance* não é senão o rosto solar do *Amor fati*. Amor do que é como afirmação da sua possibilidade imutável. *Amor fati* e *chance*, necessidade e decisão. Vontade do que já foi como do que voltará no futuro porque suspenso na eternidade do instante. No seu estar *no* devir *além* dele. À sua *transcendência imanente*. "A filosofia de Nietzsche – escreve Jean Wahl – é

---

[166] BATAILLE, *Sur Nietzsche*, p. 33.

[167] Ver a esse propósito o que escreveu Klossowski como comentário de *Nietzsche* de: LÖWITH, K., Nietzsches Philosophie der ewigen Wiederkunft des Gleichen (Berlim, 1935), *Acéphale*, n. 2, p. 30, 1937: "Querer viver cada momento de tal maneira que seja possível, querer reviver ao infinito, este imperativo do eterno retorno, o único autêntico da vontade de poder tão falsamente interpretada até hoje, constitui, de fato, a nova responsabilidade que o homem deve assumir pelo fato da morte de Deus, e confere um novo peso à experiência humana. O tempo do eterno retorno, observa Löwith, não é então o da 'eterna presença' do círculo vicioso, mas o tempo futuro de um objetivo que libera o peso do passado pela vontade do futuro. É claro que a eternidade é a meta desejada de uma vontade sempre renovada de eternização de si mesma como dos fatos e das coisas da existência". Sobre o tema, ver também de Klossowski, L'expérience de la mort de Dieu chez Nietzsche, et la nostalgie d'une expérience authentique chez Georges Bataille, in: *Sade mon prochain*, Paris, 1947, especialmente p. 174 em diante.

[168] Ver: CHESTOV, L., *La philosophie de la tragédie: Nietzsche et Dostoievski*, Paris, 1926. Sobre a influência de Chestov em Bataille, ver também: SURYA, p. 67-74. Um importante (e singular) testemunho de Bataille se encontra em: *Œuvres Complètes*, v. VIII, p. 563.

essencialmente a afirmação do mundo, pura imanência". Mas "Nietzsche é movido, dilacerado pela ideia dessa transcendência que ele nega [...]. O *não*, quando é radical, pode, por sua própria força, transformar-se em *sim*, e o niilismo, niilismo dos fortes e não mais niilismo dos fracos, em filosofia positiva".[169]

Mais uma vez, com a relação entre imanência e transcendência, nós nos encontramos diante de uma relação não reconstruível nos termos de uma oposição bipolar. Bataille não contrapõe simplesmente a imanência à transcendência, não anula de maneira niilista o ato de transcender. Antes de tudo, porque a transcendência é a luz vazia na qual é cortada a plenitude da imanência: "Ó, ápice do cômico!... Devemos fugir do vazio (o insignificante) de uma infinita imanência, atribuindo-nos como loucos à falsidade da transcendência! Mas essa falsidade ilumina com a sua loucura a imensidão imanente: esta não é mais o puro não sentido, o puro vazio, *mas é esse fundo do ser completo, esse fundo verdadeiro, diante do qual se dissipa a vaidade da transcendência*. Jamais a teríamos conhecido – *para nós*, nunca teria existido (e talvez, para fazê-la existir *por si mesma*, esse era o único meio) se antes não tivéssemos condenado à morte, e depois negado, demolido a transcendência. (Será possível me seguir tão longe?)".[170] É a sentença de morte da transcendência que ilumina a imanência. Não só: mas a ilumina na necessidade de sua contínua transcendência interior. A imanência é ela mesma constituída – não apenas circundada – pelo corte que a separou do que ela *não* é, da *própria* diferença em si mesma. Fora dessa transcendência – que não mais alude à superessencialidade de uma entidade substancial, mas precisamente à sua morte –, a imanência permaneceria absoluta: restaurando, assim, a identidade metafísica que todo o movimento do pensamento de Bataille está empenhado em contestar.

Êxtase em Numância

1. Que, por outro lado, não seja em chave de imanência absoluta que é interpretado todo o percurso de Bataille está comprovado pela crítica da secularização à qual, através do filtro de Nietzsche, chega a

---

[169] WAHL, Nietzsche et la mort de Dieu, p. 22-23.
[170] BATAILLE, *Sur Nietzsche*, p. 172.

sua leitura do moderno. Para enquadrá-la, deve ser reconstruída em seus termos peculiares a dialética do "sagrado" que representa o nó teórico mais denso em torno do qual se encontram, e se chocam, nos rastros da grande antroposociologia de Mauss,[171] Otto,[172] Durkheim[173] (mas também de K. T. Preuss,[174] para não mencionar a analítica freudiana), os três diretores do *Collège de Sociologie*, Bataille, Leiris e Caillois. Comum a todos eles – veremos depois o que os afasta também radicalmente – é a dupla partição entre "sagrado" e "profano" (reconduzível, numa certa medida, àquela entre "heterogêneo" e "homogêneo"[175]), por um lado,

---

[171] A referência predominante é naturalmente ao trabalho de: MAUSS, M., Essai sur le don: Forme et raisons de l'échange dans les sociétés archaïques, *Année sociologique*, v. I, 1923-1924, trad. it. in: *Teoria generale della magia e altri saggi*, Turim, 1965, p. 155 em diante, por sua vez baseado no ensaio de: MALINOWSKI, B., *Argonauts of the Western Pacific; an account of native enterprise and adventure in the archipelagoes of Melanesian New-Guinea*, Londres, 1922. Sobre o tema em geral, ver: *Écrits d'ailleurs: Georges Bataille et les ethnologues*, organizado por D. Lecoq e J.-L. Lory, Paris, 1987.

[172] Recorde-se que Das Heilige foi traduzido na França em 1929 por A. Jundt, com o título de *Le Sacré* (Paris, Payot).

[173] De E. Durkheim, ver especialmente *Formes élémentaires de la vie religieuse*, Paris, 1925.

[174] Do ensaio de K. T. Preuss, Der Ursprung der Religion und Kunst, publicado in: *Globus*, v. LXXXVI, 1904, e v. LXXXVII, 1905, o elemento que retorna com mais intensidade e frequência em Bataille (como também em Leiris e Caillois) é a relação entre o sagrado e as funções excretórias.

[175] A relação entre "sagrado" e "heterogêneo" deriva de Durkheim: ver *Formes élémentaires de la vie religieuse*, p. 92: "A divisão do mundo em duas áreas que incluem um todo que é sagrado, tudo que é profano, é a característica distintiva do pensamento religioso. Mas, se uma distinção puramente hierárquica é um critério que é, ao mesmo tempo, muito geral e demasiado impreciso, o sagrado só pode ser definido por sua heterogeneidade". No entanto, Bataille irá contestar o caráter puramente negativo da identificação de Durkheim entre "sagrado" e "heterogêneo" desde o famoso ensaio: La structure psychologique du fascisme, *La Critique Sociale*, v. II, n. 10, p. 159-165, 1933, e v. III, n. 11, p. 205-211, 1934. A referência a Durkheim está na p. 161. Em nota, acrescenta Bataille: "Durkheim chega a identificar, após sua análise, *o sagrado com o social*, mas essa identificação exige a introdução de uma hipótese, e, qualquer que seja seu alcance, não tem o valor de uma definição imediatamente significativa (além disso, representa a tendência da ciência que postula uma representação homogênea para escapar da presença sensível de elementos completamente heterogêneos". Fora do contexto, mas não fora do tema, observações importantes sobre a temática do sagrado, por um lado em relação ao político, por outro, em relação ao mito, estão contidas em: FORMENTI, Carlo, *Prometeo ed Hermes*, Nápoles, 1987.

e entre sagrado "puro" (*droit*) e sagrado "impuro" (*gauche*), por outro.[176] Mas o que mais conta – como está explicado no ensaio sobre *L'homme et le sacré*, de Caillois, que representa a mais confiável "sintaxe"[177] das formas do sagrado – desses opostos bipolares é o seu caráter de complementariedade, além de objetiva plurivocidade semântica. Então, como a antítese sagrado/profano é submetida a um regime de troca contínua que faz de um, o rosto invertido do outro – sagrado e profano são declarados ambos necessários ao desenvolvimento da vida: "aquele como o ambiente em que esta se desenvolve, o outro como a fonte inesgotável que a cria, mantém, renova-a"[178] – da mesma forma também a oposição entre o sagrado puro e o sagrado impuro constitui uma espécie de pêndulo perpétuo que transforma o primeiro termo no segundo e vice-versa.

Que, de resto, aqueles que ao observador externo aparecem como dois polos separados e opostos – um que atrai, fascina, enfeitiça, o outro que rejeita, desgosta, aterroriza – são as duas caras de uma mesma moeda, como está provado pela ambivalência etimológica do termo grego ἅγος e do termo romano *sacer* (mas constitutivamente ambíguo são também os polinésios *tapu*, o malês *pamali*, o dakota *wakan* e o japonês *kami*), ambos expressivos de *souillure* e *sainteté*, de *fascinans* e de *tremendum*.[179] Essa lógica é particularmente relevante porque serve para Bataille definir a lei do desenvolvimento histórico-social que é justamente constituída pela transformação da heterogeneidade, parte de um núcleo sagrado original, do heterogêneo baixo (impuro) em heterogêneo alto (puro). Não por acaso, para Bataille, o mais poderoso dispositivo de sacralização, isto é, de coesão social, é o crime, a sentença de morte do rei; e, sobretudo,

---

[176] Ver de Bataille, sobretudo, as duas conferências (feitas no sábado, 22 de janeiro, e em 5 de fevereiro de 1938, publicadas em *Le Collège de Sociologie*, p. 189-231), sobre *Attraction et répulsion*. A distinção entre polo direito e polo esquerdo é derivada de: HERTZ, R. *Prééminence de la main droite* (1907), depois em: *Mélanges de sociologie religieuse et de folklore*, Paris, 1928. Mas por tudo isso, ver: MÉTRAUX, A., Rencontre avec les ethnologues, *Critique*, n. 195-196, p. 677-694, 1963. Útil, finalmente, também a referência a *La poésie moderne et le sacré*, Paris, 1946, de J. Monnerot.

[177] CAILLOIS, R. *L'homme et le sacré*. Paris, 1939, p. 11. O interesse absorvente pelo tema do sagrado está declarado pelo autor também em sua recente autobiografia intelectual: *Le fleuve Alphée*, Paris, 1978. (trad. it. Palermo, 1980, p. 29.)

[178] CAILLOIS, *L'homme et le sacré*, p. 20.

[179] p. 39-41.

o arquétipo do crime que domina o imaginário ocidental constituído pela Crucificação. É o crime que gera as coisas sagradas *gauches et intouchables*; é o mesmo crime que as transforma numa força igualmente sagrada mas *droite et glorieuse*, ela mesma sujeita à ameaça de um novo e subsequente crime.[180]

No entanto, esse mecanismo de recarga sóciossacral não é eterno. Há um momento, que coincide aproximadamente com a Modernidade, no qual tropeça e ameaça bloquear-se. É um êxito moderno, como dissemos, mas cuja raiz afunda, para Bataille, muito mais atrás, no tempo da experiência cristã. É, aliás, justamente a Crucificação, que também é o arquétipo do crime real, que inicia a deriva de laicização que levou à moderna dessacralização, a qual – mais do que fim do sagrado, seria necessário falar do fim do trágio – é produzida, em primeira instância, pela propensão cristã à identificação não mais com o criminoso, mas com a vítima do crime: e já é um primeiro colapso do originário "espírito da tragédia". No entanto, mais profundamente é o resultado da expansão dessa força, diretamente alternativa à tragédia, que é o poder; o qual, também gerado por um núcleo sagrado, acaba paralisando a dialética social, chegando, no final, à total abolição do crime (substituindo-o pela ameaça): isto é, chegando a um resultado de progressiva neutralização do conflito. O individualismo moderno, com a perda de coesão que comporta, mas também com sua tendência contraditória à homogeneização de massa, constitui o resultado dessa dessacralização. A esta estão voltadas, em termos reativos, todas as tentativas de recuperar o mínimo de coesão necessária à reprodução social: do técnico-administrativo que dobra o político às dinâmicas intrinsecamente despolitizadoras (porque aconflituais) das democracias representativas àquele burocrático-militar que reage contra a perda de relação social com uma integração forçada.

Com o aparecimento da "solução" fascista, a dialética do sagrado se apresenta, finalmente, em toda a sua fenomenologia, que conhece substancialmente três variantes. Para o homem da tragédia, que se encarrega da existência nos seus aspectos mais irredutivelmente conflitantes, contrapõe-se, por um lado, "o homem da lei e do discurso":

---

[180] Ver a conferência sobre *Le pouvoir*, pronunciada por Bataille no *Collège*, no sábado, em 19 de fevereiro, no lugar de Caillois (doente), em: *Le Collège de Sociologie*, especialmente p. 250-254.

isto é, o homem secularizado que elimina o conflito, e, por outro, o homem militar que o exterioriza, expulsando-o, para fora de si mesmo, sobre o inimigo.[181] À análise do fascismo, Bataille havia dedicado um ensaio importante e inovador, publicado (não sem alguma hesitação da direção de Souvarine) na *Critique Sociale*, na qual já estão antecipadas as teses depois desenvolvidas nos artigos da revista *Acéphale*. O fascismo se situa a igual distância entre o *theatrum* comunitário da tragédia e aquele representativo da democracia. Enquanto esta produz uma decomposição individualista do social, o fascismo repropõe uma nova forma de coesão forçada, sobre cujas características – fascismo também significa, etimologicamente, *união, concentração* – se exercita de modo particularmente penetrante a análise de Bataille. Em poucas palavras: contra a coesão revolucionária realizada pela decapitação do soberano, a coesão fascista é do tipo teológico-político. O fascismo é, aliás, a mais alta forma de teologia política.

Mas em que sentido? No sentido do cruzamento entre homogêneo e heterogêneo e da sua elevação a *valor* de Estado. Atenção: a forma imperativa monárquica já "coloca em existências *heterogêneas* o *dever ser* da existência *homogênea*".[182] Mas o fascismo dá um salto de qualidade nessa direção, levando a unificação do poder militar e do poder religioso, na qual se apoia a instância imperativa clássica, até a sua realização extrema: "Ele se apresenta, assim, desde a base como uma concentração acabada",[183] no sentido que nele se fundem "qualidades dependentes da *homogeneidade* introjetada, como dever, disciplina e ordem cumprida, e qualidades dependentes da *heterogeneidade* essencial, violência imperativa e condição da pessoa do chefe como objeto transcendente da afetividade coletiva".[184] Isso não exclui, no entanto, que essa fusão tenha uma dominante e que tal dominante seja religiosa, isto é, não político-teológica, mas propriamente teológico-política: "O comandante, como tal, não é realmente senão a emanação de um princípio que não é outra coisa que

---

[181] Ver a conferência, sempre no *Collège*, e sempre "no lugar" de Caillois, pronunciada por Bataille no sábado, 19 de março de 1938, com o título de "Confréries, ordres, sociétés secrètes, églises", publicada em *Collège de Sociologie*, p. 269-276.

[182] BATAILLE, La structure psychologique du fascisme. Do ensaio de Bataille, há uma tradução italiana (Bréscia, [s.d.]), da qual cito a p. 36.

[183] BATAILLE, La structure psychologique du fascisme, p. 52.

[184] p. 52

a existência gloriosa de uma pátria levada ao valor de uma força divina [...]. Incarnada na pessoa do chefe (na Alemanha foi, certa vez, usado o termo propriamente religioso de profeta), a pátria desenvolve, portanto, o mesmo papel que, para o Islã, Allah incarnou na pessoa de Maomé ou do Califa".[185] Como o Islã, o fascismo é, então, a máxima força de concentração; mas, diferentemente dele, não concentração absoluta de qualquer fundamento, mas sim produzida por e, por sua vez, produtora de Estado, do *próprio* Estado. Por isso ele é teologia política levada ao Estado. Teologia *de* Estado: "O fato de Mussolini não ter diferenciado formalmente a instância *heterogênea* de que ele fez penetrar profundamente a ação no interior do Estado pode ser interpretada igualmente tanto no sentido de uma violação absoluta do Estado como no sentido recíproco de uma adaptação estendida pela instância soberana à necessidade de um regime de produção *homogêneo*".[186]

2. É a partir dessa perspectiva (antiteológico-política) que Bataille pode jogar Nietzsche – a proliferação e a expropriação que a sua experiência representa – contra a "monocefalia" fascista:

> A democracia repousa sobre uma neutralização de antagonismos relativamente fracos e livres; exclui toda a condensação explosiva. A sociedade monocéfala resulta do livre jogo das leis naturais do homem, mas todas as vezes que é formação secundária, ela representa uma atrofia e uma esterilidade de existência esmagadora. A única sociedade cheia de vida e força, a única sociedade livre é a sociedade *bi* ou *policéfala*, que confere aos antagonismos fundamentais da vida um êxito explosivo constante, mas limitado às formas mais ricas. A dualidade ou a multiplicidade de cabeças tende a realizar no mesmo movimento o caráter *acéfalo* da existência, porque o próprio princípio da cabeça é a redução à unidade, *redução* do mundo a Deus.[187]

A citação é de particular importância, pois fixa uma dos mais significativos pontos de "passagem" da dimensão política[188] (Bataille havia

---

[185] p. 53.

[186] p. 57.

[187] BATAILLE, Georges. Propositions sur le fascisme. *Acéphale*, n. 2, p. 18, 1937.

[188] Sobre o Bataille político, além do já citado *Georges Bataille: il politico e il sacro*, ver: MARMANDE, F., *Georges Bataille politique*, Lyon, 1985, e também o menos recente de HOLLIER, D., *La prise de la Concorde*, Paris, 1974.

acabado de deixar a experiência junto ao "Contre-Attaque"[189] àquela impolítica. O alvo comum polêmico é a *reductio ad unum* da teologia política fascista. Mas ao "monocéfalo" Bataille parece responder com uma estrutura, por um lado, bi ou policéfala, e por outro, acéfala, nascida pela eliminação da própria cabeça. Agora, a coisa mais singular é que essa dupla possibilidade – política (poli-cépala) ou impolítica (a-céfala) – seja, de fato, apresentada como uma copresença: no sentido de que a dissolução subjetiva, a acefalidade, é entendida como a alternativa, mas, ao mesmo tempo, como a consequência extrema, do político. O político é declarado não apenas insuficiente, mas também contraditório em relação ao próprio objetivo, como demonstrado pelo fracasso de todas as revoluções "regularmente seguidas pela reconstituição da estrutura social e da sua cabeça".[190] É por isso que seria absolutamente reducionista interpretar as páginas da *Acéphale* em sentido puramente anarcolibertário. A cabeça que deve cair não é apenas a cabeça do rei-pai, de acordo com o apólogo freudiano de *Totem e tabu* (certamente presente no imaginário bataillano),[191] mas também, e acima de tudo, a própria cabeça. Por isso, impolítica é a única saída do monoteísmo político, como já vimos em Broch, Canetti e Weil. O que separa, no entanto, Bataille desses autores é uma elisão (um ocultamento?) da fronteira entre político e impolítico, que pode ser definida desse modo: levado aos limites extremos – o corte de sua própria cabeça, a acefalia) –, o impolítico reencontra uma *configuração* política; reconhece (imagina) um ponto originalmente precedente à "ruptura" com o político. Esse ponto permanece rigorosamente irrepresentável. Mas essa irrepresentabilidade pode ser, ela mesma, representada na sua radical ausência das modalidades da presença: e, no entanto, representada.

Essa representação da irrepresentabilidade é o que Bataille chama de "comunidade". E que não por acaso ela aparece na obra de bataillana (ou assume maior peso nela) justamente quando sua dimensão propriamente política está esgotada e produz uma abertura ao aprofundamento

---

[189] Ver: DUBIEF, H., Témoignage sur Contre-Attaque, *Textures*, n. 6, p. 52-60, 1970, além de: KIOSSOWSKI, P., De "Contre-Attaque" à "Acéphale", *Change*, n. 7, p. 103-107, 1970.

[190] BATAILLE, Propositions sur le fascisme, p. 18.

[191] Uma leitura psicanalítica da obra de Bataille nos é oferecida agora pelo livro de: PASI, C., *La favola dell'occhio*, Nápoles, 1987.

vertiginoso do impolítico implícito na reflexão sobre Nietzsche. Nietzsche-Dioniso – arrancado da dimensão urânica, celeste, icariana, dos pais e restituído àquela ctônia, noturna, baixa da Mãe Terra – não apenas se refere, mas é, a comunidade: "Minha vida com Nietzsche é uma comunidade, meu livro é essa comunidade".[192] Para penetrar, nela é necessário dirigir um último olhar para a ruptura dramática que se dá entre Bataille e os outros dois diretores do *Collège* menos de dois anos depois da sua fundação (novembro de 1937, junho de 1939).[193] O confronto com Leiris não é tanto sobre a natureza – também por este entendida em termos de *déviation*, *décalage*,[194] como resulta do grande "espelho" da *Tauromaquia*, mas, ao mesmo tempo, pela experiência etnográfica da *Afrique fantôme*[195] e pelo prefácio ao *Age d'homme*[196] – quanto sobre o "uso" do sagrado: para Leiris oscilante entre um registro subjetivo, autobiográfico-narrativo, e um taxonômico, puramente descritivo de eventos classificados de acordo com critérios elaborados em campo metodológico. Em relação a essa posição – que dá conta das acusações de heterodoxia de Leiris a Bataille[197] – Bataille, já nos anos do *Collège*, move-se em uma direção sempre menos acordada com a noção sociológica de "sagrado" e sempre mais propenso a uma caracterização existencial (no sentido literal) do termo: sagrado é o

---

[192] BATAILLE, *Sur Nietzsche*, p. 42.

[193] A esse propósito, além das numerosas, utilíssimas, indicações presentes na citada antologia do *Collège*, organizada por Hollier, ver: CALZOLARI, A., La scienza dell'apocalisse, margine al *Collège de Sociologie* (1937-1939), *Metaphorein*, v. III, n. 9, p. 157-182, 1980, e: HEIMONET, J.-M., *Le Collège de Sociologie*, un gigantesque malentendu, *Esprit*, n. 89, p. 40-56, 1984.

[194] Ou também como "tangência", ver especialmente: LEIRIS, M., *Miroir de la tauromachie*, Paris, 1938 (trad. it. Reggio Emilia, 1983, p. 21-23), além, obviamente, do texto introdutório (junto aos de Bataille e de Caillois) à atividade do *Collège*: Le sacré dans la vie quotidienne, *Le Collège de Sociologie*, p. 60-74.

[195] Ver: LEIRIS, M., *L'Afrique fantôme*, Paris, 1934, sobre o qual ver também em relação aos problemas aqui colocados: PERRERI, S., L'Afrique fantôme, quête de l'autre, quête de soi, *Écrits d'ailleurs: Georges Bataille et les ethnologues*, p. 177-187.

[196] LEIRIS, M. *L'âge d'homme*. Paris, 1939.

[197] A outra contestação movida a Bataille por Leiris é aquela que quer criar uma "ordem" antes de definir sua doutrina. Ver a carta a Bataille, de 3 de julho de 1939 (publicada in *Le Collège de Sociologie*, p. 549): "No que diz respeito à fundação de uma ordem, de todo modo parece prematuro para mim, embora não tenhamos sido capazes de definir uma doutrina. Não se funda uma ordem para que brote dela uma religião; pelo contrário, é no seio das religiões que se fundam as ordens".

que coloca a existência em jogo, inscrevendo-a dentro da necessidade de uma morte em comum.[198] Desse ponto de vista, a concepção do sagrado[199] que está mais próxima da experiência de Bataille é a de Colette Peignot (Laure), justamente ancorada na dupla referência cruzada da "noção de morte" e da "partição" "com os outros": cruzada no sentido de que é apenas a morte que "partilha com os outros",[200] o que cria comunidade é realmente a morte.

É precisamente a comunidade o objeto predominante da atividade do *Collège*: e, aliás, o próprio *Collège* é a comunidade impossível, destinada ao fracasso, que seus membros procuram pensar.[201] Mas, também aqui, em direções cada vez mais divergentes. Se a noção de sagrado é a que afasta Bataille de Leiris, a de comunidade separa-o radicalmente de Caillois.[202] Também entre estes não faltam as afinidades – como, de resto, ambos reconheceram publicamente[203] –, sobretudo em relação à avaliação dos fatores instintivos, emocionais, irracionais no comportamento sociopolítico que coloca ambos numa posição excêntrica referente às tradicionais bipartições direita/esquerda. Não só: mas que os leva a se encontrarem sobre o tema da comunidade como a única forma possível de reativação do sagrado na época da sua tendência a desaparecer. Isso não exclui, no entanto, que é precisamente essa questão que se contrapõe aos seus itinerários mais do que eles mesmos, talvez, tenham percebido.[204] É verdade que Caillois também entendeu desde

---

[198] Ver, sobretudo: BATAILLE, Georges, *Le sacré*, [originariamente em] *Cahiers d'Art*, n. 1-4, p. 47-50, 1939.

[199] Sobre toda a questão, ver: MAUBON, C., L'instant sacré: Colette Peignot, Leiris et Bataille, *Cahiers Bataille*, n. 2, p. 36-58, 1983.

[200] PEIGNOT, C. Sacré. In: *Écrits, fragments, lettres*. Paris, 1977. (trad. it. Milão, 1981, p. 55.) Para as concordâncias com Bataille, importantes cotejos, seja na nota introdutória deste último ao texto citado (Écrits, p. 259-260), como nas diversas referências autobiográficas ver *Le coupable* (alguns dos quais aparecem na tradução citada dos *Scritti* de Laure, p. 259-274).

[201] Ver o balanço tirado por Bataille, na terça-feira, 4 de julho de 1939, de toda a atividade do *Collège*, publicado em: *Le Collège de Sociologie*, p. 523-536.

[202] Ver: LASERRA, A., Bataille e Caillois: osmosi e dissenso, in: *Georges Bataille: il politico e il sacro*, p. 120-136.

[203] CAILLOIS, *L'homme et le sacré*, p. 13; BATAILLE, La souveraineté, p. 250.

[204] E do quanto o perceberam os amigos comuns, tendentes, como Jean Wahl, a reduzir o que era um preciso conflito de ideias a uma genérica diferença de caráter ("Caillois busca o rigor, Bataille apela ao coração, ao entusiasmo, ao êxtase,

o início em antítese, "seja as comunidades de fato (fato geográfico ou racial) que representam os regimes fascistas, seja, por outro lado, aquelas que podemos chamar de as ausências de fato de toda a comunidade, isto é, as democracias.[205] No entanto, a convicção – compartilhada também por Bataille – de que se devesse combater o inimigo no seu próprio terreno bloqueia a concepção comunitária de Caillois dentro de uma perspectiva, ao mesmo tempo, elitista[206] e organicista: assim, a palavra de ordem de não se limitar a "profanar", mas de forçar a "sacralizar" o que é comum[207] se resolve em um convite a uma "superssocialização"[208] diretamente oposta à "acefalia" bataillana.

Se ela se define com base na ausência que a constitui, a comunidade eletiva de Caillois se apresenta constituída como forte densidade unitária: a ponto de ser comparada com a Companhia de Jesus, isto é, com uma ordem monástica ativa, senão, realmente, com uma formação paramilitar de homens "resolvidos e lúcidos",[209] onde o elemento decisivo não é apenas o organicismo elitista, mas seu ativismo intrínseco.[210] Não por acaso

---

à terra, ao fogo, às entranhas", escreverá Wahl no número de agosto de 1936 da *N. R. F.*). A Wahl, além do mais, o próprio Bataille responderá na carta de 20 de julho de 1939, ressaltando o motivo de fundo da incompatibilidade com as teses de Caillois, como a referência a Nietzsche deixa facilmente intuir: "acrescento que você não era o único 'a sentir com mal-estar esse sentimento de incompatibilidade', que era também compartilhado por Paulhan [Paulhan, numa carta a Caillois, datada no Natal de 1941, e publicada na *N. R. F.*, n. 197, p. 1015, 1969, havia definido Bataille como "pouco expansivo, encarcerado no erotismo e na mística"; não só, mas também em outra carta, escrita a Caillois, de 7 de outubro de 1939, publicada na *N. R. F.*, n. 197, 1969, p. 1012, havia apostado que "entre a causa das democracias liberais e a do fascismo comunista, Nietzsche [...] havia escolhido (com amargura) o fascismo".

[205] HOLLIER, *Le Collège de Sociologie*, p. 139.

[206] Uma precisa referência à elite como condição de formação das seitas, em: CAILLOIS, R., *Instincts et société*, Paris, 1964, p. 111.

[207] Ver: CAILLOIS, R., *Le vent d'hiver*; depois em: *Collège de Sociologie*, p. 82.

[208] A referência de Hollier (*Le Collège de Sociologie*, p. 83) é ao texto de Caillois, Poisons sacrés, ivresses divines, Cahiers du Sud, abr. 1937.

[209] CAILLOIS, R. La hiérarchie des êtres. *Les Volontaires*, n. 5, 1939.

[210] Em uma carta a P. Waldberg, a 29 de outubro de 1943, em: VVV, n. 4, p. 44, 1944, R. Lebel o define como "prussianisme de l'esprit". De "Révolution aristocratique, révolution intéressée, *révolution fasciste*", fala, sem dúvida, a propósito do *Collège*, e especialmente de Caillois, R. Bertelé, em: A travers les revues: sciences de l'homme et sociologie sacrée, *Europe*, n. 190, p. 275-276, 15 out. 1938).

"a agressividade" que "reside na ambição da expansão ilimitada inerente a qualquer ideia claramente reconhecida [...]"[211] se torna em *Le mythe et l'homme*, um convite a uma "ortodoxia [...] diretamente revestida por uma atração imperativa [...] imediatamente capaz de mobilizá-la"[212]: algo que é, por outro lado, posterior à passagem do plano da "observação" ao da "decisão", do nível "indicativo" ao nível "imperativo", da "concepção" à "execução".[213] Como sugere o termo "mobilização" – mas não só ele –, não estamos longe do niilismo ativista do primeiro Jünger,[214] em Caillois filtrado, por um aspecto, pela influência de Sorel,[215] e, por outro, pelo magistério de Dumézil.[216] Toda a polêmica contra a "imunização" da esquerda[217] – incapaz de arrancar Varuna para a direita – segue na direção não só de uma mais realista análise do poder (segundo a qual não é a legalidade que funda o poder, mas este que a cria), mas também de uma indeterminada apologia. Não por acaso o ponto específico sobre o qual explode a polêmica com Bataille é a questão da vontade de poder e da

---

[211] CAILLOIS, R. L'agressivité comme valeur. *Ordre Nouveau*, p. 56, jul. 1937.

[212] CAILLOIS, R. *Le mythe et l'homme*. Paris, 1938, p. 181-182.

[213] CAILLOIS, *Le mythe et l'homme*, p. 11-12.

[214] Várias vezes citado, a propósito de "guerre et sacré", também em: *L'homme et le sacré*, p. 332-340. Mas uma implícita referência a um horizonte de pós-história também em: *Pierres*, sempre de Caillois (Paris, 1966).

[215] Uma referência positiva a Sorel numa nota de Caillois em: N. R. F., abr. 1936.

[216] Sobre a presença de Dumézil no trabalho do *Collège*, e sobretudo de Caillois, os testemunhos são muitos, diretos e indiretos. As convergências dizem respeito especialmente a três pontos: a relação entre poder e sagrado; a tripartição da ordem cósmica e política; a teoria da festa. Mas todo o "mito" de Acéphale é construído em estreita relação, não somente com Totem e tabu de Freud, mas também com o patricídio de *Ouranos-Varuna, études de mythologie comparée indo-européenne* (Paris, 1934) de Dumézil. Caillois havia opinado sobre este livro *Cahiers du Sud*, jun. 1935.

[217] Ver a polêmica de Caillois em relação ao livro de Léon Blum, *L'Exercice du pouvoir* (que traz os discursos pronunciados como presidente do Conselho da Frente Popular e que foi publicado na N. R. F., em outubro de 1937. Naturalmente, Dumézil está falando de *Mitra-Varuna. Essai sur deux représentations indo-européennesde la souveraineté* (Paris, 1940), em cujo prefácio Dumézil agradece, por outro lado, a Caillois por algumas sugestões. Por sua vez, Caillois se refere a *Le festin d'immortalité* (Paris, 1924) em: *Le mythe et l'homme*, p. 30. Enfim: deve-se levar em conta que Dumézil, no recente *Le dieux souverains des Indo-Européens* (Paris, 1977, trad. it. Turim, 1985, p. 65-66), parece tomar distância da temática maussiana do *potlach* que nas décadas de 1930 e 1940 havia constituído o outro anel de ligação com o grupo do *Collège* e com Bataille especialmente (ver *Mitra-Varuna*, p. 46-48).

sua oposição à "vontade da tragédia": "Em outras palavras – é Bataille que fala no lugar de Caillois, *mas contra ele* –, o poder é o que escapa da tragédia exigida pelo "movimento conjunto" que anima a comunidade humana – mas o que escapa da tragédia, precisamente derivando dela em seu próprio benefício as forças que a executam".[218]

3. A citação põe fogo na nova concepção de Bataille: não hostil em princípio ao poder, mas radicalmente adversa a um poder que funciona em detrimento da energia comunitária, isto é, num sentido niilista. A esse poder "ativo", responde aquele "passivo" da tragédia: entendido como a paixão-sofrimento que une as existências a partir do que continuamente as retira de si mesmas. Daí a oposição entre comunidades "que se formam para agir" e comunidades "que se formam para existir".[219] Nada além de um texto tirado de *Le vent d'hiver*, de Caillois, exprime a distância, e o contraste, de Bataille:

> Da mesma forma que há uma experiência primitiva irredutível do *eu* que constitui a fonte elementar do individualismo anárquico, também é necessário trazer à luz o fundamento existencial inalienável do esforço coletivo. Este não pode, em nenhum caso, usar como base afetiva um dado inteiramente retrospectivo do tipo das determinações de fato, raça ou língua, território ou tradição histórica, que condicionam a existência das nações e alimentam o patriotismo [...]. Um núcleo social do tipo em questão deve repousar em elementos de natureza muito diferente: a vontade comum de realizar uma obra idêntica implica afinidades já eletivas capazes de presidir por si mesmas à agregação na comunidade [...].[220]

Poderíamos dizer que a concepção bataillana da comunidade é determinada em contraposição direta a tal modelo. Se para Caillois o que concilia a ação comunial (uso esse adjetivo no lugar daquele, semanticamente muito conotado, de "comunitário") para a experiência individual do eu é "a vontade comum de realizar uma obra", Bataille subtrai a comunidade à simetria com a esfera do indivíduo justamente graças à sua *ausência de obra*. É tal ausência – de acordo com o Jean-Luc Nancy, que dedicou ao tema

---

[218] BATAILLE, *Le pouvoir*, p. 246.

[219] BATAILLE, Confréries, ordres, sociétés secrètes, églises, p. 287.

[220] CAILLOIS, *Le vent d'hiver*, p. 84.

o trabalho mais filosoficamente convincente[221] – que situa a experiência da comunidade a igual distância da tradição individualista e comunista. Como é sabido, Bataille considerou o comunismo não só como a experiência política mais importante do seu tempo, mas como a única capaz de "executá-lo" definitivamente. No entanto, justamente esse caráter de "ultimativo" do comunismo é considerado por Bataille como o sinal de uma racionalidade entrópica que sujeita ao princípio de equivalência não somente a vida, mas também a sua transcendência na morte. Então, desse ponto de vista, o comunismo sinaliza a morte da morte: da sua alteridade em face de uma vida que se tornou absolutamente imanente a si mesma.[222]

Tal imanência absoluta – o Absoluto, como o que não tem relações fora de si mesmo, com o seu fora, é, *enquanto tal*, imanência – é o resultado de uma concepção (humanista) que considera o homem como produtor de sua própria essência em forma de obra e para a própria sociedade como obra comum do homem. Para esse humanismo *produtivo*, não escapa nem a cultura do indivíduo, considerado como um átomo que tem em si a razão e o significado da própria existência (daí seus direitos inalienáveis), nem a tradição da comunidade em sua dupla versão da *Gemeinschaft* pré-moderna e da comunidade racional dos fins pós-iluminista e pós-kantiana (haberrnasiana, por exemplo).[223] Em ambos os casos, de fato, a comunidade da qual se tem nostalgia (diante do passado e do futuro) é aquela imanente da absoluta presença em si mesma: um cosmos fechado em que cada membro possa identificar-se no outro através da identificação de toda a comunidade comum. É essa identificação – a plenitude imanente que essa induz – que protege os membros do que afeta a sua "condição absoluta" de indivíduos: isto é, da sua finitude mortal. A morte não assusta, porque o homem do humanismo (individualista ou comunista) já está morto – morto à possibilidade da

---

[221] NANCY, Jean-Luc. La communauté désoeuvrée. *Aléa*, n. 4, 1983. Depois em: *La communauté désoeuvrée*, p. 11-105. As páginas que seguem devem muito ao trabalho de Nancy, sobre o qual também opinou: AGAMBEN, Giorgio, Bataille e il paradosso della sovranità, in: *Georges Bataille: il politico e il sacro*, p. 115-119.

[222] Decisivas, nesse sentido, são as páginas que constituem a segunda, a terceira e a quarta parte do ensaio de Bataille sobre a *Souveraineté*, p. 303-456.

[223] Absolutamente fora de campo em relação à parte dedicada a Bataille por: HABERMAS, J., *Der philosophische Diskurs der Moderne: Zwölf Vorlesungen*, Frankfurt a. Main, 1985. O problema, colocado por Habermas, de como explicar a inversão positiva do estalinismo na soberania não é de forma alguma o problema de Bataille.

sua própria transcendência – e, ao mesmo tempo, excluído da morte por pertencer a um organismo que enquanto tal não pode morrer.

Contra essa tradição que em todos os seus aspectos encontra seu próprio denominador comum na exorcização da morte (no caráter absoluto da obra), a *communauté de coeur* bataillana é, ao contrário, e antes de tudo, comunidade da morte: "Se vê o próprio semelhante morrer, um ser vivo não pode mais subsistir senão *fora de si* [...]. Cada um de nós é, então, esmagado pela estreiteza da própria pessoa e se perde como pode na comunidade de seus pares. É por isso que é necessário à vida comum manter-se à altura da morte. O destino de um grande número de vidas privadas é a pequenez. Mas uma comunidade não pode durar a não ser no nível de intensidade da morte; essa se decompõe quando falta à grandeza particular do perigo".[224] É a morte que libera a comunidade da sua própria imanência para si mesma; mas de uma forma que não coincide em nada com a transcendência tradicional (enquanto superessencialidade exterior). A comunidade não transcende seus próprios membros como uma hipóstase coletiva capaz de resgatar sua finitude na própria imortalidade. Pelo contrário, é o processo através do qual a finitude pode constituir os seres que a compõem na sua diferença: isto é, que a compõem na modalidade da ligação (o entendimento de Caillois), mas na modalidade da *alteridade em comum*, de alteridade *compartilhada*. O que se compartilha não é uma presença, mas uma ausência de ser, no sentido que minha falta só pode ser potencializada apenas por uma falta do outro (do outro *como* falta)[225]: "O além do meu ser é, antes de tudo, nada. Pressagia a minha ausência na laceração, no sentimento penoso de um vazio. A presença de outra pessoa se revela através desse sentimento. Mas ela é totalmente revelada apenas se *o outro*, por sua vez, também se inclina sobre a borda do seu nada, ou se cai dentro dele (se morre). A *comunicação* só acontece entre *dois seres postos em jogo* – dilacerados, suspensos, ambos inclinados sobre o seu nada".[226]

Daí a oposição da comunidade bataillana a qualquer teoria da intersubjetividade. Para ser tal, a intersubjetividade – ou mesmo a simples esfera comunicativa, a relação plural ou dual – deve unir os sujeitos de

---

[224] BATAILLE, La limite de l'utile, p. 245-246.

[225] Maurice Blanchot escreveu páginas de rara intensidade sobre esse tema na primeira parte de *La communauté inavouable* (Paris, 1983), que representa um "amoroso" comentário ao citado ensaio de Nancy.

[226] BATAILLE, *Sur Nietzsche*, p. 51.

uma maneira tal que, por princípio, exclui o "outro". Enquanto, ao contrário, como vimos, é realmente a presença do outro – isto é, a ausência, a diferença, a linha divisória – que cria comunidade. Não só: mas condição para a formação da intersubjetividade é a presença dos sujeitos: diante do outro e antes, ainda, de si mesmos. Quando é justamente a ruptura da identidade subjetiva – da *ipse*, mas também do *alterego* – a condição da comunidade. Esta não é formada por uma série de sujeitos, mas por sua exposição à perda de subjetividade. O que é compartilhado é exatamente essa perda que faz do sujeito – da sua intenção, inevitavelmente, apropriador – simples existência. Existência compartilhada, *partagée*, na sua finitude. E ainda mais: *partage* de existências. Se há um sujeito, no sentido da origem, da comunidade, ele é o *partage*; *l'exposition-comparation* a que se destina o ser subtraído da presença: "A 'comunicação' não pode acontecer a partir de um ser pleno e intacto para o outro: ela quer seres em que se encontre colocado em jogo o próprio ser – neles próprios – no limite da morte, do nada; a culminação moral é um momento em que se coloca em jogo, se suspende o ser para além de si mesmo, no limite do nada".[227]

Desse ponto de vista, poderíamos dizer, a comunidade não é precisamente a oposição do outro ao mesmo quanto a sua sobreposição acabada: outro é o mesmo, uma vez *partage* na sua identidade de sujeito. Ou também: a transcendência do "mesmo" em seus próprios confrontos; não uma transcendência exterior, mas a resistência da imanência a si mesma, a transcendência *da* imanência. É essa internalização da alteridade que exclui a intersubjetividade, mas também qualquer ideia de reconhecimento-representação. Vimos como a morte é o lugar específico da comunidade. Digamos mais exatamente: o que precipita na comunidade é a relação entre a morte do outro e a possibilidade da própria morte. Ou vice-versa. Mas essa relação não se institui na forma de "reconhecimento". Não só porque se procura no outro não a sua (ou a sua) identidade, mas a sua (ou a sua) fratura. Mas também porque na morte alheia não há nada reconhecível. Ela é, aliás, o irreconhecível, o que é irredutível ao conhecimento, de si e dos outros. A morte pertence apenas ao indivíduo (ou talvez: o indivíduo pertença apenas à morte): no sentido que é uma *parte* que não é "divisível" com os outros. Ainda assim, a comunidade é precisamente essa partição, mas uma partição que não aproxima, nem identifica, as partes; e, pelo contrário, as distancia

---

[227] p. 51.

infinitamente. Eu não posso me reconhecer na morte do outro que me une a ele, subtraindo-me da sua presença. E até aqui nada inevidente. Mas nem o outro pode ser nela reconhecido. Nem o outro que morre é capaz de afirmar sua própria morte, para se apropriar dela. Ele morre apenas dessa impossibilidade, da distância insuperável da própria morte. Morre-se pela impossibilidade de morrer conscientemente, de viver o instante da própria morte.[228] É essa impossibilidade, então, essa solidão – em face do que é mais "próprio", que é o próprio definitivo –, não a morte em si, que é compartilhada pela comunidade. Comunidade é partilha da impossibilidade de morrer da *própria* morte: é por isso que, num sentido específico, ela é impossível. Comunidade impossível. Comunidade da impossível comunidade. Nada da comunidade – tampouco a sua distância, o ser distância – é representável, trazido à presença. Se não fosse assim, se algo da comunidade fosse representável, se a comunidade cedesse uma sua única parte à representação, ela desapareceria (na imanência absoluta ou na absoluta transcendência). Nesse sentido, a comunidade é verdadeiramente a extrema figura do impolítico: incomunicável, irredutível a *lugar* comum.

4. E, no entanto, Bataille não se detém nesse dado. Toda a sua obra – poderíamos dizer – tende à infração do interdito: que é a sua única possível confirmação, para comunicar tal incomunicabilidade. Para representar o irrepresentável. Ou: para subtrair *também* do impolítico a sua identidade. Para sujeitá-lo a um processo de transcendência interior capaz de fazê-lo girar no seu próprio limite e restitui-lo à sua própria diferença (à diferença de si mesmo). A própria ideia de comunidade está excluída de qualquer tentativa de "definição". Do seu firme caráter absoluto. É como se o impolítico fosse apreendido pela inquietação do próprio negativo e empurrado além de si mesmo: entendendo "além" não como o que repousa nos seus limites externos, mas sua penetração no interior do seu próprio nada para abri-lo a uma *afirmação* soberana. É assim que Derrida entende quando adverte que "a soberania não é neutra, mesmo se neutraliza, no seu discurso, todas as contradições ou todas as oposições da lógica clássica. A neutralização se produz no conhecimento e na sintaxe da escrita, mas

---

[228] B. Moroncini retorna a esse tema de Blanchot num trabalho não publicado e dedicado à "comunidade" bataillana.

se refere a uma afirmação soberana e transgressiva".[229] A afirmação não nasce de um enfraquecimento, de uma crise, do negativo, mas da sua absoluta radicalidade. Ela é essa radicalidade. "A afirmação e a paixão do pensamento negativo" é o título de um texto batailliano de Blanchot, aludindo a essa potência-paixão, "àquele *não poder que não é apenas a negação do poder*"[230]: "Para o pensamento, a experiência limite representa *uma espécie* de nova origem, confere-lhe o dom essencial, a prodigalidade da afirmação, uma afirmação que, pela primeira vez, não é um produto (o resultado da dupla negação), e dessa forma escapa de todos os movimentos, oposições e inversões da razão dialética, a qual, tendo sido realizada antes, não pode mais reservar-lhe um papel no seu reino. Evento que é difícil circunscrever. A experiência interior afirma, é pura afirmação, limita-se a afirmar, porque se subordinaria a si mesma: afirma a afirmação".[231]

Essa "afirmação que afirma mais do que é possível afirmar", esse "mais [...] que afirma somente através do excesso da afirmação", que, "em suma, não afirma nada"[232] é para Bataille o destino – *não* a obra – da comunidade. Há um texto seu – publicado na revista *Acéphale* – que tem a força para sustentar a conclusão não só deste capítulo, mas de todo o livro. Ele expressa, ao mesmo tempo, o naufrágio da representação e representação de tal afundamento: *A representação de "Numância"*, cujo sujeito está constituído pela "guerra implacável que persegue o general romano Cipião contra os numantinos rebeldes, que, assediados e exaustos, se matam ao contrário de se renderem".[233] O objeto irrepresentável da representação é, portanto, a decisão de uma morte comum, a comunidade *decidida* na morte. Ele está situado no limite – e por isso na origem – do impolítico. E num duplo sentido: tanto na oposição entre a cidade, a *civitas*, do político – Roma – e o que ela deixa às suas margens: destruindo-o, irrealizando-o, como aquilo que *não* deve restar a não ser na noite da presença: "Assim como os romanos comandados pela implacável autoridade de um chefe estão associados à glória do sol,

---

[229] DERRIDA, De l'économie restreinte à l'économie générale, p. 354.

[230] BLANCHOT, M. L'expérience-limite. *N. R. F.*, n. 118, 1962. Depois em: *L'entretien infini*, p. 281.

[231] p. 281-282.

[232] p. 282.

[233] Da explicação que acompanha o texto (que aparece na Chronique nietzschéenne, *Acéphale*, n. 2, 1937), no v. I das *Œuvres complètes*, p. 485.

da mesma forma, os numantinos *sem chefe* estão localizados na região da noite e da terra, na região habitada pelos fantasmas da mãe-tragédia".[234] A tragédia de Numância é opaca ao sol de Roma. Mas essa opacidade – ausência de luz – é, ela própria, "imagem", "expressão", afirmação de um "todo" ofuscante: "E é na medida em que a agonia e a morte entraram na cidade que esta cidade se torna a imagem de tudo o que no mundo pode exigir um amor total; é na medida em que ela morre que toda a nostalgia do mundo perdido pode ser, agora, expressa pelo único nome de Numância".[235] Que esse mundo esteja perdido, que permaneça ligado à irrealidade de um puro *nome*, dá razão à negatividade sem resto, "sem emprego" do impolítico. Ele é o nada do político, o espaço vazio, e devastado, dentro do qual a sua presença se sobressai.

Mas tudo isso não é senão um lado da questão: que diz respeito ao elemento, ao dado, da morte, mas não ao seu aspecto *comum*. É este último, mais que a morte, o objeto impossível da representação:

> O que há de imenso na tragédia de Numância é que não se assiste apenas à morte de um certo número de homens, mas à entrada na morte de toda a cidade: não só dos indivíduos, é um povo que agoniza. É este que deve rechaçar e, em princípio, tornar Numância inacessível, porque o jogo que o destino joga com os homens não pode aparecer para a maioria sob os aspectos brilhantes e coloridos da existência individual. Por outro lado, o que existe atualmente no espírito, se falamos de existência coletiva, é o que se pode imaginar de mais pobre e nenhuma representação pode ser mais desconcertante que dê a morte como o objeto fundamental da atividade *comum* dos homens, a morte e não a alimentação ou a produção dos meios de produção.[236]

O caráter mais irrepresentável da representação de Numância está no aspecto comum, e por isso, num sentido subtraído de toda a evidência, *político*, do seu impolítico. E, de fato, "política" é a "paixão" que a sua representação provoca na terra "devastada" por uma outra morte comum: "Agora Numância assumiu para aqueles que assistiram ao espetáculo

---

[234] p. 486. O caráter especificamente romano do princípio do político, e o modo que ali joga a função do "comando" (*imperium*) – "Nós pensamos o político de maneira romana, ou seja, imperial" (p. 63) – havia sido indicado por Heidegger no curso de 1942-1943 sobre Parmênides, em: *Gesamtausgabe* (Klostermann), v. 54, p. 58 em diante.

[235] p. 486.

[236] p. 486.

um sentido que não se referia nem ao drama individual e nem ao sentimento nacional, mas à paixão política. A coisa se produziu a favor da guerra da Espanha. Trata-se de um paradoxo evidente e é possível que tal confusão seja tão vazia de consequências quanto a confusão dos habitantes de Saragoça que representam a tragédia durante um assédio. Numância, hoje, foi representada não apenas em Paris, mas na Espanha, nas igrejas queimadas, sem outro cenário que os traços do fogo e sem outros atores que os milicianos vermelhos".[237] Político é o *sinal* deixado pela impolítica tragédia de Numância (tragédia do impolítico), como impolítico é o destino da paixão política. Como conceber esse inesperado cruzamento, essa identidade de diferenças? – pergunta-se Bataille na conclusão do texto. Como "ouvir" politicamente o que está fora da oposição política (do político), fora do confronto entre *partes* contrapostas? A resposta – que é também uma pergunta – é condicionada por uma força de raciocínio capaz de "pegar por trás o que foi admitido":

> Existe, no entanto, uma realidade que, por trás dessa fachada, toca os segredos mais profundos da existência; unicamente, é necessário àquele que quer entrar nessa realidade assumir, pelo contrário, o que foi admitido. Se a imagem de Numância manifesta a grandeza do povo em luta contra a opressão dos poderosos, ela revela, ao mesmo tempo, que a luta atualmente em obra é carente quase sempre de toda grandeza: o movimento antifascista, se comparado a Numância, surge como uma desordem vazia, como uma vasta decomposição de homens que não estão ligados senão por ruínas.[238]

Para além dessas ruínas, abre-se o espaço da *afirmação*. Ele está inabitado. E, aliás, enquanto tal, inabitável. E, no entanto, a ele – àquele extremo sim – está ligado, como a um invisível fio, o que do impolítico ainda *não* pode ser dito: "Não há senão ilusão e facilidade no fato de amar Numância porque nela se vê a expressão da luta atual. Mas a tragédia introduz no mundo da política uma evidência: que a luta engajada não terá sentido e não se tornará eficaz a não ser na medida em que a miséria fascista encontrar diante dela algo como uma negação agitada: a comunidade do coração da qual Numância é a imagem".[239]

---

[237] p. 487–488.

[238] p. 488.

[239] p. 488.

Coleção FILÔ

Gilson Iannini

A filosofia nasce de um gesto. Um gesto, em primeiro lugar, de afastamento em relação a certa figura do saber, a que os gregos denominavam *sophia*. Ela nasce, a cada vez, da recusa de um saber caracterizado por uma espécie de acesso privilegiado a uma verdade revelada, imediata, íntima, mas de todo modo destinada a alguns poucos. Contra esse tipo de apropriação e de privatização do saber e da verdade, opõe-se a *philia*: amizade, mas também, por extensão, amor, paixão, desejo. Em uma palavra: Filô.

Pois o filósofo é, antes de tudo, um *amante* do saber, e não propriamente um sábio. À sua espreita, o risco sempre iminente é justamente o de se esquecer daquele gesto. Quantas vezes essa *philia* se diluiu no tecnicismo de uma disciplina meramente acadêmica e, até certo ponto, inofensiva? Por isso, aquele gesto precisa ser refeito a cada vez que o pensamento se lança numa nova aventura, a cada novo lance de dados. Na verdade, cada filosofia precisa constantemente renovar, à sua maneira, o gesto de distanciamento de si chamado *philia*.

A coleção FILÔ aposta nessa filosofia inquieta, que interroga o presente e suas certezas; que sabe que as fronteiras da filosofia são muitas vezes permeáveis, quando não incertas. Pois a história da filosofia pode ser vista como a história da delimitação recíproca do domínio da racionalidade filosófica em relação a outros campos, como a poesia e a literatura, a prática política e os modos de subjetivação, a lógica e a ciência, as artes e as humanidades.

A coleção FILÔ pretende recuperar esse desejo de filosofar no que ele tem de mais radical, através da publicação não apenas de clássicos da filosofia antiga, moderna e contemporânea, mas também de sua marginália; de textos do cânone filosófico ocidental, mas também daqueles textos fronteiriços, que interrogam e problematizam a ideia de uma história linear e unitária da razão. Além desses títulos, a coleção aposta também na publicação de autores e textos que se arriscam a pensar os desafios da atualidade. Isso porque é preciso manter a verve que anima o esforço de pensar filosoficamente o presente e seus desafios. Afinal, a filosofia sempre pensa o presente. Mesmo quando se trata de pensar um presente que, apenas para nós, já é passado.

Este livro foi composto com tipografia Bembo e impresso
em papel Pólen Soft 80 g/m² na Formato Artes Gráficas.